自由主義的道德處境

周楓

目次

導論

　　自由主義促進了道德還是敗壞了道德[1]？對這一問題的不同回答構成了人們對待自由主義的不同態度。一些人之所以對自由主義持批評的、甚至激烈否定的立場，蓋出於對這一問題的消極的或負面的回答。淵源於馬克思思想的左派們對自由主義的批評多是出於自由對平等關係（道德的一個方面）的乖謬；淵源於反革命傳統的右派們對自由主義的指責更是出於道德上被認為不可接受的理由。自由主義最令這些人不能接受的是，他們認為，自由

---

1 「道德（的）」（moral）在不同的語境裡表達不同的意思，我們也可以使用不同的概念來表達這些意思，如「善（的）」（good）、「正當（的）」（right）、「應當（的）」（ought to）、「盡義務的」（duty）等等，但後幾種都可歸結為「正當（的）」這一種概念。因此，倫理學或道德的基本範疇最終可以歸結為兩個，即「善」和「正當」。「正當」是關於人的行為以及關於制度等的道德範疇，與之不同，「善」是關於人的心性、品質、動機等以及各種理想事物的道德範疇。（本書在討論自由主義促進還是敗壞道德時，這裡的道德指的是「善觀念」。只有善的道德會衰敗，而正當的道德只存在違背、破壞與否的問題。）此外，還有一類不屬倫理學但與倫理學相關的範疇，即「非道德善」或「一般善」，如幸福、快樂、利益等即是含有這種善的概念。倫理學的類型就是根據「正當」與這兩種「善」的何種關係來劃分的。關於這方面的詳細論述請看本書第三章第二節和第四章第二節的內容。

（主義）放縱了個人欲求，釋放出人性中惡的方面，不可避免地把現代社會引向墮落。自由主義的道德形象見仁見智：維護者視之為正義的化身，反對者批評它打開了潘多拉的盒子，人類古老的傳統美德不復存在。

　　現代社會的品質之一是價值多元化，現代社會釋放出人們對諸價值競逐的巨大能量，前現代社會的價值一元性品質崩解，代之以現代社會的「諸神之爭」。自由與平等、個人與共同體、權利與美德、正義與善等等諸價值處於相互衝突和相互競爭之中。分別代表和維護這些價值的自由主義、保守主義、社會主義、共產主義、共同體主義、共和主義等等，競逐於現代生活舞臺。它們各自執著於某一價值，互相攻擊。和解幾乎不可能，和諧更是烏托邦幻想。隨著自由主義成為現代生活的主流，自由主義所堅執的個人自由、個人自主、國家中立、權利優先、多元主義和寬容等價值成為現代社會的主流價值，而共同體、傳統美德、公共善等價值被後置。這必然引發來自維護這後一組價值的人們的多方面批評。自由主義成為眾矢之的，各種意識形態都以批評自由主義為自己立論的基礎，而批評的焦點幾乎都是集中在有關個人主義、權利優先、寬容和國家中立等問題上。價值之間的衝突使批評、責難在所難免，而自由主義的自我維護和捍衛也不可逃避。各方所堅持的價值不可調和，但都被認為具有優先性。因此，根本的分歧和較量與其說是捍衛各自價值的觀點引發的，不如說是對不同價值何者應具有優先性的立場引發的。自由主義之所以遭受批評，與其維護的價值與反自由主義者們所維護的價值之間的不對等地位有關，反自由主義者認為，自由主義的價值處於霸權地位。但是，自由主義者卻認為，自由主義之所以成為主流，與其所堅持的價值理應具有的優位性有關，它們理應成為優

先遵循的價值。自由主義者多訴諸理性論證，而反自由主義者多求助於傳統和歷史資源，雙方為維護各自的價值較量了數百年。

顯然，自由主義在這一較量中占上風。但是，這不等於自由主義本身不存在問題，恰恰相反，自由主義在遭受批評中不斷暴露自身的問題。其中最大的問題正在於，它一味地突出個人價值，把個人自主（individual autonomy）置於崇高的地位；現代生活給個人以廣泛的自主選擇空間，這體現了對個人尊嚴和個人價值的尊重。但是，它因此也被批評、指責為放縱了個人、喪失了傳統優秀價值、瓦解了社會紐帶、弱化了美德追求等等。自由主義對個人權利的維護，對正當（權利）優先於善的堅持，對寬容和多元主義的強調，都被認為加深了這種價值流失的危險。所謂正當優先於善，其意圖是通過權利的保護使個人免遭善的追求所可能施以的強加和侵犯；自由主義把善的追求置於私人領域，歸屬於個人意願的選擇範圍，並以國家中立的原則來防止善觀念的公共強加。這雖然保證了個人所具有的人的尊嚴不會被以善的名義的權力追求所侵犯，卻不可避免地貶低了昔日——前現代社會——善的榮耀地位。現代社會，善追求不再具有價值序列上的首要地位，取而代之的是權利的至尊地位。權利所保護的是人們的自主選擇意願，包括追求善的自主意願。但是，權利保護下的個人——被自由主義所信任的個人——是否會越來越走向平庸、冷漠、自我封閉、自私自利、甚至墮落？這雖然尚不會關係到自由主義的命運，但是卻可能關係到自由主義的道德形象、它的可信度以及它的合理性。

自由主義對個人自主的尊重和對個人自由的保護使之陷入某種兩難困境。自由主義從未否定善及善的追求，而是否定善的強加，防止善的追求侵犯個人權利。但是把保護個人權利置於神聖

地位不可避免地會導致善追求的衰落。可是，是否因此就應該改變以致否定對個人自主的尊重，轉向善優先於權利的立場？這意味著改變整個現代生活方式，強化個人的歸屬性、非反思性、甚至非理性的生活方式，從而使個人的權利意識大大弱化，而義務意識大大加強。與此同時，理性、自主和獨立的能力及意識必須大大削弱，否則，對善觀念的灌輸、對美德的教育和對理想的忠誠要求就有可能被自主的個人所抵制。但是，這就產生這麼一個問題：由誰來改造這個既有的個人自主而獨立的生活方式和社會政治形式？這些改造者能夠保證自己首先是完善的嗎？能夠保證他們認定的善是對人們真正的善嗎？他們所改造的是這個權利本位的社會，改造的目標是要求人們放棄自主，可是改造者卻是一批極為理性、自主的人，他們的人性由誰來保證？失去了自主能力和權利意識的人們，雖然易於接受善的啟迪和影響，對善的追求熱情投入，但是同樣易於接受惡的煽動，對罪惡事業同樣會熱情投入。非反思的生活是素樸的，但也是盲目的，甚至是蒙昧的，人們可以為崇高的善理想而鼓舞，也可以為克里斯馬型（charismatic）的領袖人物而狂熱不已。沒有正當原則保障和規範的善的追求，與極權主義和烏托邦主義有天然的聯繫，以致現代人對善的理想追求總是抱有不信任的態度。善追求似乎與惡總是相連在一起，以致善的追求遭受不白之譽。實際上，善的追求是無罪的，有罪的是強行實施善追求的權力。而自由主義的所有宗旨都是防止權力的濫用，其措施是讓個人自主地選擇自己所認定的善生活，並通過保障個人權利來實現這一點。而這又必然會導致善追求的某種程度的衰落，這種衰落是自由主義者所不願看到的，但卻是避免不了的。這就是自由主義所要面對的道德處境。

　　為什麼孔子、佛陀、耶穌和穆罕默德等古代人物可以達到的

事業，現代社會沒有人可以做到？原因除上述種種外，還在於現代社會是一個價值多元化了的社會，一元善觀念的獨尊將面臨對其他善觀念進行壓制或鎮壓的必要。善觀念的多元化使任何一種善觀念和善生活方式依靠公共權力的實施都必然是一種鎮壓，因為它必然會遭受不同善觀念持有者的挑戰和反抗。在傳統社會裡，一元化價值的追求（儘管也是建立在壓制基礎上的）可以成功，現代則不可能。現代人對價值的感受力大大加強，對價值的識別力也遠非古代人可比，對依其生活的價值的多樣化要求因此而愈來愈強烈。人們不會滿足於按照一種價值來生活，人們要求在許多價值中進行選擇，而不接受被動地強加和灌輸一種價值。由多元主義而要求寬容，由寬容而要求國家中立，要求國家保護個人自主權利，多元主義、個人自主、基本自由權利的保護是一脈相承的，它們構成了自由主義的核心價值。

　　自由主義流派紛呈，適時多變（像任何其他主義一樣），但它必定有一內核，這一內核構成其成員的相同之處。自由主義雖然面臨與之競爭的各種價值持有者的批評，但它的真正敵人是專制主義；它與諸價值的競爭是一種平等關係的衝突，而與專制主義的鬥爭才是你死我活的敵對關係的衝突。自由主義的核心原則即是在這種與專制主義的鬥爭中形成的。我們從古典自由主義的代表人物洛克、康德、密爾的思想中可以找到這些核心原則的軌跡。

　　洛克時代的狀況是，社會已經從前現代（中世紀）中走出來，價值和生活方式已經逐漸多元化，然而人們對待多元化的態度和行為仍然處於前現代的觀念支配下。16世紀早期開始的宗教戰爭和17世紀的頻仍戰亂皆與此有關。不寬容的歷史從中世紀對異端的鎮壓，延續為各教派之間血雨腥風的衝突。癥結在於政教

合一的國家體制，國家成為衝突教派中的某一方，而民族國家權力的膨脹加劇了國家機器對不同信仰者的迫害。人們逐漸意識到，要避免這種衝突、動亂，必須對國家權力予以限制，使之與宗教相脫離，以保障人們的宗教信仰自由，保證各種價值持有者能共容共存、互不侵犯。洛克是最早思考如何設計一種政治制度以防止國家權力過度膨脹所導致的對人的權利的侵犯的自由主義思想家，他所要維護的基本權利包括生命權、自由權和財產權等。在此，良心、思想和信仰自由是核心。因為，若是沒有這些自由，生命權、人身自由權和財產權等其他一切權利都會喪失，而如果擁有這些自由權利，那麼就可以爭取到其他一切權利。「自由是其餘一切的基礎」[2]。

　　康德認為，人在道德上是自主的，人之所以成為人，就在於人有道德上的自由能力，為自己的行為負責。康德表達了自由主義的一個核心，即個人自主，這是自由主義所堅持的個人主義的真正含意。康德將個人自主及其個人尊嚴提高到絕對道德律的高度，充分揭明了自由主義所要維護的價值是什麼。個人自主表明，個人是選擇過一種什麼樣的善生活的最後責任者，既然關於生活方式的善觀念是多元的，那麼個人就不應被強制作出一種選擇。只有個人才是自己善的理解者，他應當免於外在的強制，按照理性命令，遵從普遍原則自主作出選擇。在康德看來，人人都有平等的自主性，個人正因其具有自主能力而有權獲得平等的尊重，干涉個人自主權利就是侵犯絕對的道德戒命。

　　約翰・斯圖亞特・密爾對自由主義的貢獻在於他提出了一個對人們的行為加以限制的正當性根據，或者說，他提出了一個個

2　洛克，《政府論》下篇（北京：商務印書館，1964），頁13。

人行為自由之正當性的界限，只要在此界限範圍內，人們就不應受到干涉，或者說就是正當的。他提出的界限以是否傷害他人為標準：未傷害他人，就是正當的，因此具有權利，在此權利範圍內，對個人行為的干涉在道德上是不允許的。這意味著，哪怕個人行為處於錯誤的、愚蠢的、衝動的動機支配下，只要未傷害到他人，就不應受到干預。個人可能對他選擇的善發生錯誤的認識，但即使這樣，從長遠來講，這也比政府等強加給他一種異己的善要好。密爾對自由的強調與康德對自律的強調構成了自由主義內部的兩種傾向，這兩種傾向後來在伯林（台灣譯為柏林）那兒通過「消極自由」與「積極自由」兩種概念的闡釋進一步展開，在羅爾斯、哈特與拉茲、哈貝馬斯等的爭論中更加清楚。這兩種傾向的區別關係到自由主義所受到的某種批評的程度。

　　上述分析和闡述表明，自由主義的本質是對專制主義、專斷權力、不寬容、壓制和迫害的道德批判。其基礎是一種個人主義（individualism）的現代性價值，其根據是一種價值多元主義（pluralism）的訴求，其主張是一種個人自主（autonomy）的實踐，其內容是個人自由權利（rights）的保障。因此，我們看到，自由主義的內核起碼包括個人主義、個人自主、多元主義，和基本自由權利這些內容。根據對這些核心原則的態度，我們可以判定某種思想、理論或實踐是否屬自由主義，是否反對自由主義。自由主義的其他觀點和主張，或由此內核延伸出來，或從外面補充進去，但並不構成自由主義的內核，只能構成自由主義的外圍或輔助學說。當外圍遭受批判時，自由主義者可以對之做出修改、調整以至增減而不失為仍是自由主義；但是當其內核遭受批判時，自由主義者就不得不堅守而要去捍衛，絕不放棄其觀點，否則，自由主義將不復存在。

　　如果我們對自由主義內核的這幾個方面再加以分析的話，無疑個人自主或個人主義是其最基本的價值。多元主義如果不落實到對多元價值具有自主選擇權的個人的話，則多元主義會以「文化多元主義」的形態出現，它有可能否定個人具有自主選擇權，從而走向自由主義的反面。如果自由權利不以個人為單位，而以「集體」、「文化」或「共同體」為單位，亦復如此。因此，個人主義或個人自主是自由主義的真正核心價值。

　　本書以羅爾斯、哈耶克、伯林等為自由主義的代表人物。在核心觀念上他們具有完全一致的思想和立場，儘管他們之間有分歧，但絕不是關於自由主義內涵的分歧，更不是關於自由主義核心價值上的牴牾。他們的派別之爭不可能是就自由主義本身而展開的，而是就自由主義的外圍輔助學說而展開的。本著選擇羅爾斯的思想體系為自由主義的代表性闡釋，視為對自由主義核心價值和內涵的最佳表達，以之作為與反自由主義者進行辯駁的主要理論依據。在本人看來，其他自由主義者的思想體系由於水平的差別，不足以擔當這種辯駁的重任。羅爾斯的政治哲學儘管遭到不少學術上的批評和質疑，但其構思堪稱自由主義思想的巔峰之作。

　　本書第一章對自由主義的核心價值——個人主義——作一個全面的考察：力圖呈現個人主義的歷史淵源，分析其真正內涵，並圍繞現代意識形態衝突的背景對有關個人主義的爭論展開探討。此外，將對備受爭議的自由概念作一個細緻的分析和考察。本章旨在為全書引入議題：是什麼問題引致了自由主義遭受反自由主義者們如此激烈的批評和攻擊。顯然，個人主義或個人自主是自由主義者必須為之辯護的核心價值，而反自由主義者的矛頭也不可避免地要指向這一自由主義的核心。緊扣個人主義或個人

自主這一基本價值，也就把握住了現代政治哲學關於自由主義爭論的原點和脈絡。

　　第二章和第三章以保守主義、共同體主義、共和主義和共產主義為線索，展開反自由主義者們對自由主義批評和自由主義者辯駁的考察。這些批評無論多麼複雜，反自由主義陣營內部無論有什麼樣的分歧和差異，它們所批評的對象和批評的模式都是高度一致的。「原子主義」、「唯私主義」、「抽象個人觀」是反自由主義者貼在自由主義身上的一貫標籤，對自由主義的不滿、批判和攻擊都與這些標籤有關。使自由主義深陷爭論漩渦的是現代性這一無可逃避的大背景，正是現代社會的個人主義模式，引發了自由主義和反自由主義的根本爭論。這兩章所討論的各種反自由主義或批評自由主義的思想，多多少少都可以追根溯源至西方古代世界留下來的那些傳統思想資源上。因此，我們可以在廣泛的意義上，將反自由主義者與自由主義者之爭說成是古今之爭。

　　本書第四章圍繞有關自由主義的核心爭論，闡述自由主義者針對反自由主義者的批評所作的辯護、辯駁觀點。自由主義的道德基礎是個人自主價值，沒有對個人自主的道德辯護，自由主義的理論將不可能成立，故本章第一節集中於闡釋作為自由主義之道德根據的個人自主觀念，並展開有關個人自主問題的討論。第二節將從羅爾斯表述的道義論倫理學出發，展開自由主義者對功利主義的批評觀點的考察。從這些批評中我們很能夠看出，自由主義從根本上捍衛的是什麼，反對的是什麼。第三節將集中考察自由主義者面對共同體主義者的批評所作的辯護觀點。共同體主義者對自由主義的當代批評集中體現了反自由主義的批評模式：以共同善的追求來取代個人主義。自由主義由此作出的回應和辯護將這場爭論的學術水準提升至前所未有的哲學高度。

　　第五章將上述自由主義和反自由主義的爭論置於所謂現代性價值危機的背景下，深入考察自由主義所面臨的道德處境。本章深切關心的問題是：在價值已然由個體承擔了的現代性背景下，在個人自主權利得到自由主義的優先保障的制度下，自由主義是促進了道德還是敗壞了道德？自由主義將怎樣面對權利和善的衝突？這一章將探討這一問題。

　　本書自始至終有著濃厚的論辯色彩，儘管也追求學術上的客觀性，力圖持論公允、立場溫和，但毫不隱藏本人自己的價值傾向。本人不認為這會影響本書的學術性。排除了價值傾向而持守中立的學術研究令人望而生畏，本人難以做到。這本書不僅僅是寫給圈內人進行學理上的討論和交流的，本人更看重的是，它講出的道理是否具有說服力和影響力。

　　當然，本人學術水平有限，整本書缺乏嚴謹的邏輯步驟，或者說層次脈絡，以致一種觀點在不同章節裡會重複表達。不同章節由於寫作時間不盡一致，風格、語氣甚至寫作方式都有差異。總之，這不是一本嚴謹的有邏輯步驟的層層論證的學術著作。不過，對本人而言，寫作經常並不追求嚴謹而故意表現為散漫的風格，散漫得就像一篇一篇的演講稿，一些觀點的不斷重複不過是對一些關鍵問題的不斷強調而已。正如維特根斯坦所比喻的，邏輯清晰的寫作就如同在冰面上行走，容易摔倒。還是來一點粗糙吧。

　　本書可能對於臺灣讀者頗感另類，觀點及對問題的討論都與臺灣的時局背景沒有太多的相關性。臺灣讀者對其中的論題可能會感到有那麼一點過時，在臺灣已經爭取而獲得了的東西，在大陸還要努力為之辯護。甚至大陸還有不少人懷念「文革」的極權主義時代，天真地相信歷史的進程取決於政治家老練成熟的治國

手段，而不存在要求人們實現出來的普世價值及其道德律令。臺
灣人已經實現了作為人而享有的尊嚴，享有作為公民賦有的參政
權利和作為一個人與生俱來的思想、言論、出版及結社等自由，
這是大陸同胞從未體驗過而不知其為何物的東西。當臺灣讀者讀
到這本完全是寫給大陸讀者而現在只能在臺灣出版的書時，一定
會為兩岸的政治背景之差異而驚歎。有些道理在臺灣已是常識，
而在大陸卻不能公開談論和見諸文字。

　　本著觀點即使在大陸自由主義圈內也不一定是正統。大陸主
流自由主義學者多持保守自由主義立場，相信自由主義的制度演
變和自發演進，輕視自由主義的道德辯護，排斥建構理性主義思
路。他們批評馬克思而又深受馬克思影響，極端重視經濟視角和
市場議題的討論，視之為打通自由主義的萬能鑰匙。在這種眼光
裡，道德僅僅是反映或表達社會中不同階級的不同願望，在歷史
進化中只是扮演著一個輔助的角色。他們只相信歷史演進的自然
過程，不相信歷史具有各種不同的可能性。實際上，現代世界的
制度之爭無不是觀念之爭（諸神之爭），如果你所堅持的制度不
具有道德上的說服力，不能得到有力的道德辯護，那麼完全就有
可能在競爭中敗下陣來。如果以為自由主義是一個自然演進的產
物，因而就免去了為自己的合理性作道德辯護的必要，那麼，自
由主義就完全有可能在某一天從我們這個星球上消失。

　　起源於蘇格蘭啟蒙學派的保守自由主義偏向於社會和經濟等
制度方面的立論，僅僅從制度方面去論證其可行性，而這並無助
于自由主義在道德上的辯護。當代自由主義者自羅爾斯以來，轉
向從道德上來為自由主義作辯護，由此引發了政治哲學的大討
論。無論如何，自由主義如果缺失道德上的根據和道德上的支
持，它在制度上的成功只能說明它是可行的，而不能說明它是可

欲的，因而就不具有讓人們接受的說服力。一個可行而不具有說服力的制度會處於被批判的境地，而遲早是要衰敗的。例如，我們可以設想，在未來的共產主義社會，個別企業生產的有組織、有效率和整個社會生產的有計畫（社會化的協調生產，而非私人化的盲目生產）終於結合起來，使阻礙生產力的因素徹底消除，生產力被從市場經濟的盲目性中解放出來從而獲得極大發展，產品極大豐富，財富充分湧流。這證明瞭共產主義是一個可行的制度（可惜，這是一個假設）。但是，這種制度一定是建立在新階級（從管理者階層演變而來的）壟斷了支配權這個基礎上的，個人的自由完全喪失，人們的生活被安排得井井有條，沒有多少自主選擇的空間。這樣的制度是令人嚮往的嗎？是可以接受的嗎？羅爾斯指出：「某些法律和制度，不管他們如何有效率和有條理，只要他們不正義，就必須加以改造或廢除。」[3]可見，道德的評價和辯護對於一個事物的成敗興衰起著絕對不可忽略的作用。

　　隨著學院派羅爾斯思想及其當代西方政治哲學問題的引入，這種保守自由主義獨大的局面有所改觀。對自由主義道德根據的辯護和駁難及其相關論題，已成為大陸政治哲學同行們關注的焦點。由此而觸發和帶動的政治哲學研究和討論也已蔚為風潮。但是總的來將，大陸學界由於幾十年來的唯物主義、現實主義和機會主義的灌輸和浸染，不大容易接受羅爾斯思想所達到的那種高度，而更易於接受現實主義的哈耶克這類自由主義者的思想。另外，彌漫於人們教育和意識形態中的、幾乎成為我們的本能的階級分析眼光，阻礙了許多人以寬廣的心胸去接受有關「人」本身的概念及其建立於其上的自由主義價值體系。自由主義教會我們

3　羅爾斯，《正義論》，（北京：中國社會科學出版社，1988），頁1。

以人的眼光去看待人、尊重人、包容人。是「人」，而不是具體的什麼人，使自由主義獲得了一種普世價值的基礎。這一切，都是道德追索的思考，而不是功利主義之類的可行性或效果性研究。

本著為自由主義作全方位的辯護，儘管毫不避諱自由主義的弊端，並表露出對這些弊端的深深憂慮，但是對自由主義的支持立場毫不動搖。本書的宗旨是要達到這樣一種說明：即使自由主義存在著這樣那樣的不盡如人意的弊端，但是它所要求於人的道德律令具有普世的力量，是任何物質力量抵擋不住的。對人的自主能力的尊重使人成為有尊嚴的存在，自由主義價值所蘊含的這一道理意味著走向自由民主的道路是無論如何逃避不了的。大陸老百姓應該徹底放棄中國特殊論的幻想，以為中國是世界上的一個神奇國度，可以不必走向自由和民主的道路。但是這不等於說，本書持一種歷史決定論觀點。本書堅持認為，一種價值只要是道德理性的絕對命令，它就一定會實現出來。本人相信精神的力量。

今天的大陸思想界狀況令人堪憂。為迎合或配合官方意識形態的需要，學術界幾乎形成了一個詆毀和汙名化自由主義的大合唱。有不少著名學者自甘墮落、喪失人格，為中國特殊論大加辯護，彷彿他們真的相信中國人（不包括臺灣的中國人）永遠可以生活在萬馬齊瘖的政治下，而不會有做一個有尊嚴的人的要求。真不知道他們的內心要遭到多麼大的扭曲才能使自己去相信那一套謊言。

希望本書在臺灣的出版能促進兩岸的學術交流。本書的核心仍然是對問題的學術思考和追問，以及對觀點的討論和闡釋，對學術嚴謹性的要求是起碼的，不會因為帶有價值傾向而就喪失了

這一要求。當然本人學術水平有限，不少觀點缺乏深思熟慮，必會有不少理解上的錯誤，還望臺灣同行們不吝指正。

第一章

自由主義的核心價值

　　自由主義以維護個人自由為其根本宗旨，而個人自由的根據是個人主義。自由主義是伴隨著個人主義的成長而出現的，沒有個人主義在現代社會的確立，自由主義是不可能來到這個世界的。個人主義是自由主義的真正價值核心。

　　個人主義作為一種生活方式、社會形態及其價值理念，並非這個世界從來就有的東西，它隨現代性而來，或者說，它就是現代性本身。個人主義構造了現代生活方式，無論對之贊成還是反對，我們的生活都已然個人主義化了，這是現代性各種條件的必然結果。科學技術、工具理性、市場經濟以及官僚政治等等都無可避免地瓦解了傳統生活的各種社會紐帶，在此基礎上誕生的個人生活有著古代人前所未聞的自我決定權利和自主選擇範圍。因此，問題不在於回到前現代社會，避免個人主義，而在於我們應該如何應對個人主義。

　　面對這一自主的現代個人，自由主義歡迎他，保守主義譴責他，社會主義改造他。圍繞著對現代性或個人主義的態度而起的是各種對立價值觀之間的衝突，由此而形成了各種意識形態之間的論戰和為競逐公共權力而展開的鬥爭。在這種鬥爭中，個人、共同體、人民分別成為三種意識形態旗幟上的符號：「個人」是自由主義所捍衛的現實，「共同體」是保守主義所挽救的過去，「人民」是社會主義所召喚的未來。當自由主義與保守主義作鬥爭時，它是激進的；可是當它與社會主義作鬥爭時，又成為保守的。但是，無論激進還是保守，自由主義所捍衛的都是個人主義，或者說是個人的自主選擇權。由於個人的貪婪和創造性形象同時展現在人們面前，自由主義所捍衛的個人主義也由此成為現代政治思想爭論和衝突的焦點。由於堅持個人自由和個人自主，自由主義成就了現代政治、經濟和文化的偉大業績，同時也喚醒

了人類心中不可遏制的欲求和貪婪。

　　對個人主義的褒貶毀譽和由此引發的意識形態衝突永無完結，但是對個人主義的學理性探討、考察和爭論直到最近幾十年來才平靜地在西方學術界展開。問題起於以羅爾斯為代表的自由主義者對規範倫理學的復興，他們試圖從道德的角度來重新論證自由主義的合理性。羅爾斯的正義兩原則立即引來爭論。起初，爭論圍繞「差別原則」展開，可是後來，爭論轉向正義原則所蘊含的個人主義這個自由主義的根本基礎上來。面對反自由主義者對自由主義這一核心價值的激烈批評，自由主義者作了道德上的辯護或自我修正。這一爭論涉及人類的一些根本性問題，因此成為現代政治哲學衝突的焦點。

第一節　個人主義的起源

　　追究個人主義的起源與追究現代性的起源密切相關。現代社會起源於中世紀末期歐洲的市民社會，那時，隨著經濟生產方式的變化，出現了兩種人：自由農民和市民。前者從舊的人身依附關係中解脫出來，成為自耕農，他們與莊園農奴的區別在於他們享有法律保障的人身自由權。但是，具有真正意義的是市民階層的出現，他們形成於12世紀興起的城市，這些新興城市不再是教會行政中心和莊園中心，而是市場中心和工商業者的政治城堡。在那裡，集中了擺脫土地束縛的各類工商業者，對於他們，「最不可少的需要就是個人自由。沒有自由，那就是說沒有行動、營業與銷售貨物的權利。」[1]當這種個人自由成為他們不可或缺之物

1　亨利‧皮朗，《中世紀歐洲經濟社會史》（上海：上海譯文出版社，1964），

時，就會成為必須爭取和承認的權利。隨著長期的鬥爭，他們對自由的要求逐漸獲得法律的確認，成為了後來的人權。

一、古代世界中的源頭

個人主義作為現代社會的品質，其出現於歐洲並非偶然，這首先要歸結於歐洲和古代希臘的關係。可以說，現代性的某些品質因素早已孕育於古希臘社會生活的內在性中。現代社會所承認的個人價值及其所具有的理性精神最早可以追溯到古希臘的梭倫和克利斯梯尼改革。在古代社會裡，個體從屬家庭或家族，血緣關係對於任何個體都具有絕對的支配作用，個體的權利和義務取決於其身分或血統。而這兩次改革卻旨在破除以血緣關係為基礎的社會、政治組織，代之以契約關係基礎上的新制度。正是古代社會的這兩次改革，把雅典推上民主的道路的同時，為整個人類後來的發展提供了一個動源。從那時起，西方社會就開始了梅因所謂從身分向契約的運動，這構成了西方社會獨有的持續不斷的一種變化過程，其最終結果就是個人主義在西方的確立[2]。梅因在《古代法》中這樣寫道：

頁46。

2　個人主義是唯獨西方文明具有的一種觀念，中國傳統文化中儘管可以找到某些民本或民主理念，人道主義或平等思想，甚至所謂「東方人權」觀念，但是，那些以中國傳統文化資源來論證現代民主、人權價值的人（尤其是海外新儒家）有意無意忽視了這些價值的根本基礎是個人主義。相反，他們往往把西方文明的危機歸咎於個人主義，而以東方文明的群體主義為救世希望。他們忽略了，個人主義正是他們不可、也不敢忽視的現代民主、人權價值的最深刻的基礎，沒有這個基礎，民主、人權等價值及其制度起碼無從誕生，更遑論確立了。

　　　　所有進步社會的運動在有一點上是一致的。在運動發展的
過程中，其特點是家族依附的逐步消滅以及代之而起的個人
義務的增長。「個人」不斷地代替了「家族」，成為民事法律
所考慮的單位。……在以前，「人」的一切關係都是被概括
在「家族」關係中的，把這種社會狀態作為歷史上的一個起
點，從這一起點開始，我們似乎是在不斷地向著一種新的社
會秩序狀態移動，在這種新的社會秩序中，所有這些關係都
是因「個人」的自由合意產生的。[3]

　　中世紀末期，歐洲城市的興起以及市民社會及其市民階級的
誕生，正是這種從身分向契約運動的結果，甚至可以說，是這種
運動的最終產物。

　　除了古希臘孕育的最初源頭，人們在追溯個人主義來源的時
候，經常提及的還有斯多葛學派所具有的平等的和個人意志自由
傾向的理論，以及基督教精神中的個人主義因素等。

　　在西方，個人意識的第一次覺醒是隨著希臘城邦的瓦解而出
現的。「作為政治動物，作為城邦或自治的城市國家一分子的人
已經同亞里士多德一道完結了；作為一個個人的人則是同亞歷山
大一道開始的。」[4]隨著亞歷山大結束城邦時代，一個世界帝國的
時代到來。在一個大的帝國裡，由於個人與公共權威距離遙遠，
個人在公共生活中變得微不足道，人們開始從公共生活中撤出，
轉而注重個人生活。後來的羅馬帝國的政治秩序進一步鬆懈了個

3　梅因，《古代法》（北京：商務印書館，1984），頁96-97。
4　威廉‧塔恩，〈希臘化文化〉，轉自薩拜因，《政治學說史》上卷（北京：商
　　務印書館，1986），頁178。

人與國家聯繫的紐帶，人們之間的社會紐帶也簡單化、抽象化了，個人可以預期自己的行為後果，從而為個人留下了一定程度的不受國家干預的自主選擇空間[5]。城邦沒落的真正標誌是私人生活和隱退的靜修生活成為美德。柏拉圖和亞里士多德都認為人是一種政治的動物，人只有在城邦（共同體）中才能獲得完善。可是，希臘化的後繼者們卻將脫離政治生活的沉思者作為最高理想。政治上的「後城邦時代」與思想上的「後亞里士多德時代」幾乎同時開始，亞里士多德對城邦精神作了經典的也是最後的闡釋，亞里士多德之後，懷疑學派、伊比鳩魯學派和斯多葛學派相繼興起，它們對何為美好的生活以及對城邦的態度都與亞里士多德的思想有著巨大的差別。伯林曾經就這種差別寫道：

> 從亞里士多德之死至斯多葛主義的興起的那段短暫而神祕的時期，在那段不到 20 年的時間裡，在雅典占統治地位的哲學學派們不再把個人僅僅放到社會生活的狀況中去理解，不再討論那些曾經充斥在柏拉圖學派和亞里士多德學派中的有關公共政治生活的問題，似乎這些問題不再是核心，甚至不再有意義了，它們突然談論起處於純粹內在經驗中的人，以及個體的拯救，好像個人是孤立存在的實體，其德性是基於他們相互間更加隔絕的能力。[6]

對城邦生活的否定隨著亞歷山大結束城邦時代而瀰漫開來，

5　參見叢日雲，《在上帝與愷撒之間》（北京：生活・讀書・新知三聯書店，2003），頁89。

6　以賽亞・伯林，〈浪漫主義革命：現代思想史的一個危機〉，載達巍等編，《消極自由有什麼錯》（北京：文化藝術出版社，2001），頁1-2。

一種幻滅的情緒、一種退出塵世去建立隱居生活的意願，對當時各哲學學派強調個人自主意志、否定城邦時代的整體主義起了影響。此前，柏拉圖和亞里士多德都認為，美好的生活必須通過參與城邦（政治）[7]的生活才能實現，城邦生活提供了一種完整性、自足性，應該如何生活的所有問題在城邦裡都有答案，城邦為所有程度的幸福和各種志向的實現提供了機會。如今，這些對柏拉圖學派和亞里士多德學派：

> 持反對意見的哲學派別斷言，一個人為了過美好的生活必須生活於城邦之外，或者即使生活在城邦之內也無論如何不應當隸屬於城邦，他們已樹立起一套不僅與柏拉圖和亞里士多德所設想的無關而且實質上與之相反的價值標準。……他們說柏拉圖和亞里士多德提出的關於智慧與美德的觀念是完全錯誤的。因為這樣一種美德是屬私人的，它是某種存在於個人並由個人獲得或失去的東西，而不是某種必須具備共同生活才有的東西。自給自足，柏拉圖和亞里士多德認為這是國家的一種屬性，現在成了個別人的屬性。美德成了某種不是嚴格限於在城邦的範疇內才能想像得出的東西，它變成了私人生活和隱退生活的美德。[8]

被伯林稱為西方思想三大轉折點的這第一次轉折[9]，為近代個

7　在古希臘的語彙中，「政治」（Politics）一詞源自「波里」（Polis），即「城邦」。

8　薩拜因，《政治學說史》上卷，頁161。

9　伯林所稱的第二次轉折發生於馬基雅維利時代，第三次轉折發生於浪漫主義時代。見以賽亞・伯林，〈浪漫主義革命：現代思想史的一個危機〉，載達巍

人主義在西方的興起永久地奠定了一種精神基礎，雖然它還不能稱為一種「個人主義」精神，但是，它對個人隱私的強調，對個人意志自由的聲張，在後來漫長的西方歷史中成為潛在的起作用的因素，直至近代把它展開。

我們之所以還不能說希臘化時代和羅馬帝國時代持續數百年之久的斯多葛學派主張了一種個人主義，是因為它仍然存在某種否定個體的傾向：它強調個人從屬整體，強調個人對社會的責任，等等。人們往往要求重視斯多葛學派對奠定自然權利之基礎的自然法觀念的貢獻，確實，以自然權利為形式的人權觀念是在自然法的理論框架中誕生的，因為正是自然法理論為自然權利也即應然權利的獨立存在或先驗存在提供了學理上的支持理由，使之成為可能[10]。但是，自然法只是為自然權利提供了道德存在的依據，並未提供自然權利本身。對自然法絕對服從的義務是否能夠產生出自然權利的觀念，要看自然法的內容強調的是義務還是權利，是整體還是個人。若是前者，那麼要求服從自然法就會為自然義務而不是自然權利提供根據。

從自然法向自然權利的過渡，需要形成比自然法更為關鍵的兩個觀念，這就是普遍平等的觀念和個人自由的觀念。

就平等觀念而言，自然法本身並不一定包含它於其中，因為，根據「自然」，人們同樣可以證明人是不平等的。智者學派的加里克里斯就認為：「無論是人或動物，或所有城邦與所有種

等編，《消極自由有什麼錯》，頁1-3。

10 施特勞斯認為，自然權利觀念的產生恰恰是對傳統自然法學說的顛覆，洛克的自然權利並不依賴於自然法，反而是所謂自然法的基礎。這種觀點遭到越來越多人的質疑。參見霍偉岸，《洛克權利理論研究》（北京：法律出版社，2011），頁22-34、148-171。

族，自然所昭示的都是：公正是在於優者統治劣者，優者比劣者占有更多。」[11] 在他看來，根據多數人制定的人定法，平等是公正的，因為弱者害怕失去他們的利益；可是，根據自然的法律，「優者比劣者多獲得一些乃是公正的，較強者比較弱者多得些，也是公正的。」[12] 柏拉圖也認為，自然的正義就是各種職能和等級不同的人之間各守其分，互不僭越。亞里士多德更是認為，「有些人天生即是自由的，有些人天生就是奴隸，對於後者來說，被奴役不僅有益而且是公正。」[13] 因此，平等論者要想避免自然不平等論者的攻擊，就必須將其訴諸的「自然」抽象化，使之超離人的外在差異性，完全普遍化，甚至上升到超驗存在領域。這恰恰是斯多葛學派所達到的。斯多葛學派對自然權利論的貢獻正在於，它提供了自然理性及其自然平等觀念，否則，如果僅僅提供自然法及其道義論觀念，我們很難解釋為何它對後世會有如此大的影響。

斯多葛學派的特徵是將自然與理性、與本性或與人性相等同，然後又與宇宙或世界的本源相等同。通過抽象，他們將許多不同的概念等同起來，而其核心是理性。他們認為，理性滲透於宇宙萬物之中，支配著整個宇宙，是一種普遍存在的力量。整個宇宙是一個統一體，由最高理性產生統一秩序（自然法則），萬物受理性支配也即受絕對規律和必然性支配。人是自然的一部分，是大宇宙中的小宇宙，與大宇宙共有一種理性，因此，理性

11 周輔成編，《西方倫理學名著選輯》上卷（北京：商務印書館，1964），頁29。

12 周輔成編，《西方倫理學名著選輯》上卷，頁29。

13 亞里士多德，〈政治學〉，載苗力田主編，《亞里士多德全集》第九卷（北京：中國人民大學出版社，1994），頁12。

既是人的本性，又是宇宙的本性。順從自然生活就是順從理性法則而生活，而理性法則就在人的本性之中。正是人人具有理性，而人的理性就是宇宙的理性，因此任何人，無論是希臘人還是野蠻人，奴隸還是自由人，富人還是窮人，都是平等的。人們共同生活於一個國家中，這就是世界國家，接受共同的法律統治，這就是理性法（自然法）。

由此，斯多葛學派完成了對人的抽象，人之為人僅僅在於理性，而人的種族、信仰、國籍、門第、財產、身分、階級等等差別皆被剝離去。這種抽象為自然權利觀念提供了最重要的依據，因為既然人僅僅擁有理性而受到尊重，那麼，權利也就僅僅屬這種人的理性存在，其所固有的權利就不可剝奪，不可讓渡，天然享有。權利不是從外面給予人的，而是人之為人所固有的，或者說，是人的理性所固有的。

斯多葛學派並未走到這一步，但是只要另一觀念——個人自由的觀念——形成的條件具備，自然理性觀念就會轉化為自然權利觀念。

二、基督教中的源頭

自由和平等是現代社會典型的兩個品質，但是，這兩個概念的內涵或定義歧義甚多，經常模糊不清。當我們討論個人主義時，「消極自由」（個人不受干涉）比之於「積極自由」（意志自律）[14]無疑更具有意義。但是，在古代社會裡，甚至在中世紀裡，「消極自由」的觀念還遠未形成[15]，瀰漫於各派思想中的是個人意

---

14 關於這兩種自由概念的含意，本書後文將會作詳盡闡釋。

15 城邦衰落後隱私意識的增長可以看作是消極自由的萌芽。

志自由、精神自由這種「積極自由」的理念。這種自由理念無疑是近代個人主義得以長成的淵源之一。這說明，伯林所謂的「積極自由」與個人主義未必不具有某種親和力，它是近代自由主義的催生因素。截然對立「積極自由」與「消極自由」只是現代晚近的事情，而在進入現代社會的歷史進程中，積極自由理念恰恰是消極自由得以形成的一個重要因素。

最能體現這種積極自由理念的是基督教。

正如上述，城邦的失敗使人們不得不學會過單獨的生活，這是一種前所未有的生活體驗。人們不得不要在一種新的比城邦大得多的社會聯合體中生活在一起，這種聯合體把四海之內各種族或各民族的人們聚合在一起，亞里士多德式的種族主義的優越感不再存在，所有人都是平等的。人不復是城邦的公民，也不再有文明人和野蠻人的區分，所有人都是人類的一分子。薩拜因因此論道：「個人的生活和孤立的意識也有其相反的一面，這就是人意識到自己是一個人，是人類的一員，具有到處大致相同的人類本性。因為把公民們維繫在一起的親密聯繫的破壞使他乾脆成了一個人。」[16]要學會在一種新形式的人類聯合體裡共同生活是一項艱巨的任務，個人的孤獨感與日俱增，亞里士多德以後的一切哲學都成了進行倫理教導和安慰的手段，並且日益具有宗教的特色。薩拜因這樣寫道：

> 人們不可能看不到這種宗教的發展對人們乃是一種感情上
> 的幫助，如果沒有這種幫助，人們在世界上就會感到孤立並
> 發現自己的原有力量不足以經受住嚴酷的考驗。從這一過程

16 薩拜因，《政治學說史》上卷，頁180。

中便產生出一種自覺，一種個人的和生活的內在性的意識，
而這是古代希臘人從來不曾有過的。人們正在緩慢地為自己
製造靈魂。[17]

基督教正是在這一氛圍下出現並形成的，其所具有的精神力
量的某些特質使之成為世界性宗教，對歐洲後來的歷史進程具有
極大的影響。這不僅是指她在中世紀中的地位，而且是指她對現
代社會的成長所起的作用。

卡爾・弗里德里希在追述西方憲政傳統的起源時指出：「憲
法旨在維護具有尊嚴和價值的自我，因為自我被視為首要的價
值，這種自我的優先，植根於基督教信仰，最終引發了被認為是
自然權利的觀念。」[18]基督教對個人主義的貢獻在於，它通過在個
人與上帝之間建立起直接的聯繫，使人的精神世界具有了獨立的
價值，從而將人的內在精神生命的價值和尊嚴提升到前所未有的
高度。這種超越主義的價值取向使人們以一種有尊嚴的態度來對
待世俗社會和國家，從而僅賦予國家以工具性價值，而將個人的
價值及其彼岸的命運置於政治秩序之上，賦予其目的意義。基督
教之所以提高了個人的地位，是因為它將人的靈魂與肉體、精神
生活與世俗生活、來世命運與現世境遇區分開來，把前者從後者
中剝離出來，並與上帝建立直接的聯繫，從而賦予人的精神生命
高於世俗秩序的神聖意義和超越世俗秩序的獨立價值。通過這種
對人的二元分解，基督教提升了人的地位和尊嚴。近代自由主義

---

17 薩拜因，《政治學說史》上卷，頁179。
18 卡爾・弗里德里希，《超驗正義：憲政的宗教之維》（北京：生活・讀書・新
　　知三聯，1997），頁15。

者能夠堅定地主張人具有不可剝奪和轉讓的神聖權利，就是繼承
了基督教思想文化的這份遺產[19]。

　　不過，基督教僅僅是賦予人的精神世界以個人主義特徵，而
在世俗生活層面則是整體主義的。基督教信仰認為，在與上帝的
關係中，人是獨立的，有其不依賴於任何社會機體的內在價值，
但在世俗社會裡，個人隸屬於特定的等級和社會共同體。由此可
見，基督教神學的個人主義涉及的並非個人的整體，而是僅僅涉
及個人的精神和靈魂[20]。

　　這種精神深處的個人主義使基督教強調個人選擇和個人意志
的能力，強調個人對自己的行為負責。這種宗教個人主義尤其表
現在新教思想中。新教思想的核心是：「個人信仰不需要中介，
他對自己的精神命運負主要責任，他有權利和義務以他自己的方
式並通過他自己的努力，直接建立他與上帝之間的關係。」[21]對於
新教教徒來講，由於完全排除了通過教會和聖事獲得拯救，因此
他被迫孤獨地去迎接早已被決定了的歸宿。馬克斯・韋伯認為，
這種個人內心的隔絕是「形成幻滅的、具有悲觀傾向的個人主義
的根源之一，這在今天也仍然可以從那些有著清教傳統的民族的
國民性格與制度中辨認出來。」[22]新教對於個人主義的貢獻之大，
以致特勒爾奇（1865-1923）宣稱：「個人主義的不斷完善，要歸
功於宗教，而不是世俗的運動，要歸功於宗教改革，而不是文藝
復興。」[23]

---

19 參見叢日雲，《在上帝與愷撒之間》，頁36-54。
20 參見叢日雲，《在上帝與愷撒之間》，頁104-110。
21 史蒂文・盧克斯，《個人主義》（南京：江蘇人民出版社，2001），頁88。
22 轉自史蒂文・盧克斯，《個人主義》，頁90。
23 轉自史蒂文・盧克斯，《個人主義》，頁88。

三、文藝復興中的個人主義

不過，對文藝復興的忽視肯定是不恰當的。文藝復興究竟是基督教內在個人主義精神的延展，還是異教的古典時代人文主義精神的復興，開展了一場世俗的個人主義運動，這是可以討論的。也許這兩者並不矛盾。神學個人主義在天上，在彼岸，在超世，世俗個人主義在地上，在此岸，在現世，從前者向後者移植並無天然的障礙。

瑞士歷史學家布克哈特的《意大利文藝復興時期的文化》一書的中心主題就是個人主義的發展，該著第二篇標題為「個人的發展」。據史蒂文‧盧克斯的歸納，布克哈特對「個人主義」一詞的使用有三種含意：第一是個人擺脫外在給定的權威所表現的自信；第二是個人同社會相分離，變成一種私人的存在；第三是個人個性的充分與和諧的發展。「在布克哈特看來，文藝復興時期的意大利人由於道德自主、隱私權的發展以及獨特的個性而成為『近代歐洲的兒子中的長子』。」[24]

文藝復興的根本意義在於「人成了精神的個體」，個人不再是一個種族、民族、黨派、家族或社團的單純符號，他獲得獨立的精神世界。布克哈特在《意大利文藝復興時期的文化》第二篇開篇寫道：

> 在中世紀，人類意識的兩方面——內心自省和外界觀察都一樣——一直是在一層共同的紗幕之下，處於睡眠或者半醒狀態。……人類只是作為一個種族、民族、黨派、家族或社

24　史蒂文‧盧克斯，《個人主義》，頁21。

團的一員——只是通過某些一般範疇，而意識到自己。在意
大利，這層紗幕最先煙消雲散；對於國家和這個世界上的一
切事物做客觀的處理和考慮成為可能的了。同時，主觀方面
也相應地強調表現了它自己；人成了精神的個體，並且也這
樣來認識自己。[25]

　　所謂「人成了精神的個體」，表現在史蒂文・盧克斯所歸結
的三個方面：第一，道德自主，從他律轉向自律。第二，隱私權
的發展。布克哈特談道：「政治上的軟弱無力並不阻礙私生活的
不同旨趣和不同表現的生機勃勃和豐富多彩」，並指出，這樣的
私人「對政治漠不關心，一邊忙於他自己的正當事業，一邊對於
文學藝術有極大的興趣」[26]。第三，獨特的個性。布克哈特認為，
義大利在13世紀末期就開始出現充滿個性的人物，施加於人類人
格上的符咒被解除，人們各自以其特殊的形式出現在人們面前[27]。

---

25 雅各布・布克哈特，《意大利文藝復興時期的文化》（北京：商務印書館，
　　1979），頁125。
26 雅各布・布克哈特，《意大利文藝復興時期的文化》，頁127頁
27 雅各布・布克哈特，《意大利文藝復興時期的文化》，頁130-135。這一「獨
　　特個性」的概念被後來的浪漫主義者（洪堡、施萊格爾兄弟、施萊爾馬赫等）
　　所突出，他們強調個人的獨特性、創造性和自我實現，以反對啟蒙運動的理
　　性的、普遍的和不變的標準。以致齊美爾稱此為以「新個人主義」來反對
　　「18世紀的個人主義」（見盧克斯，《個人主義》，頁15-16）。約翰・密爾也
　　把爭取個性的不受羈絆作為自由主義的目標之一，這導致伯林對他的不滿，
　　認為這過分強調了「積極自由」。對「個性」的單獨強調確實會走向個人主
　　義的反面，盧克斯指出：「早期浪漫主義的私人『個人主義』很快演變成一
　　種有機的和民族主義的共同體理論。正如晚近的一位學者所說，根據這種理
　　論，每個獨一無二和自給自足的個人，『必須與自然和民族相結合，植根其
　　中』，這樣才『能夠獲得自我與個性』。」（見盧克斯，《個人主義》，頁18）

這三個方面構成個人主義的不同內容。「道德自主」表現為個人擺脫外在權威，走向個人自主；「隱私權的發展」標誌著一個不受公共權力控制的私人領域的初步形成，被後來貢斯當稱為「現代人自由」的基礎；「獨特的個性」表明自我從大眾中脫穎出來，人們開始追求與他人的不一致性而非一致性。三者的統一意義在於，個人獲得前所未有的存在價值，以往遠遠高於個人的力量，包括上帝、國家、社會共同體，現在都或多或少必須從個人的存在加以說明。人是什麼的問題成為說明一切的基點，人文主義是這場文藝復興運動的主旋律，而在其之上誕生的就是現代個人。

第二節　個人主義的含意

一、個人主義和利己主義

　　個人主義是一個歧義倍出的概念，在不同的語境下它所意指的東西是非常不同的。關於個人主義，從一開始，就流行著一種在邏輯上不能成立的觀點，即認為個人主義就是利己主義，因此維護個人主義就是鼓吹和縱容自私自利、唯我獨尊、任性妄為。這是集體主義的支持者之所以視個人主義為洪水猛獸的一個原因。於是，個人主義在語義上就經常被混淆於利己主義。

　　《牛津英語辭典》對個人主義有這樣的解釋：「（1）自我為中心的感覺或行為，自我主義；（2）倡導個人自由行為的社會理

齊美爾就此寫道：「這種個人主義把自由限定在這一術語的純粹內心的意義上，很容易地獲得了一種反自由的傾向」，它「與18世紀的個人主義是完全對立的」（轉自盧克斯，《個人主義》，頁19）。

論。」[28] 顯然，這兩方面的含意並不是等同的，卡爾・波普爾在
《開放社會及其敵人》一書中依此指出：

> 「個人主義」這一術語（據《牛津字典》）有兩種不同的用
> 法：（a）與集體主義相反，及（b）與利他主義相反。前一
> 種意義再沒有其他的詞來表達，但後者則有數個同義詞，例
> 如「利己主義」和「自私」。[29]

查爾斯・泰勒也表達過這個意思：

> 個人主義事實上在兩種不同的意義上使用。在一種意義
> 上，它是一種道德理想，是我一直在討論的道德理想的一個
> 方面。在另一種意義上，它是一種非道德現象，某種類似我
> 們用利己主義所指的東西。……混淆這兩種具有完全不同的
> 原因和後果的個人主義，是災難性的。這就是為什麼托克維
> 爾仔細地將「個人主義」與「利己主義」分開。[30]

個人主義是直到近代才從西方文化中演化出來的一種現代觀
念，而「利己主義」、「自我中心」或「自私自利」這類觀念則與
人類自身的歷史一樣久遠。在中國的文化精神裡，個人主義根本
無從談起，但是，中國社會中人們的自私自利卻從不缺少。當托

28　轉自李強，《自由主義》（北京：中國社會科學出版社，1998），頁148。

29　卡爾・波普爾，《開放社會及其敵人》第一卷（北京：中國社會科學出版
　　社，1999），頁199。

30　查爾斯・泰勒，《現代性之隱憂》（北京：中央編譯出版社，2001），頁143-
　　144。

克維爾於18世紀30年代對美國作了那次具有歷史意義的訪問時，個人主義對他來說還是個新概念。他寫道：「個人主義是一種新的觀念創造出來的一個新詞。我們的祖先只知道利己主義。」[31]托克維爾並不贊成個人主義，但他起碼對這兩種概念作了區分。他認為，個人主義是關於「每個人是怎樣依靠自己確定其信念的」問題，而利己主義是關於「每個人是怎樣使其一切感情以自己為中心的」問題[32]。

　　在中國大陸的意識形態領域甚至學術領域，這兩種含意是經常混淆在一起的，與集體主義相對立就是唯我主義、自私自利、唯利是圖，全然罔顧倫理道德，缺乏為公利他精神和高尚情懷等等[33]。下面這一段論述是這種個人主義的典型定義：

> 作為處理個人利益與集體利益的一種態度和方式，個人主義在任何情況下都把個人利益放在集體利益和國家利益之上，是對待自己利益的一種利己主義態度。[34]

31　托克維爾，《論美國的民主》下卷（北京：商務印書館，1988），頁625。

32　托克維爾，《論美國的民主》下卷，頁625。

33　1978年版的《新英漢詞典》（上海譯文出版社出版）中individualism一詞的釋義是「個人主義；利己主義」，individualist一詞的釋義是「個人主義者；利己主義者」。1980年版的《辭海》是這樣釋義個人主義的：「是一切以個人利益為根本出發點的思想。是私有制經濟在意識上的反映。它是資產階級世界觀的核心和資產階級道德的基本原則。資本主義社會是私有制的最後和最完備的形態，因而個人主義在資產階級身上發展到了頂峰。表現為損公肥私、損人利己、唯利是圖、爾虞我詐等。」（《辭海》〔上海：上海辭書出版社，1980〕，頁309。）

34　陳先達，〈論指導思想一元化問題〉，《新華文摘》2001年第2期。

這種個人主義的定義從個人主義推導出個人對待集體利益的利己主義態度的必然性。認為個人主義必然導致把個人私利放在第一位，從而導致對公共利益的損害，個人主義就意味著只顧個人私利，不顧集體利益。

> 個人主義就是把個人利益放在集體利益之上，要求集體利益服從個人利益，要求犧牲集體利益去滿足個人利益。一句話，就是自私自利的個人第一主義。它的最突出表現就是一心追求名利，追求個人的榮譽、地位、物質享受；如追求不到或不能滿足其欲望時就消極厭世。照個人主義者看來，只有他們是世界上最要緊的，因此，他們選定了「人不為己，天誅地滅」的人生觀。[35]
>
> 所謂個人主義，簡單地說，就是一切為了個人，個人利益高於一切的意思。個人主義也叫做利己主義。[36]

波普爾認為，把個人主義等同於利己主義、唯我主義，而把集體主義等同於無私利他，是一種概念的誤用，因為，個人主義完全有可能是利他主義的，而集體主義完全可以是利己主義的。他指出：

> 集體主義並不反對利己主義，而它也並不跟利他主義或無私相同一。集體或集團利己主義，例如階級利己主義，是十分常見的事，這就相當清楚地表明這樣的集體主義並不反對

35《批判個人主義》（北京：中國青年出版社，1958），頁5。

36 孫維本，《個人主義是萬惡之源》（瀋陽：遼寧人民出版社，1958），頁22。

　　自私。一位反集體主義者，即一位個體主義者，能夠同時是一位利他主義者。為了幫助其他的個體，他也可以情願地作出犧牲。[37]

　　李強在《自由主義》一書中也認為：「以我為中心，只考慮自身的利益，罔顧他人或其他團體的利益，這既可能是個人的行為，也可能是某一集體的行為。」[38]集體和個人作為道德主體，其行為的道德特性是沒有區別的，都有道德的和不道德兩方面。人們所描述的個人行為的不道德特徵同樣可以加諸集體行為上，而且，有人甚至認為，集體比之於個人更傾向於利己主義[39]。基督教倫理學家萊茵霍爾德・尼布爾就指出：

　　　　作為個體的人可以成為道德的人，這是因為在涉及到行為的關鍵問題上他們能夠考慮與自己的利益不同的利益，有時甚至能夠做到把他人的利益放到自己的利益之上。作為個體的人生來就具有同情心，並且關懷他們的同類，……他們天生的理性能力使他們具有正義感，……同時，他們的這種理性能力還會使他們人性中的利己成分淨化到他們能夠以一種客觀公正的態度去評價涉及到他們自己利益的社會狀況。但是，所有這些成就對人類社會和社會群體來說都是困難的，

---

37 波普爾，《開放社會及其敵人》第一卷，頁200。
38 李強，《自由主義》，頁148。
39 按照方法論個人主義的觀點，集體不過是個人的集合，因此，實際上不存在所謂集體的行為或作為主體的集體的選擇，所有的行為和選擇都是個體作出的。但是，如果把以集體的名義作出的行為選擇，或個人行為的集合算作集體行動的話，權且可以說有集體行為這麼回事。

幾乎是不可能的。在每一種人類群體中,群體缺乏理性去引導與抑制它們的衝動,缺乏自我超越的能力,不能理解他人的需要,因而比個人更難克服自我中心主義。[40]

　　因此,我們很容易地就可以得出結論:集體主義和利己主義在邏輯上並不對立,正如個人主義和利他主義並不對立一樣。之所以如此,在於集體主義和利己主義或利他主義並不在一個邏輯層次上,根本不能比較,它既可以與利己主義兼容,又可以與利他主義兼容;這和個人主義是一樣的,個人主義在邏輯上與利己主義或利他主義沒有必然關係。可見,集體主義的對立面只能是個人主義,而利他主義才是利己主義的對立面。

　　把個人主義等同於利己主義,同時,把集體主義等同於利他主義,是那種視個人主義為洪水猛獸的觀點的邏輯混亂。實際上,對個人奉獻精神的強調經常會加強集體的非理性行為,它恰恰容易導致人間最大的慘劇和災難。經常有人把大公無私、先公後私、公而忘私、克己奉公等品質作為最高的道德善,可是,我們從古今中外的歷史上看,這種無私利他、忠誠獻身的精神完全可以是惡的。如果不以正義道德為戒律,它們恰恰會製造最黑暗、最野蠻、最狂熱的不道德現象。因此,問題的關鍵在於集體行為本身的目標或動機,而不在於個人對集體的奉獻和犧牲(集體主義)。康德指出:「在這個世界之中,甚至在世界之外,除了善良意志,不可能設想一個無條件善的東西。」[41]那些看似善的品

---

40 萊茵霍爾德·尼布爾,《道德的人與不道德的社會》(貴陽:貴州人民出版社,1998),頁3。

41 康德,《道德形而上學原理》(上海:上海人民出版社,1986),頁42。

質「假如不以善良意志為出發點，這些特徵就可能變成最大的惡」[42]。也就是說，善惡的終極界限並不在於是否秉持大公無私的精神上，而在於是否秉持「人是目的」的善良意志上。沒有對人的尊重，所有看似善的行為都會是惡[43]。

我們無論從歷史上還是從現實上看，都無法判斷說集體主義者就比個人主義者更加傾向於無私利他。相反，集體主義者比之於個人主義者，其心胸可能更加狹隘，他傾向於去製造敵人而不是去樹立博大的人道主義胸懷。哈耶克就寫道：

> 若要用一個信條將某個集團牢牢地團結在一起以便共同行動的話，那麼，將「我們」和「他們」對立起來，即向一個集團以外的人進行共同的鬥爭，則似乎是這個信條中的重要組成部分。[44]
>
> 集體主義不能容納自由主義那樣的人道主義，它只能容納⋯⋯狹隘的門戶之見。[45]
>
> 其實，人道主義的真正概念，因而也是任何形式的國際主義的真正概念，完全都是人的個人主義觀點的產物，而在集體主義思想體系中，它們是沒有地位的。[46]

個人主義之所以比集體主義更能夠容納人道主義，在於它對所有的個人一視同仁，不因善觀念上的分歧而敵我相待，能夠保

42　康德，《道德形而上學原理》，頁43。

43　這也是馬克斯・韋伯所謂「信念倫理」和「責任倫理」的區別所在。

44　哈耶克，《通往奴役之路》（北京：中國社會科學出版社，1997），頁133。

45　哈耶克，《通往奴役之路》，頁135-136。

46　哈耶克，《通往奴役之路》，頁136。

持寬容的精神。因此，從根本上說，只有個人主義才能實現博愛、和諧的人類理想。

把個人主義等同於利己主義是一種邏輯混亂。個人主義的根本含意與如何對待個人利益沒有關係，而與如何對待個人對利益的自主選擇權利有關。對個人自主選擇權利的尊重如果說會縱容個人自私自利、唯我獨尊的話，那麼它同樣會鼓勵個人為公利他、無私忘我。個人主義的道德意義不在於去惡從善，而在於把去惡從善的選擇交給個人自己去努力和完成；不在於是否要獻身於美好的理想或事業，而在於把對事業的奉獻和犧牲的選擇交給個人，而不是強迫個人。正因此，它把道德責任加在個人身上，把道德理想的追求交給個人，沒有任何集體能夠去代替或強加個人選擇，個人是自主的（當然，不排除對個人提供指導）。可見，個人主義開拓了人生的更多可能領域，防止被某種善生活觀念和善生活方式所強加，因此展現了對更有意義、更豐富的生活的追求。

二、個人主義和集體主義

集體主義（collectivism）是主張個人從屬社會，個人利益應當服從集團、民族、階級和國家利益的一種思想理論。集體主義要求一切從集體出發，把集體利益放在個人利益之上，在二者發生衝突時，堅持集體利益高於個人利益。在中國大陸的意識形態理論中，集體主義理論是完全建立在對個人主義的否定基礎上的。

關於集體主義這個概念，由於其含意在歷史中的展現，我們通常把它與「多數人的暴政」相聯繫，或者與全權（極權主義）政治相聯繫。無論如何，集體主義的空前強調多半是與某種政治目標緊密相連的，這種狀況典型地反映了政治對道德的凌駕。

　　集體主義都具有很強的目標性。如果集體的目標是利己主義
的，對集體主義的強調只會使其每一個人去為一個不正義的集體
奉獻力量，使這個集體凝聚、團結得像一股繩，正如希特勒統治
下的德國，曾經熱烈地鼓吹過愛國主義和對集體目標的奉獻精神。
即使集體的目標不是利己主義的，集體主義的功能也往往僅是動
員人們去實現某一政治的目標，與高尚的美德追求沒有關係。

　　集體主義對個人主義的否定從根本上說是對個人自主和個人
意志的否定，這使得集體主義的規範要求總是建立在強迫或人們
盲從的基礎上。如果一個人具有獨立的人格與自由的精神，從自
身的意志出發，認同和服從集體的目標，那麼這在根本上就不是
集體主義，而是個人主義。那些一心為他人著想、無私奉獻的傑
出人物實際上是個人的自我意識的覺悟和昇華，其根基仍然是個
人主義。集體主義要求的並不是個人的這種自主奉獻精神，而是
個人對集體的無條件服從精神。

　　列寧指出：「作為現代資本主義社會中特殊階層的知識分
子，他們的特點，一般和整個說來，正是個人主義和不能接受紀
律和組織。」[47]知識分子所接受的教育使之往往傾向於個人自主，
不願盲從，故對於某一政治目標的追求來講，他們都是要被克
服、被改造的對象。列寧說過：

　　　知識分子……並不是這樣或那樣運用實力來進行鬥爭，而
　　是利用論據來進行鬥爭。他的武器就是他個人的知識，個人
　　的能力，個人的信念。他只有憑靠自己個人的品性，才可以
　　獲得一定的意義。因此，在他看來，發揮本人個性的完全自

---

[47]《列寧全集》第8卷（北京：人民出版社，1986）（第二版），頁264。

由是順利進行工作的首要條件。他作為某個整體的從屬部分
而服從這個整體是很勉強的，是迫於必要而不是出於本人心
願的。[48]

　　對於集體主義事業而言，知識分子的獨立人格和個人自主能
力過強，難以駕馭，因此集體主義的追求者往往轉向易於接受影
響的大眾，通過改造了的大眾的力量和壓力去改造知識分子。一
旦被改造過來，知識分子的所作所為就可能是徹底地放棄個人自
主，甚至比大眾還激烈地批判個人主義，以致完全自貶人格。其
因素之一是，他們的心靈無法面對大眾的巨大壓力，他們感到在
大眾（人民）面前有一種「原罪」：個人獨立和自主的原罪。這
種原罪感使改造了的知識分子絕對地從眾，以洗刷自己的罪惡。

　　這樣一種集體主義是政治目標的要求[49]，與敦化人們的道德心
靈、提升人們的道德水準沒有關係，相反，它有可能因過分強調
服從和紀律而導致人們道德自覺性的喪失、道德感的遲鈍，從而
導致整個社會道德的衰敗。一個國家道德衰敗的原因在很大程度
上與個人道德自覺性和自主性的喪失有關。把集體主義的堅持捆

---

48 《列寧選集》第1卷（北京：人民出版社，1960），頁566。

49 這種政治化的集體主義，從列寧的這段話可以看出：「無產者在他還是孤零
　零的個體時是沒有什麼力量的。他的全部力量，他走向進步的全部能力，他
　的一切希望和願望，都是從組織中，從他的同志們的有計畫的共同活動中汲
　取來的。當他成為偉大而強有力的機體的一部分時，它就覺得自己是偉大而
　強有力的了。在他看來，這個機體就是一切，而單獨的個體同這個機體比較
　起來是沒有多大作為的。無產者以最大的自我犧牲精神，以無名群眾的一分
　子的資格──毫不計較個人利益，毫不考慮個人榮譽──進行著鬥爭，他在
　指定的任何崗位上都履行自己的職責，自願地服從那貫穿在他的全部情感和
　全部思想中的紀律。」（《列寧選集》第1卷，頁566。）

綁在政治上，把政治凌駕於道德之上，是個人道德自主性喪失的一個重要原因。而沒有道德自主選擇的自由，就沒有道德可言。在這種狀況下，對個人私生活的強調被認為是利己主義，個人隱私或私人空間被限制在狹小的範圍內，「個人主義」在這種時代裡成為最壞的名詞之一。下面是幾段大陸讀者所熟悉的文字：

> 有資產階級個人主義思想的人，不能保持旺盛的革命意志，常常表現出生活上的墮落性和自私性。
>
> 有資產階級個人主義思想的人，鬧名譽、鬧地位、鬧待遇，其最終目的，無非是為了過高人一等的舒適安逸的生活。和無產階級革命者把政治鬥爭看作是生活的基本內容相反，他們把吃喝玩樂看作是生活的基本內容，至於革命工作，只不過是為了謀求個人「幸福」所不得不進行的苦役。這種人，對革命不可能有高度的革命熱情，自己不可能有旺盛的革命意志。
>
> 生活上的自私性，使他們變成鼠目寸光的小人，除了自己的小家庭和生活瑣事之外，對什麼都興趣不大，因而對什麼也認識不清。這種人……為了「豐富」自己的生活內容，卻能夠興致勃勃地東奔西跑去買一件自己心愛的小玩藝，甚至撲多少次空都不灰心。這樣，他們的興趣、精力，就都轉向了生活小事，冷落了革命工作，正如人們所形容的那樣，成了「生活上的顧問，政治上的庸人」。[50]

---

50 尚學，《徹底破除資產階級個人主義思想》（長春：吉林人民出版社，1960），頁18。

在一本題為《個人主義是萬惡之源》的書中，「個人主義」被指為下面這些表現：「為人民幣服務，爭名譽、鬧地位，驕傲自滿、狂妄自大，不愛護公共財產，好逸惡勞、貪圖享受。」[51] 在這些個人主義的批判者看來，個人主義意味著把個人私生活凌駕於集體政治目標之上，而這就意味著自私自利、道德墮落。可是，當集體的、政治的目標全然凌駕於個人私生活之上並使人們失去了道德自主選擇空間之後，人們的道德是更加純化了還是更加衰敗了？伯林在著名的《兩種自由概念》的演說中是這樣講的：

> 無論就個人或社群而論，不願遭受侵犯、而願自行其是的欲望，都是高度文明的表徵。隱私權的意識，個人關係的領域自有其神聖性的意識，是來自於一種晚出的自由概念；這種自由的概念，雖然有其宗教上的淵源，本身發展完全的時間，卻不太可能早過文藝復興時代，或宗教改革時代。可是，這種自由概念的式微，卻將成為文明死亡的標記，以及整個道德觀死亡的標記。[52]

個人私域的形成、個人自主的確立、個人自由的保障是文明發展到一定程度或者說發展到現代的產物。並且，在其他價值（如安全、秩序、美德、平等、博愛等等）與個人自由相衝突時，個人自由也未必一定占優勢。但是，個人自由的式微卻是道德死亡的標記。之所以會如此，在於：

---

51 孫維本，《個人主義是萬惡之源》，頁1。

52 柏林，《自由四論》（臺北：聯經出版公司，1986），頁238-239。

「自由」二字的任何詮釋，不論多麼特殊，都必定包含最低限度的、我所謂的「消極」自由。我必須擁有一個領域，我在其中不會遭受挫折。實際上，也沒有任何一個社會，將它成員的自由全部施以壓制；一個人如果被別人限制到無法憑己意去做任何一件事的地步，則即使一個病理學家、生物學家、甚至心理學家，有心把他歸類為「人」，他卻根本已經不是一個「道德的行為者」（moral agent），從法律或道德觀點來看，他也都已不能算是「人」。[53]

一個社會的個人的私人領域（也即伯林所謂的「消極自由」）被壓縮至他不再能憑自己的意願自主行為的地步時，從道德的角度看，他就已經不能算是一個「人」了，因此，這個社會也就不可能有什麼道德可言了。伯林由此得出結論說：

個人自由應該有一個無論如何都不可侵犯的最小範圍，如果這些範圍被逾越，個人將會發覺自己處身的範圍，狹窄到自己的天賦能力甚至無法作最起碼的發揮，而惟有這些天賦得到最起碼的發揮，他才可能追求、甚至才能「構想」人類認為是善的、對的、神聖的目的。根據此一推論，我們應當在個人的私生活與公眾的權威之間，劃定一道界限。[54]

這一道界限所保障的是個人按照自己的意願對善良和美好東西的構想、追求和希冀的可能性，所阻擋住的是政治的、集體的

53　柏林，《自由四論》，頁280-281。

54　柏林，《自由四論》，頁232。

目標和力量對個人的道德擔當能力和自覺意志的摧毀或打擊。以
個人主義為基礎的自由主義的真實意旨是，保障個人具有不服從
集體目標的自主選擇權。但是，其含意並不在於鼓勵個人罔顧集
體利益，也不在於要求人們拒絕投身於集體的或公益事業中去，
而在於把選擇交給個人，尊重個人的自主意願。

三、個人主義和整體主義

　　由上述分析可知，個人主義並不與利他主義相對立，而是與
整體主義（holism）相對立[55]。個人主義與整體主義的對立，既是
兩種價值理念的對立，又是兩種社會學觀點的對立，同時還是兩
種政治意識形態的對立。

　　第一，這是一個倫理學、政治哲學中的價值理念的對立，這
一對立的內涵是：把個體作為有尊嚴的有不可剝奪的權利的主體
來對待，還是把個體作為可利用、可犧牲的手段來對待，哪怕其
目的是出於對公共利益或公共善的關懷或追求。雙方都維護自己
價值的內在性、優先性和目的性，而視對方價值僅僅具有工具的
意義。拉茲在《自由的道德》一書中給「個人主義」下的定義即
是：「假若一種人道主義的道德不承認集體的善（good）有任何
內在的價值，則這種道德理論就是個人主義的。換句話說，個人
主義的道德就是把集體利益（goods）僅僅視為具有工具價值的
人道主義道德。」[56]因此，說到底，這是一個關於個人價值、個人
尊嚴和共同善、共同利益何者優先的問題的爭論。個人主義不承

---

55 大陸語境下的「集體主義」可以說是一種極端化的、意識形態化的、政治性
　的「整體主義」。

56 J. Raz, *The Morality of Freedom*, Oxford: Clarendon Press, 1986, p. 198.

認整體的善具有內在的價值，認為這樣的善只具有工具性的意義，它只有在對個人有價值時才有價值，因此其價值不能超越於個人的價值之上。

路易‧迪蒙在《論個體主義》一書中指出，當我們談到「個體」或「個人」時，我們同時指兩個東西：一個是經驗主體，它說話、思考、具有意志，即我們在一切社會裡見到的人類的個體樣本；另一是倫理主體，它獨立自主，負載著我們的最高價值。與整體主義相對立的是上述第二種意義上的個體，這種個體是某種價值的負載者。個人主義者認為最高價值體現在這種個體中，而整體主義者認為最高價值體現於整體社會中[57]。毛澤東年輕時曾充分表達了這種個人對於整體所具有的無上價值：「個人有無上之價值，百般之價值依個人而存，使無個人（或個體）則無宇宙，故謂個人之價值大於宇宙之價值可也。……故個人、社會、國家皆個人也，宇宙亦一個人也。故謂世無團體，只有個人，亦無不可。」[58]

單個的人具有至高無上的尊嚴，這是個人主義的根本信念。如果一個人可以犧牲，那麼另一個人、再一個人，……以致所有的人都可以犧牲。「己所不欲，勿施於人」無論在東方還是西方，都是一個偉大的倫理原則，而它的真正實現是個人主義：你不想被當作手段犧牲，你就不應該把他人當作手段來對待。在康德的著作中，這種思想得到最深刻而系統的表述。他寫道：

---

[57] 參見路易‧迪蒙，《論個體主義》（上海：上海人民出版社，2003），頁22、244。

[58] 毛澤東，〈《倫理學原理》批註〉（1917-1918），載《毛澤東早期文稿》（長沙：湖南出版社，1990），頁151-153。

人，一般說來，每個有理性的東西，都自在地作為目的而
實存著，他不單純是這個或那個意志所隨意使用的工具。在
他的一切行為中，不論對於自己還是對其他有理性的東西，
任何時候都必須被當作目的。……有理性的東西，……他們
的本性表明自身自在地就是目的，是種不可能被當作手段使
用的東西，從而限制了一切任性，並且是一個受尊重的對
象。[59]

　　自由主義認為，個人之所以具有尊嚴，享有自由權利，乃在
於個人具有承擔責任的自我選擇能力，這是人之為人的本質特
徵。對一個人的尊重，不在於對其所選擇的任何善生活觀念的偏
愛，恰恰相反，對個人的尊重要求拒絕強加任何善觀念，而把善
生活方式的選擇權交予個人，相信個人是生活及價值選擇的承擔
者。也就是說，自由主義對個人的尊重是對個人自主選擇能力的
尊重，而對他所選擇的內容保持中立，當然，前提是他不得侵犯
他人同樣的權利。
　　反自由主義者所不滿的恰恰是這一點：自由主義所要求的中
立性。他們無法容忍個人的自主性對平庸生活與對高尚生活平
等、中立的看待，他們要求偏向甚至強加高尚的生活，而不是尊
重個人的自主選擇權。爭論的焦點在於個人自主還是道德強加：
是尊重個人對任何生活方式的自主選擇「權利」，還是強加某種
被認為是毋庸置疑的或必須的「生活方式」，哪怕不惜以消弱個
人的自主選擇能力為代價。
　　這是兩種同樣深刻而根本的價值觀的爭論，而不涉及是維護

---

[59] 康德，《道德形而上學原理》（上海：上海人民出版社，1986），頁80。

高尚還是縱容卑鄙、強調利他主義還是放縱自私自利這樣的淺層次問題。捍衛個人主義同樣是一種高尚的事業，它把維護個人的尊嚴作為其根本的價值追求，這同樣是為一種神聖的東西在鬥爭。

第二，個人主義和整體主義的對立還是一個社會學解釋模式或社會學方法論原則的對立。在社會學中，個人主義和社會實在論或社會有機體論相對立。這種社會學的個人主義不同於原子論的個人主義，不是一種把個人本體論化的理論，而是在研究和解釋社會現象時所採取的一種立場。它將社會整體解釋為個人行為的產物，認為要理解社會現象就必須首先理解個體的行為，所有社會現象都應該理解為是人類個體的決定、行為、態度和意願等等的結果。只有通過理解個體的人的行為，才能夠理解人的集體的行為。這種觀點認為，所有的社會現象，在不考慮有目的的行動者個人的計畫和決策的情況下，是不可能得到理解的。

這種被稱為方法論個人主義的學說最早是由霍布斯提出來的，他認為，我們為了能夠認識組合起來的整體，必須首先認識那些用來進行組合的事物，因為理解任何東西的最好辦法是理解構成它的因素，社會組合體的構成因素就是霍布斯所理解的個人。他在《利維坦》這部著作中，把國家視為理性個體為了保護自己的生命免於「所有人對所有人的戰爭」的危險而協議建立的，這種立足於理性個體選擇的社會契約論就是方法論個人主義的一個應用。

作為社會學方法論原則的個人主義最早由馬克斯‧韋伯作出闡釋，並由波普爾作出論證，再由哈耶克給予精闢論述，現已成為社會科學中具有廣泛影響的方法論原則。這一方法論原則建立在兩個重要原理之上：第一，所有的行為都由個體完成，對社會

現實的分析必須從個體開始；第二，除了社會中每一個個體的行為之外，「社會有機體」在現實中根本不存在。政府、社團、政黨、民族之類的「集體」全都是抽象概念，除了組成它們的每一個個體之外，它們本身在現實中是不存在的。韋伯就此說道：

> 　　就社會學所要達到的目的而言，它不會承認存在一種其「行為」如同集合個性那樣的東西。當我們在社會學的語境中，指稱一個「國家」、一個「民族」、一個「團體」、一個「家庭」、一支「軍隊」或其他類似的集合體時，我們所指的僅僅是單個人實際或可能的社會行為的某種擴展。[60]

　　與這種方法論的個人主義觀點相反，社會實在論認為，社會並不是相互作用的個人行為的結果，而是某種個人之外的、超個人的力量或因素在歷史中起作用的結果。社會並不簡單地是個體之集合，而是客觀存在的東西，是真實存在的實體。社會是由各種規範和制度構成的有機整體，社會外在於個人、超越個人，並對個人施以強制。雖然人們並不能具體地拿出一個「社會」來給人觀察，但是人們卻可以感受到社會的存在，這反映在生活於其中的成員都要受到來自於社會外在的、客觀的規束這一點上。孔德和斯賓塞的社會有機體理論是社會實在論的代表，迪爾凱姆（又譯涂爾幹）的社會學理論將社會實在論做了具體論述，帕森

60　Max Weber, *Economy and Society: an Outline of Interpretive Sociology* [A], Edited by Guenther Roth and Claus Wittich（v. 1）, Berkeley: University of California Press, 1978, pp. 13-14. 譯文轉自段培君，〈方法論個體主義的三種詮釋及其合理性〉，載《自然辯證法研究》2002年第9期。

斯的結構功能主義則是社會實在論的當代繼承者。

個人主義常被理解為主張個人是獨立（孤立）地存在於社會之外的。從這一理解中產生出另一種觀點，認為個人主義與合作是不相容的，它強調個人競爭，製造衝突，排斥合作，使社會成為一盤散沙。然而，作為社會學的方法論個人主義卻認為，不應當把個人主義理解為它主張個人可以脫離群體來生活，而應當理解為它主張不是群體而是個人才是社會的基本構成單位。

社會學中關於方法論個人主義還是方法論整體主義的爭論也許不會有一個最終的結論，但是關於個人主義的堅持卻會持續下去，無論今天的人們是多麼強調人類的社會性、群體性的意義。「在人類對所謂『集體主義』的認識付出了沉痛的代價，蒙受了像奧斯維辛集中營和古拉格群島對人類尊嚴的褻瀆以後，沒有人會懷疑個人對社會所具有的終極價值和意義。」[61]因此，關於個人主義的爭論歸根究柢不是一個方法論的問題，而是一個價值問題。

第三，個人主義和整體主義是政治爭論中的意識形態對立。政治上的個人主義認為，個人才是目的，國家僅僅是個人為保障自己的權利而組成的人為設施，除了個人的目的之外，社會或國家沒有任何其他目的，國家只是作為一種服務於個人的手段才有價值。

政治上的整體主義則認為，個人是社會關係的產物，或是文化的構成物，他被社會所決定，被文化所塑造，因此他根本就沒有什麼先在的目的，更沒有什麼「自然」的權利。個人必須服從

61　葉航，《偽方法論個人主義的終結》（http://www.weibo.com/p/10016037707623
　　42305465）。

社會整體所給予的安排，投身於公共事業中去，哪怕犧牲自己的利益，才能獲得自己的價值。極端的整體主義者甚至認為，個人作為微不足道的組成部分與整體相比沒有多大的價值，或者根本沒有價值，他是隨時可以犧牲的對象。國家或集體可以強迫個人為社會的整體利益服務。

方法論的個人主義並不一定是政治上的個人主義，但是一些堅持方法論個人主義的學者如哈耶克和波普爾等人都恰好也是政治個人主義的支持者。馬克・布勞格指出：「早在1908年熊彼特就發明了『方法論個人主義』的表達，他還是第一個把方法論的個人主義和『政治上的個人主義』區分開來的人，前者描述的是經濟分析的模式，這種分析總是從個人的行為開始，而後者表達的是政治的綱領，在這種綱領中對個人自由的保留成為檢驗政府活動的試金石。」[62]政治個人主義主張國家應該僅僅作為保護個人自由的工具，保護個人在不侵犯他人同等自由的情況下作出任何他想做的事情。因此，個人主義有時也被用來表述「自由放任」（laissez faire）一詞的內涵。在實踐上，政治個人主義最關注的是保護個人免受國家的侵犯，它認為，為防止政府超越保護人權的職能，政府的權力必須受到限制。而能夠做到這一點的正是一套自由主義的憲政制度。

政治個人主義的經典表達就是古典自由主義。古典自由主義的主要觀念正是以政治個人主義為基礎的，這些觀念的核心就是抽象的個人觀。根據這一觀點，個人被抽象地描述為既定的人，他們都是獨立的理性行動者，是他們自身利益的最好判斷者，「而社會和國家則被描繪成或多或少滿足個人要求的實際的或可

---

62 馬克・布勞格，《經濟學方法論》（北京：北京大學出版社，1990），頁55-56。

能的社會安排體系」[63]。史蒂文・盧克斯進一步闡述道：

> 　　這種抽象個人觀的關鍵就在於，它把決定社會安排（實際
> 地或理想地）要達到的目標的有關個人特徵，不管是本能、
> 才能、需要、欲望、權利還是別的什麼，都設想成了既定的、
> 獨立於社會環境的。人的固定心理特徵的這種既定性，導致
> 了一種抽象的個人觀。這種個人被看作僅僅是這些特徵的負
> 載者，這些既定的抽象特徵決定著他的行為，表達了他的興
> 趣、需要和權利。……對於從霍布斯到康德的所有近代自然
> 法理論家來說，先在的個人主權乃是團體權力最終的和惟一
> 的來源，共同體不過是每個個人意志和權力的或緊或鬆的集
> 合──一種聯盟；所有這些思想家都認為，社會生活的所有
> 形式都是個人的創造，只能認為是實現個人目的的手段。[64]

　　按照盧克斯的闡述，構成政治個人主義或古典自由主義觀念的基礎是，政府是建立在公民的同意基礎上的，政府的權威或合法性就來自公民的這種同意。這種同意說在 17 世紀和 18 世紀的社會契約論中得到系統闡述，在 19 世紀和 20 世紀自由主義的民主理論中得到繼承。其次，政府的目的在於使個人的需求得以滿足，使個人的利益得以實現，使個人的權利得到保障，這種觀點明確反對下面的觀念，即政府可以合法地干涉或改變個人的需求，代替他們來解釋他們的利益，侵犯或廢除他們的權利[65]。

63　史蒂文・盧克斯，《個人主義》，頁68。
64　史蒂文・盧克斯，《個人主義》，頁68-69。
65　史蒂文・盧克斯，《個人主義》，頁74-77。

　　政治個人主義的這些觀點受到以保守主義者和社會主義者為代表的政治上堅持整體主義的思想家的激烈反對。保守主義和社會主義的共同的特點是，都把個人善看作是由社會決定的，個人的需求和偏好被認為是社會或文化的產物，因此他們反對個人是他們自己善觀念的最好判斷者這樣的觀點。由此出發，他們對自由主義的一系列政治觀念和立場表達不滿，進行批判，在政治哲學上展現為就自由主義、保守主義和社會主義三方而進行的思想鬥爭。而在政治實踐上，這種整體主義的政治觀多多少少都與專制主義或極權主義的政治有某種相關性。

第三節　作為自由主義之基礎的個人主義

一、個人主義與三種意識形態

　　個人主義雖然孕育於前現代社會及其文化傳統中，但其成形卻是現代社會的事情。從前現代社會向現代社會的轉型，經歷了一系列革命性的或稱之為進步性的事件，其最終結果就是我們所謂的現代性。「現代性是一種特殊社會現實和特殊世界觀的組合」（伊曼努爾‧華勒斯坦），或是「導向某些獨特性或社會特徵出現的單一過程」（斯圖亞特‧霍爾），更簡單的說法是「一個時代的特徵的總體」（福柯）。人們一般把下列東西歸之於現代性：理性主義、啟蒙主義、進步主義、普遍主義和平等主義，等等。現代性包含著以人的價值為本位的自由、民主、平等和正義等理念，因此，現代性意味著一個傳統的世界正在走向衰落，正在被取代，也即被人道主義或個人主義所支持的世界所取代。按照約翰‧麥克因斯的說法，「現代性源於如下主張，即獨立的自我現

在是依照他們自己的形象而非上帝的形象來創造社會，它在個人的平等公共權利概念中得到了最充分的體現。」[66]

對這一新型「社會現實及其世界觀」（華勒斯坦）作出反應的立場、觀點及其政治綱領，人們後來以「意識形態」來稱呼之。對現代性作出反應的意識形態起碼有這麼三種，它們是，作出消極反應的保守主義、作出積極反應的自由主義和社會主義。

保守主義者（早期人物有柏克、邁斯特和博納爾德等）對現代性作出所謂「反動」的反應，這尤其表現在對現代性之個人主義的攻擊上。反之，自由主義者是個人主義的積極擁護者，而社會主義者對個人主義的態度比較複雜，這要看如何定義個人主義了。林賽認為：

> 所有現代政治理論，除了布爾什維克主義和法西斯主義的理論之外，都是個人主義的，因為現代政治理論力圖為個人的道德判斷尋求地位，鼓勵個人的道德判斷，都是建立在對一個權利體系的寬容和支持的基礎之上。嚴格意義上的所謂現代個人主義，同社會主義之間的大多數差別，都是這些共同假定之內的差別。[67]

確實，就個人主義強調個人具有至高無上的內在價值和尊嚴這一倫理原則而言，就個人主義認為個人是一理性主體，有權作

66 John MacInnes, *The End of Masculinity*, Buckingham: Open University Press, 1998, p. 135. 譯文轉自網絡（https://www.docin.com/p-1470172073.html）。

67 A. D. Lindsay, "Individualism," *Encyclopedia of the Social Science*, New York, 1930-35, Vol. VII, p. 676. 轉自盧克斯，《個人主義》，頁39。

出自己的道德判斷並為之負責而言，自由主義和社會主義——包括馬克思主義——並沒有太大分歧。現代性對個人價值和個人道德判斷能力的弘揚，構成了現代性之自由和平等這兩個品質的基礎。關於個人尊嚴不可侵犯，人是目的而不是手段的思想，已成為現代平等觀念的信條，並寫進聯合國大會1948年通過的《世界人權宣言》中。《世界人權宣言》一開頭就宣布：「對人類家庭所有成員的固有尊嚴及其平等的和不可剝奪的權利的承認，乃是世界自由、正義和平等的基礎。承認這些權利是源於人身的固有尊嚴。」[68]而對個人自主性的尊重，是現代自由觀念的核心，對個人自由權利的保護就是對個人道德自主能力的保護。自由和平等，這兩個被自由主義和社會主義共同尊奉的價值，都與個人主義密切相關。自由主義和社會主義曾經是同一條戰壕的戰友，都有著共同的敵人，即封建階級；都有著相同的立場，即捍衛現代性原則。正如齊澤克所說的：

　　馬克思主義與自由主義並非水火不容的關係，恩格斯當年在給卡爾・考茨基的一封信中有這樣一句話：「自由主義是社會主義的根。」這句話被後人廣泛引用，其意在於，自由主義與馬克思主義有共同的敵人和部分類似的價值觀，例如反對宗教統治、土地貴族、封建專制政府，重視理性和個人的自由等。在斯圖亞特・密爾和傑瑞米・邊沁等人的功利主義中，曾經作為一個整體存在的社會被重新定義為許多個人的集合，在當時這個觀點具有革命性，直接宣告了它站在了

68　參見曼弗雷德・諾瓦克，《民權公約評注》（上）（北京：生活・讀書・新知三聯書店，2003），頁3。

舊秩序的對立面。毫無疑問，這是一種個人解放的思想，現
代性正是在「個人」的基礎上看到了曙光，個人是理性的個
人，不是愚昧的信徒，一種先進的社會秩序應當能夠保證這
一解放的理性最後取得勝利。[69]

那麼，是什麼時候、在什麼問題上，社會主義與自由主義發
生了分歧並分道揚鑣？社會主義者為什麼要對自由主義展開批
判？

二、古典自由主義和社會契約論中的個人主義

17、18世紀的古典自由主義思想家大都是個人主義的擁護
者，他們從個人出發來論述國家權力的起源、性質和範圍。在他
們看來，個人是國家的根據，個人既是國家的成員，又是自足圓
滿的整體。國家沒有自身存在的理由，其存在的理由在於個人。
由這種個人與國家的關係出發，自由主義者堅持，個人權利是國
家權力的前提，個人權利限定了國家權力的範圍，設定了國家權
力的目標。

早期自由主義思想家對個人主義的強調多是辯論的產物，極
具號召性，但缺乏科學實證研究的色彩，這尤其表現在他們採用
的「自然狀態」說上。近代社會契約論所描述的「自然狀態」與
其說是一個歷史的或經驗的研究對象，不如說是為了得出某種結
論而虛設的推論工具。它要回答的問題是：國家權力是如何產生
的？其權力根據何在？它的結論是，國家權力是由自然狀態中的
自然人通過合意行為而形成的，政府純粹是人為的建構，其權力

---

69 轉自陸晶靖，〈左派對自由主義的批評〉，《三聯生活周刊》2014年第39期。

來源於人民的授權或委託。我們可以明顯地看到這種學說激進的
色彩。提出如此強的、極端的個人主義理論顯然是有意如此的行
為（而不可能會真實地認為如此），其意圖是要達到某種政治上
的目的，而非作一種科學實證的描述。正如斯蒂芬・霍爾姆斯指
出的：「洛克在此抬高了一個規範性的標準，而不是提出一個實
證的或歷史性的主張。……同樣，康德運用最初契約的故事時也
不是把它作為歷史性的描述，而是把它當作『使我們思考國家的
合法性』的一種標準或理想。康德的契約主義和洛克的一樣，有
著政治的而不是描述性的功能。它也是規範性的，而不是實證性
的。」[70]因此，有關社會契約論而爭論的重點，不應是其描述真實
與否的問題，而應是其表達的政治規範是否合理的這樣的問題。

　　洛克作為啟蒙時代最著名的古典自由主義思想家所持有的社
會契約論影響最為深遠。它把政治權威的合法性置於個人對其認
可的基礎上，這種觀點假定，個人的一致同意是政治權威得以成
立的根據。也就是說，國家權力不是天然確立的，而是人為的構
造物，國家的建立基於社會契約，人民的同意才是政治權力形成
的基礎，政府的權威依賴於人民給予的同意，旨在保護個人追求
其利益的自由和權利。洛克把社會契約論從霍布斯那裡拿過來作
了自己的解釋，但是，即使在霍布斯那裡，社會契約論裡所包含
的個人主義和理性主義就已經推演到了極致。登特列夫在《自然
法》中寫道：「社會契約是一個框架，也是一份藍圖，對它的各
種不同的解釋，都有一個共同的特徵：它們的起點都是個體。」[71]

---

70 斯蒂芬・霍爾姆斯，《反自由主義剖析》（北京：中國社會科學出版社，
　　2002），頁271、272。
71 登特列夫，《自然法：法律哲學導論》（北京：新星出版社，2008），頁64。

所謂社會契約，乃是個體意志之表明或有關個體之間的協議，這個意志或協議的目標就是要根據自然法來建立一種相互的義務關係，從而擺脫自然狀態的不利之處，過渡到政治社會。儘管洛克與霍布斯的社會契約論有很大的差別，但是在個人主義這個基點上他們沒有太大的不同。

古典自由主義者的社會契約論的政治意圖是明確的，他們想要證明，個人具有先於社會的天賦權利（也即「自然權利」：natural rights）。這種天賦權利是原始的、先在的，它們的擁有者之所以要組成社會，建立國家，是要拿它們來「交換同等或更大價值的東西──社會之利益及政治組織之安全」[72]。但是，既然國家權力是由個人轉讓出來的權力構成的，屬個人的權利最初是獨立於國家之外的，那麼國家就非但不能創造它們，而且只能承認它們。這種個人先於社會、社會先於國家的觀念模式，可能缺乏歷史的根據，但卻成功地改變了現存政治制度的基礎。個人先於社會而存在，然後締約組成社會，而後創立政治共同體，因而，國家就不能毀滅和鎮壓其創造者，相反，個人之所以創建政治國家，正是為了讓國家服務於個人的。國家僅僅是人們利益的受託者或代理人，此外別無其他目的和意圖。這種觀點在當時極具革命意義。

關於「天賦權利」所包含的意義，1776年美國的《獨立宣言》中有更加清楚的表述：

> 我們認為下面這些真理是不證自明的：人人生而平等，造物者賦予他們若干不可轉讓的權利，其中包括生命權、自由

---

72 登特列夫，《自然法：法律哲學導論》，頁65。

權和追求幸福的權利。為了保障這些權利，人類才在他們之
間建立政府，而政府之正當權力，是經被治理者的同意而產
生的。無論何種形式的政府，若無視這個目的，則人民就有
權改變或廢除它，並建立新的政府。新政府應當建立在最能
保障人民的安全和幸福的原則之上，並應按照符合這種原則
的形式組織他的權力機關。

其中所謂「不可轉讓的權利」，是以這樣一個哲學前提來支
持的：個人具有先於社會的、既定的目的、願望和需要，社會及
其政治制度是個人為了滿足其自身目的或需要而通過協議建立並
維持的。也就是說，生而平等並為了保障他們與生具有的權利而
組成公民社會的每一個人本身不是被構成的；相反，他們是先在
的、自然的、終極的，他們是社會和國家的構造者，國家權力來
自於個人的天賦權利。古典自由主義從個人的利益和權利中推出
政治權利和義務的體系，推出國家權力的性質和範圍。按照一些
人的說法，這種個人是原子式的存在。

為使這種哲學意涵得以成立，社會契約論者設計了一個先於
社會的自然狀態。在這種自然狀態裡，人與人之間是完全平等
的，任何人都不享有多於他人的權力，每個人都是獨立、自主和
自足的，除了服從自然法外，不聽命於任何他人的權力。按照洛
克的說法：「他們在自然法的範圍內，按照他們認為合適的辦
法，決定他們的行動和處理他們的財產和人身，而毋需得到任何
人的許可或聽命於任何人的意志。」[73]洛克對自然狀態的說明不是
一個歷史的描述，而僅是一個模型。通過突出這一模型，他希望

---

73 洛克，《政府論》下篇，頁5。

取代傳統上將自然狀態描述成天然等級秩序的畫面。他之所以刻意將人類的自我理解「原子化」，也是為了達到這種政治目的。在洛克那裡，自然狀態是不存在依附性的狀態，既沒有順從也沒有征服，人們生而自由、平等，這與傳統上為自然不平等和政治優越權作辯護的觀點完全相反。洛克的自然狀態和自然權利理論的旨意，實際上是拿一種理想模式去批判不平等的、強制性的社會[74]。

這種自然狀態裡的個人顯然不是亞里士多德式的社會（政治）動物，但是，其存在注定是、也僅僅是成為社會（政治）動物。也就是說，自然狀態只是社會狀態的一個推演前提或邏輯假設，它先於公民社會（政治社會）的確立，社會契約論者通過設想的自然狀態來說明公民社會的建立及其性質。沒有自然狀態（其核心是自然權利）這一前提假設，就無法為一個自由主義的工具性的國家觀提供論證。人生而自由，個人權利是天賦的而不是來自政府的法律，相反，政府的唯一目的是用以保護個人的這種權利，這一切說法都依賴於自然狀態理論。如果認為個人權利不是自然享有的，而是來自於政府所制定的法律，那麼這樣的個人權利的存在就只是一種虛設，毫無神聖性可言。但是，如果認為人天然就是政治動物，那麼個人權利就不可能是自然享有的；而如果沒有一個前社會狀態——自然狀態——的設計，則人就天然地是政治動物，因而談不上還有什麼自然享有的權利。

可見，古典自由主義者的自然權利（天賦權利）就是作為人本身而享有的權利，而不是作為國家成員或某一共同體的成員才享有的權利。自由主義者否認個人的價值及其權利是由他對共同

---

74 參自霍爾姆斯，《反自由主義剖析》，頁270-271。

體的目標的貢獻來決定的。這種權利是屬人本身的，只要你是一個人，你就享有作為一個人所固有的權利。因此，自然權利理論包含著個人主義的同時，也包含著普遍主義。而這是通過抽象來達到的——自然狀態剝離了一切社會的和政治的屬性，因而也剝離了其中的人的種族、階級和宗教等背景，由此才能呈現出作為人本身的人來。沒有這種抽象的人的呈現，就沒有展現於近代文藝復興時期的人文主義，也不會有隨之而來的古典自由主義以及啟蒙時代的人道主義，因而也就不可能有我們今天的現代文明的價值基礎。

三、麥克弗森的「占有性個人主義」

但是，古典自由主義的非歷史的哲學論證和抽象的人性前提假設深受一些人的質疑。如果個人主義的內涵是這種個人優先於社會、個人具有不變的人性、而社會依據於個人之本性而確立、社會不過是個人的保護手段等，那麼社會主義者絕不會贊同，而且只會加以批判。社會主義者懷疑，這種先於社會的，抽象而充滿人性內涵的人，其實不過就是資產階級自身而已。

自由主義的一位著名的批評者、持馬克思主義觀點的麥克弗森（1911-1987）將這種個人主義定義為「占有性個人主義」。按照他的定義，所謂「占有性」（possessive）個人主義是指市場社會下的一種人的特徵，這種人只追求合理地擴大自己的利益，他們對物品（表現為商品）有著貪婪的占有欲和消費欲，不斷地去占有成為他們的生活方式。他們進入社會關係純粹是為了自私的目的，由此在他們之間展開著為利益和權力而進行的鬥爭。在此種社會下，一切所有物，包括人的精神在內，都是商品，市場價值主宰了對一切事物的評價，包括對人的身分、榮譽和尊嚴的評

價。麥克弗森認為，這種為了自己的利益而對別人行使權力、為權力而爭鬥的景象，正是對競爭性市場社會的描述[75]。

在麥克弗森看來，「霍布斯的自然狀態或『自然的人類境況』其實並非與文明人相對而言的『自然』的人的狀態，而是特定時代的文明化了的人的狀態」[76]，即占有性市場社會狀態，或者說資本主義社會的狀態。他認為，霍布斯所描述的人性不過是特定的文明社會造成的，並不具有普遍性。所謂自然狀態，不過是霍布斯所觀察到的同時代人的那個社會的人的狀態，其人性假設主要是從那個時代的社會即資本主義社會的早期背景中推斷出來的；正是從這種特定時代的人性出發，他才構想出自然狀態的。據此，麥克弗森斷定，霍布斯的政治思想來自於他對人性的深刻分析，而這其實不過是對資產階級的人的分析。

麥克弗森不斷強調霍布斯、洛克的自然狀態和自然人性論的抽象性質。然而，麥克弗森自身並沒有擺脫對問題的抽象分析。他對自由主義的批評，其要點是，將人們之間的一切關係化約為利益關係，然後歸結為市場社會中爾虞我詐的競爭性經濟關係。這種分析其實也是一種狹隘的抽象，即把具體的、活生生的社會關係化約為一種市場中赤裸裸的交易和競爭關係。正如伯林指出的，這並不能反映17世紀社會生活的特徵。伯林在對麥克弗森的批評中認為，麥克弗森對霍布斯著作的分析曲解了其中的含意，17世紀的英國被政治革命和動盪、劇烈的經濟轉型、宗教組織和

75　參見邁克爾‧H‧萊斯諾夫，《二十世紀的政治哲學家》（北京：商務印書館，2001），頁121-142。

76　C. B. Macpherson, *The Political Theory of Possessive Individualism: Hobbes to Locke*, Oxford University Press, 1962, p. 18.

意識形態之間的衝突所撕裂，這一切皆被霍布斯所討論，可是，麥克弗森卻將所有的或幾乎所有的霍布斯的前提和結論歸結為來自關於經濟關係的某些假定，而將廣闊得多的視域抹去。伯林指出，我們在17世紀文獻中與其說讀到的是一個所謂「占有性市場社會」，不如說讀到的是一個為宗教和政治狂熱所支配的真實的世界；霍布斯所意識到的自身處境與其說是在一個市場關係中，不如說是在一個多樣而劇變的宗教關係中，在一些經濟和政治的聯盟中[77]。

　　但是，麥克弗森的問題還不僅僅在於對事情的簡單化處理，更在於他曲解了自由主義的性質。就這個問題，義大利裔的美國學者薩托利對麥克弗森提出了尖銳的批評。薩托利指出：「麥克弗森……最為精巧地用馬克思主義解釋了洛克的自由主義，……他的理論吸引了那些對自由主義特有的政治性質顯然一無所知的讀者。」[78]薩托利強調區分開作為經濟制度的資本主義和作為政治制度的自由主義。但是這不是指像馬克思那樣把前者作為經濟基礎而把後者作為由其決定的上層建築，恰恰相反，而是指我們沒有理由從一種充斥著競爭性和侵略性關係的「占有性市場社會」去解釋和規定自由主義的性質，自由主義並不是所謂占有性市場社會和私有財產制度的派生物或衍生物。恰恰是，由於自由主義政治制度的形成、建立和發揮作用，才限制、教化、最重要的是取代了人類以往的侵略性和貪婪特徵。薩托利寫道：

---

77 cf. K. F. Koerner, *Liberalism and Its Critics*, London & Sydney: Croom Helm, 1985, pp. 39-42.

78 喬萬尼‧薩托利，《民主新論》（北京：東方出版社，1998），頁425。

　　因此，認為自由主義建立在「占有性市場社會」的基礎
上，或它是資本主義經濟形態的上層建築，顯然與事實不
符。即使在這個最基本的關係上，自由主義也不能被簡化成
經濟上的前提或先決條件。如果財產是個與貪得無厭的社會
以及與工業生產增殖有關的經濟概念，那麼它就不是個能夠
支持自由主義的概念。自由主義崇尚個人（在這方面，麥克
弗森的許多論點都是正確的），它用以支持這種個人的是一
種安全手段——財產，即作為安全裝置的財產，它與資本主
義的財產概念或對生活的經濟評價幾乎不沾邊。[79]

　　薩托利指出，麥克弗森在占有性個人主義中所解釋的歷史上
的私有財產概念，並不屬真實的歷史結構，近代歷史上的財產指
的是統一而不可分割的「生命、自由與財產」，它並不意味著為
了它本身或者為了無限制的積累而去「占有」。這樣的財產僅是
一種保障，即消除生存上的不安全。薩托利認為，自由主義並沒
有在競爭性市場關係的形成中發揮過什麼作用，相反，自由主義
——而且只有自由主義——為社會成員提供了過去沒有被提供的
各類政治上的保護[80]。

　　薩托利正確地指出，自由主義（作為一種憲政和民主的制
度）不是資本主義的上層建築。這一論點不僅是對馬克思主義者
的觀點的一種澄清，而且是對哈耶克思想及其追隨者觀點的一種
糾正。如果我們把自由主義的性質歸結為資本主義，或者以資本
主義為基礎，我們就無法為自由主義的合理性作辯護。自由主義

---

79 喬萬尼·薩托利，《民主新論》，頁427。
80 喬萬尼·薩托利，《民主新論》，頁426。

有其自身的理想和目的，但是它絕不是作為維護資本主義的手段來發揮這些目的的。在薩托利看來，當麥克弗森說「自由主義民主嚴格說來是一種資本主義現象」時，這一論點是完全自相矛盾的[81]。

按照馬克思主義的思想軌跡，麥克弗森一定會把自由主義所保障的人權制度說成是虛假的，其實質是保障資產階級的權利，人權最終會被歸結為階級特權，因為在他看來，根本不存在抽象的「人」這個東西。但是，他既沒有明白地這樣說，也沒有隱含地這樣表達，薩托利指出：「如果麥克弗森暗示，我們的法制主要是保護財產及其在占有性與侵略性市場中的作用，這不啻是對憲政以及自由與法律相互關係的全部問題的全盤誤解和全盤歪曲。」[82]麥克弗森避開了這個關鍵的問題，他毫不談及國家，毫不談及政治的縱向範疇。

四、馬克思意識形態批判觀的形成

對於自由民主制度是否僅僅是資產階級性質的，麥克弗森畢竟未予置評，儘管他的表述實際上已經觸及到了這個問題。在馬克思那裡，自由主義從它誕生起實際上就只是為資本主義辯護，「它是資本主義經濟形態的上層建築」，是以普遍主義假象出現的資產階級意識形態；所謂人權，從根本上說不過是資產階級的權利而已。要理解馬克思這一觀點，我們就必須對馬克思思想的形成過程作一梳理。

馬克思是從黑格爾那裡開始他的哲學思考的，這就決定了即

---

81 喬萬尼・薩托利，《民主新論》，頁448。

82 喬萬尼・薩托利，《民主新論》，頁428。

使他後來走向對黑格爾哲學的批判，也仍然沒有擺脫黑格爾對他的影響。但是，與黑格爾哲學的決裂是馬克思一生思想的起點，馬克思主義的所有深意都包含在這一最初的決裂上。

　　黑格爾的哲學是關於絕對觀念發展的理論體系，邏輯學、自然哲學、精神哲學是絕對觀念發展的三個階段。精神哲學又經歷了主觀精神、客觀精神、絕對精神三個階段的發展，其中，客觀精神的發展再經歷三個演進階段：抽象法、道德、倫理。在倫理階段，黑格爾系統地闡述了他的國家學說。

　　黑格爾認為，客觀精神在倫理領域表現為家庭、市民社會和國家三個階段或環節。其中，國家是家庭和市民社會的統一，它是邏輯在先的最初的東西，由它派生出有限的理念要素——家庭和市民社會。國家——作為真正普遍的公共生活的代表者——是絕對自在自為的理性的東西，是社會生活各個領域的決定力量，家庭和市民社會缺乏應有的獨立性，它們的存在是以國家的存在為轉移的。國家是家庭和市民社會的真正本質，而家庭和市民社會是從屬國家的。

　　黑格爾將國家與社會明確區分開來。他指出，市民社會的特徵是特殊性、利己主義和個人主義，因而市民社會是應該被超越的，而國家即是高於市民社會的那個普遍性領域。普遍利益至高無上，它不可能在社會中實現，因為它同社會的性質是相衝突的，它只能由高於社會的國家來實現。「如果把國家同市民社會混淆起來，而把它的使命規定為保證和保護所有權和個人自由，那麼單個人本身的利益就成為這些人結合的最後目的。」[83]黑格爾堅決反對社會契約論的國家觀，反對以契約的形式把國家建立在

83　黑格爾，《法哲學原理》（北京：商務印書館，1961），頁253-254。

個體意志的總和的基礎上。他認為，國家不是實現個人目的的手段，而是比個人更高的目的，它可以要求個人為它的更高目的而犧牲。國家權威不可能源於個人意志，而只能源於高於個人意志的意志，即理性意志，這種意志將自己強加於每一個個人。總之，黑格爾認為，國家是普遍利益的體現，是普遍善的代表，是客觀意志的化身，「國家的根據就是作為意志而實現自己的理性的力量。」[84] 國家不可能由那些只追求自己特殊利益的個人來決定。

馬克思出生於法律世家，在大學學習法律期間深受康德理想主義法學的影響，試圖從應然出發建立他的法哲學體系。在接受了黑格爾的哲學後，他更加堅信，人類的理性是法律的尺度，法律應該是理性的產物和表現，而「國家應該是政治和法的理性的實現」[85]。《萊茵報》工作期間，儘管在關於林木盜竊案的辯護當中，他發現所謂的法律其實可以隨統治階級的意志進行改變，但是馬克思仍然是在黑格爾法哲學的影響下來看待和思考有關問題的。他認為：

> 法律不是壓制自由的手段，正如重力定律不是阻止運動的手段一樣……法律是肯定的、明確的、普遍的規範，在這些規範中自由的存在具有普遍的、理論的、不取決於個別人的任性的性質。法典就是人民自由的聖經。[86]

---

84 黑格爾，《法哲學原理》，頁259。

85 馬克思，〈評普魯士最近的書報檢查令〉，載《馬克思恩格斯全集》第1卷（北京：人民出版社，1956），頁14。

86 馬克思，〈關於出版自由和公布等級會議記錄的辯論〉，載《馬克思恩格斯全集》第1卷，頁71。

> 　　從前的國家法的哲學家是根據本能，例如功名心、善交
> 際，或者甚至是根據理性，但並不是公共的而是個人的理性
> 來看國家的。最新哲學持有更加理想和更加深刻的觀點，它
> 是根據整體的思想而構成自己對國家的看法。它認為國家是
> 一個龐大的機構，在這個機構裡，必須實現法律的、倫理
> 的、政治的自由，同時，個別公民服從國家的法律也就是服
> 從自己本身理性的即人類理性的自然規律。[87]

　　這時的馬克思仍然從普遍理性的立場出發將國家視為至高無
上的。可是，馬克思發現，現實的情形卻與之相反，國家的普遍
性已經被各個特殊等級之間的利益衝突所湮沒，人們在現實生活
中都是在追求自己的特殊利益，而根本無視普遍的利益。這種國
家和法的觀念越來越不能回答馬克思所困擾於其中的一些現實問
題，這使馬克思開始懷疑黑格爾國家和法的觀點，認為它是同社
會現實相悖的。於是，他走向同黑格爾法哲學的決裂，退回書齋
對黑格爾法哲學進行批判。

　　馬克思在1859年寫的〈《政治經濟學批判》序言〉中對自己
早年思想的這種轉變描述道：「1842-1843年間，我作為《萊茵
報》的主編，第一次遇到要對所謂物質利益發表意見的難事。……
為了解決使我苦惱的疑問，我寫的第一部著作是對黑格爾法哲學
的批判性的分析，這部著作的導言曾發表在1844年巴黎出版的
《德法年鑑》上。」[88]這裡所謂馬克思「苦惱的疑問」，就是指《萊

87　馬克思，〈第179號《科倫日報》社論〉，載《馬克思恩格斯全集》第1卷，頁
　　129。
88　馬克思，〈《政治經濟學批判》序言〉，載《馬克思恩格斯選集》第2卷（北

茵報》時期他所看到的社會現實與他所信奉的黑格爾哲學的矛
盾。在黑格爾看來，國家、法律應該受理性的支配，為理性代
言。但是，馬克思所看到的是，萊茵省議會的立法過程並不是從
理性出發去立法，而是從有產者的利益出發去立法。在這個過程
中，理性顯得軟弱無力。在現實生活中，國家並不像黑格爾所說
的那樣是普遍利益的代表，一切政治機構在表面上以普遍性為取
向，但實質上只是市民社會中私人利益的工具。

　　因此，馬克思得出一個重要的結論：不是國家和法決定市民
社會，而是市民社會決定國家和法。馬克思仿效費爾巴哈的說
法，批判黑格爾顛倒了「主謂關係」，也即市民社會與法、國家
的關係。馬克思於1843年夏在《黑格爾法哲學批判》手稿中這樣
寫道：在黑格爾那裡：

> 　　理念變成了獨立的主體，而家庭和市民社會對國家的現實
> 關係變成了理念所具有的想像的內部活動。實際上，家庭和
> 市民社會是國家的前提，它們才是真正的活動者；而思辨的
> 思維卻把這一切頭足倒置。[89]

馬克思後來總結道：

> 　　我的研究得出這樣一個結果：法的關係正像國家的形式一
> 樣，既不能從它們本身來理解，也不能從所謂人類精神的一
> 般發展來理解，相反，它們根源於物質的生活關係，這種物

　　京：人民出版社，1972），頁81-82。

89 馬克思，〈黑格爾法哲學批判〉，載《馬克思恩格斯全集》第1卷，頁250-251。

質的生活關係的總和，黑格爾按照十八世紀的英國人和法國人的先例，稱之為「市民社會」，而對市民社會的解剖應該到政治經濟學中去尋求。[90]

　　馬克思從此轉向政治經濟學的研究和批判，試圖從市民社會即社會經濟領域去找尋問題的答案。那麼是什麼問題一直縈繞著他，使他非得要從大學時期孜孜以求的精神領域下降到他所謂物質生活領域來尋求答案呢？

　　這裡我們不能不談到費爾巴哈人本主義哲學對馬克思的深刻影響。費爾巴哈是從對宗教的批判進行哲學思考的。他認為，宗教是人的本質的異化，是人把自己的類本質對象化為一個獨立的主體，即上帝。因而上帝的本質實際上就是人的本質，可是人反過來卻把自己的本質看成是上帝的本質。因而對宗教的批判就歸結為：把人的本質歸還給人，也即把顛倒的東西顛倒過來。既然人是人的最高本質，而上帝的本質不過是人的本質的異化，那麼人就是一切問題的祕密之所在。從上帝通往人，這個祕密就是被掩蓋的；而從人通往上帝，這個祕密就會被揭示。哲學的祕密就是人本學，是顛倒的世界觀。黑格爾把絕對理念看作主體，實際上現實的人才是真正的主體。不是理念決定現實，而是現實決定理念。

　　1843年2月費爾巴哈發表〈關於哲學改造的臨時綱要〉，更加明確地表述了自己人本主義的唯物主義觀點。他寫道：「思維與存在的真正關係只是這樣的：存在是主體，思維是賓詞。思維

90　馬克思，〈《政治經濟學批判》序言〉，載《馬克思恩格斯選集》第2卷，頁82。

是從存在而來的，然而存在並不來自思維。」[91]因此，「我們只要經常將賓詞當作主詞，將主體當作客體和原則，就是說，只要將思辨哲學顛倒過來，就能得到毫無掩飾的、純粹的、顯明的真理。」[92]

五、馬克思的意識形態批判觀

費爾巴哈的新世界觀一下子解決了馬克思思想的苦惱：把黑格爾哲學顛倒過來，真相就大白於天下。不是思維決定存在，而是存在決定思維；同樣，不是國家決定市民社會，而是市民社會決定國家。在馬克思看來，黑格爾唯心主義哲學正如宗教觀念一樣，是一種顛倒的意識，「第一，這裡存在一個從觀念到物質現實的運動，而不是相反；第二，這個顛倒的過程在自然而然地掩蓋著事物的真實性質。」[93]也就是說，在黑格爾那裡，是「宗教、概念、普遍的東西統治著現存世界」[94]，可是，在馬克思看來，宗教觀念、概念或普遍的東西等，都不是獨立存在的東西（既不是主體，也不是實體，或是二者的統一），而是獨立存在的東西──物質世界──的派生物；思想自身並不能起什麼作用，它們僅僅是對存在的反映；觀念的東西不能通過自身來理解，而是要通過產生觀念的東西的過程來理解。總之，意識在任何時候都只能是被意識到了的存在，它或者是虛假的，或者是真實的，但是

---

91 費爾巴哈，〈關於哲學改造的臨時綱要〉，載《費爾巴哈哲學著作選集》上卷，（北京：商務印書館），頁115。

92 費爾巴哈，〈關於哲學改造的臨時綱要〉，載《費爾巴哈哲學著作選集》上卷，頁102。

93 大衛‧麥克里蘭，《意識形態》（長春：吉林人民出版社，2005），頁14。

94《馬克思恩格斯選集》第1卷，頁23。

即使是虛假的也同樣來自於現實。意識的能動特徵和想像力使得意識「能擺脫世界而去構造『純粹的』理論、神學、哲學、道德等等」[95]。黑格爾、尤其是「青年黑格爾派」的唯心主義，就是這樣一種虛幻的意識，它們脫離現實，漂浮於雲端，自說自話。不僅如此，它們還歪曲和顛倒現實，並且掩蓋了現實。馬克思寫道：

> 　　思想、觀念、意識的生產最初是直接與人們的物質活動，與人們的物質交往，與現實生活的語言交織在一起的。觀念、思維、人們的精神交往在這裡還是人們物質關係的直接產物。表現在某一民族的政治、法律、道德、宗教、形而上學等語言中的精神生產也是這樣。……意識在任何時候都只能是被意識到了的存在，而人們的存在就是他們的實際生活過程。如果在全部意識形態中人們和他們的關係就像在照相機中一樣是倒現著的，那麼這種現象也是從人們生活的歷史過程中產生的，正如物像在眼網膜上的倒影是直接從人們生活的物理過程中產生的一樣。[96]

　　在馬克思看來，這種唯心主義的先入之見和隨之發生的對現實的遮蔽的雙重過程，在黑格爾的國家和法的哲學中突出地表現出來。然而，馬克思對意識形態的批判遠不限於對黑格爾（主義）的批判上，它被擴大到對整個近代思想的批判，並將這些近代思想幾乎全部歸結為資產階級的意識形態。在馬克思看來，這

95《馬克思恩格斯選集》第1卷，頁36。
96《馬克思恩格斯選集》第1卷，頁30。

些意識形態都有一個共同的特徵，即在人、人性、社會和國家問題上的抽象觀點，而這種抽象觀點恰恰掩蓋了它們本應當反映的實際狀況，即階級之間的實質關係。它們把實質上是資產階級的東西說成是超階級的、普遍的東西，這是一種以虛幻形式對實質關係的遮蔽。

馬克思認為，正是由於私有財產制度的存在、不平等的分配，以及私人利益和公共利益的分裂局面，「公共利益才以國家的姿態而採取一種和實際利益（不論是單個的還是共同的）脫離的獨立形式，也就是說採取一種虛幻的共同體的形式。」[97]每一個力圖取得統治的階級，為了奪取和鞏固政權，都要把自己的利益說成是普遍的利益。可是，「普遍的東西本來就是一種虛幻的共同體的形式，……這仍舊是一種特殊的獨特的『普遍』利益」[98]，在階級存在的社會裡，只有階級的利益而沒有所謂的普遍利益，普遍的東西不僅是虛幻的，而且掩蓋了實際上的階級之間的關係。在這裡，意識形態的虛幻的或遮蔽的特徵被突出出來。既然是遮蔽和掩蓋，那麼「表面上」的東西與「實質上」的東西就要區分開來，上層建築和經濟基礎這對概念也就呼之欲出。在表面上的普遍的東西下面，掩蓋著的是實質上的私人（特殊）利益追求和不平等的階級關係。

馬克思的意識形態批判觀的必然結論是，近代政治思想家對自由、民主、憲政等的追求缺乏真實性和誠實性[99]，不具有普遍意

---

97 《馬克思恩格斯選集》第1卷，頁38。

98 《馬克思恩格斯選集》第1卷，頁39。

99 恩格斯在他給梅林的信中寫道：「意識形態是由所謂的思想家通過意識、但是通過虛假的意識完成的過程。推動它的真正動力始終是他所不知道的，否則這就不是意識形態的過程了。」（轉自麥克里蘭，《意識形態》，頁24-25。）

義。在馬克思看來，所有這些口號和價值都不過是以虛幻的形式表達著階級的利益訴求，包括民主、共和政體在內的國家形式，都不過是統治階級的每個人藉以實現其共同利益的政治形式而已。

> 國家內部的一切鬥爭——民主政體、貴族政體和君主政體相互之間的鬥爭，爭取選舉權的鬥爭等等，不過是一種虛幻的形式，在這些形式下進行著各個不同階級間的真正的鬥爭。[100]

因此，在馬克思看來，人類政治上的進步不是權力屈服於道德以及由道德原則澆築的憲政制度，而是權力屈服於另一個占有財產的更強大的新興階級的意志。國家就其本質而言，絕不是什麼人民的庇護所，也不是全體人民利益的保護者，而是經濟上占統治地位的階級、因而也是政治上占統治地位的階級「獲得了鎮壓和剝削被壓迫階級的新手段」[101]。國家不過是階級的鎮壓工具而已。馬克思的唯物史觀否認道德、法權和正義對於人類行為具有真實的力量。馬克思在《萊茵報》工作期間所碰到的「苦惱問題」促使他作了顛倒性的思想轉變，拋棄了自己對法和國家之理性自主性的信賴，在費爾巴哈的影響下走向了徹底的唯物主義。

無疑，人類歷史上的任何一場變革或革命都有物質利益的動

100《馬克思恩格斯選集》第1卷，頁38。這一段話被羅蘭‧斯特龍伯格稱為「是一個歷史學家修正全部歷史解釋的宣言！」（斯特龍伯格，《西方現代思想史》〔北京：中央編譯出版社，2005〕，頁304。）

101《馬克思恩格斯選集》第4卷，頁168。

機和內容，馬克思的唯物史觀具有普遍意義。革命與經濟上成長起來的階級、階層和勢力在政治權力上的願望有關，新的經濟結構需要新的權力分配。資本主義是一個自然發展過程，是一個沒有人曾經加以計畫或預見的經濟體系，當它成長起來後就以強勁的物質主義力量滲入一切領域，包括政治領域，要求貫徹它的邏輯。政治是各種勢力和利益集團競逐權力的場所，在已經多元化了的今天，不同利益集團的衝突必定要反映到政治中去。

按照馬克思的觀點，只要經濟上存在私有財產制度，存在不平等的經濟關係，存在階級之間的衝突，那麼就不可能還有政治上的公正和正義可言，即使還有，那也是虛假的或虛幻的。在他看來，「實際上國家不外是資產者為了在國內外相互保障自己的財產和利益所必然要採取的一種組織形式」[102]。經濟上占有財產的階級一定是政治上占統治地位的勢力，自由、民主、人權、正義等等這些所謂的普世價值不過是資產階級利益的冒充物而已，是以普遍主義假象出現的資產階級意識形態。馬克思寫道：

> 統治階級自己為自己編造出諸如此類的幻想。……占統治地位的將是愈來愈抽象的思想，即愈來愈具有普遍性形式的思想。事情是這樣的，每一個企圖代替舊統治階級的地位的新階級，為了達到自己的目的就不得不把自己的利益說成是社會全體成員的共同利益，抽象地講，就是賦予自己的思想以普遍性的形式，把它們描繪成唯一合理的、有普遍意義的思想。[103]

102《馬克思恩格斯選集》第1卷，頁69。
103《馬克思恩格斯選集》第1卷，頁53。

　　按照馬克思的這種觀點，所謂超然於實際利益衝突之上的普世價值不過是統治階級製造出來的謊話，根本不存在超階級的、全人類的、共同享有的價值。馬克思否認了政治具有超然於經濟之上的自主精神，以及內在於自身的價值規範的本質意義，他把政治還原為經濟的衍生物，也就消解了在政治領域追求公平正義的可能性 104。於是，實現人類幸福的道路就唯有消滅私有制、實現生產關係的平等，而不是通過追求什麼公平正義來達到。

　　漢娜・阿倫特（台灣譯為漢娜・鄂蘭）在《關於政治與革命的思考》的訪談中曾經說道：

> 　　我們所有的經驗——不同於理論和意識形態——告訴我們，從資本主義的興起開始的剝奪過程不會隨著生產手段的剝奪而停止；只有獨立於經濟力量的法律和政治制度及其自主運作才能控制和檢測這一過程固有的可怕潛力。……保障自由的是政府權力和經濟權力的分化，或者用馬克思式的語言來說，就是國家及其憲法不是上層建築這一事實。在所謂的西方「資本主義」國家中，保護我們的不是資本主義，而是法律體系。105

　　上層建築這個術語在馬克思那裡指的是由經濟基礎決定的結

---

104 恩格斯說：「權利的公平和平等，是 18、19 世紀的資產者打算在封建制的不公平、不平等和特權的廢墟上建立他們的社會大廈的基石。」（《馬克思恩格斯全集》第 21 卷，頁 210。）

105 漢娜・阿倫特，〈關於政治與革命的思考〉，載阿倫特，《共和的危機》（上海：上海世紀出版集團，2013），頁 165。

構，但是阿倫特認為「國家及其憲法」應當超然於上層建築，不受經濟力量的擺布。這怎麼可能做到？只有把國家及其憲法視為一個獨立於經濟力量的道德、法律的自律領域才能做到這一點。從政治學的角度看，政治確實是一個利益爭奪的戰場，政治充滿了算計、攻訐、討價還價和對資源的爭奪等等，可以說，沒有利益的衝突，就沒有政治的發生。但是，恰恰是政治的這種性質，才需要有一個自律的而非他律的道德規範體系，避免政治被操縱在權勢人物手中，成為玩物。實際上，正是政治充滿了支配、操控和玩弄，政治制度所依據的道德價值才是如此的重要和真實，它絕不屈從於利益的法則。

馬克思對近代思想家的批判，與其說是針對他們的階級立場和階級性質而來的，不如說是針對他們掩蓋了社會生活中的階級狀況而來的。像洛克這樣的思想家，儘管也為財產權辯護，顯示出某種階級的偏向，但是更多的是把財產權納入「人」權的範圍內，為人權作辯護。與其說洛克這類思想家的思想是資產階級性質的，不如說他們所訴求的人權、正義等觀念不加區分地應用於所有人身上。恰恰不是他們思想的資產階級性質，而是他們思想的抽象人道主義和所謂虛幻的普遍主義性質，遭到了馬克思的批判。考慮到這種思想在近代思想家那裡幾乎是一種主流思潮，我們可以說，馬克思批判指向的是整個近代主流思想家的思想。

六、馬克思對近代個人主義的批判

馬克思對近代思想家批判的中心是他們持有的抽象人性論和抽象的人的觀點。他在《政治經濟學批判》中寫道：

> 在他們看來，這種個人不是歷史的結果，而是歷史的起

點。因為，按照他們關於人類天性的看法，合乎自然的個人並不是從歷史中產生的，而是由自然造成的。[106]

　　馬克思認為，這種抽象觀點是把應當加以說明的東西當作一種自然事實，並從這一假定的事實出發進入歷史。可是在馬克思看來，人不可能在社會之外來創造歷史，因為人注定是一種社會實踐的存在。人這個「自然」不是生來就是如此的，現實的人其實是經過了人類世世代代改變了的「自然」，這是一個已經完全社會化了的「自然」。馬克思把那種抽象的、超歷史的個人與他的現實的個人相對照，指出：「在社會中進行生產的個人，——因而，這些個人的一定社會性質的生產，自然是出發點。」[107]馬克思以他的現實的人作為其理論的出發點，認為從現實的人出發，實質就是從物質生產出發，既然人是在社會中從事生產的人，那麼，他必然會受到生產的物質條件的制約。在他看來，「個人是什麼樣的，這取決於他們進行生產的物質條件。」[108]因此，人的社會關係（被歸結為生產關係）是怎樣的，人也就是怎樣的。「人的本質並不是單個人所固有的抽象物，在其現實性上，它是一切社會關係的總和。」[109]

　　馬克思的這種觀點，除了強調人的社會存在的生產關係性質和唯物主義傾向外，都是在重申亞里士多德的看法。在他的著作中，我們也能看到這樣的表述：「人即使不像亞里士多德所說的那

106　馬克思，《政治經濟學批判》（北京：人民出版社，1976），頁194。
107　馬克思，《政治經濟學批判》，頁193。
108　《馬克思恩格斯選集》第1卷，頁25。
109　《馬克思恩格斯選集》第1卷，頁18。

樣，天生是政治動物，無論如何也天生是社會動物。」[110]「人是最名副其實的社會動物，不僅是一種合群的動物，而且是只有在社會中才能獨立的動物。」[111] 在亞里士多德看來，人不是以單獨的個體而存在，而是依賴城邦（共同體或政治社會）而存在。不是說個人離開城邦就不能存在，而是說，離開城邦就不再是作為人而存在了。因此，人天生要過共同的生活。亞里士多德最早表達了這麼一個觀點：我們不可能脫離社會或國家來抽象地理解人，社會或國家是什麼樣的，人就是什麼樣的。同樣，在馬克思那裡，「他們是什麼樣的，這同他們的生產是一致的——既和他們生產什麼一致，又和他們怎樣生產一致。」[112] 亞里士多德對人的社會政治屬性的強調與馬克思對這一問題的強調完全一致。而且，正是亞里士多德的這一觀點，開創了西方思想史上的一條思想路線，即共和主義（republicanism）、共同體主義（commitarianism）、共產主義（communism）的思想路線。西方的一些學者還認為，馬克思是從亞里士多德、黑格爾到共同體主義譜系中的一個重要人物。

　　強調人的社會性或政治性，這是法國大革命以後無論是保守主義者還是社會主義者都共同具有的特徵，馬克思在這一點上無疑深受黑格爾的影響，並通過赫斯等人對他的影響而在某個時期、某種程度上接受了共和主義[113]。這個時期的歐洲思想人物受休謨式的懷疑主義和非理性主義的影響，大都傾向於對社會契約

110《馬克思恩格斯全集》第23卷，頁363。

111 馬克思，《政治經濟學批判》，頁194。

112《馬克思恩格斯選集》第1卷，頁25。

113 參自陳東英，〈馬克思的共同體思想的主要來源和發展階段〉，《哲學動態》2010年第5期。

論和自然法理論持否定態度。在個人主義這一概念的誕生地法國，可能是由於法國大革命的震撼，「個人主義」的使用甚至帶有貶義。19世紀初，當「個人主義」隨著資本主義自由競爭制度的興起而作為一種貶義詞被使用時，社會主義和共產主義這一概念作為與個人主義相對立的詞語也開始在歐洲流行起來，後來逐漸發展為一種反對社會不平等、批判資本主義的思潮和社會運動。社會主義把矛頭指向自由競爭的個人主義制度，希望建立以聯合或合作為基礎的新制度。正如英國思想家柯爾在分析早期的社會主義思想時所指出的，社會主義所包含的：

> 「社會的」一詞，其含意和「個人的」相對。「社會主義者」指的是這樣一些人：他們反對當時流行的強調個人權利的見解，著重注意人類關係中的社會因素，並力圖使社會問題在由於法國大革命和隨之產生的經濟革命而引起的人權大辯論中受到注意。[114]

但是，馬克思對近代個人主義思想的批判與眾不同，他著力於意識形態（虛假意識）的揭示。與其說馬克思強調人的社會性，不如說他更強調人的階級性；強調人的社會性不過是為了引向人的階級性分析。馬克思認為，人「是一定的階級關係和利益的承擔者」[115]，根本不存在沒有階級屬性的抽象的人本身。馬克思由此與同樣強調社會屬性的保守主義拉開距離：保守主義者著重於人的植根於歷史傳統及其文化共同體之上的特徵，更強調人與

---

114 柯爾，《社會主義思想史》第1卷（北京：商務印書館，1977），頁8。
115《馬克思恩格斯選集》第2卷，頁208。

人的親情、血緣連接和文化上的歸屬關係，而馬克思把人歸屬於不同生產關係中的不同階級，強調不同階級之間不可調和的衝突。保守主義對個人主義的否定是反革命的，而馬克思主義對個人主義的批判是基於他的革命性理念。

在馬克思看來，所有那些持有抽象人性論的近代思想家都有一個特徵，即把在他們自己的社會中所看到的一種特殊的人性，誤以為是互古不變的人類本性，實際上，他們作為歷史的起點所由以出發的人性，都不過是資產階級的本性而已。馬克思承認社會契約論在歷史上確實起過積極的作用，在資產階級革命時期，社會契約論作為反對封建特權的理論武器曾經扮演過積極的角色。但是，馬克思認為隨著資產階級走向沒落，社會契約論的進步性也就終結了。針對社會契約論從抽象的個人出發來說明歷史，馬克思指出，所謂自然狀態中孤立的個人不過是近代思想家們的缺乏想像力的虛構，所謂獨立的個體之間的相互聯繫的社會契約論，並不是建立在自然主義基礎上的，而只是魯濱遜式的幻覺。不過，它倒是對正在成長起來的市民社會的個人的預感，這種個人是封建社會解體的產物，也是新興生產力的代表。而在古典自由主義思想家看來，這種個人是一種理想，按照他們關於人類天性的看法，合乎自然的個人並不是從歷史中產生的，而是由自然造成的。馬克思認為，這樣的幻覺是歷史上任何一個新時代都具有的[116]。對於這種幻覺，馬克思從意識形態的角度對其進行揭示。他認為，社會契約論思想家和古典自由主義者不過是新興市民階級或者說資產階級的特殊利益的代言人。

無疑，近代社會契約論所設想的自然狀態缺乏歷史的和經驗

116　參見馬克思，《政治經濟學批判》，頁193-194。

的根據，所謂的自然人，在歷史和實證科學中也根本找不到原型。但作為一種國家學說，自然狀態、自然人概念是作為一種推論的工具而提出來的。它的問題是，假設在一種自然狀態下，人類及其相互關係會是什麼樣的，他們所做出的選擇會是什麼樣的。社會契約論對這個問題的回答與亞里士多德的觀點相反，認為在自然狀態下，不可能有任何政治權威及其服從關係的存在，人類的自然狀態是非政治的狀態，而政治狀態是一種人為設計的制度狀態。在政治狀態下的統治與服從的關係不可能是天然地存在的，而一定是後來人為選擇的產物。由此，社會契約論認為，國家是合意的產物，是通過人們轉讓一部分權利而建立起來的，建立國家的目的是保護人們業已存在的另一部分權利。可見，古典自由主義的社會契約論是被用來對政治權力施加限制的，或被用來證明政治權威的合法性的，其中的政治主張與資產階級的利益追求沒有關係。這種政治訴求早在資本主義形成之前就已經提出來了，把它說成是資產階級的意識形態，是沒有道理的。

　　但是，不可否認的是，自由主義為資本主義的發展掃清了道路，而且，起碼自由主義的早期形態自覺或不自覺地維護了資產階級的利益。可是由這一點並不能得出結論說，自由主義是資本主義性質的，或自由主義僅僅維護資產階級的利益。如果一個伴隨著現代性而誕生的被普遍接受的制度模式及其價值理念是建立在資產階級利益基礎上的，或者說建立在資產階級專政基礎上的，而又能夠維持到今天，那一定是不可思議的。這裡面一定包含著某些普遍原則，超越了一切階級利益，普適於全人類，使人類的政治逐漸走向和平與進步。

　　一百多年前，伯恩斯坦就認識到了這一點，他說過：

　　自由主義在歷史上有過打破中世紀的受束縛的經濟及相應的法律制度對於社會的繼續發展所加桎梏的任務。它最初獲得的固定形態是資產階級的自由主義，這並不妨礙它在事實上表現一個更為深遠得多的普遍的社會原則。[117]

唐納利在《普遍人權的理論與實踐》中也寫道：

　　自由主義不僅僅是資產階級革命或它的陳舊的遺留物。在解釋一種理論傳統時，我們必須避免發生學術上的謬誤：它的起源未必就決定它的最終發展，無論這種起源在多大程度上規定、限制或限定了這種發展。平等、自主和自然權利起初的基本原則可以，而且實際上也確實被比較激進的自由主義理論家、活動家和政治家用來準確地抨擊這種新的階級統治和不平等。[118]

　　事實上，這些價值和結構變化甚至今天也沒有完全實現，自現代以來的大多數時期內，它們一直被限於一小部分人。儘管如此，理想已經確立，理想的實現也已經開始。即使對人權的要求是作為資產階級保護其自身階級利益的策略而起步的，長期以來，普遍的、不可剝奪的個人權利的邏輯也已擺脫了這一出身。[119]

117　愛德華・伯恩斯坦，《伯恩斯坦文選》（北京：人民出版社，2008），頁276。

118　傑克・唐納利，《普遍人權的理論與實踐》（北京：中國社會科學出版社，2001），頁118-119。

119　傑克・唐納利，《普遍人權的理論與實踐》，頁77。

　　我們可以這麼說，正是由於近代以來的人道主義的弘揚，個人主義的確立，對人權的尊重，以及法治的保障，才防止了政治的資產階級專權，正如防止了其他任何階級的專權一樣。自由主義的政治制度，正如羅爾斯所表達的，其價值基礎是康德的「人是目的」原則，這促使了自由主義國家走向中立性，並力圖防止任何階級、任何群體、任何勢力對政治權力的壟斷。要是沒有自由主義對政治權力的限制及其改造，那我們今天可能才是仍然生活在一個階級對另一個階級的暴力統治之下。

七、個人主義爭論的理論背景：自由與平等的衝突

　　馬克思對個人主義抽象觀的批判，其矛頭指向的是自由主義所堅持的個人權利和個人自由體系。不可否認的是，自由主義經常遭受來自左派的各種批評，而矛頭所指正是自由主義所堅持的個人權利和個人自由體系。自由主義的核心價值遭到左派的攻擊，這已經成為現代思想爭論中最突出的現象。問題來自於對個人權利的維護所必然產生的自由與平等的衝突上。馬克思在這方面的批判及其解決方案最具典型性。

　　在馬克思看來，維護個人權利及其保障個人權利的正義制度，實際上是在維護這個弱肉強食、生存競爭和極度不平等的社會。所謂自由權利不過是有產者的專利，因為只有他們才具有享受此種權利的資源和條件，無產者不僅沒有自由，而且簡直處於一種無形的奴役鎖鏈之下，除了被迫不斷出賣勞動力外，毫無自由可言。在私有制的條件下，也即在人們財產占有不平等的條件下，保護平等的自由權利是虛假的，其實質毋寧說是保護不平等的社會現狀，也即保護有產者的特權地位。馬克思認為這種不平等的根源在於私有制及其一整套保護私有制的權利（正義）體

系，因此解決的唯一途徑是剷除私有制度，走向聯合體。在馬克思看來，所謂人類解放就是社會從私有財產中獲得解放，「生產者不占有生產資料是不能獲得自由的」[120]。

馬克思認為，經濟地位的平等才是實質上的平等，而權利的平等只是形式上的平等，形式上的平等是虛偽的平等，它保護和掩蓋了實質上的不平等狀況。所謂平等的權利實質上是保證資本家平等交易的權利，平等的機會實質上只是保證資本家的機會，因為只有資本家才有利用機會的能力和手段；對於無產者而言，由於沒有實質上的能力和條件，權利和機會對於他們僅僅具有形式上的意義，沒有實質意義。因此，根本的問題是必須實現經濟地位的平等，即實現財產的聯合占有。

馬克思對個人權利體系的否定依據的是，平等的自由權利所保護的私有財產制度所必然產生的不平等狀況。他把人權最終歸結為私有財產權，認為「自由這一人權的實際應用就是私有財產這一人權」[121]。而在財產占有不平等和社會劃分為不同階級的情況下，維護人權就被認為僅僅是維護資產階級的權利。馬克思甚至從國家對財產權的保護這一點得出結論說，「國家只是為了私有制才存在的」[122]，國家不過是維護資產階級的利益並鎮壓無產階級的工具而已。

這種看法顯然忽視了人權或個人自由所具有的普遍意義。因為儘管窮人或無產者可能在運用他的自由權利方面缺乏資源條件和手段，但是平等的自由權利本身對於他們並不是沒有意義的或

120《馬克思恩格斯全集》第19卷，頁264。

121《馬克思恩格斯全集》第3卷（北京：人民出版社，2002），頁183。

122《馬克思恩格斯選集》第1卷，頁69。

是虛假的。一個人缺乏實現自由的手段和能力，缺乏生產資料的占有，自由的權利對他而言並不就沒有意義了。畢竟，自由的權利是一回事，實現自由的手段和能力是另一回事，兩者分別而言都是重要的。我們不能說，只有其中一種才有實質意義，而另一種僅僅具有有限的、甚而虛假的意義。一個人擁有自由權利本身就具有重大的意義，甚至具有更重大的意義。

實際上，後來的歷史也證明，個人自由權利的保障不僅可以兼顧平等，而且也只有在個人的自由權利得以保障的情況下才能夠兼顧平等。共產主義和社會民主主義的兩方面的實踐結果都證明了這一點。早在一百多年前，伯恩斯坦就指出，如果有社會主義的話，那它也應該是以保護個人權利為前提的，「事實上沒有任何自由主義思想不是也屬社會主義的思想內容的」[123]。伯恩斯坦把自由主義的原則視為普遍的原則，而把社會主義看作是這種普遍原則的完成和實現。如果社會主義是建立在個人權利得不到保障而隨時可能遭受踐踏的制度上，那麼這種社會主義即使可稱得上是社會主義，也不會是人們所嚮往的，更不用說其道德信服程度了。這對於任何社會主義的追求者而言，都是一個繞不過去的坎，它標明了自由與平等的無法抹去的衝突。

自由主義對個人權利的保護不可能不包括對私有財產權利的保護，但是這不等於說自由主義的根本目標就是維護私有財產制度，進而維護資本主義制度，這種理解是對自由主義的根本曲解。自由主義的宗旨是一種人道主義的道德關懷，它以人本身作為尊重的對象，儘管它無法擺脫道德兩難困境──自由與平等的衝突。自由主義的根本目的是在政治上平等地保護每一個人的自

123　愛德華・伯恩斯坦，《伯恩斯坦文選》，頁275。

由權利，至於社會經濟的不平等，自由主義只能盡力彌補，但不可能根本解決。

在馬克思看來，只要私有財產制度存在，那麼任何關於權利和正義的平等觀念都是虛偽的。正義僅僅是一種法權範圍的概念，而社會的實質是經濟領域裡的關係，法不過是經濟關係的（歪曲）反映，它恰恰掩蓋了經濟關係的實質。也就是說，正因為有正義這一觀念，人們才會滿足於資本主義的現狀，而不去消滅私有制。正義掩蓋了人剝削人的實質，遮蔽了人與人實質上不平等的狀況。馬克思不認為實現公有制和共產主義是實現正義，因為「正義」這個概念屬上層建築，它與「權利」密切相關，服務於並保護其經濟基礎——私有財產制度。剷除私有制恰恰違背了正義，共產主義意味著正義的終結。

馬克思由此得出結論說，僅僅實現了平等自由權利的政治解放是一種不徹底的、有限意義的解放，因為它只觸及到社會的表象或者說上層建築，而根本沒有觸及社會的實質即經濟基礎。政治解放並沒有實現人的真正的解放，讓人成為自由的人。在完成了政治解放的國家中，市民社會中的不平等、對立和異化被排除在政治的範圍之外而獲得獨立性和政治的保護。因此，馬克思認為，對政治解放的批判恰恰是要越出政治的範圍，去揭示社會實質過程中的不平等、對立和異化，並加以革命性的改造。這就是所謂人類解放，說到底就是消滅私有制的解放。

馬克思早年在〈論猶太人問題〉中，把「政治解放」與「人類解放」區分開來，認為猶太人獲得平等政治權利的自由主義問題要低於所有人從物（商品、貨幣、資本等）的「奴役」下解放的問題。由此，他提出了「不是國家決定市民社會，而是市民社會決定國家」的著名觀點，開了從社會經濟領域去一勞永逸解決

問題的方向。在馬克思看來，社會經濟問題的解決（人類解放）相對於政治問題的解決（政治解放）而言是根本性的，而私有財產制度的消滅則是人類解放的根本途徑。

可是，自由主義者不這樣認為，他們指出，如果把經濟問題作為解放的前提，則勢必會動用政治上的強力，從而「走向奴役之路」。因此，他們把政治解放作為致力的目標，希望首先消除政治上的暴政、專斷和任性，然後再來解決經濟領域裡的不平等問題。羅爾斯在論證他的正義體系時，就把政治自由置於經濟平等之上優先考慮，堅持自由優先於平等的次序。在一些人看來，自由主義者對於政治上的專橫不遺餘力地予以消除，但是，對於異化、剝削、弱肉強食之類的「專橫」總是輕描淡寫，甚至回避。其實，自由主義並非要維護一種「惡」，而是要抵制一種更大的「惡」，即在清除一種「惡」時所導致的另一種更大的「惡」。消滅人類不平等的根源——個人權利體系及其所保護的私有制，隨之而來的將會是什麼樣的後果，我們從太多的人類歷史實踐中看到了這一點。

但是，烏托邦主義的終結不等於批判的終結，只不過是，這種批判除了能夠促使我們去改良外，只能使我們意識到我們的兩難困境。到目前為止，甚至在可見的將來，我們只能完成政治解放，消滅極權和專制，實現權利的平等；而不可能完成人類解放，消滅私有制和資本主義，實現經濟地位的平等。這兩者如果是不可兼得的話，那麼我們就只能面臨選擇。如果我們不願、也不可能放棄政治解放的成果，那麼這意味著人類解放只能是一個烏托邦的理想。

八、社會主義與「人民」

我們看到，由自由主義所體現的、作為現代性之基本原則的個人主義遭受保守主義和社會主義的兩面夾擊，它們都把矛頭指向個人主義，但是其價值根據、立場和目標並不一致。按照現代政治哲學的說法，保守主義與自由主義之間可以用「善」和「正當」的衝突來概括，而社會主義與自由主義之間可以歸結為「平等」與「自由」的衝突。

社會主義是從對平等的訴求走向對個人主義的批判的。在這個意義上，也即在反對個人主義的意義上，社會主義與保守主義具有某種共同性。正如華勒斯坦指出的：「如果說保守主義者拒不優先將個人視為歷史的主體、而視所謂的傳統小群體為歷史的主體的話，社會主義者們則拒不優先考慮個人、而優先考慮大群體，即全體人民。」[124]「全體人民」這一概念對於共產主義實踐運動來講具有極其重要的意義。馬克思主義認為，資本主義所建立於其上的私有財產制度是現代個人主義的根本基礎，私有制與個人主義有內在的關聯性，它們是這個弱肉強食、貧富分化的社會的禍根。剷除私有制，建立公有制，無論從其過程（社會革命）還是從其結果（實現共產主義），都是一場以「人民」為主體的運動。這種對「人民（the people）」的強調與保守主義對「共同體（community）」的強調表面上的一致掩蓋了二者實際上的巨大差別：社會主義是現代性的一個部分，而保守主義是對現代性所導致的傳統性衰落的抗拒和補救。「共同體」包含著傳統的文化

---

124 伊曼努爾・華勒斯坦等，《自由主義的終結》（北京：社會科學文獻出版社，2002），頁80。

內容，為情感所維繫，是一個社會有機體；而「人民」與過往傳統沒有關係，只被未來的目標（財產的全民公有）所動員，成為執行神聖事業的一個符號。有不少人指出，「人民」或「群眾」是現代性社會人們原子化的產物，它與現代性社會的另一面──「個人」──只有表面上的區別。伽塞特在《群眾的反叛》一書中，率先從社會學、政治學、哲學及文化批判的綜合角度審查作為現代性問題的「群眾現象」。他認為，群眾與社團不同，社團的結合原則是「差異之中的適應性」；「群眾則是由一些沒有經過質之界定的人聚合而成的」，它轉變為一種一般的社會質性，即群眾社會125。劉小楓在《現代性社會理論緒論》一書中認為，群眾社會的形成過程就是民主社會的形成過程：

> 群眾的成形和集結，是現代社會的基本民主化過程：民主化意味著，不再只是有權力、財富和聲望的、受過貴族式教育的小社會集團在政治─社會─文化秩序中占支配地位，而且也逐漸讓原處於社會底層、受教育程度不高的普通人發揮作用，他們的情緒衝動、精神品質、生活趣味闖入傳統社會的既定價值領域，逐步改變社會─文化的結構形態。126

在劉小楓看來，民主是自由主義和社會主義共同承認的現代性原則，它與保守主義對等級觀念的承認截然有別。民主包括自由民主和人民民主兩種基本類型。他寫道：

125　見劉小楓，《現代性社會理論緒論》（上海：上海三聯書店，1998），頁391。
126　劉小楓，《現代性社會理論緒論》，頁392。

　　通常把人民民主國家制度視為專制制度是錯的，它與自由民主國家制度一樣亦是民主制，但這兩種民主制的正當性法理基礎不同，在人民民主是「全體」，在自由民主是「個體」，其共同的正當性形式是「民」主，差異在於對「民」的界定（個體或全體）。人民民主作為民主制度的一種類型，其國家理念是進步階級（它代表全體人民的利益）作「主」。[127]

　　在劉小楓那裡，「人民」民主不等於「專制」（autocracy），但有可能走向「極權」（totalitarianism）。專制是少數人對多數人的統治，它未必是自由的對立面，而是民主的對立面[128]。保守自由主義者有時把自由與極權民主對立起來，但不一定與專制對立起來，在他們看來，關鍵是限制權力，而不在於少數人統治還是多數人統治。如果沒有對民主權力的制約，沒有自由在憲政中的保障，就會走向極權，也即權力（哪怕是民主的權力）對人們生活的全面干涉和控制。正如伯林在其引述貢斯當的話時說的：「民主政治或許能夠消除某一寡頭政權、某一特權人物或特權階級的害處，但民主政治仍然可以像它以前的任何統治者一樣，對個人施以無情的打擊。」[129]塔爾蒙最早提出「極權主義民主」（totalitarianism democracy）的概念[130]，此後人們就用此一概念來指稱現代社會的一種「人民」民主的現象，其特徵是國家權力因不受控制而具有的「全能」或「極權」的性質，這也即是人們經

127　劉小楓，《現代性社會理論緒論》，頁93。

128　比如，香港回歸之前沒有民主，卻有高度的自由。

129　柏林，《自由四論》，頁283-284。

130　見 T. L. Talmon, *The Origins of Totalitarianism Democracy*, 1985, Boulder and London: Westview Press。

常提到的「多數人的暴政」（the tyranny of majority）。

　　由此可見，社會主義就其追求消滅私有制、實現共產主義這個目標而言，就其以動員人民群眾來進行革命性改造世界的活動而言，就其強調集體主義、凝聚一致力量進行社會革命而言，對個人主義採取了一種完全否定的態度。因此，社會主義代表了對現代性的超越而不是認同，儘管它與自由主義同出於啟蒙主義的現代性理性原則這個根基。只有自由主義才真正與現代性一致，這尤其表現在它擁護個人主義原則上。自由主義作為一種價值信念，它持有對現代性的認同立場；自由主義作為一種社會形態和世界觀理念，它就是現代性本身。因此，反對自由主義的力量往往與反對現代性相連，對自由主義的評價與對現代性的評價幾乎成為同一件事情。

九、哈耶克的「真個人主義」

　　古典自由主義者對個人主義的弘揚被18世紀的法國啟蒙主義思想家所接受，後者把現代性的理性原則發揮到極致，以致對於後人，法國的啟蒙主義所弘揚的理念就象徵著現代性的原則。其口號是自由、平等和博愛，它們是對封建舊制度、等級制度、專制制度的徹底否定。

　　與18世紀的法國啟蒙思想家不同，「整個18世紀英國作家表現的氣質，無論在政治方面還是宗教方面，都反映出明顯的保守傾向。」[131]這尤其表現在蘇格蘭啟蒙學派[132]上，活躍於這個學派的

131　薩拜因，《政治學說史》，頁671。

132　18世紀的英國，一些著名學者如倫理學家里德、哲學家哈奇森和休謨、經濟學家亞當・斯密、社會學家弗格森等人活躍在蘇格蘭地區，以愛丁堡為中心，形成了一種思想傾向和流派，被稱為「蘇格蘭啟蒙學派」。政治思想家

思想家對現代性之理性原則，對自然法和自然權利學說，對社會契約論，都進行了激烈的批評。這是自由主義內部的分裂，以致哈耶克將分裂的兩派對立開來，他貶低法國啟蒙派，而褒揚蘇格蘭啟蒙派。

　　哈耶克把啟蒙理性主義者所宣揚的個人主義稱為「偽個人主義」（pseudo-individualism），而將理性懷疑論者的個人主義視為「真個人主義」（true individualism）。他認為，作為社會理論，真個人主義是「一種以人的整個性質和特徵都取決於他們存在於社會之中這樣一個事實作為出發點的觀點」[133]，也就是說，真個人主義並不認為個人先於社會而存在。可見，哈耶克的理論並不是契約主義的和以自然權利為基礎的。但是，他的真個人主義雖然不脫離社會來看待個人，卻是從對個人活動的理解出發來考察社會現象的，它認為，有關社會事實和社會現象唯有根據個人行動才能得到解釋。也就是說，只有通過理解個體的人的行為，才能夠理解人的集體的行為。這意味著哈耶克的真個人主義必須從知識論的角度而不能從存在論的角度加以理解。另外，更為重要的是，真個人主義雖然認為個人在存在論上或經驗上並不優先於社會，可是在意義序列上個人卻是優先於社會的。個人對於社會仍然具有首位性，但這是道德論的而不是存在論的首位性[134]。諸如社會、國家和階級等集體，與行動者個人相比較，並不具有首位的實在性，而且也不具有更大的價值。哈耶克為他的個人主義捍衛道：

柏克雖然來自愛爾蘭，但也常被歸入蘇格蘭啟蒙學派的人物中。

133 哈耶克，《個人主義與經濟秩序》（北京：生活・讀書・新知三聯書店，2003），頁11。

134 參自鄧正來，〈哈耶克方法論個人主義的研究──《個人主義與經濟秩序》代譯序〉，載哈耶克，《個人主義與經濟秩序》，頁31。

　　　　個人主義者得出結論說，在限定的範圍內，應該允許個人
　　　遵循自己的而不是別人的價值和偏好，而且，在這些領域
　　　內，個人的目標體系應該至高無上而不屈從於他人的指令。
　　　就是這種對個人作為其目標的最終決斷者的承認，對個人應
　　　盡可能以自己的意圖支配自己的行動的信念，構成了個人主
　　　義立場的本質。[135]

　　哈耶克提出「真個人主義」的首要目的，乃在於反對那些集
體主義的社會理論。

　　而哈耶克的所謂偽個人主義，則「是一種以孤立的或自足的
個人的存在為預設的（或者是以這樣一種假設為基礎的）觀
點」[136]。它「把個人視作出發點，並且假定個人乃是經由一種形式
契約的方式把自己的特定意志與其他人的意志統合在一起而形成
社會」[137]。

　　哈耶克認為，真個人主義首先是一種社會理論，而不是一套
有關孤立的、原子式的個人的權利主張。對哈耶克來說，個人是
不可能獨立存在的，社會也不可能化約為個人，因為個人必定是
具體的社會中的行動者。實際上，哈耶克所理解的真個人主義之
個人，類似於亞里士多德的觀點，是一種社會動物或政治動物。
相反，偽個人主義把個人理解成在事實上自足於社會，並且從形
而上學的角度把它假設成在存在論上先於社會的個體實在。顯
然，哈耶克關於偽個人主義的批評指向的是洛克、康德等古典自

135　哈耶克，《通往奴役之路》，頁62。
136　哈耶克，《個人主義與經濟秩序》，頁11。
137　哈耶克，《個人主義與經濟秩序》，頁15。

由主義者，可他卻說真個人主義者包括洛克在內。而據哈耶克所說，偽個人主義者包括笛卡爾主義者、百科全書派成員、盧梭和重農主義者，可是這裡的一些人很難說是個人主義者，哪怕是偽個人主義者。這種劃分都過於隨意[138]。實際上，正如霍爾姆斯在《反自由主義剖析》中所指出的，古典自由主義者的先於社會的個人基點預設，從社會學或歷史描述的角度上看根本不能說明什麼，因為他們根本不是從科學研究的意圖出發來肯定個人對於社會的優先性的。他們毋寧說是通過在先的個人設定來規範國家，說明國家的性質，限定國家的合法性範圍，除此之外，古典自由主義者並不否認社會生活對於個人的重要意義。實際上誰也不可能否認，人是群居的動物，他們的天生能力只有在社會中才能完全實現[139]。在這一點上，古典自由主義者與哈耶克沒有實質的分歧，因為他們都是道德論上的個人首位論者。分歧來自於有關理性能力上的觀點分歧。

　　哈耶克指責唯理主義的偽個人主義隱含著一種演變成個人主義敵對面的趨向，它很可能必須被視作是現代社會主義的一個思想淵源，與某些徹頭徹尾的集體主義理論有某種一致性。哈耶克對偽個人主義的指控是，它把社會過程置於個人理性的控制之下，過分相信個人心智的力量。而真個人主義則相信，社會是一個無個人特徵的、自生自發的演進過程，人類並不是一種具有極高理性的存在，社會秩序並不是人們刻意設計的結果。在哈耶克看來，偽個人主義必定會得出這樣一種結論，即只有當社會過程受個人理性控制的時候，社會才能夠有效地服務於個人的目的。

---

138 見哈耶克，《個人主義與經濟秩序》，頁10。
139 參見霍爾姆斯，《反自由主義剖析》，頁267-275。

而真個人主義則堅信，社會秩序是自生自發的，不被理性控制和設計的，如果讓個人享有自由，追求他自己認定的目的，那麼他們取得的成就往往會大於個人理性所能設計或預見到的成就[140]。

哈耶克把個人主義的問題轉化為一個如何對待理性之能力的問題，這似乎有轉移話題之嫌。他所指責的原子主義的所謂偽個人主義如何走向了理性的濫用從而導向集體主義，這其中的邏輯關聯，我們也很難看得出來。他所批判的偽個人主義，說的是洛克、康德的契約論古典自由主義，而指的卻是笛卡爾、盧梭等所持有的建構理性主義。從後者推出理性的濫用之結果當然是沒有問題的，可是他們與個人主義又有什麼關係？

現代性表明人類理性所達到的程度，可以說，現代性是孕育於西方文明源頭中的理性主義的展開，它屬西方文明（其特殊性之所在），也屬全人類（其普遍性之所在）。理性主義恰恰是西方文明的悠久傳統之一，如果說西方文明有什麼傳統需要繼承的話，理性主義就是這樣的一種傳統。

哈耶克對理性的審慎態度是因為他不希望看到人類理性的濫用導致自發秩序的破壞。他認為，自發秩序是人之行動而非人之設計的結果，必須認識到理性的限度，維護那個不受控制的、理性不及（Non-rational Factors）的領域，也即自發秩序領域。只有在這種每個人自由追求自身目的的自發秩序中，分散在每個人頭腦中的知識才能夠充分有效地利用起來。哈耶克對自發秩序的辯護，目的是要捍衛個人自由，他認為，承認人類的無知，尊重各種自發的秩序，是人類達致自由的前提條件。只有承認人類的無

---

140 參見鄧正來，〈哈耶克方法論個人主義的研究——《個人主義與經濟秩序》代譯序〉，載哈耶克，《個人主義與經濟秩序》，頁23-24。

知，才能使個人的自由選擇成為可能。

可是，從人類社會發展的歷史過程來看，幾乎難以找出純粹的所謂「自生自發社會秩序」的例子，實際上人類大多數的制度多多少少都包含有人為建構的因素。及至現代，就更沒有什麼東西是自生自發的了，人類的理性作用已經無所不在，沒有什麼東西是不經過人類的理性考察和檢驗而成立的。即使在過往漫長的社會歷史演化中沒有太多的人類理性參與他們的生活，但是在現代生活中，各種秩序和制度的出現和成長已經不可能再是這樣的，而是滲透了大量的人類理性作用。就拿哈耶克最珍惜的自發秩序——市場經濟來說，全面的國家干預局面已經不可逆轉，那個自由放任的時代已經一去不復返了，現代人的爭論僅僅是人為的干涉多一點還是少一點的問題。因此，與其說它是自生自發的，不如說它是法律和政府設計的人造物。這種狀況不是願意不願意的問題，而是人類理性自覺的必然。儘管理性是一把雙刃劍，但是既然現代性開啟了這扇大門，那就只能駕馭好理性本身。這不是理性的自負，而是理性的負責。

另外，按照諾蘭曲線[141]的描述，越是傾向於經濟自由的右翼保守主義政治，就越是傾向於限制個人自由；而越是強調政府干涉的左翼自由主義政治，越是傾向於增加個人的自由。這與哈耶克關於只有承認和尊重自發秩序才能維護個人自由的觀點並不完全相符。那種把保守主義等同於必然保護個人自由的觀點並不符合歷史的和現實的政治狀況，而更可能的是，繼承和捍衛啟蒙主

---

141 諾蘭曲線（Nolan Chart）是由大衛・諾蘭（David Nolan）設計的一種政治光譜測驗圖，首先於1971年8月在 *The Individualist* 月刊上發布。諾蘭曲線以雙軸線的圖表標繪出各種不同的政治立場，以及他們所追求的政府形式。

義的理性主義者的政治更傾向於捍衛個人自由。

再有，社會領域中的自生自發秩序僅僅是具有非設計的、相對穩定的、並能夠自我複製的特徵而已，它可能是、也可能不是與自由主義的價值原則相一致的，也就是說，社會演化的結果未必與自由主義所應該堅持的道德個人主義相符合。哈耶克對於個人自由、個人尊嚴等價值無疑是肯定的，可是這類屬自由主義的價值在演化論的理論架構裡是可有可無的，演化論不能保證其結果一定是可被自由主義接受的。如果哈耶克對於個人自由和個人尊嚴的堅持是自由主義的核心命題，那麼，堅持自生自發秩序的演化論就會與自由主義發生嚴重的衝突。正如臺灣學者錢永祥說的：

> 自由主義不只是一套關於制度產生的理論、一套贊同或者反對某種制度安排的態度，更是一套規範性的理論，旨在為贊成或者反對某一套制度安排提供理由、最終對制度的道德妥當性提出評價。
>
> 一旦自由主義基於道德立場，認定演化的過程或結果對於個人造成了傷害，妨礙了個人作為自由而且平等的個體的權利與利益，便會要求提出補救、協助的制度設計。[142]

因此，面對自發的演化過程和傳統秩序，自由主義並非毫無批判的，也非完全無所作為而不予干涉的。從這個意義上來說，自由主義不應該是保守的，而是帶有激進色彩的。

---

142 錢永祥，〈演化論適合陳述自由主義嗎？——對哈耶克式論證的反思〉，載《公共論叢第八輯：社會理論的兩種傳統》（北京：生活‧讀書‧新知三聯書店，2012）。

十、「個人主義」的歷史命運

　　法國大革命以後，「個人主義」這一詞最早出現於法文，它是歐洲思想界對法國大革命及其精神淵源——啟蒙思想——反應的產物。在保守主義者看來，法國大革命說明了，弘揚個人是多麼有害於國家的穩定，會使國家陷入一片混亂。這些反對革命的保守主義人物一致譴責18世紀啟蒙思想家對「個人」的高揚，他們反其道而行之，給予「社會」以同樣排他性的強調。「個人主義」這一術語系統地被使用首先歸於19世紀20年代中期聖西門的追隨者們。聖西門主義對啟蒙思想家讚美個人持批評態度，害怕社會陷於無政府狀態。他們追求一種有機的、嚴密組織的、和諧的社會秩序。由於聖西門主義的影響，「個人主義」這個術語在19世紀得到廣泛的使用[143]。

　　在歐洲大陸，「個人主義」的使用通常帶有貶義。社會主義者批評個人主義是自由放任的經濟信條，它指的是工業資本主義所產生的無政府狀態、競爭和剝削。保守主義者批評個人主義導致社會的原子化，危及政治共同體的穩定和安全。帶有共和主義色彩的自由主義思想家托克維爾，則批評個人主義使個人遠離公共生活，沉溺於私人生活領域，削弱了社會凝聚力，為國家政治權力的膨脹提供了危險的機會。而在英國，古典功利主義者[144]邊

---

143 參見盧克斯，《個人主義》，頁2-5。

144 古典功利主義的代表人物有邊沁（1748-1832）、詹姆斯・密爾（1773-1836）、約翰・密爾（1806-1873）等。在19世紀維多利亞時代，這一以功利主義為旗號的、被稱為「哲學激進主義」的派別闡述了自由主義在政治、經濟、法律等方面的基本原則，對於當時的改革起了重大的作用。哈耶克在區分真個人主義和假個人主義時，將邊沁的功利主義置於真個人主義之外，

沁，從他的功利原則出發同樣不接受個人主義，因為功利主義關心的是累積的滿足，而不關心是誰的滿足，在計算功利時，功利主義不會把人的尊嚴考慮在內。邊沁與保守主義者一樣激烈抨擊社會契約論，斥責自然權利理論為「胡言亂語」。在他看來，只有法定的權利，而沒有天賦權利，權利是否確立取決於它是否能帶來最大多數人的最大幸福。這種衡量社會事物的價值標準使功利主義在理論上潛伏著對個人權利侵犯的巨大危險，在需要時，它容許侵犯一些人的自由和權利，只要這一侵犯能保證給大多數人帶來更大的利益。但是，功利主義者在實踐中並不否認個人自由，相反，為了達到社會財富的增長和個人幸福的目的，他們極力主張自由放任，強調國家不干預的好處。在他們看來，社會利益是個人利益的總和，所以個人利益是唯一真實的利益。

但是從總體上看，在英國，「個人主義」這一概念的命運要好許多，「雖然政治經濟學家和邊沁主義者很少使用這個術語，雖然我們看到密爾是在一種不同的消極意義上使用這個詞，但是，全部英國自由主義者，從那些提倡絕對自由放任的自由主義者，到那些支持國家干涉的自由主義者，都在逐漸認可並接受『個人主義』。」[145]前者如赫伯特・斯賓塞（1820-1903），後者是一些提倡「新自由主義」（New Liberalism）的人物如托馬斯・格林（T. H. Green, 1836-1882）、鮑桑葵（1848-1923）、霍布豪斯（1864-1929）、霍布森（1858-1940）等。

19世紀末，當古典自由主義的放任主義逐漸受到質疑時，英國的這批被稱為新自由主義的思想家率先做出了反應，他們強烈

認為它也是建構主義的。

145 史蒂文・盧克斯，《個人主義》，頁34。

主張拋棄自由放任政策，實行國家對經濟活動和社會生活的全面干預。「新自由主義」是自由主義者對社會主義政黨興起的反應，它吸收了一些社會主義的主張和要求，故而又稱為「社會自由主義」（Social liberalism）。新自由主義對維多利亞時代的自由主義的倫理基礎──功利主義提出了批評，並且指責鼓吹生存競爭的社會達爾文主義。由於新自由主義的傳播，功利主義和自由放任主義一統天下的局面被打破。19世紀末20世紀初，新自由主義逐漸成為英國官方政策的重要基礎，對英國公共政策的影響超過了密爾的功利主義。一戰後，由於工黨的崛起及其他原因，新自由主義隨著自由黨而在英國走向衰落。但它的思想原則卻在美國得到傳播，影響了像杜威（1859-1952）這樣思想家的思想。

　　新自由主義者主張以「新個人主義」來取代「舊個人主義」，強調人的社會性和合作性，批評舊個人主義把個人想像為孤立與封閉的原子，只追求個人利益。他們認為社會是個人自我實現的唯一途徑，個人權利不能同公共利益相衝突。新自由主義並不否認個人主義，認為集體主義意味著自由的終結，但是它為這種新個人主義增添了某些集體主義的因素146。

　　新自由主義也強調個人自由，但個人自由不再僅僅是那種反抗專制、否定國家干預的「消極的」自由，而是具有主動精神、富於創造力、倡導新秩序的「積極的」自由。自由的含意不僅僅是排除強制、使人能夠按照自己的意願做事這一種，還包含許多積極有為的內涵。新自由主義者認為，減少貧困、飢餓、傷殘、疾病、愚昧等社會弊害是實現積極自由的重要條件。新自由主義

---

146 參見馬德普主編，《當代西方政治思潮》（北京：中國人民大學出版社，2013），頁17-18。

否定消極的、最小化的國家觀，主張擴大國家的干預作用，認為國家要為個人自由的發展掃除障礙，創造更多、更好的有利條件。國家不僅是要保護個人自由，而且是要促進個人自由。

儘管格林開創的新自由主義強調「共同善」，帶有共同體主義的理論傾向，但是它的基礎仍然是個人主義的，其對國家作用的強調也是從個人自由、個人的自我實現出發，以保護個人自由不受侵犯、為個人的發展創造條件為宗旨。

在美國，由於缺乏社會主義的土壤，也由於不存在保守主義所要維護的封建傳統，自由主義幾乎沒有對手。因此，「個人主義」一開始就以積極的姿態出現。盧克斯寫道：

> 在美國，「個人主義」最初是唱著對資本主義和自由主義民主的頌歌而出現的。它成了一種具有巨大意識形態意義的象徵性口號，表達了包含在天賦權利學說、自由企業的信念和美國之夢中的不同時代的所有理想。它確實表達了19世紀和20世紀早期在美國廣泛流行和有著深刻影響的社會理想（實際上，它至今仍在美國意識形態中扮演著重要角色）。[147]

個人主義甚至成了美國人民族認同的象徵，Y・阿利耶裡在《美國意識形態中的個人主義和民族主義》一書中指出：

> 個人主義使這個民族所特有的姿態、行為方式和抱負具有了合理性。它賦予過去、現在和未來一種統一和進步的前景。它表明了這個民族特有的社會政治組織——各種異質成

---

147 史蒂文・盧克斯，《個人主義》，頁24。

分的統一——它指向一種與美國人的經驗相吻合的社會組織理想。尤其是，個人主義體現了民族意識最典型特徵的普救論和理想主義。這一概念的演化與社會主義是相矛盾的，但它和社會主義一樣有著普遍的救世特徵。[148]

　　個人主義是美國文化的核心，可以這麼說，個人主義的精神就是美國的精神，它甚至被賦予了崇高的倫理和宗教意義。「個人主義」在美國的含意包括平等的個人權利、有限政府、自由放任、自然正義、公平機會以及個人的道德發展和尊嚴，等等。在不同的背景下，在不同的時代裡，它包含著不同的意義。但是，個人主義最根本的含意，也是美國文化特質中帶根本性的東西，是尊重個人的自主性，以及由此而賦予的個人尊嚴。在美國，「自由主義」這一詞充滿歧義，而且在羅斯福「新政」改革以後的幾十年裡，「自由主義」曾經被避諱使用，甚至帶有貶義。但是，「個人主義」卻具有明確的內容，它幾乎取代了自由主義的含意，成為自由主義的代名詞。為個人主義辯護就是為自由主義辯護，為自由主義辯護就必須為個人主義辯護。

　　二戰後，特別是70年代以後，古典自由主義的契約論傳統在美國獲得復興，20世紀前半期成為主流的非規範倫理學（元倫理學）和功利主義倫理學隨著政治哲學的復興而衰落下去，自然法、自然權利等啟蒙時代的理念被重新發揚。隨之而來的是，個人主義的理念進一步被自由主義者重申並確定。羅爾斯明白表達了這種對個人主義的偏愛：

---

148 轉自史蒂文・盧克斯，《個人主義》，頁26。

　　每個人都擁有一種基於正義的不可侵犯性，這種不可侵犯性即使以社會整體之名也不能逾越。[149]

諾齊克也說：

　　個人擁有權利。有些事情是任何他人或團體都不能對他們做的，做了就會侵犯他們的權利。[150]

德沃金這樣說道：

　　個人權利是個人身中的政治護身符。當由於某種原因，一個集體目標不足以證明可以否認個人希望什麼，享有什麼和做什麼時，不足以證明可以強加個人某些損失或損害時，個人便享有權利。[151]

　　在當代自由主義思想家這裡，個人主義被明確地與整體主義、集體主義對立起來，而不是——像古典自由主義那樣——僅僅與國家權力或國家干預對立起來。由此，對個人主義的討論或捍衛超越了經濟學、政治學的範圍，而進入倫理學、政治哲學的視野。個人主義並不一定意味著自由放任、有限政府或私有財產制度，而是涉及個人是否具有獨立於整體或共同體的尊嚴、自主

---

149 羅爾斯，《正義論》（北京：中國社會科學出版社，1988），頁1。

150 諾齊克，《無政府、國家和烏托邦》（北京：中國社會科學出版社，1991），頁1。

151 德沃金，《認真對待權利》（北京：中國大百科全書出版社，1998），頁6。

性的問題。個人主義甚至超出了本體論的範疇，即使不再堅持原子論的個人主義，自由主義也仍然能夠為個人的尊嚴辯護。正如薩托利所言：

> 　　毫無疑問，自由主義相信全人類每一個人的價值，並且把它們理解為個人，這一點是顯而易見的。但是，即使所謂抽象的個人概念被棄之不用，不管這種個人是「占有性的」還是「社會性的」，是創造社會的還是被社會創造的，自由主義仍屹立不動。[152]

　　他們中的一些人，如哈耶克、波普、伯林等，持有一種方法論個人主義的觀點，而堅決反對方法論集體主義。在他們看來，「社會是由個人組成的，它並不存在，因而也不具有超越或高於這些個人的要求。其功能就是服務於個人，其中一條途徑就是尊重他們的自治。」[153]在他們看來，所謂國家利益、人民的意志以及廣泛的目標領域——事業、政黨、民族、階級、運動、共同體等——都是一些思想的抽象物[154]，它們不過是個人利益的集合或個人行為的產物而已。甚至像「人民」、「人民主權」這樣的概念都遭到質疑，因為它似乎指示著存在有稱之為「人民」的可辨識的實體，可「這與社會是由分散的個人，或者最多是由具有特殊的和與眾不同的意志和利益的團體組成的自由主義學說相牴牾。諸

152　喬萬尼‧薩托利，《民主新論》，頁430。

153　安東尼‧阿巴拉斯特，《西方自由主義的興衰》（長春：吉林人民出版社，2004），頁57。

154　馬克思主義者認為單個人的存在是思想的抽象物，而這些自由主義者卻認為，集體的存在才是思想的抽象物。

如『普遍利益』和『普遍意志』的觀念不僅僅使它變得隱晦不明，而且為政府踐踏特定個人和團體的實際利益提供了合理的藉口」[155]。

　　20世紀上半葉，關於個人主義的思想表達基本上銷聲匿跡，或備受批評，但是二戰前後，隨著極權主義的興起和對極權主義的恐懼，對國家權力的古老懷疑又以新的形式復活了，在此背景下，個人主義受到自由主義的重新關注和論證。極權主義試圖對社會實行整全性控制，不僅要控制所有的經濟、政治事務，還竭力控制人民的意見、價值和信仰，從而消弭了國家與社會之間的一切分別。在極權主義政體之下，社會秩序完全由政治權力來達成，個人幾乎不再有任何私人空間或自由。極權主義還借助於意識形態煽動人民瘋狂的政治參與，從而實現其目標。正是這個原因，二戰後的那段時期裡，大部分自由主義者展開了對極權主義、烏托邦主義的批判。其哲學根據就是對集體主義或整體主義的批判，對國家至上、社會至上思想的否定。

　　當今，隨著世界性的社會主義思潮的衰落，以及自由主義對社會主義平等觀念的吸納，社會主義已構不成對自由主義的嚴重批評力量，而保守主義對自由主義的批評力量卻在增長。這表現在當代美國保守主義尤其施特勞斯學派的興起，共同體主義者對自由主義的批評，以及共和主義者對古典政治美德的訴求等這一系列思想事件上。他們對自由主義的批評歸根究柢是對個人主義的批評，而對個人主義的批評就是對「個人自由」這一自由主義核心觀念的批評。

---

155 安東尼·阿巴拉斯特，《西方自由主義的興衰》，頁97。

第四節 作為自由主義之核心的個人自由

　　自由主義——正如其名稱所標示的——無疑以自由為其核心價值，也就是說，自由是自由主義所維護的一切價值中最首要的價值。自由主義之所以是自由主義，或者說，自由主義與其他政治思想的不同之處，正在於它賦予了自由至上的重要性：它以維護和捍衛自由為自己的最高目的。並且，由此延伸出自由主義的其他價值，如隱私權、寬容、多元主義、國家中立等。另外，自由主義的憲政制度也是圍繞著保障個人自由而構建或演化的。即使是像平等、民主和社會正義這些在一些人看來是更為重要的價值，也被現代自由主義所吸收和容納，成為自由的手段或輔助價值，不再是與自由相衝突的外在原則。至於保守主義、功利主義或民族主義等所堅持的最高原則，諸如秩序、傳統權威、最大化的幸福、最高的善、公共利益、繁榮等，都被阻擋在自由主義核心價值的大門之外。關於這一點，阿巴拉斯特不無嫉妒地說道：

　　　　在自由主義的範圍內沒有什麼原則可與對自由的承諾相抗衡：「自由不是實現更高政治目的的手段，其本身就是最高的政治目的。」阿克頓爵士的觀點近來得到了斯圖亞特・漢普希爾的回應：「我認為，擴展和保障所有個人平等地選擇其自身生活方式的自由就是政治行動的目的。」需要指出的是，自由不是其中的一個目的，而是獨一無二的目的。[156]

　　自由是人的尊嚴的體現，它與人類是理性與自主的動物的觀

---

156 安東尼・阿巴拉斯特，《西方自由主義的興衰》，頁72。

念相符合，它標誌著文明還是野蠻之間的區別。因此，自由概念幾乎與人類的文化同長久，關於自由的追求包含在所有人類從古至今的歷史文獻中。但是，這不等於說，自由主義的歷史也同樣長久，或者說自由主義的歷史可追溯至古代。雖然歷史學家們在古代世界發現了自由主義觀念的若干因素，但是它們不能算是現代自由主義的組成部分，毋寧說它們是自由主義的史前史。作為一種政治思潮和智識傳統，以及作為一個與眾不同的思想流派，自由主義的出現不早於17世紀。

自由主義的核心價值雖然惟自由莫屬，但是這種自由價值是扎根於個人主義之上的，隨個人主義的成長而成形。沒有個人主義的現代歷史背景，自由主義及其所維護的自由是不可能成長並確立的。因此，正是個人主義，限定了自由主義所尊重的自由是什麼樣的東西，而不加區分地使用自由概念只會造成一種混亂的局面，甚至會造成以自由為名的對自由的扼殺。所以，對自由概念作一個全面的分析是必要的。

一、古代人自由與現代人自由的區分

法國大革命中的羅蘭夫人在臨上斷頭臺前，曾留下一句廣為人知的名言：「自由！自由！多少罪惡假汝之名以行！」後來的人類歷史對她這句話作了無盡的注解。

我們可以在許多種意義上來談論自由，但是，如果把不同含意的自由概念混淆在一起，就有可能失去談論它的意義，甚至會成為本來意義的反面。在人類歷史上，對自由的追求所帶來的人間災難和悲劇數不勝數，以自由為名的暴政不少於由自由所帶來的真正解放。

19世紀的法國自由主義思想家貢斯當（1767-1830）認為，

古代人持有一種與現代人截然不同的自由觀念。對現代人而言，「自由是只受法律制約、而不因某個人或若干個人的專斷意志受到某種方式的逮捕、拘禁、處死或虐待的權利，它是每個人表達意見、選擇並從事某一職業、支配甚至濫用財產的權利。」[157]總之，自由意指一個人在法律保護之下的、不受干涉的、獨立自主的領域。與之不同的是：

> 古代人的自由在於以集體的方式直接行使完整主權的若干部分……然而，如果這就是古代人所謂的自由的話，他們亦承認個人對社群權威的完全服從是和這種集體性自由相容的。你幾乎看不到他們享受任何我們上面所說的現代人的自由。所有私人行動都受到嚴厲的監視。個人相對於輿論、勞動，特別是宗教的獨立性未得到絲毫重視。我們今天視為彌足珍貴的個人選擇自己宗教信仰的自由，在古代人看來簡直是犯罪與褻瀆。社會的權威機構干預那些在我們看來最為有益的領域，阻礙個人的意志。[158]

貢斯當提出了一個重要的看法，即在古代人（主要是指古希臘人）中占主導地位的自由觀念並不是指一種獲得保障的個人的選擇空間。對於古代人而言，自由觀念僅僅適用於共同體，它指的是共同體的自治或不受外來的控制。在這個意義上如果說個人也有自由的話，也不意味著個人有免於共同體任意干預的權利，

---

157 貢斯當，《古代人的自由與現代人的自由》（北京：商務印書館，1999），頁26。

158 貢斯當，《古代人的自由與現代人的自由》，頁26-27。

而僅僅是指享有參與政治的自由。在古希臘人那裡，公共生活壓倒一切，將公共生活與私人生活區分開來的觀念是聞所未聞的，甚至是不可思議的。古希臘人並未產生明確的個人觀念，他們並不把個人視為個人，把個人當作個人來尊重的觀念是很晚近的事情：

> 古人沒有也不可能認識到，個人作為一個人，同時作為一個「私生活中的自我」，理應受到尊重，原因很明顯，這是個來自基督教，隨後又由文藝復興、新教和現代自然法學派加以發展的概念。而且，古希臘的個人主義精神缺乏的是合法的私生活領域的觀念，⋯⋯古希臘政治自由的經驗沒有也不可能包含以個人權利為基礎的個人自由，這就是貢斯當等人想要說明的問題。當他們否認古希臘人已經持有個人自由的觀念時，他們是說古人絲毫沒有注意到這一價值觀念是指把個人作為一個人來尊重，因為這是一個得到法治和《人權宣言》的具體庇護之後才產生的觀念。159

　　貢斯當所提出的自由概念的區分，其重要性在於，它揭示了像盧梭那樣的思想家所倡導的參與政治的自由和共同體的自治其實並不是自由主義所追求、所維護的那種自由，而且，這種自由未必就帶來個人的自由，它甚至與個人自由相對立。在古代人那裡，個人享有參與政治的自由，但是個人並不因此而受到保護，個人任由集體擺布，集體完全吞沒了個人。

　　哈耶克對這兩種自由也這樣描述和評論道：

159　薩托利，《民主新論》，頁321。

　　所謂政治自由，乃是指人們對選擇自己的政府、對立法過程以及對行政控制的參與。它乃是一些論者經由將自由的原始意義適用於整體意義上的群體而形成的概念，從而它賦予了人們一種集體的自由。但是，此一意義上的自由民族，卻未必就是一個由自由人構成的民族；此外，要成為一個自由的個人，亦毋須以享有這種集體自由為前提條件。[160]

　　自由主義者關注的是個人的自由，而且是個人的消極自由，也即在法律規定的範圍內個人享有任意行事而不受強制的權利。把這種主體為個人的自由套在集體上，就形成了集體的不受控制的自由概念。但是，集體是由個人組成的，集體的自由和自治並不能阻止它對個人施加強制和控制，集體的自由與個人的自由未必是一致的，如果它們發生衝突，自由主義當然是偏向個人一邊。這是因為，自由主義的根本目標是保障個人不被侵犯，哪怕是以集體的名義所施加的侵犯。在這個意義上，哈耶克像貢斯當當年區分古代人的自由與現代人的自由那樣區分了個人自由與集體自由，明確指出集體的自由和獨立（自我統治）並不意味著個人也是自由的，兩者不可混淆：

　　當我們說一個民族欲求「擺脫」外國的枷鎖並力圖決定其自身命運的時候，這顯然是我們將自由概念適用於集體而非適用於個人的一個結果，因為在這一境況中，我們乃是在作為一個整體的民族不受強制的意義上使用「自由」一術語

---

160 哈耶克，《自由秩序原理》上卷（北京：生活・讀書・新知三聯書店，1997），頁6-7。

的。一般而言，個人自由的倡導者都同情上述民族自由的訴求，而且也正是這種同情，導使19世紀的自由運動與民族運動之間形成了持續的聯合，雖說當時的聯合有些勉強。然而值得引起我們注意的是，儘管民族自由的概念類似於個人自由的概念，但它們卻並不是相同的概念，因為對民族自由的追求並不總是能夠增進個人自由的。對民族自由的追求，有時會導使人們傾向於選擇一個他們本族的專制君主，而不選擇一個由外族多數構成的自由政府；而且它還常常能夠為暴虐限制少數民族成員的個人自由提供藉口。儘管欲求個人自由與欲求個人所屬之群體的自由，所依據的情感和情緒往往是相似的，但我們仍有必要明確界分這兩種概念。[161]

我們不應當誤解以為哈耶克的意思是否定民族主義或愛國主義，正如我們不應當誤解貢斯當，以為他否定人們的民主參與生活。除了防止概念的混淆外，哈耶克正如貢斯當一樣，其目的和意圖是防止在一種含糊的自由的口號下去踐踏和剝奪自由主義者不得不看重的個人自由。實際上，自由主義者並不否定人們的民主參與，也不反對個人的共同體歸宿，但問題是，自由主義者把個人自由視為首要價值，並無論如何要對其加以保護。在這個問題上，不存在意識形態的機智和機巧，也不存在利益的交換和權衡，只存在原則的堅守。

二、極權主義民主

以色列著名思想家塔爾蒙於1952年發表了《極權主義民主的

---

161 哈耶克，《自由秩序原理》上卷，頁8。

起源》一書，該書致力於展示18世紀以來的兩種政治傾向：自由
主義的民主和極權主義的民主。他認為，這兩者之間的那種緊張
狀態構建了人類現代史上的一個重要時期，並且形成了我們這個
時代最至關緊要的那些問題。實際上，這是貢斯當所作出的現代
人的自由和古代人的自由的兩分法的延續，只不過塔爾蒙將貢斯
當對古代人的自由的非難轉向了對他所謂的「政治救世主義」的
批判上。關於這種「政治救世主義」，他寫道：

　　極權主義的民主主義的流派，它的理論主要建立在承認唯
　一的和排他的政治領域的真理基礎上。在意識形態上，它是
　持一種可以被叫做政治救世主義必定會降臨的信念，這種信
　念要求事物有一種預先設定的、和諧的、並具有十全十美的
　計畫的模式。這種模式使得人們無法抵制這種統治或控制，
　並且讓他們永遠只可能奔向那種理想的終點。[162]

　　塔爾蒙所指的「政治救世主義」是一種政治宗教，是宗教救
世主義的世俗化版本，或者說是現代救世主義，它一方面對事物
的看法具有宗教的那種絕對性和終極性，另一方面又將這種終極
性和絕對性在世俗人間加以實現。它依賴和相信人的理性和意
志，其目標是通過社會改造實現地球上的人間幸福。

　　不難看出，塔爾蒙筆下所涉及的人物雖然是18世紀以盧梭為
代表的一批法蘭西激進啟蒙主義者，以及大革命時期的領袖人物，
而實際上其真正的矛頭指向是20世紀的極權主義。與伯林一樣，
塔爾蒙看到了一種以追求自由的旗號而進行的政治運動，從18世

---

162 塔爾蒙，《極權主義民主的起源》（長春：吉林人民出版社，2004），頁2。

紀的思想庫中取得資源，成為當今人類政治所面臨的最嚴峻的考驗。這種極權主義的政治運動，起於自由的追求，卻吞噬了無數嚮往自由的男男女女。無論是18世紀那些啟蒙思想家用理論宏圖搭建的自由平臺，還是標榜在絕對平等主義下實現公民全權的巴貝夫主義，或是倡導用暴力來拯救德行與自由的羅伯斯比爾，他們在最好的情況下也只能實現積極自由。而各種消極自由儘管寫進了法國大革命時期的憲法裡，卻淹沒在積極自由追求的狂瀾中。

　　與哈耶克、伯林一樣，在塔爾蒙看來，正是那種理性的僭妄為極權主義開闢了通道，而積極自由的含意正包含在這種理性的僭妄之中。塔爾蒙實際上區分了消極自由與積極自由，並指出了它們之間的不同特徵：

　　　　兩個流派均肯定自由的最高價值，但是一個是在自發性（spontaneity）中、在強制的缺席中發現自由的本質，而另一個則相信，只有通過追求並達到絕對的集體目標，自由才能實現。這個最終的目標是自由主義的民主所沒有的。自由主義民主的目標是通過否定性術語界定的，並且把通過暴力實現其目標視作是邪惡。[163]

　　在塔爾蒙看來，自由主義的民主主義者認為在沒有強制的、自發的情況下，才會有和諧的、自由的秩序。消極自由的含意實際上就是無為而治，就是放任而不予干涉，讓人們不受阻礙地做自己想做的事情。與此相反，極權主義的民主主義的信仰者要對

---

163 塔爾蒙著，陶東風譯，〈極權主義民主的起源·導論〉，載「愛思想」網：http://www.aisixiang.com/data/83292.html。

那種理想的、和諧的狀態進行嚴格的、詳細的、精密的規定和設計，他們是一些狂熱的理性建構論者，抱定要對這個世界加以全面的改造。塔爾蒙寫道：

> 在我看來，十八世紀發生的最重要變化，是特定的心智狀態在十八世紀後期獲得了統治地位。人被下面這樣一種理念所攫住：他以及他的先輩生活其中的條件，包括信念產品、時間與習俗，是不自然的，應該按照人類理性有意設計的齊一模式——它是自然而又理性的——加以取代。[164]

對於極權主義的民主主義者來說，只能有一種人類自由的社會存在，只能是一種排他的統一的社會模式，其他的模式是不存在的。這是理性設計論者的必然結論。他們將人的自由意志與命定論或決定論奇特地結合在一起，導致這種悖謬的關鍵之處在於，它將抽象的普遍意志作為具體的個人意志的一致體現，於是個體意志吞沒於普遍意志的必然性中。自由本來是指自主的選擇，現在變成了只有一個選擇，於是人們沒有了選擇。這就是積極自由論者所謂強迫自由的邏輯。它是怎麼形成的？

三、什麼是消極自由？

我們可以在許多種意義上說人是自由的（或不自由的），但是，自由的最基本含意是指不受限制和阻礙（或束縛、干涉、控制、強迫和支配等），或限制和阻礙的不存在。這似乎是一清二

---

164 塔爾蒙著，陶東風譯，〈極權主義民主的起源・導論〉，載「愛思想」網：
http://www.aisixiang.com/data/83292.html。

楚、無可疑義的。可是，問題在於：第一，來自什麼的限制和阻礙？第二，限制和阻礙了誰？如果這些問題不講清楚的話，我們關於自由的概念就會一團混亂。

對第一個問題的最簡單回答是：來自他人的強迫或威脅就是對我的限制和阻礙，它們導致我不能做出被強迫和威脅所要求的行為之外的選擇。在此，限制和阻礙被認為是來自於某種他人人為的、故意的行為。而自由就是能夠按照自己的意願作出選擇，而不是在他人的意志支配下作出選擇。哈耶克寫道：

> 就此一意義言，「自由」僅指涉人與他人間的關係，對自由的侵犯亦僅來自人的強制。[165]

> 個人是否自由，……取決於他能否期望按其現有的意圖形成自己的行動途徑，或者取決於他人是否有權力操縱各種條件以使他按照他人的意志而非行動者本人的意志行事。因此，自由預設了個人具有某種確獲保障的私人領域，亦預設了他的生活環境中存在有一系列情勢是他人所不能干涉的。[166]

伯林也是這樣說的：

> 強制意味著在我可以以別的方式行事的領域，存在著別人的故意干涉。只有當你被人為地阻止達到某個目的的時候，你才能說缺乏政治權利或自由。[167]

---

165 哈耶克，《自由秩序原理》上卷，頁5。
166 哈耶克，《自由秩序原理》上卷，頁6。
167 伯林，《自由論》（南京：譯林出版社，2003），頁190。

在此意義上的自由被稱為「消極自由」（negative freedom），其含意是外部阻礙的不存在，或不受阻礙地做自己想做的事情。伯林說：「對自由的捍衛就存在於這樣一種排除干涉的『消極』目標中。」[168] negative 的含意是「否定」、「取消」、「排除」的意思，在消極自由中，就是否定、取消和排除外部障礙，即外部障礙的不存在。

問題是，一個人的外部阻礙並非僅僅是人為的、故意的干涉和強迫，還存在著並非人為的、無意的、自然的限制和阻礙。但是，一般認為（尤其是自由主義者這麼認為），僅僅人為的、故意的干涉和強迫才是不自由，而無意的、自然的限制和阻礙並非不自由，起碼，不是我們一般談論的那種不自由。哈耶克這樣寫道：

> 人於某一特定時間所能選擇的各種物理可能性的範圍大小，與自由並無直接的相關性。一個陷於困境的攀登者，雖說只看到一種方法能救其生命，但他此時無疑是自由的，儘管我們很難說他是有選擇的。此外，人們如果看到此攀登者跌入深淵而無力脫困，那麼我們雖然可以在比喻的意義上稱其為「不自由」，但大多數人仍在很大程度上認為其狀態中間存在著「自由」一詞的原始含意；說他被「剝奪了自由」或被「困而喪失自由」，其意義與它們適應於社會關係時的意義極大不同。[169]

168　伯林，《自由論》，頁196。
169　哈耶克，《自由秩序原理》上卷，頁5。

　　這就是說，即使我面臨的困境使我喪失了選擇的餘地，如掉進深淵、被猛虎追趕等，但是，只要這不是某人強制和干涉我的結果，我就仍然是自由的。自由或不自由只表示人與他人之間的關係狀態，而不表示人與自然之間的關係狀態。自然給予人的限制、阻礙和支配沒有道德意義，因此稱不上是不自由。

　　范伯格認為：「在社會哲學和政治哲學的論文中，至少不自由一詞通常並不意味著任何一種無能為力，而是指一種特殊的無能為力，即由於他人的強制力量所直接或間接產生的無能為力。」[170]自由的含意是不受限制地做自己想做的事情，但是，這不等於所有的限制都是不自由，不等於自己所有想做的事情受到阻礙都是不自由。一個人遺憾自己不能夠像電影演員一樣漂亮，痛惜自己不能成為數學天才，抱怨自己不能生一個小孩，等等，這些限制並不是不自由。

　　哈耶克對這樣一種「自由」描述道：「這種『自由』似乎存在於許多人的夢想之中，具體表現為如下幻想：他們能飛翔、他們能不受地心引力之影響，並且能夠『像鳥一樣自由』飛到任何他們所想望的地方去，或他們有力量按其喜好變更他們的環境。」[171]可是，哈耶克認為，自由並不等於具有能力或力量，也即，自由並不在於能夠實現願望。問題倒不是我們不可能實現這些願望，因而需要壓制以致泯滅自己的欲望，以實現心靈的自由，而在於，即使能夠實現這些願望（隨著科技的進步），也不等於自由就必定可以實現。這樣的自由觀，即作為能力或力量的

---

170 喬爾・范伯格，《自由、權利和社會正義：現代社會哲學》（貴陽：貴州人民出版社，1998），頁8。

171 哈耶克，《自由秩序原理》上卷，頁10。

自由觀，把人們實現願望的自然障礙的克服作為自由的核心，這種自由已經不是一個政治問題，而成為了一個科學問題。

自由的含意不在於「能夠」去做某事，而僅在於能夠「由自己」來選擇去做某事。我們完全可以設想，在某種情況下，一些人具有高於同時代人的某種能力（比如他們是掌握著高科技的工程師、科學家），但是卻聽命於在權力上掌控他們的人，因此他們根本不能由自己來選擇實現願望，而只能去實現操縱他們的人的願望。因此，儘管他們是一批很有能力的人，並且能夠實現許多常人所不能實現的願望，但是他們談不上是自由的人。

18世紀法國思想家愛爾維修對這點說得很清楚：「不能像鷹那樣飛翔、像鯨那樣游泳並不叫不自由。」「自由人就是沒戴上鐐銬、沒關進監獄、未像奴隸一樣處於懲罰恐懼之中的人。」[172] 當代美國學者傑弗里·托馬斯也說道：「阿爾卑斯山和暴徒的存在，都是可能影響到我的行動能力，可是，暴徒妨礙了我的自由，阿爾卑斯山（作為無情的物理障礙）卻沒有。」[173] 范伯格同樣論道：「他會被他自己的身體結構和自然規律所阻礙，使他不能有效地做他想做的事，正像別人被警察的刺刀和國家的法律所阻礙，使他不能做他想做的事情一樣」[174]，但這是兩碼事。

人為的阻礙是政治性或社會性的，是我們要給予辯論的——譴責或捍衛，而自然的阻礙不在政治性或社會性的辯論範圍內，無論是譴責還是捍衛都毫無意義。19世紀英國思想家托馬斯·格

---

172 轉自伯林，《自由論》，頁190。

173 傑弗里·托馬斯，《政治哲學導論》（北京：中國人民大學出版社，2006），頁220。

174 喬爾·范伯格，《自由、權利和社會正義》，頁7。

林論道:「關於人們賦予『自由』的含意,我們必須承認,如果此一術語的用法不是指一種一個人與其他人之間的社會及其政治關係,那麼它就將變成一種隱喻並導致混淆。」[175]奧地利思想家米塞斯也說道:「自由乃是一社會學概念,因此將它適用於社會以外的境況便毫無意義。」[176]為什麼自由概念不適用於社會關係之外的情景?那是因為,自由概念的使用包含評價意義,它不僅僅是在描述事實,而且是要對事情的根源(行為或動機)作出道德上的評價。我們在使用「自由」或「不自由」這對詞時,帶有或強或弱的情感意義(而不只具有描述意義),我們是在批判什麼或維護什麼的意義上來使用這對詞的。自然本身在道德上是沒有意義的,因此不能作出評價,也不會去作出評價。我們不會對一頭咆哮的公牛對人的傷害加以譴責,或將一場災難深重的地震指為不公平,這是因為這些傷害不具有道德的意義,也就是說其根源是我們不給予評價的非道德行為。

我們談論自由時,不僅僅是在描述一個事實。誰也不否認,自然施加於人的限制畢竟也是一種限制,克服這種限制當然是人類永恆追求的。人類面對自然,從原始時代的盲目、無知和迷信走向今天科學的發達無疑是一部人類進步史。但是,我們在使用自由概念時,已經賦予其一種道德的含意,因此我們追求自由是要遏制和消滅人間的惡,而不僅僅是要擺脫限制。

關於自由言說的這種限定和規定是要防止在使用自由概念時的一種混淆,以為我們通過改造自然而獲得的解放足以彌補個人聽命於嚴苛的統治而喪失的自由。如果這個世界仍然存在著來自

---

175 轉自哈耶克,《自由秩序原理》上卷,頁320。
176 轉自哈耶克,《自由秩序原理》上卷,頁320。

人為的惡意強迫和支配，那麼談論再多的自由和解放都是沒有意義的。

四、有「免於匱乏的自由」嗎？

由此可見，關於自由問題的爭論，重要的不在於什麼是自由——這是不可能有答案的，而在於是什麼樣的自由。我們之所以需要區分不同的自由，是因為不加區分地把它們統稱為自由容易產生一種假象，以為既然使用同一個概念，它所指的東西就是可以互換的。「我們必須駁斥這樣一種說法，即由於我們採用了同一術語來指涉各種自由，所以它們乃是同類的不同變種。這實是產生危險謬論的根源，甚至是一種會導致最為荒謬結論的語言陷阱。……因為我們不可能通過少許犧牲其中的一種狀態以求較多地達致另一種狀態而最終獲致自由的某種共通品格。」[177]

如上文所述，人為的限制和自然的限制所包含的意義完全不同，我們不可能籠統地統稱它們為不自由，它們實在缺乏共通的品格。同樣的狀況也發生在我們下文要追問的語境裡：資源匱乏或貧窮所施於人的限制其含意構成「不自由」的概念嗎？或者說，我們有「免於匱乏的自由」嗎，就如我們有免於強迫的自由一樣？

一個人即使擁有做某事的能力，也不等於他是在不受強迫的情況下去做某事的。反之亦然，沒有人強行阻止你做某事，並不必然意味著你實際上能夠做某事：沒有人阻止你，只是表明你有做某事的權利，但並不表明你也有做某事的能力。

於是，這樣的觀點就產生了：僅僅具有做某事的權利是沒有

---

177 哈耶克，《自由秩序原理》上卷，頁13。

意義或意義不大的，甚至只具有形式的、虛假的意義，而真正有意義的是一個人能夠做某事。比如，在貧富兩極分化、窮人食不果腹的狀況下，聲稱所有的公民都享有旅遊度假的權利，無疑是一個殘酷的玩笑。對於那些一貧如洗的人，這種不受阻礙、免於干預的自由權利只具有形式的意義。沒有人阻止他們，但是，他們沒有實際的自由。伯林就此說道：

> 的確，向那些衣不蔽體、目不識丁、處於飢餓與疾病中的人提供政治權利或者保護他們不受國家的干涉，等於嘲笑他們的生活狀況；在他們能夠理解或使用他們日益增長的自由之前，他們更需要醫療援助或受教育。對那些不能使用自由的人，自由又是什麼呢？沒有運用自由的適當條件，自由的價值何在？關鍵問題是：用出自陀思妥耶夫斯基筆下虛無主義者之口的諷刺性的話來說，存在著靴子高於普希金的那些狀況，個人自由並非每一個人的第一需要。[178]

這種觀點於是認為，自由與其說是一個權利問題，不如說是一個能力問題。自由實質上是一個人有能力、有條件去實現自己的生活目標。這種含意的「自由」被定位為具有做出選擇的手段或資源，相當於富蘭克林．羅斯福所謂四大自由之一的「免於匱乏的自由」[179]。這種自由觀意味著即使沒有外在人為力量的限制和

---

178 伯林，《自由論》，頁192。

179 羅斯福提出的四大自由：言論自由、宗教自由、免於匱乏的自由（freedom from want）以及免於恐懼的自由。其中，前兩項自由在美國憲法中早已確立，後兩項自由則是羅斯福首次提出，特別是「免於匱乏的自由」，第一次將保障公民具有擺脫貧困、不受資源匱乏所困擾的自由作為政府的一項基本責任。

干涉，一個人也可能會因為貧窮、無知和不幸等原因而不能按照自己的意願去做選擇。因此自由就是將人們從這些不幸和困苦中解救出來，實現平等的社會。

這樣一種自由觀最初由社會主義者和新自由主義者提出來，反映在意識形態之爭上，他們與古典自由主義者或保守自由主義者相抗衡。作為右翼的保守自由主義者認為，自由的最基本、也是最本質的意義就是不受他人干預，因此自由意味著最小化的政府和自由放任的市場，其主旨是要限制國家的作用。而作為左翼的新自由主義者卻認為，自由遠不只是不受干預，它包含有更多積極的意義，因此再分配和福利主義政策，甚至強調國家的積極干預，都是這種自由觀的體現。這種自由觀認為，國家要主動地排除妨害自由發展的貧困、飢餓、疾病、傷殘、愚昧等障礙，保證人們有更多的自由發展機會。在左翼人士看來，對於社會中那些貧窮的人而言，他們需要的不是或不只是政府的消極無為所保障的自由，而是積極有為的幫助，以使得只是在形式上有意義的自由、機會和權利變得真實或實際。

在新自由主義的新自由概念的鼓舞下，富蘭克林‧羅斯福入住白宮後，就積極推行「新政」改革。羅斯福提出的「四大自由」使自由概念的意涵從消極的不受政府干涉演變為積極的指望政府扶助。他所實行的「新政」，在當時被一些人認為偏向社會主義和左翼，出於對可能產生的誤解的擔心，羅斯福聲稱自己仍然是自由主義者。而這種「自由主義」已經大大改變了原意[180]，與原本18世紀和19世紀的自由主義有很大的不同了。而支持這種自由主義的理論觀點正是其含意變換了的自由觀。

---

[180] 哈耶克認為，這種含意的改變是從羅斯福任內開始的。

　　無疑，這一新「自由」概念的提出有其必然性，也是合理的。但是，其內容的重要性要遠大於其稱謂的重要性。人們與其說是開始重視一種新的自由，不如說是開始重視與自由很不相同的平等問題。現代自由主義相對於古典自由主義的改變，在於其採取的平等主義價值取向，而不在於所謂從一種自由觀轉向另一種自由觀，從而實現了自由的進步。如果平等主義的追求果真是自由的進步，那麼我們就會寧願生活在專制主義制度下，以自由的犧牲來換取新的「自由」的獲得。可是歷史的實踐已經證明，犧牲了自由的平等追求，令人們毫無解放的感覺，相反，倒是有喪失了一切的感覺。可見，正因為自由是如此重要，我們才不可將自由與和它相關的其他價值混為一談，否則當有一天我們的自由喪失時，我們還以為真正獲得了自由。

　　按照范伯格的區分[181]，人所受到的外在阻礙可以分為兩種：一種是積極的阻礙，指的是諸如監獄的鐵窗、房門的緊鎖和面對刺刀等；另一種是消極的阻礙，指的是資源的匱乏、貧窮等。積極的阻礙是因人為的、有意的強加而受到的阻礙，這種強加可以概括為三類：武力、物理障礙和脅迫。這種外在的積極阻礙的解除或不存在，就是我們上述的消極自由。而消極的阻礙——資源匱乏或貧窮——是否也是人為的和有意的行為結果，有待討論，但此種阻礙一定不是強加的，更不是暴力強加的。這種外在消極阻礙的免除或不存在，范伯格稱之為積極自由，但是，如果與我們後面要談到的積極自由的特徵——內在阻礙的不存在——相比較而言，稱之為積極自由並不恰當。但是，就其表達了只有積極干預才能解除匱乏的這個含意而言，這種自由確實依賴於積極性

181　見范伯格，《自由、權利和社會正義》，頁14。

的行動。

如果自由的最基本含意是指一個人不受限制地按照自己的意願做出選擇，那麼匱乏當然是限制了這種選擇，因此不妨也可以說是一種不自由。但是，我們卻不可認為，貧窮、匱乏所施與人的限制是一種人為強加的限制，因此免於匱乏就是免於強迫。這兩者之間無論概念上的稱呼是什麼，其含意都應該有清晰的區分，否則的話，我們就會陷於邏輯上和實踐上的混亂。

比如，有人可能會說，「資本主義社會是建立在少數人擁有自由而絕大多數人沒有自由這個基礎上的。」這種觀點認為，資本主義社會的不同階級所享有的自由是不平等的。它把貧富之間、有產和無產之間的區別等同於自由之有無的區別。這就擴大了自由概念的含意，不可避免地導致概念使用上的混亂。如果資本主義社會果真是建立在有人擁有自由、有人沒有自由這個結構上的，那麼它與奴隸社會又有什麼區別？馬克思說：「雇傭勞動制度是奴隸制度」[182]，或者是「隱蔽的雇傭工人奴隸制」[183]，這是在什麼意義上說的？是隱喻說法嗎？《布萊克維爾政治學百科全書》就有一個段落這樣描述馬克思主義觀點的含意：

> 馬克思主義思想中的一個分支就認為，在資本主義制度下我們都是資本的奴隸；從占有權方面去思考就會顯示這一事實。工人們集體地被強制去工作，否則就會挨餓；資本的所有者則被迫進行競爭和變革，否則就會失去其財富。日常生活中的不自由歸根究柢要從社會的更大的不自由這一角度來

---

182 《馬克思恩格斯選集》第3卷，頁310-311。
183 馬克思，《資本論》第1卷（北京：人民出版社，1975），頁828。

解釋，因為這個社會自身的機構制度凌駕於這個社會之上。[184]

說工人「被強制去勞動，否則就會挨餓」，這是一種什麼樣的「強制」？與奴隸的強制勞動難道沒有區別？在馬克思看來，把無產階級從強制勞動中解放出來的途徑是消滅私有制，實行財產的聯合占有，這與自由主義所追求的消滅專制，實行法治社會的自由和解放不是一回事，不可混淆。馬克思在早年〈論猶太人問題〉一文中指出，「政治解放」是不徹底的解放，只有「人類解放」才是徹底的解放。他要求在完成了「政治解放」的國家繼續去完成「人類解放」。在此基礎上，馬克思對資本主義社會的自由（政治解放）作了激烈的批判，認為這種政治和法律所保護的自由是狹隘的、帶有階級偏向的虛假自由，馬克思致力於推動對未來更高的、真正的自由（人類解放）的追求。顯然這是一種美好的追求。但是，一種從私有制、異化和無計畫的盲目性中擺脫出來的自由是否就可以取代法律保障的不受強迫的自由？除非這兩種自由是完全相通的，否則法治保障的自由的喪失和被取代是災難性的。

香港學者周保松在〈市場、金錢與自由〉一文中也表達了類似的觀點。在他看來，「財富直接影響人的自由」，「沒有錢，你就沒有自由做你想做的事」，「有錢人較窮人，其實多許多自由」，他由此得出結論說：「市場自由主義聲稱有錢人和窮人在市場中享有同樣的自由，其實並不真確。」[185]周保松在這裡幾乎否定

184 鄧正來主編，《布萊克維爾政治學百科全書》（北京：中國政法大學出版社，1992），頁273。

185 周保松，〈市場、金錢與自由〉，《南風窗》2012年第16期。

了自由主義的平等自由權利原則，他把財富和收入的不平等直接
等同於自由的不平等。實際上，如果市場社會確實是建立在不平
等的自由之上的，那麼這種社會就需要使用強大的壓迫力量才能
維持其秩序。因為，不平等的自由一定會遭致社會的劇烈衝突，
遭受來自不自由階級的強烈反抗。可是，不平等的財產狀況與不
平等的自由是兩回事，前者未必是壓迫性的，而後者卻一定是壓
迫性的。周保松在此籠統地使用自由概念，容易讓我們產生一種
誤解，以為金錢或財富的匱乏所導致的一些人的貧窮和悲慘境地
與武力、物理障礙和脅迫一樣，是一種人為的強加或制度的惡意
安排。如果貧窮確實是一種不自由，那麼一無所有的人就是奴隸
了？可是，奴隸和窮人的區別又在哪裡？

　　周保松沒有把不同起因的限制區分開來，泛泛地談論貧窮所
施與的不自由。實際上，在一個法治社會裡，市場（我們假設它
是完全公平的）中並沒有任何人阻止你做你想做的事，你有充分
的自由和權利購買或不購買物品，出賣或不出賣勞動，根本不存
在針對窮人的不平等自由的問題。如果你沒有錢買不起物品，而
你想不付錢直接索要物品，當然會遭到拒絕和干涉。但是，這種
不自由與在一個非法治的、專制的社會裡的情景根本不同。在專
制社會裡，遭到拒絕的不是因為你沒錢，而可能會是因為你的身
分、膚色、階級出身、性別、信仰等任何可以不平等地對待的原
因。周保松一直關心沒有錢就會遭到拒絕的「不自由」，並以此
為例來說明其實貧窮不僅僅是能力的缺乏，而且是不被干涉意義
上的自由的缺乏。他舉例說，坐地鐵、到餐館吃飯、去超市購物
都需要錢，如果沒有錢想強行交易，就會被保安或者警察阻止。
他據此得出結論：「沒有錢，你就沒有自由做你想做的事，因為
如果你堅持做，就會受到外力干預。唯一能令你免去干預的，是

錢。」[186] 其實，這是法治社會下的所有人都適用的不自由，而不是
針對窮人而設的貧富差別對待的不自由。因此這種不自由是維持
一個公正社會所必需的，任何人沒錢都會受到干涉。一個自由的
社會不同於一個不自由的社會的特徵，不在於制定了什麼人可以
做什麼、什麼人不可以做什麼的法律，而在於規定了什麼不能做
後什麼都是可以做的。「不自由」肯定是有的，但不是針對某類
人，而是針對所有人的。在純粹的市場中，根本不存在針對窮人
而制定的限制自由的法律，因此也就不存在不平等的自由的問
題。但是又確實存在不平等的問題。

　　如果一個人買不起哪怕最基本的生活必需品，掙扎於困苦之
中，這在日常語言中只能稱之為貧窮，而不稱為不自由，儘管這
確實構成了一種對人生目標的限制。這種區分是日常語言自身語
法機制防止混淆的結果。這兩種狀況——不自由和匱乏——存在
著實質上的區別：前者是一種強迫，有人為的起因，後者的形成
未必有這種起因，它僅僅是一種自然事實。我們來看伯林就這個
問題是怎麼說的：

　　　　純粹沒有能力達到某個目的不能叫缺少政治自由。……人
　　　們常常貌似有理地說，如果一個人太窮以致負擔不起法律並
　　　不禁止的某事，……他就沒有擁有這個東西的自由，就像法

186　周保松，〈市場、金錢與自由〉，《南風窗》2012年第16期。周保松這一觀點
　　來自G・A・柯亨。柯亨說道：「除非通過金錢，否則你就不可能獲得私人
　　和許多公共的產品和服務：如果這些產品和服務正在出售，那麼付錢既是獲
　　得它們的必要條件，當然也是獲得它們的充分條件。如果你試圖在沒有錢的
　　情況下獲得它們，那麼你就會受到干涉。」（呂增奎編，《馬克思與諾齊克之
　　間：G・A・柯亨文選》〔南京：江蘇人民出版社，2007〕，頁288。）

律禁止他擁有這個東西時一樣不自由。如果我患的是貧困之病，……就像殘疾使我無法行走一樣，那麼，這種無能力並不能必然地稱為缺乏自由。……如果我相信我沒有能力獲得某個東西是因為其他人做了某些安排，……只有在這個時候我才說我自己是一種強制或奴役的犧牲品。換句話說，對自由這個詞的這種使用，依賴於一種特殊的關於我的貧困與弱勢起因的社會與經濟理論。……當我相信我因為一種我認為不公正或不公平的制度安排而處於匱乏狀態時，我就涉及到了經濟的奴役或壓迫。盧梭說，事情的本性並不使我瘋狂，只有病態的意志才使我瘋狂。判斷受壓迫的標準是：我認為別人直接或間接、有意或無意地阻礙了我的願望。在這個意義上，自由就意味著不被別人干涉。不受干涉的領域越大，我的自由也就越廣。[187]

伯林清晰地將資源匱乏和貧窮（「負擔不起法律並不禁止的某事」）對一個人的限制與人為專斷意志（「不公平的制度安排而處於匱乏狀態」）對一個人的限制區別開來。是的，人們常說：「雖然資本家和乞丐都具有法律保障的不被他人限制和干涉的自由，但是這對於乞丐有何意義？他確實有去豪華飯店的自由權利，但是他『能夠』選擇去豪華飯店嗎？如果不能，這與不自由有什麼區別？」但是，伯林認為，純粹沒有能力是一回事，缺少自由是另一回事，自由對乞丐而言沒有意義並不等於他就沒有了自由。門是開著，只是不能走出去（比如因為殘疾），這與遭受強迫、奴役完全是兩碼事，我們不能因此就說他此時面臨著不自

---

[187] 伯林，《自由論》，頁190-191。

由的強迫。能力和手段並不構成對自由的限制，因為能力和手段是與自由的「運用」有關，而不與自由的「擁有」有關。如果一個人太窮或殘疾而不能利用他得到或擁有的自由，那麼並不能說他沒有自由。而且，一個人擁有自由權利本身就具有重大的意義，是否有能力、條件和手段來實現它，其意義儘管也是重大的，但是只能是其次的。

按照伯林的觀點，不自由和匱乏之所以是兩個問題，不能混淆，是因為前者起因於「病態的意志」，我們可以根本消除它，而後者起因於「事物的本性」，我們無法消除它，正如我們無法消除自然的限制一樣。美國開國元勳麥迪遜說過，想要消除人們貧富差別和衝突的根源即人們稟賦和能力上的差異是不可能的，因為那意味著消除鼓勵發展人們才能的自由，而自由是文明社會的最高價值[188]。羅爾斯也認為，稟賦與才能等自然資質的偶然分布本無所謂正義與否的問題，這些只是一個「自然的事實」，正義問題涉及的是社會制度處理這些偶然事實的方式，也即對偶然分布結果的限制和糾正。而這種限制和糾正不可能消除差別，只能盡量不讓差別擴大以致超過自然形成的差別，並努力縮小自然存在的差別[189]。一般而言，左派和右派之爭不在於是否要追究不平等制度的根源，從而消滅這一制度，而在於要不要去補救一種有缺陷的自然事實。只要自由主義承認並保護自由，那麼不平等就會出現，人類就必須面對不平等和貧窮的存在這一事實。人為的故意的惡——專制主義——是我們要消滅的，並且人們對之充滿了憤怒；而非人為、非故意的結果——貧窮和匱乏——是一個

---

188 麥迪遜等，《聯邦黨人文集》（北京：商務印書館，1980），頁45-47。

189 羅爾斯，《正義論》，頁97。

自然事實，我們只能力所能及地去補救，剩下的就只能聽天由命了。

　　同樣，儘管馬克思致力於建立一種（按伯林的說法）關於無產階級「貧困和弱勢起因的社會與經濟理論」，但是，他所找到的這個起因或根源——資本主義經濟制度——是「歷史必然性」的產物，沒有任何人對之負責，並不存在要予以消滅的惡[190]。因此，對待這個制度也就不是批判和譴責，而是等待歷史自身的發展：歷史自身會把資本主義掃進垃圾堆。可是，這與馬克思早年的批判和改造社會的努力完全相悖。美國社會學家阿爾溫·古爾德納在《兩種社會主義》一書中寫道：

　　　　如果資本主義的確是由注定它要被一種新的社會主義社會替代的規律所支配，那麼為什麼還要強調「問題是要改變它」呢？如果資本主義的滅亡是由科學保證了的，為什麼還要費那麼大氣力去為它安排葬禮呢？既然看來人們無論如何會受必然規律的約束，為什麼又必須動員和勸告人們遵照這些規律行事呢？[191]

　　馬克思把資本主義經濟制度的產生、發展和滅亡歸結為歷史

190　對於馬克思，剝削和剩餘價值理論所揭示的資本主義祕密，都不是通過譴責和行動而能夠加以解決的問題，道德批判都是無濟於事的，我們要做的不過是，去揭示為資本主義辯護的意識形態假象，科學地認識資本主義的內在矛盾，並把握其必然滅亡的命運。

191　阿爾溫·古爾德納，《兩種社會主義》，載陶德林、石雲霞主編，《馬克思主義基本原理概論》（武漢：武漢大學出版社、湖北人民出版社，2006），頁252。

的「自然」過程，並且又把處於這個制度中的人們行為的盲目性與人們在自然面前的盲目性相等同[192]，然後斷言，從必然王國進入自由王國的前提是人們對必然（資本主義經濟規律）的認識和改造[193]。這實際上否認了自由僅僅是一個政治問題，而把自由歸結為科學認識及其改造世界的能力或力量。這也否認了不自由僅僅是來自人為惡意的專橫，而泛化為來自盲目的自然力量——異化、拜物教，看不見的手等等——的「專橫」。因此，從不自由走向自由的途徑就不是限制權力、實行法治，走向憲政民主之路，而是認識和改造必然世界。這樣，對規律和真理的認識就成為通往自由的關鍵，在這個過程中，法治保障的自由就被一種更為美好的自由替換了。

羅爾斯卻對自由問題和平等問題的區別有著非常明確的意識，他以不可混淆的兩個正義原則來區分這兩個問題。他的第一正義原則是「平等自由權利原則」，涉及的是對自由的分配問題；第二正義原則是包括「機會的公平平等原則」和「差別原則」在內的兩個分原則，涉及的是對社會、經濟利益的分配問題。在他看來，自由與社會經濟利益（權力、社會地位、收入和財富等）是截然不同的兩類社會基本善，因此必須使用兩個嚴格區分的原則來處理它們，並以一種「詞典式次序」來保證自由對於平等的優先性。

192　恩格斯：「社會力量完全像自然力一樣，在我們還沒有認識和考慮到它們的時候，起著盲目的、強制的和破壞的作用。」（《馬克思恩格斯選集》第3卷，頁427。）

193　恩格斯：「一旦我們認識了它們，理解了它們的活動、方向和影響，那麼，要使它們愈來愈服從我們的意志並利用它們來達到我們的目的，這就完全取決於我們了。」（馬克思恩格斯選集》第3卷，頁427。）

　　我們在周保松的文字裡卻讀道：「財富的多寡直接影響自由的多寡，所以財富的分配，同時是自由的分配。當政府通過徵稅進行財富轉移及提供廣泛社會福利時，這樣雖然限制了納稅者的部分自由，但同時卻增加了許多窮人的自由。」[194] 在這裡，他將財富的分配直接等同於自由的分配。如果這一觀點能夠成立，那麼羅爾斯的正義第一原則即「平等自由權利原則」就將不能成立。因為，財富的分配一定是不平等的，而自由權利的分配依據的是嚴格的平等標準——人的尊嚴，不能有任何差別和不平等對待。

　　不可否認，財富是一善物，按照羅爾斯的說法，是一社會基本善，它的匱乏會給人的發展造成極大的限制，政府的消極無為無疑是故意的放任和袖手旁觀，因此在道德上是應該予以譴責的。但是，羅爾斯仍然將自由而不是財富視為社會基本善的首要善，並以「詞典式次序」保證這種首要性。這是為什麼？這是因為，自由——免於強迫——是一種神聖的權利，它或者有或者無；而如果把自由等同於擁有財富的能力——免於匱乏，那麼它就失去了神聖性，因為它變成了一個自由多一點還是少一點的問題。如果認為自由就如同一個人的財富一樣可以增加也可以減少，可以轉移，甚至可以與財富互換，那麼自由的神聖性將遭受重創，人的尊嚴也就可以像商品一樣待價而沽。那樣的話，在一個專制制度下，人們就不需要通過反抗專制主義、限制權力、建立法治來實現自由了，而只要通過國家實行福利主義就可以享受到自由。

---

194 周保松，〈市場、金錢與自由〉，《南風窗》2012年第16期。柯亨也說過：「自由在很大程度上是通過金錢的分配來賦予或限制的。」（呂增奎編，《馬克思與諾齊克之間：G・A・柯亨文選》，頁287。）

蘇格蘭學者理查德・羅斯描述了這種狀況：

> 非民主的政權憑藉國家權威干預私人生活的多個領域，降低了人們的自由；但又從別的方面提供了自由，即增進了教育、保健、社會保障和就業保障等等。……在蘇維埃時代制度中一項核心的措施便是以「免於……的自由」換取享受社會福利；工人們接受社會福利的好處，可也就接受了對採取政治行動的限制。[195]

諾貝爾經濟學獎獲得者、印度學者阿馬蒂亞・森儘管持有一種綜合的、全面的因而顯得有點兒混亂的實質自由觀，但是他在這個問題上是毫不含糊的：

> 即使有時在不享有政治自由和公民權利時人們仍然享有充分的經濟保障，但是他們還是被剝奪了他們生活中的最重要的自由，即剝奪了參與作出有關公共事務的關鍵決策的機會。這些剝奪限制了人們的社會和政治生活，因而可看作是壓迫性的，即使它們並未導致其他有害的影響（例如經濟災難）。[196]

在阿馬蒂亞・森看來，自由和福利是不能互換的，自由的減少就是自由的減少，而不會通過福利的增加而換來自由的增加。

---

195 理查德・羅斯，〈自由：一種根本的價值〉，載中國社會科學雜誌社編，《社會轉型：多文化多民族社會》（北京：社會科學文獻出版社，2000），頁174-176。

196 阿馬蒂亞・森，《以自由看待發展》（北京：中國人民大學出版社，2002），頁12。

實際上，羅爾斯把這個問題說得相當清楚了，他寫道：

> 由於貧窮、無知和缺乏一般意義上的手段，有些人不能利用他們自己的權利和機會，這種情形有時被人們歸為自由所限定的各種約束。不過，我並不打算這樣看，而寧可認為這些事情影響了自由的價值，即由第一原則所規定的個人權利的價值。……作為平等自由的自由，對所有人來說都是一樣的，在此，不會產生對較小的自由的補償問題。但是，自由的價值對每個人來說卻不是一樣的，有些人具有較大的權威和財富，因此具有達到他們目的的更多的手段。[197]

在這裡，羅爾斯把「自由」與「自由的價值」（即實現自由的手段）區分開來：一個人是否擁有自由是一回事，而是否能夠實現所擁有的自由的價值則是另一回事。自由主義要求所有人都擁有平等的自由，並通過提供平等的自由權利來保障，而自由的價值並不要求平等擁有，它通過福利主義和再分配的調節措施來逐步實施。

自由是所有人完全平等地擁有的，在此，不存在對較小的自由的補償問題，「由正義保障的權利不受制於政治的交易和社會利益的權衡」[198]。而同等的自由在每個人之間並不是、也不可能是具有同等的價值，一些人多點兒另一些人少點兒，但是這並不影響任何一個人所擁有的自由的完整性。左派認為，若無實質上的平等能力來實現自由的價值，平等的自由就沒有太大意義。確

---

197 羅爾斯，《正義論》，頁194。
198 羅爾斯，《正義論》，頁25。

實，無論什麼自由——思想、言論、出版、集會、結社以及參與政治的自由等等——都不僅僅是免於什麼的自由，而且是去做什麼的自由，因此都是要花錢的，沒有錢的話，自由對於他就是可望而不可即的。左派的思維無疑具有更多的人道主義關懷。可是，在自由主義者看來，平等的福利對窮人和弱者意味著保證他們具有選擇「能力」，但是其前提是，他享有法律保障的自由選擇的權利「本身」。具有再大的選擇能力（自由價值），如果選擇空間（自由）被人堵死了，其意義就微乎其微。

羅爾斯認為，他的「差別原則」就是要對那些具有較少「自由價值」的人給予補償。但這不等於是對較少「自由」的補償，自由的損失或不平等是不能用較多的福利來補償的。「自由與權利的要求和對社會福利的總的增長的欲望之間是有原則區別的。我們把前者如果不是看得絕對重要的話，也是看得更為優先的。」[199] 如果沒有這種自由與福利之間的原則上的區分，那麼專制主義的福利主義就可以大行其道，我們就無法對專制主義者給予批判，因為他們也盛產自由，而且會聲稱更高質量的自由。

五、什麼是積極自由？

伯林認為，積極自由要回答的問題是：什麼東西或什麼人是決定我去做（成為）什麼的根源[200]？為什麼這被稱為「積極自由」的問題呢？因為，它一開始就不是問一個人可以去做（成

---

199 羅爾斯，《正義論》，頁25。

200 見伯林，《自由論》，頁189。伯林的原話是：積極自由是「回答這個問題：『什麼東西或什麼人，是決定某人做這個、成為這樣而不是做那個、成為那樣的那種控制或干涉的起源？』」

為）什麼的外在阻礙有多大，而是問一個人可以掌控自己行為的能力有多大。如果他由於各種原因而對自己的行為失去控制，他就失去了自由，而儘管可能他並沒有外在的阻礙。反之，他如果能夠有力地控制住自己的行為，他就獲得了自由，儘管他可能因外在的限制而失去了行為空間。這個意義上的自由不是指外部沒有障礙，而是指能夠控制住自己。由誰或什麼來決定我的行為，或我是否控制住自己的行為，與我的行為是否存在外在阻礙或我的行為範圍有多大沒有關係。無論外部有什麼障礙或壓迫，我都可以成為我自己的主人。我可能已經處於強權或暴政之下，剝奪了行為空間，但是我仍然具有堅強的意志，把握住自己的行為，而不屈服於它（他）們。積極自由之有無不取決於外在強迫之有無，而取決於內在理性意志之有無。積極自由在古今中外的堅持和發揚者那裡也都是從這個意義上來闡發的，他們追求的不是行為不受限制和干涉的某個空間，而是追求哪怕沒有這個空間也可以獲得的意志自由。

　　積極自由把「誰」的自由問題突出出來了：是「我」在積極地控制、駕馭、調節自己，從而免於異己的力量支配和擺布。這個「我」充滿了動機、願望和意志，對於積極自由來講，這是至關重要的。消極自由只關乎主體（行為者）不被干涉的領域有多大，它與主體是誰和是什麼沒有關係，而僅與主體的活動空間有關。主體是誰是積極自由的問題：它關乎主體對自己行為的控制程度。義大利學者伊恩・卡爾就積極自由與消極自由的這一區別說道：

　　　　積極自由概念似乎有能夠深入人心內部的優勢，迫使我們考察行為者的目的、信念和欲望，並且提出關於行為者的目

的的真實性和合理性等問題。消極自由概念的支持者將行為者看作是不透明的，拒絕提出關於行為者的信念和欲望之內容及其形成過程等問題。[201]

伊恩‧卡爾的學生李石也認為，「『消極自由』的問題是一個從外部的『非行為者視角』提出的問題。」[202]而積極自由的問題是：

> 要回答行為者的行動是否由行為者的「真實自我」所驅動，我們需要知道行為者行動的內在因果關係。這要求我們對行為者的「內在世界」進行探索，去理解、觀察、掌握行為者的行為動機。由此，我們需要從「行為者視角」探知有關動機、意願、目的、人生計畫和價值觀等等信息。[203]

那麼，積極自由的主體或「我」是誰或什麼？誰或什麼是這個支配著、調適著、操控著的「我」？顯然，非理性的衝動、欲望和激情等不可能是這個「我」。恰恰相反，「我」只有擺脫並控制和駕馭非理性的衝動、欲望和激情，才有自由；否則，「我」若被非理性衝動、欲望和激情牽著走，就沒有自由。可見，這個「我」就是理性，它要駕馭的正是非理性。

積極自由和消極自由之不同正在於，積極自由將自我一分為

---

201 李石，〈序：積極自由和自由主義〉，《積極自由的悖論》（北京：商務印書館，2011），頁3。

202 李石，《積極自由的悖論》，頁62。

203 李石，《積極自由的悖論》，頁63。

二，區分為理性和非理性。積極自由的維護者認為，理性是高級的，非理性是低級的，僅僅是非理性的、低級欲望的滿足沒有障礙，並非是自由，只有在理性支配下的願望的實現，才是自由。自由並非隨心所欲、為所欲為，而是控制自己，排除阻礙，實現自治或自我控制。

傑弗里・托馬斯指出：「積極自由理論家提出的基本的、激起人們恆久興趣的主張是：主體自身的性格或個性中的某些部分，能夠像他人施加的干預一樣有效地束縛他或她的行動。」[204] 對積極自由主體的阻礙和限制不是來自於主體之外，而是來自於主體內部，即自身的非理性。查爾斯・泰勒也寫道：「如果我們認為，自由包括按照我們自己的方式來自我實現、自我滿足這類自由，那麼很顯然，不僅外在的障礙，而且某些內在的原因也能阻礙我們自我實現。我們可能因為外在的壓迫，也可能因為內在的恐懼或者虛假意識而無法達到自我實現的動機。」[205] 這種內在的障礙和限制不僅是非理性，而且還包括無知、恐懼等。按照范伯格的區分，非理性屬「內在的積極障礙」，無知、懦弱和才能的欠缺等屬「內在的消極障礙」[206]。總之，非理性的任性、盲目的衝動、低級的欲望、虛幻的意識、幼稚的無知、懦弱和恐懼等，都可以成為自我實現（積極自由）的障礙。

查爾斯・泰勒認為，非理性是主體的第一級願望，理性是其第二級（或高級）願望，當然還可能有第三極、第四級等等無窮

---

204 傑弗里・托馬斯，《政治哲學導論》，頁233。

205 查爾斯・泰勒，〈消極自由有什麼錯？〉，載達巍等主編，《消極自由有什麼錯》，頁69-70。

206 見范伯格，《自由、權利和社會正義》，頁14。

級差的更高級願望。他寫道：

> 我們人類的目標不僅僅是第一級的願望，也包括第二級的
> 願望，即關於願望的願望。我們認識到，願望和目標可以進
> 行定性辨別，分為高級的或者低級的，高貴的或者低賤的，
> 綜合的或者零碎的，重要的或者微不足道的，好的或者壞
> 的。[207]

如果我們被第一級的願望（非理性）所控制或役使，我們就
不可能有自由。積極自由就是在第二級或更高級的願望（理性）
評價和命令下去發現和追求更高級的目標。

六、消極自由和積極自由的可能衝突

按照麥卡勒姆的觀點[208]，自由概念的定義包括三個方面：「擺
脫」什麼（be free from...），去「做」（不做、成為、具有）什麼
（be free to do），「誰」在擺脫而去做（X be free from...to do）。這
是無論消極自由還是積極自由都必須具備的形式要素，或者說共
同要素。在這一三要素公式下，自由概念在形式上得以統一。但
這絲毫不能免於關於不同種類的自由概念的爭論和不同種類的自
由之間的衝突，這是因為，關於自由概念的三要素的「實質內
容」方面的解釋存在著根本的不同。

207　查爾斯・泰勒，〈消極自由有什麼錯？〉，載達巍等主編，《消極自由有什麼
　　錯》，頁79。

208　參看麥卡勒姆，〈消極自由與積極自由〉，載應奇、劉訓練編，《第三種自
　　由》（北京：東方出版社，2006），頁38-64。

　　對於消極自由，它的實質內容是：作為個體的我，希望根據自己的意願去做自己認為應當做的事情，而不受到阻止、強迫或干涉。對於積極自由，其內容卻是：我希望控制和駕馭自己，成為自己的主人，而不是被他人、他物所決定或擺布。顯然，除了上述關於主體（X）規定的不同外，兩種自由所「希望（to do）」和所「擺脫（from…）」的內容也是不同的，甚至是相反的。

　　消極自由所希望的是自己的意願以及生活方式能夠被承認或滿足，而不是肆意地遭到干涉、強加。反之，積極自由所追求的恰恰是要對自己的意願和生活方式給予控制，而它所要擺脫的不是外在力量對我的意願、生活方式的阻止、干涉，而是自己內在心靈對這些外在力量的恐懼、頑抗或冥頑不化的態度。積極自由強調的不是擺脫外在力量，而是不被其決定──心靈態度不被其決定。恰恰是，我可能擺脫不掉外在的力量或必然性，我才有一個駕馭自己內心的問題。人類的行為越是被限制，積極自由的口號喊得就越響，自由意志就越得到弘揚，這是人類思想史上的一種常見現象。

　　由此可見，消極自由講的是不受阻礙，而不是對阻礙的態度；是行為不受強制，而不是心靈自決。積極自由觀認為，自由並不是隨心所欲，而是控制自己；並不在於擺脫強迫，而在於順應必然、服從自我；並不是對外力（例如權力）的控制，而是對心靈的控制。

　　顯然，這個世界上的許多公認的價值──尤其尊嚴、自尊、個人自主、責任和自我發展等──是以積極自由為前提的。一個缺乏自主性或自我控制能力的人，很難說他是「自由」的人，儘管他並沒有受到外在的束縛。他會陷入盲目無序、內心衝突、迷茫困頓之中，無法去做任何事情。范伯格就此寫道：「不自由就

是約束，而在沒有內在規則約束的情況下，各種欲望會互相約束，互相衝突和碰撞。當然，把這種情況解釋為不自由比把它解釋為自由過多而造成的糟糕情況更易於理解。」[209] 這說明，積極自由的缺乏會使我們無所作為。不受限制和引導的消極自由（自由過多）對於我們實現目標而言恰恰會導致不自由，因為自由不僅是沒有外在的障礙，而且是沒有內在的障礙。

　　但是，對積極自由的肯定正如對消極自由的肯定一樣都有一個限度，誇大兩頭都會走向危險。而且對消極自由的誇大其危險性要小得多，且容易被人認識到，人類思想史上從來不乏對消極自由的批判以及對消極自由的限制和控制的表達，但缺乏以維護消極自由來抑止積極自由的無限膨脹的表達。對積極自由的肯定一旦超出個人自主這個範圍，其危險性就會顯露出來。伯林指出：

　　　　成為某人自己的主人的自由，與不受別人阻止地做出選擇的自由，初看之下，似乎是兩個在邏輯上相距並不太遠的概念，只是同一個事物的消極與積極兩個方面而已。不過，歷史地看，「積極」與「消極」自由的觀念並不總是按照邏輯上可以論證的步驟發展，而是朝不同的方向發展，直至最終造成相互間的直接衝突。[210]

　　那麼，這種衝突是怎麼發生的？伯林就此說道：

209　喬爾・范伯格，《自由、權利和社會正義》，頁17。
210　伯林，《自由論》，頁200-201。

「我是我自己的主人」;「我不是任何人的奴隸」;但是我會不會是自然的奴隸?或者是我自己的「難以駕馭」的激情的奴隸?⋯⋯人難道沒有把自己從精神的或自然的奴役中解放出來的經驗?在這種解放的過程中,他們沒有一方面意識到一個居於支配地位的自我,另一方面意識到他們身上注定處於受支配地位的東西?於是,這種支配性的自我就等同於理性,我的「高級的本性」,⋯⋯我的「真實的」、「理想的」和「自律的」自我⋯⋯這種高級的自我與非理性的衝動、無法控制的欲望、我的「低級」本性、追求即時快樂、我的「經驗的」或「他律」自我形成鮮明對照;這後一種自我受洶湧的欲望與激情的衝擊,若要上升到它的「真實」本性的完全高度,需要受到嚴格的約束。[211]

本來,我作為個體,必須約束和管制我心靈內部的各種較低級的、混亂的欲望和激情,積極地把握自己,成為自主的人。但是,查爾斯·泰勒批判道:「自由不會只是沒有外在的障礙,因為也可能有內在的障礙。對自由的內在障礙不能僅僅按照主體所認識的樣子來定義,主體不是最終的裁定者。因為對他真正的目標,對什麼是他想要摒棄的這個問題,他可能完全是錯誤的。」[212]這是一個關鍵的問題,既然個人不是自己事務和個人善的最終裁定者,那麼個人自主也就不可能了。反自由主義者不相信個體之我有自主的能力。在他們看來,「個人」代表著任性的、為所欲

---

211 伯林,《自由論》,頁201。

212 查爾斯·泰勒,〈消極自由有什麼錯?〉,載達巍等主編,《消極自由有什麼錯》,頁90。

為的、不服從理性的主體，自由主義強調個人自主就意味著放縱個人。反自由主義者們認為，作為理性之我並非個人之我，而恰恰是個人必須服從的「大我」——無論稱它為絕對精神、公意、共同善，還是國家或民族意志，都可以。這個大我是「一個居於支配地位的自我」，我的「真實的」、「理想的」和「自律的」自我，它就是我的理性，為我所遮蔽、所不知的真實的理性，它要對非理性——在此就是任性的個人——施以嚴格的約束和管制。

那麼，積極自由為什麼會傾向於從個人主體膨脹為超個人的主體？並對個人形成強制？這是因為它要追求自由：黑格爾意義上的自由，即精神的自我決定——精神依附於肉體就沒有真正的自由。主體的膨脹和人格的分裂是追求「自我決定」、「自我控制」的積極自由的題中應有之義。可見，不受消極自由限制的積極自由一定會走向專制主義。

我們再一次看到，自由的混淆會導致什麼結果。當自由的思辨大師在說「自由」時，人們往往未加領會其真實的形而上意涵，而簡單、樸素地理解為可以擺脫束縛，獲得解放。因此，人們渴望的是「自由」，帶來的卻是強迫；人們為「自由」而奮鬥，結果卻是自由的喪失。民眾的渴望和追求與他們領袖所引導的方向正好相反，民眾稀裡糊塗地從自由的願望起到強迫的結果終。他們不知道「自由」、「解放」等包含的是什麼意思，只知道它們是美好、動聽的口號。可是，這不能怪他們無知，只能怪「自由」這個詞太容易混淆了。在這個意義上，我們說伯林關於兩種自由概念區分的理論是一個偉大的貢獻。

第二章

保守主義者
對自由主義的批評

　　保守主義是自由主義最強有力的批評力量之一，它對作為自由主義之基礎的個人主義及其個人自主最為不滿。但是奇怪的是，保守主義在與自由至上主義相結合從而被稱為保守自由主義時卻是個人自由的積極擁護者。這一看似奇怪的現象其實有其深刻的歷史背景。通過這一背景的分析，我們將看到，保守主義與自由主義的聯盟是虛假的，在最核心的一些問題上它們是截然對立、針鋒相對的。

　　對個人主義的反對是唱衰現代性和批判自由主義的那些人行為的最內在、最根本的動源。保守主義者把對個人主義的批判轉向對人性的揭示，通過他們認為現代性對人性惡的釋放而責難個人主義。戰後保守主義大師施特勞斯進一步揭示了他所謂的現代性危機之所在，他認為絕對價值（自然正當）的喪失使我們的生活完全放任給個人的非理性，從而使我們的生活低俗而且盲目。保守主義儘管立論不一，但是其核心都是一致的，這就是通過訴諸超驗道德權威來控制人性中的惡。

第一節　保守主義與自由主義

一、兩個對立的意識形態還是兩個連續的意識形態？

　　要給「保守主義」下一個定義幾乎不可能，正如自由主義一樣，保守主義的特徵也模糊不清。這尤其表現在自由主義與保守主義這兩個概念的邊界上，我們有時難以把它們二者區分開來。就拿埃德蒙・柏克來說，他是一個公認的保守主義者，但你無法說他不是一個自由主義者。這正如自由主義與社會主義的邊界也已模糊不清一樣，自由主義已經包含了許多社會主義的因素，社

會主義也採納了自由主義的許多內容。華勒斯坦就提出了三種還是一種意識形態的問題，並把法國大革命催生的自由主義、保守主義和社會主義三種意識形態歸結為關於現代性的虛假爭論：「保守主義者們認為自由主義同社會主義之間沒有什麼本質上的區別；社會主義者們認為自由主義同保守主義一樣；而自由主義者們則認為保守主義同社會主義之間沒有多大區別。」[1]

　　但是，「沒有明顯的分界線並不等於要我們完全拋棄分界線。」[2]三種意識形態各自的邊界儘管像水墨斑點的模糊邊緣一樣，你無法指出它在哪裡[3]。然而，每一種意識形態都有一定的範圍，其邊緣雖然與其他意識形態重疊，但不能寬泛無邊，否則，我們就不會使用三個名稱來稱呼它們了。每一種都有它自己的「家族相似」性，並共有一個名稱。並且，在這一名稱下的林林總總派別中，總有幾個特徵是其中某個派別最堅定地擁有的，這幾個特徵和這一堅定派別構成這一意識形態的原始（proto-）傾向，也即原教旨主義（fundamentalism）傾向。這尤其表現在早期的三種意識形態對立上。古典自由主義與後來的各種「新」（new）自由主義相較，要簡單、純粹和原始得多，明確以霍布斯的「不受阻礙的自由」也即消極自由為其堅持的立場。後來的「自由至上主義（libertarianism）」繼承了這一立場。就此一立場而言，它與社會主義明確區分了開來。同時，由於它強調給個人以最大程度的自由和自主範圍，從而被認為導致了社會生活原子

1　伊曼努爾・華勒斯坦等，《自由主義的終結》，頁72。
2　查爾斯・斯蒂文森，《倫理學與語言》（北京：中國社會科學出版社，1991），頁320。斯蒂文森在該著中對模糊概念及模糊概念之間的關係有精闢的分析，其論點來自維特根斯坦。
3　比喻來自斯蒂文森，《倫理學與語言》，頁99。

化的傾向，因此遭受保守主義的激烈批評。就這一點而言，它與保守主義也明確區別開來。

但是，我們有時把具有原始傾向的自由主義或自由至上主義稱為「保守自由主義」或乾脆稱為「保守主義」，這是現代意識形態稱謂使用上最令人困惑的現象之一。保守主義與自由主義，到底是兩個對立的意識形態還是兩個甚至一個連續的意識形態？據華勒斯坦說，從法國大革命至1848年革命期間，政治鬥爭存在於自由主義與保守主義之間，而社會主義被視為僅是自由主義的比較激進的一派。「1930年以後自由主義者們和社會主義者們之間開始出現了明顯的區別；而1848年以後這一區別就很大了。同時，1848年標誌著自由主義者們與保守主義者們之間趨於一致的開始。」[4]之所以發生了如此的趨勢，是因為「就在這時，保守主義者們開始意識到要利用改良主義來實現保守派的目標了」[5]。同時，自由主義者們也開始意識到社會主義對自由主義的威脅。由此，政治聯盟發生了重新組合。

那麼，是什麼使自由主義與保守主義成為敵人，又是什麼使它們聯合為友的？要回答此一問題，就必須對什麼是保守主義作一追問。

文森特在《現代政治意識形態》中論述道：

> 保守主義……是一個由許多觀念所形成的集合體，並且具有規範性的內涵。E・伯克經常被認為是這種意識形態的奠基者。這種意識形態被認為與現代性有深刻的關聯。在這種

4　伊曼努爾・華勒斯坦等，《自由主義的終結》，頁87。
5　伊曼努爾・華勒斯坦等，《自由主義的終結》，頁87。

觀點中，保守主義者一直試圖反對某些觀念，而這些觀念通常是在革命的情形中產生和使用的，這些觀念包括：通過社會和政治條件的改善，可達到人類的完善；人性是向著某種終極的理想社會而進步與發展；平等和自由是每個人的目標，以及從這些觀念而來的經濟與政治含意；相信人類理性會在這個世界中獲得最後的勝利；對權力、特權、等級制度和傳統的忽視或貶低。[6]

保守主義起源於一批思想家對法國大革命的回應，這些人包括柏克、邁斯特、博納爾德、柯勒律治、夏多勃里昂等。法國大革命體現了極端的現代性原則，這些原則所包含的反傳統主義、理性主義、激進主義等激發了保守主義的反動。保守主義者思考法國大革命產生的思想淵源，他們把這些思想根源歸結於那些現代性原則上，因此，保守主義可以歸結為反對現代性原則所體現的那些特徵的一種意識形態。

正如上述所論，雖然各類保守主義並不能被一種本質共同性所定義，但是它們卻表現出一種共同的傾向，即強調傳統和先輩的智慧，要求我們審慎地對待變化。至於它要保守什麼傳統，就因各種立場而異了。但是，這不等於說只要是過去的東西就在保守之列，保守主義的根本含意是保守前現代的傳統價值，而抵制現代性價值──包括進步主義、平等主義、理性主義和普遍主義等。這是保守主義的原始特徵，這種特徵來自於它的反法國大革命和反啟蒙主義的出身。後來的各種「新」保守主義儘管或大或

---

6 安德魯・文森特，《現代政治意識形態》（南京：江蘇人民出版社，2005），頁94-95。

小地偏離了這一特徵，但是，（正如各種新自由主義之與古典自由主義一樣）它們不可能斬斷與這一特徵的關係，只是把其他特徵結合進來而已。

據 V・范・代克在《意識形態和政治選擇：對自由、正義和美德的追求》一書中的分析，美國保守主義有五種類型：保守的保守主義（又稱傳統主義的保守主義、老右翼）、經濟保守主義、社會保守主義（又稱文化保守主義、道德保守主義、宗教保守主義、新右翼）、進步論保守主義和新保守主義。其中，保守的保守主義保持了保守主義的原始特徵，全面批判現代性及其價值理念；社會保守主義者強調道德和宗教，突出他們道德觀念的超驗來源，反對世俗化和人本主義，與保守的保守主義是一回事。進步論保守主義和新保守主義混合了自由主義與經濟、社會保守主義的各種觀點，是一種折中立場。經濟保守主義非常類似於自由至上主義，其根本特徵是敵視政府，而頌揚個人自由和市場[7]。我們看到，就原始的、尤其道德—文化的保守主義而言，保守主義（尊崇傳統）與自由主義（維護現代性）絕無聯合的可能，帶有強硬的右翼色彩；但是，經濟保守主義使保守主義與自由主義有了聯合的可能性。

19世紀的保守主義對自由放任的、工業化的自由主義有兩種不同的反應。其中一種表現為強烈的反工業化、反個人主義的傾向。「工業化和個人主義意味著社會、傳統、秩序和宗教信仰的衰退。因此，在保守主義思想中存在著一種清晰可見的反資本主義傾向。」[8]另一種是捍衛傳統古典自由主義的自由放任的傾向，

7　Dyke, *Ideology and Political Choice: The Search for Freedom, Justice, and Virtue*, Charham House Publishers, Inc, 1995, pp. 144-283.

8　安德魯・文森特，《現代政治意識形態》，頁99。

這種傾向到20世紀30年代以後成為對抗「新政」改革的力量[9]。前者為維護前現代傳統而反對自由主義，後者為抵制社會主義而擁護自由主義。由此，保守主義、自由主義與社會主義之間形成錯綜複雜的關係。相對於現代性，前現代社會是傳統；相對於社會主義，自由主義反而成為要維護的傳統。因此，出現一種奇特的現象：保守主義的自由主義（conservative liberalism，或「保守自由主義」）。

　　保守主義的原始特徵是反對理性主義，從而反對個人主義，因為理性主義意味著信任個人自主的理性能力，對理性的信任會導向對個人自主的信任。與個人主義相對抗，保守主義尊崇權威，強調個人對權威的服從，其所強調的權威包括宗教、社會共同體和傳統價值，等等。按理，保守主義也應該尊奉國家這個權威，以抑止個人主義傾向，華勒斯坦指出：「我們必須考慮一下保守主義者們視之為現代性主要後果之一的『價值觀之淪喪』這一問題。為了阻止時下的社會衰微、為了將社會復原，他們需要國家。……保守主義者們時刻準備將國家機器強化至必要的程度，以控制要求變革的民眾力量。」[10]但是，奇怪的是，保守主義經常與自由主義一起「站在社會一邊反對國家」，原因是，「保守主義者們認為，法國大革命令人恐懼的方面不僅僅是它倡導的個人主義，還在於，且特別是它倡導的國家統治主義」[11]。對國家的不信任仍然是源於保守主義對理性的不信任：如果國家掌握在一

9　我們往往把自由放任主義（又譯「自由至上主義」）等同於保守主義，其實這種連結是晚近的現象，19世紀的大部分時間裡，保守主義基本上都是反市場的。

10　華勒斯坦等，《自由主義的終結》，頁82-83。

11　華勒斯坦等，《自由主義的終結》，頁81-82。

群理性主義者手中，甚或掌握在一群暴民手中，它就不是維護傳統權威，而是摧毀傳統權威了。

保守主義對理性、進而對國家的不信任，是導源於對傳統秩序和傳統權威的尊崇。但是，在某些保守主義者那裡，卻走向了對個人自由的推崇，這在英國的保守主義者那裡尤其明顯。如被認為保守主義創始人的柏克（1729-1797），19世紀的阿克頓（1834-1902），20世紀的奧克肖特（1901-1990），都表現出一種明顯的擁護個人自由的傾向。在美國，保守主義也往往與鼓吹個人自由的自由至上主義相結合，如保守主義者諾克（Albert J. Nock, 1870-1945）在抨擊擴張權力的國家時幾近於是一個無政府主義者，他寫的一本小冊子的書名就叫《國家，我們的敵人》（*Our Enemy, the State*, 1935），直截了當地把國家視為敵人。他的思想甚至對無政府主義者羅思巴德（Murray Rothbard, 1926-1995）產生了影響。把保守主義與個人自由結合起來的還有小巴克利（W. F. Buckley, Jr.）（著有 *Up from Liberalism*）、李普曼（Walter Lippman）（著有 *The Good Society*）等。這種現象似乎是非常矛盾的。但是，這一看似有悖於保守主義初衷的乖謬現象其實有其能夠合理解釋的背景原因。

首先，對個人自由的推崇與對社會秩序的強調在這類保守主義者那裡不僅不相衝突，而且是並行不悖的。這種觀點在曼德維爾那裡首次被系統地表達[12]，並影響了蘇格蘭啟蒙學派人物，尤其是亞當・斯密。在他們看來，個人自由，哪怕是對私利的追求，不僅不會破壞社會生活秩序，陷入無政府狀態，相反，反而會自發地促進一種和諧的社會秩序的形成和發展。亞當・斯密甚至認

---

12 見曼德維爾，《蜜蜂的寓言》（北京：中國社會科學出版社，2002）。

為，在經濟生活中，一切行為的原動力不是來自於同情心或利他主義，而是來自於利己之心。這種以利己心為基礎的對個人利益的追求無意中創造了公共利益。亞當・斯密的這一說法幾乎照搬了曼德維爾所謂「私惡即公利」的觀點[13]。法國思想家托克維爾（1805-1859）也有類似的看法，他說道：「從長遠觀點來看，一切私人事業的總結果卻大大超過政府可能做出的成果。」[14]保守主義者最害怕的是社會秩序因人為的、權力的介入而混亂，因此他們寧願相信個人自由行為所產生的自發秩序，也不願相信政府的設計、組織或干涉。他們敵視國家、信任個人的理由是，國家行為對於社會秩序易於起破壞作用，而無數的個人自由行為則反而起良好作用。即使某些個人行為具有破壞性，其破壞作用與國家行為比較起來則要小得多。

但是，無論是對國家的敵視還是對個人自由的尊重，在保守主義者那裡都不是目標，目標只有一個，那就是維護穩定的社會秩序和傳統權威。如果這個目標要求推崇國家而敵視個人自由，則保守主義者照做不誤。個人自由在保守主義那裡只有手段價值，而在自由主義那裡才是目的價值。古典自由主義者認為，社會自身基本上可以運行完好，之所以還需要國家，僅僅是因為還存在一些不便和缺陷。政府是必要的惡，應當有控制地加以保留，要防止它超出規定的功能。由此發展出一套保護個人自由的憲政制度，將國家關進籠子。可是，保守主義者對個人自由的尊重是有限的，倒是對國家（「自然」國家而非契約論的「人為」

---

13 據馬克思《資本論》第 1 卷的一個注釋說，亞當・斯密的這段話「幾乎逐字逐句抄自曼德維爾《蜜蜂的寓言：私人的惡德、公眾的利益》」。

14 托克維爾，《論美國的民主》，頁105。

國家）的敬重常常是其特色之一。德國保守主義哲學家黑格爾甚至認為，「『國家』是存在於『地球』上的『神聖的觀念』」[15]。「神自身在地上的行進，這就是國家。」[16]黑格爾堅決反對把國家視為人造物，從而徹底神化了國家：「國家制度縱然隨著時代而產生，卻不能視為一種製造的東西，這一點無疑問是本質的。其實，毋寧說它簡直是自在自為存在的東西，從而應被視為神物，永世勿替的東西，因此，它也就超越了制造物的領域。」[17]

保守主義所贊同的「個人自由」主要是指個人在對自身利益追求上的自主行為不受干涉，而不是指個人在道德判斷上的自主性不受干涉。也就是說，保守主義對個人自由的維護更多的表現在經濟生活上，至於道德、宗教等思想觀念方面則未必持寬容和不干涉立場。理由很簡單：道德自主會導致懷疑主義，從而導致傳統權威的削弱，這是保守主義所不能容忍的。這是區分保守主義和自由主義、或自由至上主義的一個基本標誌。這一點我們下面再論。

其次，對於保守主義者，社會主義對傳統秩序和權威的威脅及其破壞要大於自由主義，也就是說，他們對平等的恐懼要大於對自由的恐懼。這是因為，平等的追求意味著賦予國家以巨大的權力，實施某種人為的標準，改造社會，從而破壞了存在於社會經濟關係中的自然不平等和等級秩序。平等價值具有一種天然的激進主義品質，對平等的追求體現著現代性的激進主義特徵。在法國大革命那裡，正如在後來的社會主義革命那裡，平等的追求

---

15 黑格爾，《歷史哲學》（上海：上海書店，1999），頁41。

16 黑格爾，《法哲學原理》，頁259。

17 黑格爾，《法哲學原理》，頁290。

都意味著社會的劇烈動盪，傳統秩序的巨大破壞，甚而走向極權主義民主。保守主義者對大眾民主的反感和對貴族主義的擁護即是來自於他們恐懼平等訴求所導致的混亂。因此他們寧願維護自由以達到拒斥平等的目的，畢竟，自由放任更易於與菁英主義相調和。由此，他們在社會經濟領域易於與自由主義者達成聯合，共同維護市場制度和私有財產權，也即資本主義，以對抗平等主義或社會主義。這在二戰後美國的保守主義群體那裡尤其明顯。戰後美國的保守主義之所以與自由至上主義結合，就與他們共同的對社會主義或共產主義的恐懼有關。

　　戰後的美國保守主義者甚至不僅批判社會主義和集體主義，而且把矛頭指向民主，把民主等同於極權主義民主。尼斯比特（Robert Nisbet）、李普曼（Walter Lippman）、柯克（Russell Kirk）、馮·屈內爾特—勒丁（Erik von Kuehnelt Leddihn）等美國保守主義者就頻繁地引證托克維爾在《美國的民主》一書中對極端民主政治和「群氓」的批判。馮·屈內爾特—勒丁在《要麼自由，要麼平等》一書中認為「自由和平等本質上是矛盾的」，並認為，「當代極權主義……植根於民主的（民粹主義的、多數主義的、平等主義的）……原則」[18]之上，乃至他把極權主義描述成一個「民主運動」。戰後美國保守主義之所以興盛，與冷戰下的美國知識界的氛圍不無關係。對極權主義的恐懼使他們去追究極權主義的起源，保守主義把這個起源追溯到文藝復興—宗教改革—啟蒙運動—法國大革命所孕育的平等原則和民主精神上。保

18　Erik von Kuehnett-Leddihn, *Liberty or Equality: The Challenge of Our Time*, Caldwell, Idoho, 1952, pp. 21, 247. 轉自鍾文範，〈戰後初期美國的保守主義思想運動〉，載《美國研究》1996年第1期。

守主義對社會主義和民主的批判甚至有挖自由主義牆角的危險，起碼導致了自由主義內部的分裂。

當今自由主義的實踐已經被保守主義傾向和社會主義傾向扯裂，傾向於自由價值的自由主義被稱為「自由至上主義」，傾向於平等價值的自由主義被稱為「新（new）自由主義」。反映在政治上的稱呼是「保守派」和「自由派」。保守派維護一個小的、有限的政府，減少政府調控和對官僚機構的依賴，強調個人自力更生、自我奮鬥，鼓吹競爭和自由放任，似乎更傾向於個人主義。自由派相信和重視政府在維護正義和保證機會均等中能夠起到積極的作用，將政府視為個人免受各種非政府力量危害的保障。它主張較大政府和較強政府干預，通過徵收累進稅、增加政府開支和制定政府計畫等措施來醫治資本主義和市場經濟的弊病，以彌補貧者和弱者所遭受的損失。這在某種程度上蘊含了集體主義的意味[19]。

如果把這種政治格局中的「保守派」等同於保守主義，那麼起碼這種保守主義與19世紀的保守主義大相逕庭。保守主義是否就意味著一定是傾向於自由放任、私有制、有限政府或資本主義，而不是傾向於集體主義、公有制、政府干預或社會主義？從保守主義的創始人柏克開始，似乎就把私有財產制視為神聖的制度，此後英國的保守主義者大多尊奉柏克的原則，視私有財產制為神聖不可侵犯。但是，這是否是保守主義的普遍原則而不是特定歷史條件下的產物？保守主義是否天然地與自由主義有親和力，而與社會主義格格不入？

19　參見袁傳旭，〈當代美國的自由派與保守派〉，《書屋》2003年第11期。

二、保守主義和自由主義具有天然的親和力嗎？

　　無論從理論上還是實踐上都沒有證據表明保守主義天然傾向於私有制和自由放任，這個問題仍然要視保守主義的核心原則——維護傳統權威和秩序——而定。如果保守主義與自由主義的聯盟是特定歷史環境的產物，或是策略性的妥協，那麼，保守主義與社會主義的妥協甚或聯盟也是可能的。起碼，「這兩個陣營能夠在反對個人主義問題上走到一起」[20]。個人主義是建立在私有財產制之上的。保守主義「對財產問題感興趣的主要之點在於財產體現著連續性，從而在此基礎上有家庭生活、教會和其他社會團結」[21]。但是，建立在私有財產制基礎上的個人主義也會有導致社會有機性的破壞或削弱的傾向，尤其是自由放任的社會達爾文主義所導致的殘酷競爭、貧富分化等現象，很難被原教旨主義的保守主義所認同。在英國，保守主義者卡萊爾（1795-1881）的思想就具有明顯的社會主義傾向，而其根源是對個人主義的極端不滿，也許這更能代表保守主義的原始傾向，這種傾向根源於保守主義的「社會」觀。著有《保守主義》一書的塞西爾就對這種關係作過闡述：「常常認為保守主義與社會主義是直接對立的。然而這並非全然真實。現代保守主義繼承了托利主義的傳統，讚許國家的作用，維護國家權威。赫伯特·斯賓塞先生確曾攻訐過社會主義，說它實際上是托利主義的復興……」[22]

　　關於保守主義對社會主義的親近，被哈耶克一再指出，這也

20　伊曼努爾·華勒斯坦等，《自由主義的終結》，頁88。
21　伊曼努爾·華勒斯坦等，《自由主義的終結》，頁88。
22　伊曼努爾·華勒斯坦等，《自由主義的終結》，頁89。

是導致哈耶克不認同保守主義的一個原因[23]。在當代美國，著名保守主義者列奧·施特勞斯就與經濟自由主義毫無關係，而其大弟子艾倫·布盧姆甚至擁護羅斯福「新政」以來的平等主義改革[24]。被認為是戰後真正的保守主義學派奠基人的柯克（Russell Kirk, 1918-1994）極力推崇柏克，是戰後美國主要的柏克信徒，但他既是社會主義、集體主義的批評者，又是自由主義、個人主義的激烈批判者，並無偏向自由放任主義。他強調，他的傳統主義並不為物質主義的企業家或「曼徹斯特學派的經濟學理論教條」辯護[25]。另一保守主義者維利克（Peter Viereck, 1916-2006）也聲言，他的保守主義與利己的、自由放任的個人主義無關，他竭力使自己與「19世紀的自由主義」區別開來[26]。70年代以後的共同體主義者如桑德爾、沃爾澤、米勒等都傾向平等主義，甚至社會主義，而不是自由放任主義。

正如上述塞西爾指出的，19世紀英國保守主義的托利黨就不一定認同自由放任主義。早在19世紀初，保守（托利）黨人對工業革命導致的巨大社會變動就進行過一種浪漫主義的批判。他們

23　見哈耶克，〈我為什麼不是一個保守主義者？〉，載哈耶克，《自由秩序原理》（下），頁187-206。

24　參見甘陽，〈政治哲人施特勞斯：古典保守主義政治哲學的復興——《施特勞斯文集》前言〉，載列奧·施特勞斯，《自然權利與歷史》（北京：生活·讀書·新知三聯書店，2003），頁43-44。

25　Russell Kirk, *A Program for Conservatives*, Chicago University Press, 1954, p. 23. 柯克的另一部保守主義名著是：*The Conservative Mind: From Burke to Santayana*, Chicago University Press, 1953.

26　P. Viereck, *Shame and Golory of the Intellectuals*, Boston: Little, Brown & Co., 1953, p. 248。他的另一保守主義名著是：*Conservatism Revisited: The Revolt against Revolt*, New York: Basic Books Inc., Publishers, 1949.

用溫情脈脈的目光顧盼著逝去的前工業社會，斥責工業化過程中社會生活的動盪和勞動群眾生活的下降是一種社會倒退，他們認為是資本主義造成了這種混亂[27]。

19世紀一直有兩股思潮存在於保守（托利）黨內部，一股思潮號召最小化的政府，另一股思潮號召仁慈的博愛主義。前者讓我們聯想到社會達爾文主義和自由的消極概念，後者則會聯想到托利人道主義和自由的積極概念。整個19世紀，都是第二股思潮占據上風，其假定是，自由市場經濟的運作並不會周全到占人口比例很大一部分人（尤其是工人階級）的利益，因此，政府應當採取措施以防止這部分人由於不被重視而產生離心傾向，從而危害社會平衡和穩定。但這不等於要消除階級界分。保守主義的這種行為讓我們聯想到中世紀等級社會的一個信念，在貴族主義社會中，「貴人理應行為高尚」觀念的盛行意味著莊園領主有義務照顧窮人。諾爾曼‧巴利解釋了這個觀念，他寫道，根據保守主義：

> 財產權並不是一項不受限制的權利，不是一個人可以根據他自身的正當性判斷願意幹什麼就幹什麼的權利；財產權是一項受共同體的需要限制的權利。因此，土地和財產所有人應被理解為傳統的攜帶者；他有積極的義務去維護傳統。財產權所固有的「義務」在保守主義裡並無確切的定義，但它們通常會包含慈善的義務，公共服務的義務，以及為了總體的善而不是特殊利益集團的利益而行使政治權力的義務。[28]

---

27 見沈漢、劉新成，《英國議會政治史》（南京：南京大學出版社，1991），頁353。

28 Barry, *The New Right*, New York: Croom Helm, 1987, p. 91.

在這段引文中，巴利提到了英國保守主義者對共同體的關切，他們設法保守「一種和諧的有機社會體，在這種社會體中，一套複雜的等級階層系統中的任何一個階層都會在保護和維持國家中起到它應有的作用」[29]。作為一個著名的英國保守黨領袖和首相，本傑明·迪斯雷利（1804-1881）表達了上述觀點。在他看來：

> 托利主義所追求的就是維護國家的古老機體，維持帝國，並提升人民的生活條件。他認為，保守黨理當「支持旨在提升勞動階層的道德水準和社會生活條件的一切措施，諸如縮減他們的勞動時間，改善他們健康的手段，教給他們文化知識，等等」。據此，迪斯雷利擁護各種社會改革措施。他所實行的政策使托利黨能夠聲稱：「我們早已站在幫助這個國家的人民去改善和提升他們自身的戰役的最前列，這比社會主義這個詞被製造出來早了整整一代多的時間。」[30]

可見，保守主義是傾向於自由放任還是傾向於政府干涉，仍然要取決於其所維護的價值目標。對於這些價值目標而言，自由還是平等、個人主義還是集體主義都可以成為其擁護的對象，但是也都是其警惕甚至拒斥的對象。當然，不可否認，保守主義與自由主義、或者說自由至上主義更具親和力，它們的聯合被稱為

---

29 Dyke, *Ideology and Political Choice: The Search for Freedom, Justice, and Virtue*, p. 22.

30 Dyke, *Ideology and Political Choice: The Search for Freedom, Justice, and Virtue*, pp. 22-23.

「保守自由主義」。似乎還沒有保守主義與社會主義的聯合在西方的大規模實踐。但是，對於保守主義的核心價值而言，也即對於原教旨主義的保守主義而言，象徵現代性的個人主義和集體主義都是其激烈否定的對象。被「個人」所象徵的自由主義（傾向於消極自由——個人自主）和被「人民」所象徵的社會主義（傾向於積極自由——人民當家作主），都鼓勵了對前現代社會的傳統價值的顛覆和反叛，其根源同出於啟蒙主義，其根本特徵被保守主義稱之為「世俗人本主義」（secular humanism）。霍爾姆斯這樣寫道：

> 　　反自由主義者們……認為，啟蒙運動「在我們看來，是一場巨大的災難」。在此，他們指的是「一場自主的、無信仰的人文主義意識的災難」。他們稱，世俗人文主義挺立於自由主義災難的源頭。現代早期「發生了一次徹底的解放，從基督教世紀的道德傳統」，「從前一千年的傳統中解脫出來」。自由主義是這次重大解放運動的政治分支。
>
> 　　馬克思主義也是如此。在此所討論的批評者們一直堅持認為，自由主義和馬克思主義能追溯到一個共同的根源，這一根源通常被描述為一些規範性承諾，包括：「無限的物質至上主義」、「人的個性的解放與發展」、「不信教的自由」、「認識社會的所謂科學的方法」以及對人類「世俗幸福」的排他性關注。[31]

　　對「世俗人本主義」的批判凸顯了保守主義的原始特徵。保

---

31 斯蒂芬·霍爾姆斯，《反自由主義剖析》，頁7。

守主義者不相信人的道德自主能力，因此他們總是訴諸超驗的、絕對的道德來源，「這種客觀的、超越的權威為個人與團體定出一套前後一致的、千古不變的標準，用以衡量價值、目的、良善與認同的事務」[32]。保守主義之為保守主義，與其維護這種超驗道德權威密切相關，可以說，保守主義所要「保守」的根本內容即是這種超驗道德。

反之，自由主義所爭的也即是這種人所具有的道德自主能力：

> 自由意志論者在倫理方面堅持把道德選擇的自主性作為首要原則。這意味著倫理判斷的獨立性：價值標準和倫理原則不是從絕對的尺度中推導出來的，而是從道德探索中生長出來的。
>
> 道德之人並不是由於恐懼或信仰而服從道德戒律的人，而是出於道德意識和道德良心而激發起道德行為的人。道德自由意志論的典範是自由之人，能夠作出自由選擇，又到達道德成熟的某種程度。他是自己命運的主人，對自己的生活之路和命運負責。[33]

我們可以說，保守主義和自由主義之爭在道德方面，兩者的分界線也在道德方面，它們的根本分歧在於：道德是源於超驗權

---

32 J・D・亨特，《文化戰爭：定義美國的一場奮鬥》（北京：中國社會科學出版社，2000），頁45。

33 保羅・庫爾茨，《保衛世俗人道主義》（北京：東方出版社，1996），頁52、59。此處「自由意志論」為"libertarianism"一詞，本書譯為「自由至上主義」。

威，還是出於個人自主選擇？保守主義未必否定自由，尤其經濟自由，而是否定自由在道德、宗教等文化領域的擴展。就經濟領域而言，保守主義也鼓吹自由，但就道德—文化領域而言，它極力強調對自由的約束，甚至不惜扼殺自由。如果自由破壞了傳統權威和秩序，保守主義就會成為自由的敵人。德沃金就此寫道：

> 自由主義者為自由而戰，但不維護經濟上的消極自由；保守主義者支持經濟上的自由，但當其他一些自由形式與安全或他們的道德觀和禮儀觀發生衝突時，他們便反對這種自由。[34]

三、對保守主義的誤讀

在中國大陸，「保守主義」這一詞被某些自由主義者嚴重誤讀和誤用，其含意與「自由主義」竟然不加區分，這尤其表現在劉軍寧的《保守主義》一書中。劉軍寧以英國的柏克為例，認為保守主義所保守的是英國的自由主義傳統，由此得出結論說，保守主義所保守的內容就是自由：

> 一個真正的保守主義者只能是該社會的自由傳統的保守者，……沒有自由的傳統根本不是保守主義的保守對象。……保守主義與自由主義有一個共同的基礎，這就是自由的傳統。不保守這種傳統的保守主義就不是嚴格意義上的

---

34 羅納德·德沃金，〈兩種自由概念〉，載達巍等編，《消極自由有什麼錯》，頁146。

保守主義。離開了對自由的擔當，離開了自由的傳統，保守
主義就難有立足之地。[35]

　　這種觀點把保守主義限定於專指英國的保守主義，然後又把
英國的保守主義等同於自由（至上）主義。於是，保守主義對於
中國就成為外來的東西。可是，中國明明有自己要維護的傳統，
有自己的保守主義，也即傳統主義，諸如當代新儒家，它與自由
主義傳統毫不相干，它保守的是中國的儒家文化傳統。保守主義
所保守的傳統不可能是外來的，而是任何文明形態自身具有的。
保守主義恰恰產生於各文明傳統的守護者對現代性（被認為是
「西方化」）的抵制和批判，傳統和現代性的對立幾乎模式化地被
傳統主義者二分化為下列概念：精神性和物質主義，血緣紐帶和
契約結合，人情關係和金錢關係，道德感和功利主義，禮俗社會
和法理社會，情緒、直覺、德性和理智、推理、計算，等等。艾
愷在《世界範圍內的反現代化思潮》中指出：「一種持續的、世
界範圍的對現代化加以批評，其存在基本相似的內容，不管批評
者個人來自怎樣的文化背景或國家。」[36]這個相似的內容，借用韋
伯的概念，就是「理想類型」。各文明傳統大致都有相似的內容，
即作為理想類型的「傳統性」。這不是說各文明傳統之間的區別
（我們一般所談到的文化比較的對象）不重要，而是說它們總體上
與現代性的區別更顯著。在英國（甚至整個西方），現代性作為一
種因素潛在於傳統中，現代性是內生性地從傳統中展開的，這使英

35　劉軍寧，《保守主義》（北京：中國社會科學出版社，1998），頁195。
36　艾愷，《世界範圍內的反現代化思潮》（貴陽：貴州人民出版社，1991），頁
　　209。

國人有資格說他們的「自由主義傳統」。但是，此一傳統非彼一傳統，作為「理想類型」的傳統不是自由主義的特殊傳統，而是各文明形態共有的一般傳統，保守主義所維護的核心價值即是這種一般傳統。

實際上，即使號稱老牌輝格黨黨員的保守主義者柏克也對世俗人本主義、個人主義、道德自主性、寬容等這些現代性或自由主義的價值大加撻伐，其道德—文化觀念絕不可能歸類到自由主義之列。首先，柏克強調宗教的國教地位，主張政教合一，這與自由主義所強調的政教分離、宗教私人化的現代性價值背道而馳；其次，柏克強調社會、國家是一神聖而神祕的有機延續體，具有超越的權威與尊嚴，這與自由主義的工具主義國家觀完全對立。再次，柏克熱情謳歌建立在道德差異基礎上的「自然的貴族制」和社會等級制度，反對將人的道德差異與社會區別平等化，這與自由主義所堅持的所有人在權利和道德地位上平等的觀念不可同日而語。最後，柏克認為，民眾沒有政治智慧與政治能力，需要更高的權威與智慧來指引，這與自由主義所擁護的民主原則截然相反[37]。這些思想特徵都不僅僅與單純保守什麼有關，而且更與反對什麼有關，也即與反對現代性、反對自由主義有關。如果還把持有這種觀點的思想家納入自由主義者之列，那就是自由主義的自我顛覆。

不可否認，以哈耶克為代表的奧地利學派——經常被稱為保守自由主義者或自由保守主義者，有時也被稱為自由至上主義者——繼承了一些柏克的保守主義思想，或者說顯示了類似柏克保

---

37 參見蔣慶，〈柏克是保守主義的柏克而非自由主義的柏克〉，載《原道》第六輯（1999）（鄭州：大象出版社）。

守主義的思想傾向。他們都反對理性主義，都維護私有財產制
度，都懼怕社會變革，都強調社會制度演進的自發性，在這個意
義上，他們大致都可以被稱為保守主義者。但是，哈耶克的保守
主義成分來自對平等主義的恐懼，而非來自對現代性的恐懼。由
於害怕平等追求所導致的消極自由的縮減以致扼殺，他極力反對
理性建構主義對市場自發秩序的干涉和改變。這確實是抵制革
命，但不是抵制針對傳統貴族等級制度的革命，而是抵制針對自
由主義的社會主義革命。原教旨主義的保守主義者認為，由於人
性本質上的惡，苦難和邪惡是人類生存所無法擺脫的，因此任何
烏托邦改造方案都只能適得其反。也就是說，保守主義者寧願人
類忍受不公正或其他社會的惡，也要維護傳統高貴的、等級界分
的生活方式。可是，無論古典自由主義、自由至上主義、保守自
由主義、新自由主義還是馬克思主義、或其他社會主義，都不認
為、起碼不能完全認同邪惡和苦難根源於人的本性，深植於人類
生活的本質之中，而是認為源於不合理的社會結構，因此，至少
可以考慮對社會秩序中的適當部分實行變革。區別在於對這種變
革的深度存在不同的觀點，但是即使最低限度的變革主張也無法
認同柏克的反現代性的上述觀念。哈耶克所保守的不平等與柏克
所保守的不平等不可同日而語。哈耶克反對理性主義是基於人的
無知，這與柏克基於人的邪惡反對理性主義是兩碼事[38]。

　　美國保守主義的代表人物尼斯比特（Robert Nisbet, 1913-
1996）、柯克（Russsll Kirk）都曾明確地指出保守主義和自由至上

---

38 同樣是自由至上主義，同樣反對平等主義，諾齊克觀點卻是基於理性主義來
　論證的，表現為激進主義而非保守主義的立場。可見，自由至上主義未必一
　定是保守主義的。

主義之間的區別，並以極端保守的立場激烈批評自由至上主義：

　　尼斯比特指出……自由至上主義者們將社會化為個體顆
粒，從而危及社會秩序，並為集體主義的國家主義設定了舞
臺。反之，保守主義者們更關注的是「個人歸屬於其中的自
然群體——家庭、地區、教會、社會階層、民族，等等」。
保守主義者們忠誠於這樣的群體並維護它們。自由至上主義
者們認自由為所有社會價值的最高價值，而保守主義者們僅
僅視自由為其中的一種價值，當它削弱國家安全、道德秩序
或社會機體時就必須受到約束。保守主義者們雖然想要限制
國家的權力，但卻忠誠於社會的權威並要維持這種權威。

　　柯克也認為，……自由至上主義者們作為「激進的教條主
義者，蔑視我們從祖先傳承下來的遺產」。他們是「穿著布爾
喬亞外衣的哲學無政府主義者」。他們拒絕「超驗的道德秩序
觀念，……否認行為的超驗制裁力」，強調個人主義，認為社
會是靠自私自利來維繫的。而保守主義者們宣稱「社會是一
個精神共同體」，它是靠亞里士多德所謂的友誼或基督徒所
稱的對鄰里的愛來維繫的。自由至上主義者們總體上都相信
人類本質上的善性，而保守主義者們堅持「我們所有人因亞
當的墮落而本有的罪性」，因而雖然人類本質包括了善質，但
不可能獲得完善。自由至上主義者們視國家為一巨大的壓迫
者，而保守主義者們認為國家對於指導公共防衛、抑止不公
正和激情，以及施行對於總體福利是重要的事業都是一個必
要的工具。自由至上主義者們賦予「貪婪、一意孤行的自我」
以支配權，而保守主義者們強調義務、紀律和犧牲。……
「當國家比以往任何時候都需要她的兒女在必要時為捍衛恆

久的事物而犧牲他們的私人利益時，教條主義的自由至上主
義者們所提供給我們的是一個普遍利己主義的意識形態。」[39]

作為自由至上主義代表人物的哈耶克也表達了他與保守主義
者觀點之間的區別：

> 自由主義者認為，道德理想和宗教理念都不是強制所能施
> 加的恰當對象，但是不無遺憾的是，不論是保守主義者還是
> 社會主義者都不承認強制所應當具有的這種限制。我有時覺
> 得，自由主義最為顯著的特徵就是它認為，那些關於行為善
> 惡的道德觀念，並不能證明強制為正當，因為這些道德觀念
> 本身亦不能直接干涉或侵入他人確受保護的領域；而正是自
> 由主義所具有的這一特徵，使其既明顯區別於保守主義，也
> 根本區別於社會主義。
>
> 自由主義者與保守主義者之間的顯著區別，就在於前者從
> 不認為自己有權把自己的精神信仰強加於他人，而不論他們
> 的精神信仰有多麼深奧神聖……[40]

我們看到，被某些中國大陸的學者列為同一個保守主義陣營
的兩派人物都不承認對方的理念，他們之間的分歧關鍵在於對現
代社會道德狀況的態度。保守主義者對現代社會的「個人主義
的」、「平庸的」、甚至「墮落的」道德狀況給予激烈的批判，而

---

39 Dyke, *Ideology and Political Choice: The Search for Freedom, Justice, and Virtue*,
　　p. 155.
40 哈耶克，《自由秩序原理》（下），頁194、200。

自由主義者則捍衛現代性道德狀況，維護道德的個人自主性。保守主義者與自由主義者一旦進入道德、文化領域，就顯示出他們的對立性來。把保守主義等同於自由主義，既誤讀了保守主義，又誤讀了自由主義。

第二節　保守主義者攻擊現代性及其個人主義

保守主義者「對自由主義的詆毀形成了對現代社會道德和精神墮落的一種總體悲切的一部分」。他們「對社會普遍分解為原子化的個人敲響了警鐘：自私、算計、物質至上主義，……人類需要根基和歸屬感，但是自由主義社會將他們拆散並把他們置入劇烈的、無所寄託的流動之中」[41]。保守主義者對自由主義最不滿的是它的個人主義以及價值平庸化趨勢：對前者的批評來自於保守主義者對社會共同體的忠誠，對後者的批評與保守主義的貴族主義、等級主義情結有關，而這都代表了前現代社會的價值理想。

最早對個人主義進行激烈批判的保守主義思想人物是法國的約瑟夫・德・邁斯特（Joseph de Maistre, 1753-1821）。相比之於柏克，他更能代表保守主義的原始立場，其思想成為英國之外的許多保守主義者的淵源。邁斯特把個人的社會性作為批判自由主義的決定性論據，完全否認有抽象的人這麼回事。針對1789年法國《人與公民權利宣言》，他嘲笑道：

> 世界上並沒有「人」這種東西。在我的一生中只見過法國

---

41 斯蒂芬・霍爾姆斯，《反自由主義剖析》，頁6、7。

人、意大利人、俄國人等等。但如果說「人」，我卻從沒碰
到過。假如他真的存在，至少我不認識。[42]

邁斯特認為：

> 自由主義……建立在一種對人進行錯誤描述的理論基礎
> 上。自由主義者們假定，在組成社會之前，個人對自己的欲
> 求就有牢靠的把握，並能通過互利的協議確保他們的欲求得
> 以滿足。但是，不受社會影響的個人是不存在的。所以，
> 「社會契約只是一種幻想」。我們不能撇開社會去揭示人的自
> 然狀態，原因很簡單：「社會與人是同在的。」或者換種說
> 法：「人類從來就不曾有過先於社會而存在的時期，因為在
> 形成政治社會之前，人還不是人。」「孤立的人」是一種反自
> 然的錯誤概念。人完全是一種社會的動物，因此，世代相承
> 的生活方式應該被不假思索的接受，而不得質疑。[43]

對抽象的、原子式的「人」的攻擊，對整體主義的推崇，是
邁斯特以及後來所有保守主義者的共同特徵。他們認為個人需要
權威，需要宗教，需要社群，以對自我進行約束。而自由主義者
提倡個人自主，天真地相信人類固有的善，以及人類通過教育得
以改善的可能性，「但是沒有什麼論點比原罪的根深柢固性更頻
繁地為經驗所證實。人生來邪惡，並保持至終……這種無可挽救
的腐敗生物，不可能通過啟蒙和世俗教育加以完善，甚至連改進

---

42 斯蒂芬‧霍爾姆斯，《反自由主義剖析》，頁18。
43 霍爾姆斯，《反自由主義剖析》，頁21。

都不能夠。對他們必須強行控制。」[44]對個人自主能力的不信任是基於保守主義者對人性的消極、負面的觀點，美國當代保守主義者維利克甚至把保守主義簡要地界定為「原罪說在政治上的世俗化」[45]。自由主義堅持個人自主權的根據是相信個人自主不會被濫用，或者說它相信人性。自由主義者是樂觀主義者，他們對個人充滿信心，充分相信個人對道德的承擔力，他們把這個世界的進步和美好完全交付個人去推進。在保守主義者看來，相信人的自主能力簡直就是一場對人性下賭注的冒險，他們寧願相信人性的邪惡，因此不相信個人有道德的自主承擔能力。

保守主義者這種「天生的」對個人自主和自由持不信任的態度來自於基督教，基督教傳統相信，惡來源於自由（意志），或者說來源於人的自由選擇，惡是自由的代價。可是，如果惡植根於自由，說惡是人的本性，豈不是說自由是人的本性嗎？如果自由是人的本性（存在主義如是說），那麼對自由的敵視豈不枉然無益？自由主義者把惡歸結於社會方面的原因，從而轉向社會改革和教育，而保守主義者把惡歸結於人性，豈不等於放任自由、無所作為？存在主義由自由之本然走向非道德主義（海德格爾早期）或提倡自由的道德（薩特），而尼采甚至走向反道德主義，讚美「惡之花」，這是否與保守主義有相通之處？

可是，保守主義對自由主義譴責的理由之一就是它的道德虛無主義或道德懷疑主義，對道德的強調、對人性邪惡的道德控制

44　霍爾姆斯，《反自由主義剖析》，頁24-25。

45　Perter Vierect, *Conservatism Revisited*, New York: Basic Books Inc., Publishers, 1949, pp. 6, 28, 30. 轉自鍾文範，〈戰後初期美國的保守主義思想運動〉，載《美國研究》1996年第1期。

正是保守主義的根本特徵。這又怎麼解釋？

我們曾經分析了兩種自由概念。可以這麼說，積極自由概念意味著一種「超我」對「本我」的控制[46]，消極自由概念被認為是對「本我」行為的放任。自由主義為個人行為不受干涉的消極自由辯護，在保守主義者看來意味著放縱「本我」，釋放邪惡。所謂「本我」，在弗洛伊德那裡，是指盲目的衝動、混亂的激情、受快樂原則支配的欲望、由力比多構成的本能，等等。基督教的真正創始人保羅把人的肉體性存在視為人類的「原罪」，而奧古斯丁系統化了這種觀點。這種被基督教視為「原罪」之根的墮落的肉體，就是弗洛伊德所謂的「本我」。奧古斯丁認為，由於亞當運用了他的自由意志選擇了惡，從而犯了原罪，他的自由意志也隨之毀滅，從此人類為罪惡所奴役，失去了自由。在這裡，他要表達的是，人由於自己自由意志的軟弱，被肉體所征服，所以墮落了。由於人的肉體性存在，人生而有罪，人無力擺脫人性中的這種邪惡。

到此為止，奧古斯丁似乎與尼采沒有區別：生命（肉體）衝動以它不可遏制的「必然性」力量支配、主宰著人。但是，在尼采那裡，或者說，在整個現代性和後現代主義那裡，「原罪」消失了，因為生命（肉體）就是人之本然，本然如此的東西不存在

---

46 「人類就把這個『自我』看成理智、看成『更高層次的本性』，看成那個計算、並爭取終能使它滿足之物的自我，看成『真實的』、『理想的』或『自主的』自我，或看成『表現得好時候』的自我，接著，人們就把上面這種自我，對比於非理性的衝動、不受控制的欲望、我之『較低層次的本性』、立即樂趣的追逐，以及『經驗界的』、『被他人或別種律則支配的』自我，從而認為：這個自我被欲望與激情所左右，如果要上達到『真實』本性的充分高度，就必須受到嚴格的紀律。」（柏林，《自由四論》，頁242-243。）

善惡問題，它超越善惡的彼岸，或者說，它先於善惡，是前善惡的。這一觀念實際上起源於近代。休謨在《人性論》中把人性區分為知性、情感、欲望（意志）三個方面，他強調情和欲為人性之本質或本真，認為知性僅僅關乎人對事物的認知——「是」，而情感和欲望關乎人的行動——「應該」，因此「理性是、並且也應該是情感的奴隸，除了服務和服從情感之外，再不能有任何其他的職務」[47]。盧梭把人的不受制度、習俗、文明影響的自然情感作為道德的基礎，以此衡量所有社會事物的好壞。對於他，人的情感是道德的源泉和目標。這種感性主義的倫理觀在西方有著悠久的歷史，從古代到近代的快樂主義者、功利主義者、情感主義者，都是討論善惡的根源、標準和基礎（都一回事）是什麼，他們認為是快樂或對幸福的欲求決定著善惡，而不是善惡評價快樂或幸福。在這裡，是人性決定善惡，而非人性是善還是惡的問題。人性（human nature）是中立的、自然而然的傾向，無所謂善惡問題，相反，善惡以人性為基礎，順乎人性為善，逆乎人性為惡。

柏克最早批評了近代思想的這種感性主義傾向，作為一個亞里士多德式的政治思想家，他相信人在社會、政治之外沒有什麼天然本性，「人為的」社會對人而言才是「自然的」，「人工乃是人的自然本性」[48]。人就天性而言是社會的動物，需要社會提供的幫助才能獲得上帝的恩寵和解救。而邁斯特對這種感性主義人性論的批評已如上述。在他們看來，感性主義的自然人性論不過是

47　休謨，《人性論》（北京：商務印書館，1980），頁453。

48　參見斯坦利斯，〈白璧德、柏克與盧梭：人的道德本性〉，載美國《人文》雜誌社編，《人文主義：全盤反思》（北京：生活・讀書・新知三聯書店，2003），頁147。

逃脫和洗刷人性惡的藉口，並公然以肉體生命對抗超驗神聖的道德秩序。

張揚肉體感性生命的近代人性觀念傾向於為消極自由辯護，它與古典自由主義的誕生密切關聯，但是也孕育了後現代主義者對自由主義的反叛。這與自由主義的另一理論支脈——理性主義的積極自由倫理觀——有關，後現代主義正是對康德理性主義的反擊。康德的理性主義反對以人的感性肉體性來決定善惡，而把善惡的基礎置於理性（意志）基礎上。但是，這不等於康德視感性生命為惡，康德承認人的天性是肉體生命之必然性，天性想要的東西是絕對必需的。但是，這不是自由，而是被決定。人如此生活不等於人應當如此生活。人是有理性的動物，她的自由意志扯斷絕對必然性的鏈條，這是對本能天性的勝利。對於康德，善惡皆為自由的一種選擇，惡不是天性，而是意志對於欲望的軟弱，它不是人身上的自然事件，而是自由的一種行為，它產生於本性和理性之間的緊張關係。也就是說，惡是人選擇的一種傾向，而不是一種必然性的強迫，善惡的決定權在人（自由的存在）手中，人可以從善，也可以從惡，惡是自由的風險和代價[49]。但是，正如西季威克指出的，在康德那裡，惡有時又被解釋為不合理或不自由的選擇，這意味著自由（按照道德律行動）才是善，而被決定（屈從於自然律）就是惡。康德把自由等同於善，這遭到西季威克的反駁：為什麼只有自由的善，難道就沒有自由的惡？人可以自由地選擇聖人，為什麼就不能自由地選擇惡棍[50]？

---

49 參見呂迪格爾·薩弗朗斯基，《惡：或者自由的戲劇》（昆明：雲南人民出版社，2001），頁165。

50 見西季威克，《倫理學方法》（北京：中國社會科學出版社，1993），頁81以

　　奧古斯丁正是抓住自由（意志）的惡這一點，才徹底否定了自由，無論是消極自由還是積極自由。按照伯林的闡述，積極自由論者相信，理性意志對「本我」——肉體生命——的控制和指導就能夠使人擺脫愚昧、邪惡，走向進步和光明。但是在奧古斯丁看來，亞當最初的墮落就是來自自由意志的運用，自由意志所選擇的惡使人類永遠失去了拯救自己的能力，企圖通過自由意志來改變自己的罪性是不可能的，人類無力解放自己。但是，這不等於人類應當放棄自由意志，奧古斯丁否定自由意志對於擺脫人類罪性從而得救的意義，但他肯定自由意志對於人們選擇繼續墮落還是選擇信仰上帝的意義。人的靈魂到底受肉體控制還是與上帝結合，取決於自由意志。人的罪惡來自肉體統治了精神，人無力擺脫肉體性存在從而拯救自己，但是卻有能力擺脫肉體對心靈選擇的妨礙。對上帝的愛是我們自由範圍內的選擇。但是，除此之外我們無能為力，因為我們並不能從自由的行動中獲得上帝的恩典，只有憑藉上帝的恩典才能獲得自由。

　　奧古斯丁的基督教傳統對自由意志和積極自由的否定，並不意味著尼采式的一任生命肉體欲望的張揚，更不意味著贊成消極自由，相反，意味著人類必須服從和信仰超驗絕對之物。人無力拯救自己，「你們得救是本自神恩，也由於信仰」[51]，信仰是人唯一的自由，此外人沒有自由。提高人的自由就是貶低上帝的自由。人必須服從和謙卑，而不能自作主張。人必須從自身超離，不能

　　下，頁517-524。西季威克說：「惡棍也必然在他對一種壞的生活的先驗的選擇中表現著他特有的自我，正如聖者在他對一種好的生活的先驗的選擇中表現著他特有的自我一樣。」（西季威克，《倫理學方法》，頁524。）另參見羅爾斯，《正義論》，頁245-248。

51〈以弗所書〉，《新約》，第2章8節。

依賴自身，而必須依賴比自己更強大的超越力量。這就是保守主義的基督教背景。

反之，現代性人本主義的背景卻是從人的肉體感性生命走向對人的肯定。通過對肉體感性生命的非（超）道德或前道德設定，人本主義把道德建立在肉體感性生命基礎上，而不是把肉體感性生命建立在道德給予的評價基礎上。

> 感性論的實質是，人的天性是善的，因此其衝動、本能、情感、激情也完全是善的、值得信賴的，所有邪惡均可解釋為是由強加給他的自然或社會環境等外在條件造成的。作為一種基於感覺或者情感的倫理理論，感性論主張人生而純潔、自由，但因有組織的社會而處於敗壞和奴役狀態。[52]

很明顯，這一人本主義的人性觀念在邏輯上得出的革命性推論是：道德惡並不在於人的先天構造，而是通過社會制度和習俗從外面進入人心的，統治者、牧師、商人、資本家等等都可能是人們的道德善和才智自由發展的邪惡力量，除去這些邪惡力量，人類就將踏上通向烏托邦之路。烏托邦主義的革命把不合理的社會結構和社會系統想像成人類罪惡的根源，通過摧毀和改造這些結構和系統，罪惡也就隨之被去除。柏克把盧梭作為基督教人性惡論詆毀者的代表來批評，斯坦利斯在〈白璧德、柏克與盧梭：人的道德本性〉一文中寫道：

52　美國《人文》雜誌社編，《人文主義：全盤反思》（北京：生活・讀書・新知三聯書店，2003），頁145。

　　感性論連同那未加區分的向外的同情的自覺拓展，為革命
提供了情感根基，並滲透到有關人和社會的革命性理論和實
踐的許多重要方面中。感性論鼓勵道德印象主義，而不是對
道德自然法和基督教普通倫理規範的尊從。通過訴諸個人感
覺，盧梭的感性論使自負成為一種社會美德，並且建立了一
種對任何個人克制和社會權威的均具有破壞性的態度和精
神。柏克認為，憑藉對公民自由的無政府觀念，對人本性善
的信仰，滋生著個人衝動的絕對自由，並且製造出一種社會
的無政府狀態，人在其中被「分解為個體的塵灰」。盧梭的
感性論使自負與仁愛變為美德，並且鼓勵人們使他們自己反
對社會環境的鬥爭戲劇化，使自己成為在感覺方面獨一無二
並且高於一切現成的社會習俗和道德法規的個人。[53]

　　柏克和白璧德（1865-1933），這兩位英語世界的保守主義代
表人物，都把人性邪惡信念的衰落與現代性的興起關聯起來，並
且認為，無論是感性主義還是理性主義、無論是消極自由觀念
還是積極自由觀念，都對現代人性觀瓦解傳統人性觀起了作用。這
個被馬克斯・韋伯稱為從「神義論」向「人義論」的轉型，標誌
著傳統超越秩序對人性「惡」的控制或約束的失敗。因此，真正
的、原始的保守主義與維護和保守這種超驗、神聖的道德秩序密
切相關，保守主義只有在這種轉型的大背景中方可以被理解。柯
克在《保守主義的心靈》一書中指出了保守主義的六個特徵，其
中第一個特徵就是：

---

53 美國《人文》雜誌社編，《人文主義：全盤反思》，頁153-154。

信仰超越的秩序，相信這種超越的秩序同良心一道統治著社會。認為政治問題本質上是一宗教問題和道德問題，堅信宇宙中存在著一種人類理性或哲學不能探究與測度的偉大力量，而真正的政治是一種理解與運用超越於人類心智之正義的藝術，狹隘的理性不能滿足人的這種追求超越正義的宗教需要。[54]

實際上，我們看到，保守主義對自由的否定、對超越秩序的信仰與伯林所謂積極自由的演變所導致的對個人消極自由的否定、對社會整體的訴求何其相似：

那個真實的自我，還可以被看成某種比個人（一般意義下的個人）更廣泛的東西，它可以看成個人只是其中一個因素、或一個層面的社會整體，例如：一個部落、種族、教會、國家，以及由現在活著的人、加上已逝者和未到人世者，所構成的「偉大社會」等。這個「整體」於是被看成「真正的」自我，它將集體的、「有機的」、獨一無二的意志，強加在頑抗的「成員」身上，從而獲得它自己的「更高層次」的自由。[55]

這只要對比一下尼斯比特在《保守主義》中所說的便可看出：

54　Russell Kirk, *The Conservative Mind*, Sixth Revised Edition, Gateway Editions, Ltd. South Be nd, Indiana, p. 7. 譯文轉自蔣慶，〈柏克是保守主義的柏克而非自由主義的柏克〉，載《原道》第6輯（1999）。

55　柏林，《自由四論》，頁243。

　　保守主義反對自文藝復興以來出現的個人主義傳統，認為這種傳統造就了「無根的」、「無生命意義的」、「毫無關聯的」單子式的個人和同質的大眾，從而破壞了社會的聯繫，導致了社會的混亂動盪，為極權主義的產生準備好了群眾基礎，故保守主義主張群體（家庭、宗族、社團等）對個人具有優越性；社會是一人與人相互聯繫的有機體，並認為正是自由主義鼓吹的個人主義破壞了「中間性團體」，為極權主義的產生鋪平了道路。56

　　此處的類比更增加了保守主義與自由主義或社會主義以及其他意識形態諸如民族主義等之間的複雜關係。就強調社會整體或共同體對個人在價值上的優越性而言，保守主義與強調積極自由論的社會主義、民族主義有共同之處。但是，就反對極權主義民主或多數人的暴政，尤其是反對烏托邦改造方案而言，保守主義又與強調消極自由論的自由主義相通57。但是，無論保守主義與其

56　羅伯特‧尼斯比特，《保守主義》（臺北：桂冠出版社，1992）。轉自蔣慶，〈柏克是保守主義的柏克而非自由主義的柏克〉，載《原道》第六輯（1999）。

57　美國新保守主義的教父歐文‧克里斯托爾（Irving Kristol, 1920-2009）認為，以盧梭思想為核心的法國—大陸啟蒙運動帶有反傳統主義的烏托邦色彩，它根植於宗教中的先知式傳統，是後來社會主義運動的淵源。而英國—蘇格蘭啟蒙運動則沒有想像任何無所不在的新秩序，其精神是世界改良論而非末世論。這種精神尤其表現在美國革命的領導人身上。他們承認人類不完美的本性，沒有輕易喪失對人類本性及其缺陷的洞見，因此不是向外去追求一個新的社會，而是向內審視人類的本性。他們對「人類墮落程度」的敏感使他們不是去追求一個盡善盡美的烏托邦，而是建立一套制惡的制度。另一方面，由於承認人性的不完美，英國—蘇格蘭啟蒙主義者力圖把自利引導到競爭的市場經濟中去，而不是企圖改造人的自私本性。對人性的這種估計也可以說

他意識形態有什麼相通之處，其維護超越秩序和反對世俗化、反對個人自主都是其不變的核心，也是其他意識形態所不具有的。這一核心內容，我們從邁斯特的言論中能夠看到最極端的表達：

> 宗教是社會的黏固劑。相反，世俗哲學不僅是「宇宙的最大禍端」，而且還是「宇宙的溶解劑」。腐蝕從宗教改革運動開始。新教鼓勵人們自豪於反叛權威，討論取代了服從。哲學在這條路上走得更遠。它也腐蝕了連結人們的黏固劑。這導致「任何道德上的共同體都不再存在」。理性能摧毀一個共同體，但是只有宗教才能建立它。……如果讓人類告別神聖，對宗教提出懷疑，那麼公共精神也就氣數難存。懷疑論將個人原子主義、隔絕以及自私釋放到了社會。[58]

對世俗化、個人主義、或者說現代性的否定，表達了保守主義者對前現代傳統社會的價值秩序的懷念和對現代性價值訴求的抨擊。按照劉小楓在《現代性社會理論緒論》中所描述的舍勒（1874-1928）、西美爾（1858-1918）的分析，現代性不僅是一場社會制度、社會秩序的轉變，而且根本上是人本身的轉變，是人的身體、欲動、心靈和精神的內在構造本身的轉變。現代社會的價值基礎從超世轉向現世，價值根據從源自上帝轉向源自人，價值內容從客觀規定轉向主觀欲求，其後果是不可避免地發生價值

明，為什麼保守主義者傾向於資本主義，而不是傾向於社會主義，儘管他們對資本主義的文化痛恨至極。參見美國《人文》雜誌社編，《人文主義：全盤反思》，頁172-197。

58 斯蒂芬・霍爾姆斯，《反自由主義剖析》，頁22-23。

秩序的轉型，這種轉型甚至比社會秩序的轉型更為根本。如果說傳統人的價值理念是「唯精神」，那麼現代人的價值理念是「唯身體」。現代人的價值理念是一場「系統的衝動造反」，「是人身上一切晦暗的、欲求的本能反抗精神諸神的革命，感性的衝動脫離了精神的情愫」。現代性即是生命衝動造反、顛覆並取代精神邏各斯。現代性的品質或標誌是感性至上，表現為一種為感性正名並奪得被超感性占去的本體論位置的訴求。這一訴求反抗對身體之在的任何形式的歸罪，伸張身體的無辜[59]。劉小楓把現代社會實現的這一價值秩序轉換稱為「翻身得解放」，並認為後現代主義不過是加深了的現代性趨勢而已。

　　其實，對身體的平反不在於其非惡，而在於其美，劉小楓指出了現代性與審美主義的實質性關聯。這加深了美與善的現代性衝突。如果說現代人的生活類型是審美主義的感覺型文化，那麼古代人的生活類型就是倫理主義的理念型文化。「感覺至上論拆除了理念型的文化和生活的正當性，提出審美人義論」[60]，可以說，這是美對善的勝利，是現代人生活方式對古代人生活方式的壓倒。馬基雅維利、霍布斯、弗洛伊德等人都曾強調情欲之惡，也即情欲與理性（理念）的衝突性，但是，尼采、德勒茲、福柯等則把情欲之惡轉化為情欲之美，走向對理性霸權的控訴。

　　對於保守主義者來講，個人主義降臨於世就如打開了潘多拉的盒子，許多東西已經不可逆轉了，前現代社會中被捂住的惡（身體性）釋放了出來。但是，這與其說是美——「惡之花」

---

59 見劉小楓，《現代性社會理論緒論》（上海：上海三聯書店，1998），頁13-26、330-351。

60 劉小楓，《現代性社會理論緒論》，頁345。

——戰勝了善，不如說是無止境的欲求戰勝了善。傳統文化始終把欲望視為需要用道德加以規範的強大力量。古希臘人深知欲望的潛在破壞性，因而視之為需要加以約束和控制的力量；羅馬人認為欲望有招致邪惡後果的可能性；而基督教認為欲望從本質上就是邪惡的，因而把道德化為普遍的倫理學禁令。可是現代人把欲望從實質性倫理（價值理性）約束中解放出來，而交給工具理性和正當（正義）性道德去處理。現代社會保護個人的自主選擇權，現代人有權選擇自己所喜歡、所嚮往、所偏好的生活方式，只要不妨礙他人的同樣權利。這意味著現代道德的核心是正當性規範而不是善要求，個人是否選擇善，選擇什麼樣的善，是個人自己的事情，他人不得干涉。選擇什麼樣的生活方式屬權利範圍內的事情，在這個範圍內，個人不得被善的要求所強加，這就是所謂自由主義的「權利優先於善」（the priority of right over the good）的原則。在保守主義者看來，這種在權利保護下的個人自主實際上是為個人不選擇善的生活提供保障，權利成為個人的擋箭牌，抵制來自於外的善的道德要求。保護權利意味著縱容個人的自我選擇。這就為平庸的、低俗的、物質主義的、消費主義的生活方式大開其道。現代社會以追求人們的幸福和滿足為宗旨，但是現代化越向前，人們就越不滿、越空虛、越無聊。原因在於，人們的欲求是無止境的，其「滿足不會解決需求，只能激起更大的期望，所以人擁有的越多，所渴望的也就越多」[61]。

　　保守主義者對個人主義的攻擊無不以前現代社會的所謂道德優勢為依據，在他們看來，現代人的生活不再有信仰、甚至不再

61　涂爾幹，《自殺論》（紐約：自由出版社，1951），頁248。轉自科瑟，《社會學思想名家》（北京：中國社會出版社，1990），頁150。

有意義，古代人生活所具有的與超驗之物的聯繫消失了，古代人世界所具有的整體的、形而上學的意義喪失了。現代性以自然生命為取向的人的釋義，把人的定義從形而上學的實質性價值的界說轉換為量的、經驗的界說。現代人的生活類型使世界不再是有機的家園，而是冷靜計算的對象。這一被韋伯稱為「除魅」（disenchantment）的意義喪失過程被保守主義者或傳統主義者一再提及。對傳統或古代性的永恆記憶和嚮往成為保守主義的標記。傳統社會自身的惡被抹去了，而化為田園詩般的美好想像。保守主義以這種想像的古代人道德完美形象來批判現代人的道德墮落和意義喪失。這種批判在美國當代保守主義的代表人物施特勞斯及其弟子那裡達到高潮。

第三節　列奧‧施特勞斯對自由主義的批評

　　列奧‧施特勞斯（Leo Strauss, 1899-1973）生前幾乎默默無聞，離世後卻聲名顯赫。他對北美學界的影響不可小覷。尤其是，作為學院派的施特勞斯思想起初只局限在較小的範圍內，可是到了80年代，它與政治上的一批新保守主義者[62]的思想迅速結合，從思想領域走向政治行為。今天，施特勞斯的思想已經成了美國新保守主義的理論基礎。而隨著新保守主義成為美國共和黨的意識形態，施特勞斯主義在90年代末的一段時期裡，甚至成為

62「新保守主義」這個詞，最初是在1979年彼得‧斯坦菲爾斯的《新保守派：改變美國政治的人們》一書中提出來的。主要針對下面這些人物的思想：歐文‧克里斯托爾、丹尼爾‧貝爾、丹尼爾‧莫伊尼漢、納森‧格雷澤、諾曼‧波德霍雷茨，等。

華盛頓的官方政治哲學,成為美國共和黨高層的價值理想。

　　以施特勞斯主義為理念形態的新保守主義為什麼會異軍突起,迅速占領意識形態高地?施特勞斯提出了什麼問題使其廣播影響?綜觀施特勞斯的學術生涯,我們發現,早在他30年代初離開德國之前,他在發表的論著中表達的觀點就已經奠定了他後來全部思想的基調。尤其是他於1932年發表的針對卡爾·施米特而寫的〈《政治的概念》評注〉所表達的立場,為我們追蹤其思想軌跡提供了一個鮮明的線索。在這篇評注中,他對批評自由主義的施米特提出了批評,但不是為了辯護自由主義,而是要超越自由主義。他後來的所有思想都是以此為目的。正因此,他迎合了當代北美的正在與自由主義作鬥爭的新保守主義。隨著80年代雷根的上臺,自由主義成為各路保守主義爭先批評的對象,而新保守主義也正式從邊緣走向中心。

　　施特勞斯對自由主義的批評究竟提出了什麼問題?在什麼意義上他指出了後來一再重複的一個論點:那些對自由主義的批評(包括盧梭、尼采、海德格爾及後現代主義者的批評)並沒有超越自由主義,而是仍然局限於自由主義之中?他對自由主義的責難是出於什麼樣的原因?

一、列奧·施特勞斯為什麼批評現代性和自由主義

　　施特勞斯的不同尋常之處在於他不是從中世紀或基督教這個一般保守主義所維護的傳統出發,而是從西方古典的視野來全面審視和批判現代性和自由主義[63]。施特勞斯的政治學說所追求的,

---

63 關於古典傳統和中世紀傳統——或者說雅典與耶路撒冷——之間的衝突是否甚於整個傳統與現代性之間的衝突,施特勞斯沒有給予回答,他把這個問題

就狹義而言，可以理解為試圖使柏拉圖的傳統適用於我們這一時代並使之恢復生機的努力。在他看來，現代人的全面勝利導向了「現代性的危機」和「西方文明的危機」，現代性的正當性究竟何在，現代性究竟把西方文明引向何處，是一個必須予以澄清並迫切需要回答的問題。他認為，雖然對現代性的批判幾乎伴隨著現代性本身，但從盧梭發端一直到尼采和海德格爾及其後現代繼承人的現代性批判實際都是從現代性的方向上來批判現代性，因此其結果實際都是進一步推進現代性，從而進一步暴露「現代性的危機」和「西方文明的危機」[64]。因此，對現代性的真正批判必須具有一個不同於現代性的基地，對自由主義的批判必須首先獲得一個「成功地突破了自由主義的視野」[65]。這個超越現代性和自由主義的基地或視野在他看來就是西方古典思想。

　　施特勞斯對美國政治的影響與60年代以來美國保守主義的強勁崛起有關。當代美國保守主義是對美國60年代文化激進主義運動（1968年達到最高潮）的強烈反彈而發展起來的。施特勞斯把這一文化激進主義運動視為現代人對古代人的造反運動，其根源就在以馬基雅維利為開端的現代性對西方古典的反叛。早在施特勞斯之前，尼采就認為現代性起源於「奴隸」反對「主人」亦即「低賤者反對高貴者」的運動，因此現代性要刻意取消「高貴」與「低賤」的區別，而用所謂的「進步」與否來作為好壞的標準。施特勞斯的看法與尼采一脈相承，認為現代性給人類帶來了

回避開來了。

64　見施特勞斯，《現代性的三次浪潮》，載賀照田主編，《西方現代性的曲折與展開》（長春：吉林人民出版社，2002），頁86-112。

65　施特勞斯，〈《政治的概念》評注〉，載劉小楓選編，《施米特與政治法學》（上海：上海三聯書店，2002），頁24。

一個全新的觀念即所謂「歷史觀念」的發現，這一發現的重大後果就是人類開始用「進步還是反動」的區別取代了「好與壞」的區別。「歷史觀念」的興起使現代人本末倒置，不是用「好」的標準去衡量某種新事物是否正當，而是倒過來用「新」本身來判斷事物是否好。在這樣一個人人標榜與時俱進的世界上，是否還有任何獨立於這種流變的「好壞」標準、「善惡」標準、「正義」與否的標準呢？這就是施特勞斯所提出的中心問題。

美國自由主義者與保守主義者自60年代以來的意識形態辯論在80年代達到白熱化，美國主流自由主義政治哲學紛紛轉到施特勞斯歷來關心的道德問題上來。促使美國政治哲學在80年代中期以後轉向道德問題上來的重大因素顯然是麥金太爾、泰勒和桑德爾這批所謂共同體主義者對自由主義的批評，這些批評引發的道德問題爭論使得施特勞斯及其思想得以被重視。保守主義逐漸取得道德文化領域裡的優勢，以致在美國政治和社會生活中與自由主義平分秋色，自由主義在道德文化上所堅持的理念只在學院內仍占上風，而在社會上處於守勢[66]。

自由主義之所以備受批評，原因在於其道德上的國家中立立場，這是自由主義的軟肋，它使自由主義總是面臨保守主義在道德上對其責難。但是，道德中立是自由主義的一個核心特徵，自由主義之為自由主義，自由主義之起源，自由主義之成立的根據，皆與這一立場有關，自由主義很難放棄自己的立場去迎合政治競爭的需要。使自由主義得以成立的前提恰恰是各種價值處於衝突之中，也即價值多元主義這個事實，自由主義的價值中立即

---

66 以上均參見甘陽，〈政治哲人施特勞斯：古典保守主義政治哲學的復興——《施特勞斯文集》前言〉，載列奧・施特勞斯，《自然權利與歷史》，頁8-10。

是對價值多元主義的反應和制度措施。也就是說，自由主義通過把道德的或價值的爭論置入私人領域，來防止公共領域裡以道德為名的迫害和類似16世紀那樣的宗教衝突，這就意味著要求國家保持道德上的中立。自由主義政治領域的這一性質使它限制參與私人領域的道德評判，這就使自由主義對於人們的私人生活領域，尤其善生活，失去發言和指導的機會。其道德文化上處於守勢幾乎不可避免。對自由主義中立性立場的支持多是來自於個人，因為道德中立意味著把道德的選擇權交到個人手中，而美國人生活對社群的依賴關係使保守主義在競爭中占有相當大的優勢。

在施特勞斯看來，「現代性的危機」和「西方文明的危機」的實質是虛無主義的盛行。所謂虛無主義，實質上就是指自由主義所強調的價值中立，在公共生活中對道德或價值不作判斷，不去追問關於「何為美好的生活」、「我們應該做什麼」這樣的問題。

> 現代性的危機表現或者說存在於這樣一種事實中：現代西方人再也不知道他想要什麼——他再也不相信自己能夠知道什麼是好的，什麼是壞的；什麼是對的，什麼是錯的。[67]

也就是說，現代性危機表現為現代人背離了古代人對至善的思索和追求，以多元主義的名義將善的追求移出公共領域，並以權利來保護個人對善觀念和生活的自主。實際上，作為當代自由主義代表人物的羅爾斯與施特勞斯一樣，看到了現代人與古代人生活方式的斷裂，只不過他並不認為這是走向了虛無主義，而認

---

67 施特勞斯，〈現代性的三次浪潮〉，載賀照田主編，《西方現代性的曲折與展開》，頁86。

為是道德價值重心的轉換：從「善」轉向「正當」。他這樣寫道：

> 古代人探討著達到真正幸福或至善的最合理的途徑，他們
> 探討著合乎德性的行為、作為美德之品格的諸方面……現代
> 人首先問的問題是，他們視什麼為正當理性的權威規定，關
> 於理性的這些規定導致了權利、職責和責任。只是在此之後，
> 他們的注意力才轉向這些規定允許我們去追求和珍視的善。[68]

現代人道德重心轉換的原因恰恰是現代性的起點，這就是價
值（確切地說是善價值）之絕對性的喪失，生活之終極意義的失
落。施特勞斯所謂現代生活的虛無主義，也就是韋伯所謂的現代
社會的「意義喪失」或「除魅」，其根源是工具理性或科學理性
對世界和人生終極意義的瓦解。在韋伯看來，在除魅了的現代世
界，價值成為個人的選擇問題，終極價值不再具有絕對性。按照
施特勞斯的說法，不再是「自然正當」（natural right）的了。韋
伯此論源於休謨關於「是」和「應該」或事實和價值的區分。這
一區分認為，價值並不蘊含於事實中，不能從事實中推出來，因
此，關於人類生活的價值目的就不是一個科學問題，不是理性所
能觸及的。其含意是，價值之間的歧見、衝突不可能被理性地解
決，對於價值和意義的終極問題我們無法獲得答案，我們或者把
這個問題交給個人自主，或者交給歷史和民族。

> 現代文化是特別理性主義的，相信理性的權力；這樣的文
> 化一旦不相信理性有能力賦予自己的最高目的以效力，那麼

---

68 羅爾斯，《道德哲學史講義》（上海：上海三聯書店，2003），頁4-5。

這個文化無疑處於危機之中。[69]

但是，施特勞斯認為，放棄理性在價值上的效力實際上就是放棄對價值問題的關切，以相對主義和歷史主義來勾銷善與惡的道德選擇問題。他就此寫道：

> 一旦認識到我們的行動所依據的原則除卻盲目的選擇而外別無根據時，我們就再也無法信賴它們了。我們不再能夠全心全意地依據它們而行動。我們不再能繼續作為負責任的存在者而生活下去。為了生存，我們把那些很容易就能平息下去的理性的聲音平息下去了──它們告訴我們說，我們所依據的原則本身和任何別的原則並無好壞之分。我們越是培植起理性，也就越多地培植起虛無主義，我們也就越難以成為社會的忠誠一員。虛無主義之不可避免的實際後果就是狂熱的蒙昧主義。[70]

在施特勞斯看來，自由主義者不相信有永恆客觀的絕對價值，堅持所有的價值主張都有其相對合理性，「他們似乎認定，既然我們無法獲得有關什麼才是內在地就是善的或者對的真正的知識，這就使得我們被迫容忍各種關於善的或者對的意見，……拒絕或譴責所有不寬容的或『極權主義的』立場。」[71]可是，自由

---

69 施特勞斯，〈現代性的三次浪潮〉，載賀照田主編，《西方現代性的曲折與展開》，頁87。

70 施特勞斯，《自然權利與歷史》，頁6。

71 施特勞斯，《自然權利與歷史》，頁5。

主義者又把人類根本沒有什麼絕對價值這一點當作是絕對的價值來接受，這種價值中立的主張本身恰恰就是一種價值原則。於是，自由主義陷入一個悖論：對「自由主義」的堅定立場是否就是一種絕對主義？如果否定了這種絕對主義，自由主義就會被其他主義打倒以致消滅。可是，自由主義若認為所有的價值都是相對的，唯有自由是絕對的，這不正是一種專制──強迫人們去「自由」的專制嗎？

　　施特勞斯指出，虛無主義的結果是以「社會或歷史的正當」取代「自然的正當」[72]，以相對主義取代絕對主義，以寬容一切價值取代價值批評。虛無主義的世界不再有高貴與卑賤、聰明與愚蠢、優美與醜惡、深刻與膚淺、高雅與庸俗、好詩與壞詩、經典著作與垃圾作品的區分。一切都被拉平了，一切都是平等的，因此最通俗、最流行、最大眾化的就是最好的，因為這樣最民主、最平等、最政治正確[73]。德沃金就這樣主張：

　　　　人們（包括色情小說家、吸毒者、性施虐受虐狂等）有權
　　　　不受社會物品和機會分配時的不平等對待，……他們的官員

---

72 「社會的或歷史的正當」相當於一般保守主義所謂的「世俗道德」正當，「自然的正當」相當於「超驗道德」正當。保守主義的一般特徵是以超越（驗）性的道德來反對世俗人本主義的道德，施特勞斯也不例外。

73 「政治正確」原文是political correctness，簡稱PC，80年代始於美國的一場語言使用正統化的運動，目的在於去除語言中因傳統所流傳下來的偏見，取而代之的是一些中性、無歧視意味的詞句。（Random House Websters College Dictionary, 1991）檢查詞句正確與否，叫做政治正確檢查（PC Check）。政治正確搞得太過分，就變成某種思想檢查，侵犯了言論自由的基本權利。同時到底怎樣才是政治上正確的，也沒有定論，所以「政治正確」逐漸就變成嘲諷教條主義的代名詞。

或同胞不能僅因為認為他們對何謂自己生活的正確方式的觀點是不高雅的或錯誤的，就不平等地對待他們。[74]

這種價值平等的結果是，「德性不再被理解為一種社會應該以其為基礎的超歷史的標準。現在，反而把社會的標準當作道德的尺度。……與此同時，與德性相對的私欲和激情獲得了解放，它們自以為是，不再受德性的限制和調節。」[75]施特勞斯把這種價值拉平了的生活方式稱為「墮落的自由主義」。在他看來，正因為現代性具有這樣一種把人類引向「報廢的人」的邏輯，現代性實際意味著整個人類的危機。雖然現代性建立在「低俗但穩靠」的基礎上，並非沒有其正當性，但其「低俗」最終導致現代性的最大悖論，即現代性最初是要把人提到神的地位，結果卻是把人降低到了動物的地位[76]。施特勞斯因此呼籲道：

今天，對於真正的自由人來說，沒有什麼比對抗墮落的自由主義更加緊迫的責任了，因為它倡導「活著，安全快樂地活著，得到庇佑而不會無所依歸就是人類的最高目標」，而全然忘記了人要追求品質高貴、出類拔萃和德行完美。[77]

74 Walter Berns, "Taking virtue seriously," *Public Interest*, 128（Summer 1997），pp. 122-126. 譯文轉自呂磊，《美國的新保守主義》（瀋陽：遼寧人民出版社，2004），頁295。

75 C·考夫曼，〈列奧·施特勞斯論現代性危機〉，《世界哲學》2004年第3期。

76 見甘陽，〈政治哲人施特勞斯：古典保守主義政治哲學的復興——《施特勞斯文集》前言〉，載施特勞斯，《自然權利與歷史》，頁32-33。

77 施特勞斯，《古今自由主義》（南京：江蘇人民出版社，2010），頁72。

　　施特勞斯對現代性或虛無主義的批判不遺餘力。他深入研究西方古典的目的就是為了更深刻地理解西方現代性及其危機，他力圖從古典西方的視野來檢討現代性的問題，並認為西方現代性的弊病必須由西方古典政治哲學來矯正。這是因為，只有在西方古典政治哲學中，才能尋找到具有絕對意義的「自然正當」。

　　那麼，施特勞斯對待自由主義是否也如對待現代性（儘管他經常把二者相等同）那樣批判有加？施特勞斯對待自由主義的態度是矛盾的，他不同於一批被稱為共同體主義者的思想家（如麥金太爾、查爾斯・泰勒等），不是從針對個人主義的角度來批判自由主義，而是從針對價值中立、多元主義和寬容的角度來批評自由主義；不是把個人回歸共同體作為人類危機的救治之道，而是認為回到古典時代的自然正當和絕對理念觀才是挽救之途。共同體主義者對自由主義的批評也可以納入一般保守主義的範圍，但是他們的批評恰恰是針對自由主義不夠多元、不夠寬容而來的，帶有濃厚的歷史主義色彩。而施特勞斯主義堅決拒絕歷史主義，為絕對的、一元的、高貴的價值辯護。同屬保守主義，施特勞斯主義者譴責文化多元主義，而共同體主義者維護文化多元主義，一右一左。這說明，施特勞斯對自由主義的批評未必是要放棄自由主義，而是主張一種不必寬容的自由主義，用當代的現象來稱，這是一種霸權主義的自由主義。

　　因此，我們是否可以設想一種並非虛無主義的、並非價值中立的、也即並不「墮落」的自由主義為施特勞斯所贊同？我們經常可以從施特勞斯的文本中讀到他為自由的價值辯護。他對自由主義既主張價值多元主義又堅持自由價值之絕對性的悖論的批判，包含了自由主義只有放棄價值多元主義才能堅持自由價值之絕對性的含意。這說明，施特勞斯實際上是在為一種不違背古典

精神的自由主義辯護。他指出，正是由於蔑視某種絕對的價值，徹底拜倒在歷史相對主義腳下，德國的哲人們才在1933年沒有能力對德國的政治命運作出道德裁決，納粹極權政治的上臺正是自由主義者拋棄絕對主義價值觀的結果[78]。這就是說，自由主義在1933年的失敗是沒有堅持自由主義價值之絕對性的結果，是寬容、尊重多樣性、尊重民主而遷就大眾、或承認了每一種民族文化機體的倫理理想都有價值的結果。劉小楓在〈刺蝟的溫順〉一文中就此寫道：

> 　　一種主張放棄價值裁決的政治哲學，等於主張政治制度對惡「中立」。某些自由主義者主張，自由民主政制的正當性原則是價值中立或多元價值的寬容，根本就是自相矛盾。設立自由的民主政制，無異於肯定了自由是生活中更美好、甚至最美好的價值。甚至可以說：自由的民主政制同樣是一種專制——價值的專制：強制人們「自由」。這種強制基於哲人的價值決定：自由是美好的價值。正是在這樣意義上說：專制並非等於暴政，⋯⋯「有的人因統治的權力而腐敗，有的人因這樣的權力而上進。」[79]

　　堅持自由主義價值的絕對性，很重要的一個原因是，施特勞斯要把善惡的絕對區分問題重新納入自由主義的範圍內來。這意味著，他拒絕現代自由主義的價值中立原則，拒絕正當優先於

---

78 參見施特勞斯，〈什麼是政治哲學？〉，載古爾德等編，《現代政治思想》（北京：商務印書館，1985），頁72。

79 劉小楓，《刺蝟的溫順》（上海：上海文藝出版社，2002），頁205-206。

善，而堅持善優先於正當。可是這種價值次序的重新倒轉（回到古典），其前提必須是善惡可以分明，善具有絕對、客觀的標準，否則如果像現代自由主義認定的那樣善價值是多元主義的，那麼善優先於正當只會導致明顯的思想專制或價值的戰爭。劉小楓上述言論表達的施特勞斯的所謂「專制」其實恰恰是寬容，因為寬容的前提是對不寬容的限制或壓制，否則寬容無以為立。施特勞斯認為不同價值之間的衝突未必以寬容來解決，而是以善對惡的戰勝來解決，這才是極易導致真正的專制。這與自由主義的所謂「專制」不可同日而語，兩者不可混淆。

二、卡爾・施米特為什麼批評自由主義

施特勞斯對自由主義的批評自然會讓我們想起另一個保守主義者卡爾・施米特（Carl Schmitt, 1888-1985）對自由主義的責難。

施米特在施特勞斯之前就對自由主義的「寬容」、「中立」立場提出了尖銳批評。他抨擊自由主義的理由是，自由主義以「價值中立」來不惜一切代價地與各種價值理念達成妥協、一致與和平，以「寬容」來決心與敵人共存[80]。這是一種懦弱的、不願面對現實的態度，它陷入了相對主義、懷疑主義之中，畏縮地不問政治，以致不辨敵我。施米特認為，自由主義以「價值中立」取代傳統的道德決斷，實際上就是放棄了政治，走向「非政治化」，我們發現自己處於「一個中立化和非政治化時代」[81]。他指出：就

---

80 參見施特勞斯，〈《政治的概念》評注〉，載劉小楓選編，《施米特與政治法學》，頁20。

81 施特勞斯，〈《政治的概念》評注〉，載劉小楓選編，《施米特與政治法學》，頁2。

像「最終劃分在道德領域是善與惡，在審美領域是美與醜，在經濟領域是利與害」一樣，「所有政治活動和政治動機所能歸結成的具體政治劃分便是朋友與敵人的劃分。」[82]自由主義放棄政治的決斷，就是放棄敵人和朋友的劃分。

可是，施米特指出，自由主義放棄政治的決斷只是自由主義的主觀願望，政治敵友劃分的中立化以及拖延與敵友劃分相關的決斷「已經發展到一個決定性的時刻，正在轉變成它的反面：轉變成所有生活領域的全盤政治化，甚至那些看起來最中立的領域也不例外。因此在馬克思主義的俄國出現了工人國家，它甚至比以往任何絕對專制的君主制國家更國家化……」[83]自由主義的「非政治化」或「中立化」不僅沒有消除政治（敵友劃分）的到來，而且使自己陷於危機。因為「政治性屬人類生活的基本特徵；在這個意義上，政治乃是一種命運；因此，人無法逃避政治。……如果人們試圖取消政治，就必然陷入無措的境地」[84]。這一點只要從共產主義的興起便可看出：

> 自由主義已削弱了國家，因此也損害了抵抗社會主義威脅的力量。由於喪失了一種起引導作用的神話並且充分地「逃離政治」，德國資產階級缺乏流血的勇氣，也因此不能與共產主義者相抗衡。[85]

---

82 卡爾·施米特，《政治的概念》（上海：上海人民出版社，2003），頁138。

83 洛維特，〈施米特的政治決斷論〉，載劉小楓選編，《施米特與政治法學》，頁29。

84 施特勞斯，〈《政治的概念》評注〉，載劉小楓選編，《施米特與政治法學》，頁12。

85 霍爾姆斯，《反自由主義剖析》，頁61。

　　施米特的政治敵友觀被視為一種世俗化的政治神學，起初，這種敵友觀被認為是拯救威瑪共和國危機的靈丹妙藥，但在1933年納粹上臺以後，它演變為一種立足於種族主義之上的秩序觀。表面看來，施米特對自由主義的批評是出於純粹政治的原因，可是按照施特勞斯的分析，施米特對自由主義「非政治化」或「中立化」的批判並不像表面上那樣簡單。最簡單的看法是，他反對和平主義，主張通過戰爭來擺脫危機；或者認為，他崇拜權力，主張超越民主，主權至上；再就是認為，他是一個原教旨民族主義者，為納粹主義而鼓吹。

　　施特勞斯看到的是一層更深刻的意涵。施特勞斯認為，政治與否的「最終爭端出在人在天性上是善還是惡」的爭論。這裡的所謂「惡」被理解為「有危險的」，而「『所有真正的政治理論』均假定人的危險性。職是之故，人具有危險性的論題成為政治狀態的最終前提」。「政治的必然性就像人的危險性一樣確鑿無疑。」[86]「非政治化」或「中立化」就等於縱容人性之「惡」，向「惡」保持中立。施米特之所以憎惡否定政治的追求，是因為在他看來，如果政治（朋友與敵人的劃分）不復存在了，這個世界將只剩下與政治無關的活動，如娛樂，而「政治的敵人所期望的最終無非是建立一個娛樂的世界、一個消遣的世界、一個毫無嚴肅性可言的世界」[87]。因為只有在人們忘卻了真正重要的東西時，才會出現這種娛樂和消遣的生活。人類一旦從政治中鬆弛下來，

---

86 施特勞斯，〈《政治的概念》評注〉，載劉小楓選編，《施米特與政治法學》，頁13、14。

87 施特勞斯，〈《政治的概念》評注〉，載劉小楓選編，《施米特與政治法學》，頁18-19。

一旦放棄了政治、否定了政治，就會以一種感性的生活取代理性的生活。天主教的保守主義者把超驗道德作為控制人性「惡」的力量，而講著政治神學話語的施米特認為「政治和國家乃是使得世界不至於變成娛樂世界的唯一保證」[88]。兩者是共同的：他們都對人性抱以深深的不信任，都希望通過道德權威來制「惡」。施特勞斯針對施米特寫道：

> 他之所以肯定政治性乃是因為他在受到威脅的政治狀態中看到了對人類生活之嚴肅性的威脅。所以，對政治的肯定最終無非是對道德的肯定。[89]

但是，按照施特勞斯的理解，施米特仍然未跳出現代自由主義（現代性）的實質──虛無主義的藩籬，因此，他對「道德」的理解就不可能是道德的，而是非道德的甚至是不道德的。表面上，施米特和施特勞斯都批評自由主義對道德決斷或價值判斷的剝離，使政治統治法理基礎中的道德價值被抽空了。可實際上，施米特並不關心被判斷的道德基礎或根據，他關心的是「決斷」，而不是「道德」。對於他，關鍵的是要作出決斷，至於怎麼作出、根據什麼作出是不重要的。施米特是政治上的存在主義者：他所謂的道德不是客觀存在的，而是創造出來的；他對道德的肯定與其說是對道德標準、道德內容的肯定，不如說是對道德

---

88 施特勞斯，〈《政治的概念》評注〉，載劉小楓選編，《施米特與政治法學》，頁18。

89 施特勞斯，〈《政治的概念》評注〉，載劉小楓選編，《施米特與政治法學》，頁19。

決斷這個行為的肯定。他鄙視談判和民主、法制，而讚頌強硬的政治決定；他恐懼道德懷疑主義，而提供代替懷疑主義的勇敢選擇。因此，他表面上批評實證主義或「技術時代」的價值中立[90]，而實際上他仍然以實證主義（拒斥價值客觀判斷的可能性）為其「決斷主義」的基礎：正是在一個韋伯所描述的「除魅」了的世界（包括政治）的舞臺上，才能夠為強者提供決斷意志的表演；因為，只有在一個沒有意義的世界裡，才能為強者創造意義提供可能性。而這正是施特勞斯針對1933年德國政治舞臺上上演的那一幕所指出的自由主義者拋棄了絕對主義價值觀的含意。

表面上看，施特勞斯與施密特一樣強調決斷的堅定，可是，施特勞斯強調的是道德決斷的堅定，而施密特強調的是決斷本身的堅定，也即意志或力量在決斷上的最終作用。施特勞斯是道德虛無主義的批判者。但是，他對自由主義的「虛無主義」的批評是沒有道理的，這只要看看康德和羅爾斯對道德理性的堅守便可知曉。羅爾斯作為一個康德主義的堅持者，為論證其正義道德的「絕對性」而致力於批判利益決定論的功利主義，這實際上就是在批判道德虛無主義。認為利益、力量或「歷史規律」才是道德後面的隱蔽的或真正的根源，所謂道德理性及其實踐意志根本就是一個假象，這是一種根深柢固的虛無主義，它來自於人們自發的對事實根據——因果必然性——的頑強認可。施米特正是借助這種認可來推演其思想的：

> 施米特只想了解事實。……他的意圖恰恰在於封閉所有此

90 見施特勞斯〈《政治的概念》評注〉，載劉小楓選編，《施米特與政治法學》，頁20-21。

類可能性：政治根本無法被評價，無法以某種思想來衡量；用於政治上面的所有理想無非是些「抽象」而已，而所有「規範性標準」無非是些「虛構」罷了。[91]

可是，道德並不建基於必然事實上，康德意識到了這一點並把它闡述了出來。所以他斬斷了道德與事實的聯繫，將道德的最終根據奠定在理性或自由意志之上，而非因果必然性之上，道德後面沒有隱蔽的所謂真正的原因或根源，理性就是道德的終極根源。羅爾斯也認為，理性是人類道德行為的最終根據，也是社會制度的衡量標準。道德不是實現其他力量的手段，而是實現一個正義社會和有尊嚴的生活的絕對命令。在這一點上，即在都是道德主義者上，羅爾斯與施特勞斯是一致的，而與虛無主義者施密特相對立。

但是，正如上述，現代自由主義者所優先維護的道德與遵循古典傳統的施特勞斯所優先維護的道德並不一致。在自由主義者看來，人的尊嚴——表現為權利——無論如何是要優先考慮的，我們不能以犧牲人的尊嚴和權利去追求善的或理想的目標。而在施特勞斯以及其他保守主義者看來，自由主義居然僅僅把個人權利尊奉為至高無上的價值，這即低俗、平庸又走向了虛無主義，這實際上是在維護低級、世俗、任性的生活方式。確實，權利規則或正當原則僅僅是底線道德，既不優秀又不崇高，也不具有理想性，更缺乏美德（virtue）所享有的那種高貴。但是這個世界要是沒有自由主義提供的這種「穩妥而低俗」的道德保護，善的追

---

91 施特勞斯，〈《政治的概念》評注〉，載劉小楓選編，《施米特與政治法學》，頁11。

求就有可能會超越一切原則的約束，突破權利的防線，並踐踏人的尊嚴。如果沒有一個關於行為正當與否的獨立的道德標準作為前提，那麼美德就會是暴力，理想就會是災難，和諧就會是專制，愛就會是強迫。善的優先性必然意味著權利防線的崩潰。善並不能保證正當，善的追求恰恰會破壞和踐踏道德的底線要求，如果沒有原則約束的話。因此，自由主義不是道德虛無主義的，相反而是以堅守道德原則為自己的擔當。這多少降低了善的追求的意義。自由主義保護了個人的權利，同時也似乎保護了平庸，這是相當無可奈何的。

三、列奧·施特勞斯為什麼以及怎樣批評卡爾·施米特

施特勞斯是最早筆伐施米特的人物之一。他站在自己的自由主義立場上駁斥了這位嫉恨自由主義的代表人物，稱他為「動物式野性的崇拜者」[92]。在1932年寫的〈《政治的概念》評注〉中，施特勞斯指出，施米特對於自由主義的批判並不徹底：

> 施米特是在一個自由主義的世界上承擔起對自由主義的批判；在此，我們是指他對自由主義的批判發生在自由主義的視界之內；他的非自由主義傾向依然受制於無法克服的「自由主義思想體系」。[93]

---

92 轉自A·澤爾內爾，〈古典政治哲學的再生——列奧·施特勞斯述評〉，《哲學譯叢》2001年第2期。

93 施特勞斯，〈《政治的概念》評注〉，載劉小楓選編，《施米特與政治法學》，頁24。

　　但是，施特勞斯說施米特沒有超越自由主義，而他自己卻在維護一種自由主義，這是怎麼一回事？施特勞斯是要說明，當代自由主義也和施米特思想一樣是虛無主義的（例證是自由主義自己導致了希特勒的上臺）。僅僅就這一點而言，施米特沒有超越自由主義，否則就無法理解施特勞斯針對施米特說了什麼。施特勞斯所指的自由主義實際上是虛無主義的代名詞，而他自己的自由主義並不是虛無主義的。

　　施米特批評自由主義不是為了挽救自由主義，而是要取代自由主義，這與施特勞斯頗為不同。施特勞斯是以「古典的」自由主義來批判「現代的」自由主義，而施米特是要以「全權國家」（或譯「總體國家」：der totale Staat）取代「限權國家」，以強力意志取代民主法治。當施特勞斯為施米特著作作評注時，威瑪共和國尚未破產，施米特也尚未偏向納粹，但是施特勞斯已經對《政治的概念》的作者的視域作出了評判。施米特走向為納粹辯護而施特勞斯走向對納粹批判，這絕非偶然。既然施特勞斯把1933年納粹上臺歸結為自由主義的虛無主義的結果，那麼他自然就會認為施米特倒向納粹是「受制於無法克服的『自由主義思想體系』」即虛無主義的結果。

　　施特勞斯在〈《政治的概念》評注〉中問道，施米特一方面把政治立場追溯到道德立場，另一方面又對道德先於政治持批判態度，這是什麼原因？施特勞斯認為原因在於，一方面施米特批評自由主義以中立化逃避道德決斷，另一方面自己卻以自由主義的道德定義來看待道德：

　　　　對施米特而言，「道德」——至少在此處上下文的用法中——總是指「人道主義道德」。但是，這種用法說明了施米

特本人在依賴自己論敵的道德觀，而沒有對人道主義與和平
主義的道德要求是否成其為道德提出質疑；他仍然沒有跳出
自己所攻擊的那種觀點的陷阱。[94]

「人道主義」道德也即前文提及的保守主義所攻擊的「世俗
人道主義」道德，它是超驗道德或施特勞斯所謂「自然正當」[95]的
對立面，這種道德的根本特徵是強調個人主義的個體自主性和道
德的私人規定性，否定善觀念具有客觀的、公共的規定性。施特
勞斯認為，施米特之所以對道德作這樣的規定以擺脫道德對政治
的評判，是：

> 因為這種評判將會是「自由的、毫無限制的決斷，它只關
> 乎自由作出決斷的個人」，它在本質上是一個「私人事件」；
> 但是，政治卻要擺脫一切任意的私人武斷；它具有超越私人
> 的義務特徵。[96]

施特勞斯指出，「假定所有理想都是私人性的，……乃是
『個人主義—自由主義社會』的典型前提」[97]，正是這一前提假定，

94　施特勞斯，〈《政治的概念》評注〉，載劉小楓選編，《施米特與政治法學》，
　　頁22。

95　施特勞斯的「自然正當」在劉小楓看來毋寧說是「超自然正當」，見劉小
　　楓，《刺蝟的溫順》，頁194。

96　施特勞斯，〈《政治的概念》評注〉，載劉小楓選編，《施米特與政治法學》，
　　頁22。

97　施特勞斯，〈《政治的概念》評注〉，載劉小楓選編，《施米特與政治法學》，
　　頁22。

使施米特不去或無法對政治作出評判。其含意有二：第一，自由主義對道德的前提假定——道德的私人化——使道德成為任意的判斷，因此，道德失去了嚴肅性，這樣的道德當然不能給予政治以意義；第二，道德的任意性、武斷性、非理性恰恰為政治交給意志決斷提供了理由；正是因為道德的虛無主義，政治的唯意志主義才得以可能。施特勞斯認為，施米特的政治觀完全是建立在自由主義的這個個人主義假定之上的。

這意味著施米特是以自由主義為前提來批判自由主義，甚而是以自由主義為前提來闡發「政治的本質」（在施米特那裡，政治的本質和道德的本質沒有區別，都是一種唯意志的行為）。施特勞斯就此寫道：「受到威脅的政治狀態使他有必要對政治做出評判；而同時對於政治本質的認識則導致了懷疑一切對政治的評判。」[98]施米特對「政治本質」的認識是，政治的存在先於（或就是）政治的本質，也即，政治首先存在，然後才被規定；政治是「一種不可逃避的必然性」，其存在超越一切道德評判和規定[99]。所謂政治的「存在」，也就是「敵友的劃分」，敵友劃分是政治的命運，企圖逃脫這個命運是不可能的，對政治作其他規定是枉然的，道德不可能約束政治。

施特勞斯對自由主義的批判恰恰是要批判這一前提假定：人道主義的、個人主義的、唯意志主義的道德。在施特勞斯看來，政治不能中立化，必須作出決斷，這一點與施米特相同。但是，

---

98 施特勞斯，〈《政治的概念》評注〉，載劉小楓選編，《施米特與政治法學》，頁22。

99 參看海德格爾對「存在」（生存）的釋義：「此在」的本質即是存在，存在是「此在」不可逃避的命運。「此在」首先存在，然後才被規定。（海德格爾，《存在與時間》〔北京：生活·讀書·新知三聯書店，1987〕，頁52-56。）

政治決斷的依據必須是道德而不是意志，是絕對道德而不是個人主義的、私人化的、相對主義的道德。對政治的規定不能在自由主義的這個前提假定之上來作，而必須在一個超越了自由主義假定的視野上來作。因此，對政治的規定就不是單純的敵友劃分，而是善惡劃分；敵友劃分必須以善惡劃分為依據，否則，就會把政治交給專斷意志，也即強力意志。在這個意義上，施特勞斯所謂以自由主義來批判自由主義、以現代性來批評現代性的所指，就不僅是施米特，而且是尼采以及後現代主義者。他們思想的共同特徵是：虛無主義。

施特勞斯認為，施米特使政治擺脫道德的評判，意味著「一個肯定政治本身的人會中立地對所有劃分為敵友的陣營一視同仁」[100]。也就是說，使政治（敵友劃分）擺脫並超越道德，把政治置於不受任何人意志決定的無可逃避的必然性位置上，意味著一個肯定政治本身的人會「中立地對待」或「寬容」所有敵友陣營的決斷者。不在於決斷了什麼，也不在於把什麼人劃分為敵、什麼人劃分為友，而在於作出決斷本身，在於「不顧內容地作出任何決斷」[101]。任何作出決斷的人，施米特都予以尊重並寬容，中立地看待他們。施特勞斯評注道：

> 一個肯定政治本身的人尊重所有希望戰鬥的人；他完全像自由主義者一樣寬容──但他們的意圖卻正好相反：自由主

---

100 施特勞斯，〈《政治的概念》評注〉，載劉小楓選編，《施米特與政治法學》，頁22。

101 施特勞斯，〈《政治的概念》評注〉，載劉小楓選編，《施米特與政治法學》，頁23。

義者尊重並寬容一切「誠實」的信念，只是他們僅僅認為法律秩序與和平神聖不可侵犯，而一個肯定政治本身的人則尊重並寬容一切「嚴肅」的信念，即定位於戰爭之現實可能性的一切決斷。因此，肯定政治本身被證明處於對立一極的自由主義。由此，施米特所講的「具有驚人一致性……的自由主義思想體系」「在當代歐洲尚未被其他任何體系所取代」，這一主張被證明是正確的。[102]

實際上，自由主義者確實主張寬容所有合理的價值信念，但是自由主義並非寬容無邊，它對「不寬容」（侵犯「法律秩序與和平」）的行為是不予寬容的。按照當代自由主義者羅爾斯等人的說法，自由主義對於所有合理的「善」觀念保持中立或寬容，而對於「正義」或「權利」觀念卻並不保持中立，它不能寬容那些不正義的、侵犯個人權利的人及其價值信念[103]。因此，自由主義把「善」價值置於私人領域，因其多元狀況而保持中立，而把「正義」或「權利」價值放到公共平臺上，以權力保證其一致性。而施米特恰恰主張寬容不正義的、侵犯個人權利的價值信

---

102 施特勞斯，〈《政治的概念》評注〉，載劉小楓選編，《施米特與政治法學》，頁23。

103 下面這個故事表達了這一觀點：「哈佛大學的羅爾斯，是著名的自由主義學者。一次，他在課堂上講『無知之幕』的理論，這是他公正理論的邏輯起點。突然有學生舉手提問：老師，你講得很好，我都能接受，可是，你的這套理論如果碰到希特勒，怎麼辦呢？這的確是個棘手的問題，羅爾斯一下被怔住了。他說，讓我想一想，這是個重要問題。課堂上鴉雀無聲，等待著沉思以後羅爾斯的回答。十分鐘以後，羅爾斯抬起眼來，嚴肅而平和地給出了一個答覆：我們只有殺了他，才能討論建設公正的問題。」（摘自黃萬盛「革命不是一種原罪──《思考法國大革命》中文版序言」）

念，對公共領域的價值也保持中立，對所有作出政治決斷的陣營一視同仁。自由主義要求對私人領域的價值中立化也即寬容，是其在公共─政治領域裡要求非中立化的根據，因為後者的一元性正是前者的多元主義的保證。施米特抨擊自由主義對私人領域的善觀念的中立化和寬容，認為這等於放棄了政治敵友的決斷，走向道德平庸和喪失高貴的生活，而他又在公共─政治領域裡主張放棄道德評判，對所有「決斷意志」或「嚴肅信念」予以寬容和保持中立。施米特明白，自由主義對私人領域價值的中立化和寬容，從而在政治領域作出「有內容」的道德評斷，是他描述的「決斷意志」的障礙和限制，為張揚這種「決斷意志」，他激烈批判自由主義。

施米特一方面規定政治就是敵友劃分，另一方面又「寬容一切『嚴肅』的信念」，這充分顯示出他所謂的敵友劃分是任意的，沒有一個價值標準作根據。而施特勞斯對他的批評說明，施特勞斯是在力圖維護某個標準，按照這個標準，某些「嚴肅」的信念不可能得到寬容。由此可見，希特勒的信念被施米特所寬容而不被施特勞斯寬容，就毫不奇怪了。

在施特勞斯看來，只有擺脫道德定義上的「個人主義─自由主義」的前提假定，以道德的客觀絕對性取代道德的私人性，才能把道德置於政治之上，對政治給予評斷。政治不是超道德的，政治的選擇受制於對「何為美好的生活」、「什麼是應該做的」的價值判斷，而自由主義的價值中立放棄了這一判斷，使政治沒有了根據，失去目的宇宙觀的指導，從而走向虛無主義。可是，上文已經指出，把自由主義的個人主義前提假定說成是虛無主義的是沒有道理的。自由主義區分公共領域和私人領域，把關於善觀念的道德選擇限定為只具有「私人規定性」，「在本質上是一個

『私人事件』」，但是這並不妨礙自由主義對政治的公共道德規定。只不過這一道德規定的根據不再是「何為美好的生活」，而是「何為有尊嚴的生活」，前者的「非公共性」或「私人規定性」恰恰是後者得以可能的前提。施特勞斯以及其他保守主義者認為，政治如果不以「何為美好的生活」為根據，不受制於美德目標的追求，就會陷入虛無主義，無法對政治做出道德判斷。可是，這是對自由主義之道德基礎的無視。給予每個人以選擇自己認同的生活方式和善觀念的權利，尊重他們的意願，維護他們的尊嚴，這就是自由主義對政治的道德規定。它不是虛無主義的，而是對道德懷有同樣的敬畏，以致視道德為「絕對命令」。

反之，施米特才是真正意義上的虛無主義者。他反對政治的中立和寬容，這與施特勞斯是一致的，而與自由主義相對立。但是，施特勞斯反對政治的中立化是為了使政治受制於善及其美德的追求，反對寬容是為了政治能夠向惡開戰。而施米特反對政治的中立和寬容卻是為了把政治交給決斷意志，使政治不受約束，這正是其「全權國家」的含意。維護什麼和反對什麼，誰是敵人和誰是朋友，在施米特這裡完全是任意的，憑藉意志而定，沒有任何道德標準。虛無主義的世界就是獨裁者的天下。

我們只有在這個意義上來理解施特勞斯對施米特《政治的概念》的「他對自由主義的批判發生在自由主義的視界之內；他的非自由主義傾向依然受制於無法克服的『自由主義思想體系』」的評注的含意，才能理解施特勞斯「人們只有成功地突破了自由主義的視界，才算完成了施米特提出的對自由主義的批判」這句話的意涵。

自由主義作為一種思想體系，依據個人權利來規定國家的目的和權限，基於一種自主性價值的道德觀來規定政治的內容，在

施特勞斯看來等於取消了政治對於「真正」道德的依賴。換句話說，以個人權利規定國家和政治就是「權利優先於善」，施特勞斯所堅持的正是使「善優先於權利」。儘管關於「權利」和「善」何者優先的討論在80年代才出現，但是施特勞斯實際上已經把這個問題提出來了[104]。在施特勞斯看來，「權利優先於善」就是否認有真正的善，就是否認「自然正當」；自由主義把善限於私人領域，實際上就是否認有客觀的、絕對的善。而施特勞斯把善恢復到公共領域，就是要像柏拉圖那樣以超驗的善統領一切領域，包括政治領域。

關於「正當（權利）」與「善」何者優先的爭論，是道德價值內部的衝突。虛無主義產生於道德價值與非道德價值（如「美」、「利益」）之間的衝突。自由主義以個人的尊嚴為道德的優先價值，完善論則否定個人價值在道德上的優先地位，而虛無主義解構一切有尊嚴的東西。按照人的自然情感取向，「正當」不如「善」迷人，「善」不如「美」迷人，而「利益」則有可能踐踏這一切價值。正因此，在羅爾斯的思想體系中，價值或道德判斷的理性或合理性依據就非常重要，儘管正義「感」對於正義原則的確立也是重要的，但是正義的合理性才是正義原則確立的基礎。訴諸利益（功利主義）和訴諸情感（唯意志主義）作為價值標準，確實是虛無主義的。

道德往往成為道德虛無主義者的揭露對象。但是揭露道德後面隱藏著的「根源」（馬克思、福柯等）與崇拜道德後面的「力量」（尼采、施密特、法西斯主義等）是不同的，前者是揭露道

104 見甘陽，〈政治哲人施特勞斯：古典保守主義政治哲學的復興──《施特勞斯文集》前言〉，載施特勞斯，《自然權利與歷史》，頁47-48。

德的虛假性以推翻權力，後者恰恰相反，是以揭露虛偽性之名訴
諸權力。前者是批判，後者是崇拜——崇拜力量。可是，許多人
把這兩者混淆起來，以前者的理論來證明後者的立場，後現代主
義就這樣成了他們虛無化道德的根據。道德由於她的理想性、絕
對性而引來眾多人的揭露、解構以至於虛無化，在這個意義上，
施特勞斯對施米特的批判，對於我們今天道德急劇虛無化了的中
國人有獨到的啟發。

第三章

共同體主義者與共和主義者
對自由主義的批評

　　1971年羅爾斯發表《正義論》無疑是一個歷史性事件，它把自由主義的個人主義基礎充分表達出來，引來一波新的批評自由主義的浪潮，共同體主義由此再度興盛。自羅爾斯《正義論》問世以來，共同體主義者、共和主義者以及新保守主義者對個人主義的批評和自由主義者的回應、辯護和修正成為當代西方政治哲學的主題。這是新一波關於個人主義的爭論，迴盪著由現代性引發的難以平息的思想碰撞之聲。

　　共同體主義（Communitarianism）[1]是傳統保守主義思潮的延續，其主要人物都表現出對現代性持有抗拒的態度和批評的立場，並且都表現出對前現代生活方式的嚮往和對古代完善論或美德倫理學的認同。但是，他們與一般保守主義者略有不同，把矛頭直接指向個人主義，求助共同體而不是超驗存在來拯救現代性危機。這使他們有走向相對主義、歷史主義的危險，也因此導致共同體主義很快就衰落下去。但是，共同體主義對自由主義之個人主義的批評，其理論水平之高和成果之豐富是前所未有的。幾位共同體主義思想家，諸如麥金太爾、泰勒、桑德爾、沃爾澤等，都是一流的學者，著作等身，經常參與到當今世界性各種公共話題的討論中。

　　共同體主義者對個人主義的批評與正在復興的共和主義（republicanism）有不少契合之處。二者都把「共同善」（common good）作為追求的價值，優先於個人消極自由和權利的考慮，都批評「原子主義」（atomism）的社會觀。但二者的批評角度並不相同。共同體主義者根據「人是社會的動物」來批評原子主義使

1　Communitarianism一詞在中國大陸和臺灣一般都翻譯為「社群主義」，但是「社群主義」根本無法表達該詞詞根中具有的「共同體」、「公共性」的含意。

社會紐帶鬆弛、導向人情關係疏離的傾向，而共和主義者則根據
「人是政治的動物」來批評原子主義導致政治美德的衰落、對公
共參與的冷漠、人們沉湎於私人生活的傾向等。前者強調個人歸
屬於共同體的必要，後者強調公民公共參與的必要。他們的類似
之處是，都反對這樣一種被認為是自由主義的理念，即私人生活
是基本的、甚至唯一重要的生活方式，而共同善只是私人善的反
映，服務於私人善，也就是說，公共事務所有的目標都是保障私
人生活，使之免受他人的干涉[2]。與自由主義者的觀點相反，他們
都反對把個人權利所保障的私人生活領域視為神聖不可侵犯，他
們更加強調公民對共同善所應盡的義務。

　　從某種角度看，共和主義實際上也是一種（廣義的）共同體
主義，甚至可以說，共產主義（communism）也可作此歸類。三
者具有一個共同的批判對象即個人主義，並且都追求一種目標即
「共同善」：在（狹義的）共同體主義，是文化共同體之善；在共
和主義，是政治共同體之善；在共產主義，是自由聯合體（社會
共同體）之善。無論善的內容是什麼，都有一個內涵，即超越狹

2　哈貝馬斯在與羅爾斯就私人領域和公共領域的關係問題展開爭論時，描述了
　這種自由主義理念：公民的政治認同與非政治認同分別「構成了兩個領域
　（一個領域具有政治價值的特徵，而另一個領域具有非政治價值的特徵）的參
　照點，一個由政治參與和政治溝通的權利所構成，另一個則受到基本自由權
　利的保護。在這一方面，私人領域（我願意說非公共的領域）的憲法保護就
　享有優先性，而『在保障其他自由（權）的過程中，政治自由（權）的作用
　則……在很大程度上是工具性的。』」（羅爾斯，《政治自由主義》〔南京：譯
　林出版社，2000〕，頁428-429。）實際上，這個問題也就是貢斯當關於「古
　代人的自由」和「現代人的自由」的關係問題。貢斯當作為一個反對盧梭等
　共和主義觀念的自由主義者，要求「現代人的自由」（私人領域的個人自由）
　優先於「古代人的自由」（政治自由）。

隘的個人自由、個人權利之上的「公共性」。對這種共同善或公共目標的追求成為它們克服個人主義或原子主義，走出私人生活封閉性的拯救之道。共同體主義以文化上的共同物來克服個人主義，共和主義以政治上的共同物來超越個人主義，共產主義以經濟上的共同物（財產公有制）來剷除個人主義。三者從不同角度和領域代表了對自由主義的批評或批判的力量。

第一節　共同體主義的興起

一、為什麼共同體主義者否認自己是共同體主義者？

　　被人們稱為「共同體主義者」的代表人物麥金太爾（Alasdair MacIntyre）、泰勒（Charles Taylor）、桑德爾（Michael Sandel）、沃爾澤（Michael Walzer）等學者的思想之所以有共同性，並被冠之以「共同體主義」一詞，與他們具有共同的批評對象不無關係。共同體主義是在批評羅爾斯等道義論自由主義的過程中興起的，但不等於說這種批評只是一次偶然性事件。正如沃爾澤所說的，自由主義與共同體主義有密切的關聯性，共同體主義對自由主義的批判就像某些流行裝飾，雖然時間短暫但一定會再次出現，這個現象是自由主義政治和社會生活時斷時續的一個樣貌。當然，如果沒有一個成熟的自由主義，共同體主義的批判也就不再具有吸引力。沃爾澤承認，自由主義是一種自我批判的學說，它需要共同體主義的週期性矯正，共同體主義對自由主義的矯正只會加強自由主義的價值[3]。

3　見 Michael Walzer, "The Communitarian Critique of Liberalism," *Political Theory*,

　　但是，奇怪的是，被稱為共同體主義者的著名思想人物幾乎都不認同所歸之於他們思想的「共同體主義」這一稱呼[4]，「共同體主義」是對手們為這些理論家造的帽子，他們自己並不承認。可是他們分明在著述中大量使用「共同體」（community）這一詞，闡發共同體對個人生活的意義，這種共同體或是家庭、或是社區、或是教會、或是民族、甚至是國家，等等。這裡的原因何在？桑德爾於1997年在為《自由主義與正義的局限性》一書所作的「第二版前言：共同體主義的局限」中對此作了解釋，他寫道：

　　　　如果「共同體主義」只是……下述理念──即認為，權利應該依賴於在任何既定時間和既定共同體中占先定支配地位的那些價值，那這並不是我要捍衛的一種觀點。

　　　　羅爾斯的自由主義與我在《局限》一書中所提出的觀點之間的爭執關鍵，不是權利是否重要，而是權利是否能夠用一種不以任何特殊善生活觀念為前提條件的方式得到確認和證明。爭論不在於是個體的要求更重要，還是共同體的要求更重要，而在於支配社會基本結構的正義原則，是否能夠對該社會公民所信奉的相互競爭的道德確信和宗教確信保持中立。易言之，根本的問題是，權利是否優先於善。[5]

　　為什麼在桑德爾看來，爭論的關鍵不在於個體和共同體何者

Vol. 18, No. 1, February, 1990, pp. 7, 15.

4　見丹尼爾‧貝爾，〈引言〉，《社群主義及其批評者》（北京：生活‧讀書‧新知三聯書店，2002），頁22-23。

5　邁克爾‧桑德爾，《自由主義與正義的局限性》（南京：譯林出版社，2001），第二版前言頁2。

重要，而在於權利和善何者優先？在上一章關於施特勞斯的論述中我們了解到，施特勞斯實際上已經提出了權利和善何者優先的問題。他實際上認為，善（也即他所謂的「自然正當」或「絕對理念」）對於個人生活（包括政治生活）的壓倒性意義毋庸置疑，而現代社會對個人權利的強調導致了相對主義和虛無主義。因為，對個人權利的強調而不是對個人義務的強調使道德成為每個人自己作出決定的事情，個人認為什麼就是什麼，客觀的、絕對的善理念被虛無化了。施特勞斯進而指出，相對主義、虛無主義的結論是歷史主義，「它以歷史的名義……來拒斥自然權利論」[6]，或者說，它以「社會或歷史的正當」取代了「自然的正當」。從施特勞斯所批判的角度看，無論是個人主義還是共同體主義都是虛無主義的。因為，共同體主義訴諸「在任何既定時間和既定共同體中占優先支配地位的那些價值」不正是歷史主義的嗎？它不正是落入了相對主義的結論中去了嗎？桑德爾敏感地意識到這一點，才宣稱他不是那種意義上的共同體主義者，並非強調共同體對個人的優位性，而是強調善對權利的優先性。

　　桑德爾批評自由主義把正義（權利）與善相脫離，使正義「中立」於任何善觀念。但是，他認為並非任何把正義與善相關聯的方式都為他所贊成。如果僅僅主張「正義原則應從特殊共同體或傳統中人們共同信奉或廣泛分享的那些價值中吸取其道德力量。……共同體的價值規定著何為正義、何為不正義。……承認一種權利取決於向人們表明，這種權利隱含在傳統或共同體的共享理解之中」，則這種把正義與善聯繫起來的方式就是「不充分的」。之所以如此，是因為「某些實踐是由一特殊共同體的諸種

6　列奧・施特勞斯，《自然權利與歷史》，頁9。

傳統所裁定的，單純是這一事實還不足以使這些實踐成為正義的。使這種習慣性創造物成為正義，也就是剝奪其批判性品格」[7]。桑德爾在此指出了「共同體主義」的致命傷，即如果僅僅認同共同體的特殊善，就難免走向不正義和侵犯權利。共同體並非天然就是具有美德之地，共同體價值並非就是道德上的最終標準。如果以為只要是歷史中形成的東西就是善的，年深日久就是其具有價值的資格證明，那麼就剝奪了我們對歷史和傳統的評價向度，剝奪了正義的批判性品格。

桑德爾指出：

> 把正義與善觀念聯繫起來的第二種方式主張，正義原則及其證明取決於它們所服務的那些目的的道德價值或內在善。依此觀點，承認一種權利取決於向人們表明，它能為某種重要的人類善增光添彩，或使之發展。這種善是否偶然得到人們的珍重，或是否隱含在該共同體的傳統之中，可能不是決定性的。因此，第二種將正義與善聯繫起來的方式，嚴格地說並不是共同體主義的。由於它使權利依賴於權利所促進的那些目的或意圖的道德重要性，因此最好是把它描述為目的論的，或者是完善主義者的。[8]

我們看到，桑德爾把共同體傳統價值與「重要的人類善」區別開來，認為前者是偶然的，而後者才具有必然性；前者可能僅僅被我們習慣性地、非反思地遵循，而後者則依賴於我們自覺的

7　邁克爾・桑德爾，《自由主義與正義的局限性》，頁3、4。

8　邁克爾・桑德爾，《自由主義與正義的局限性》，第二版前言頁3-4。

追求。其要表達的含意是，並非所有的共同體善皆值得我們追求，只有被我們評價和反思後的人類善、包括共同體善才值得去追求。作了如此一番解釋和剝離，自然就與共同體主義大相逕庭了。可是，桑德爾本人的思想真的就如他這裡的解釋那樣講清楚了嗎？推而廣之，麥金太爾、查爾斯‧泰勒、沃爾澤等不願承認自己思想是「共同體主義」的那些人，是否就真的逃離了「共同體主義者」的指稱？為何人們並不賣他們的賬，仍然普遍地把「共同體主義」這頂帽子戴在他們思想的頭上呢？

　　顯然，他們的具體思想論述和闡釋無疑包含了被稱之為「共同體主義」的根本內容。最突出的一點是，他們都強調個人對於所處社會共同體的歸屬（attachments）特徵，認為所謂理性的、自主的自我僅僅是一種抽象，是超歷史的、脫離社會的先驗自我，根本就不存在這種無歸屬的、先於共同體的個人自我，存在的只是在一定共同體中的共同體成員或公民。這些人都把亞里士多德或黑格爾的思想作為尊奉的對象，強調人是社會的動物，人對社會（環境）的依賴。這並不僅僅是一種事實性描述，而且是一種規範性要求，或者說，他們從人是依賴於社會這一點推出人應該依賴於社會。於是，對人的社會屬性或共同體歸屬的訴求，就成為他們提出的對現代性危機的拯救方案。這不是在作一種社會學或人類學的描述研究，而是在給予一種道德評判，或聲張一種道德立場。對共同體價值的訴求是這些人思想的普遍特徵和傾向。之所以如此，在於他們把現代性危機的實質歸結於個人主義，更進一步地說，歸結於個人自主，因此其解救方案自然就是要求個人歸屬於共同體，而不是脫離共同體。這與傳統的保守主義對個人主義的批判、對歷史共同體的訴求、對社會有機體的強調，大致相同。只不過傳統保守主義大都有基督教的背景，訴諸

於超驗道德來批判人類的世俗化傾向。

二、新一波共同體主義的特殊之處

　　被人們稱為共同體主義者的人物拒絕將自己的思想歸入共同體主義之列，但是卻有許多人公開聲張自己的共同體主義信念。1991年，一份由美國50多名學者和政治家簽署的長達14頁的文件「回應的共同體主義宣言：權利與責任」序言在《回應的共同體》（*The Responsive Community*）雜誌[9]上發表，公開表達了他們對共同體主義解決現代社會問題的信念：

> 　　美國的男人、女人和兒童屬許多不同類型的社群，如家庭、鄰里；這些社團表現為無數社會的、宗教的、種族的、工作地點的、行業協會的，以及政治的等各種形式。我們都屬各種相互依存的重疊的社群。如果置身這些社群之外，人類就不能長久生存，個人自由也不能長久維護。不論哪個社群，假如它的成員不關注並將精力和資源奉獻給共同的事業，它亦不能長久生存下去。單純追求私利會腐蝕我們賴以生存的社會環境體系，並將破壞我們共同進行的民主自治實驗。基於這些原因，我們認為，沒有一個社群的觀念，個人的權利就無法長期存在。社群觀念既承認個人的尊嚴，也承認人的生存的社會性。[10]

9　*The Responsive Community* 是美國非學院派的「共同體主義之網」組織創辦的期刊，該期刊發表的東西基本上都是對共同體主義的學院式論證加以通俗化後形成的文章，以及與公共政策具有密切關係的各種倡議。

10　轉自丹尼爾·貝爾，《社群主義及其批評者》（北京：生活·讀書·新知三聯書店，2002），頁1。

此宣言的核心思想是反對在現代西方社會占統治地位的個人主義，其結論是「必須以社群主義的觀念來影響我們當前重大的道德、法律與社會問題」。丹尼爾・貝爾在《社群主義及其批評者》一書中描述了這份宣言出臺的背景：「無節制的貪婪，無根的心態，脫離政治進程，離婚率的增長，以及當代西方社會中以自我為中心、脫離社群等有關的一切現象使我們許多人憂心忡忡。」[11]共同體主義者正如許多歷史上的和當今的保守主義者，把西方的危機歸結於個人主義。這是一個老的話題，沒有什麼新意，正如上文指出的，它會週期性地重新提出來，成為自由主義存在的永恆伴隨現象。它與80年代的社會背景並無太大的關係，上述宣言所指出的西方病（如今已不限於西方）是西方人在起碼二百年裡始終困擾著的，並無特別之處。但為什麼它在當今會引發如此熱烈的爭論，這場爭論與以往對個人主義的批判有什麼不同？

首先，這是一場更加理論化、哲學化的爭論。它是規範倫理學和政治哲學復興的產物，在很大程度上它與羅爾斯一個人的名字聯繫在一起，沒有羅爾斯《正義論》的發表，很難說會有這一場或這樣規模的爭論。雙方參與的人物、出版的刊物、發表的書籍、有關的學術活動等等，非常之多，非以往所能比。爭論的水平和深度也是前所未有的，特別是經過元倫理學和分析哲學的洗禮，復興了的規範倫理學和政治哲學在更加清晰、更加有條理的基礎上討論問題。爭論更像是一場學術對話和學術討論，主要限於學院範圍內，而不像是一場代表不同利益、不同階級、不同派

11　丹尼爾・貝爾，《社群主義及其批評者》，頁1-2。

別之間的意識形態論戰 [12]。

　　其次，爭論的核心問題是個人主義，這是一場主題明確的論爭。共同體主義的對立面就是個人主義，所有的爭論都圍繞這一主題展開。正因此，人們稱爭論的一方為「共同體主義」，而未

---

12 為表示這場爭論的規模，這裡將在這場爭論範圍內的主要發表物按年代列出如下：

羅爾斯，《正義論》，1971。諾齊克，《無政府、國家與烏托邦》，1974。泰勒，《黑格爾》，1975。德沃金，《認真對待權利》，1977。泰勒，〈原子主義〉，1979。艾克曼，《自由主義國家中的社會正義》，1981。麥金太爾，《追尋美德》，1981。桑德爾，《自由主義與正義的局限性》，1982。沃爾澤，《正義諸領域》，1983。桑德爾，〈程序共和國與無拘的自我〉，1984。麥金太爾，〈愛國主義是一種美德嗎？〉，1984。愛米·古特曼，〈共同體主義對自由主義的批評〉，1985。拉茲，《自由的道德》，1986。泰勒，〈交叉的目標：自由主義─共同體主義之爭〉，1987。拉摩爾，《道德複雜性的模式》，1987。拉馬斯基，《個人，權利與道德共同體》，1987。麥金太爾，《誰之正義，何種合理性》，1988。泰勒，《自我的根源》，1989。艾倫·布坎南，〈對自由主義的共同體主義批評的評價〉，1989。德沃金，〈自由主義的共同體〉，1989。奧金，〈人道主義的自由主義〉，1989。金里卡，《自由主義，共同體和文化》，1989。馬塞多，《自由主義的美德》，1990。沃爾澤，〈共同體主義對自由主義的批評〉，1990。泰勒，《現代性的隱憂》，1991。加爾斯通，《自由主義的目標》，1991。內格爾，《平等與偏見》，1991。泰勒，〈承認的政治〉，1992。克拉底斯，《共同體主義者捍衛自由主義》，1992。羅爾斯，《政治自由主義》，1993。卡尼，〈自由主義與共同體主義：誤會的爭論〉，1992。格雷，《後自由主義》，1993。丹尼爾·貝爾，《共同體主義及其批評者》，1993。穆恩，《構造共同體：道德多元主義與悲劇衝突》，1993。沃爾澤，《厚與薄》，1994。桑德爾，《民主的不滿：美國在尋求一種公共哲學》，1996。拉摩爾，《現代性道德》，1996。繆哈爾·斯威夫特，《自由主義者與共同體主義者》，1996。斯坎倫，《我們彼此負有什麼義務》，1998。大衛·米勒，《社會正義原則》，1999。格雷，《自由主義的兩張面孔》，2000。德沃金，《至上的美德：平等的理論與實踐》，2000。

稱之為「保守主義」。因為它比保守主義所批判的主題更集中，所訴求的價值也更簡明：明確以共同體善（communitarian good）或共同善（common good）為訴求對象，而不像保守主義那樣以超驗（超越）道德為訴求對象。在保守主義者那裡，正如在黑格爾那裡，共同體價值只是絕對精神（超驗善）的歷史體現，保守主義因此往往帶有神學的、神祕主義的或形而上色彩。而共同體主義的疾呼和訴求基本上都是世俗化的、少有宗教色彩，這使它所訴求的共同體價值常被指出帶有文化相對主義特徵（共同體主義者確實為文化的差異性、多樣性辯護），而它的初衷正是為了拯救個人主義所導致的所謂主觀主義和唯我主義。

再次，社會主義和共產主義曾經是對個人主義給予批判的強勁力量，強調共同體（commune）當然也是共產主義（communism）理想的一個基本特徵。它們曾經是西方60年代的激進學者對個人主義進行批評的理論資源。但是，近四十多年裡在西方興起的共同體主義卻十分不同於共產主義。共產主義認為，只有通過社會革命，推翻資本主義、建立社會主義社會，才能實現互助、合作的共同體理想目標。而這些新近的共同體主義者卻認為，共同體歷史地就存在於我們的社會習俗、文化傳統和社會共識中，共同體不是重新建構起來，而是需要尊重和保護的既有對象[13]。正如愛米·古特曼所言：

> 新一波的批評並非簡單地重複老的批評。早期的批評者從馬克思那裡得到靈感，而新近的批評者則從亞里士多德和黑格爾那裡獲得靈感。……新的共同體主義批評的政治內涵更

13　參見金里卡，《當代政治哲學》（下）（上海：上海三聯書店，2004），頁377。

加保守。老的批評者觀念中的美好社會的圖景是財產集體所有制和平等的政治權力，而新的批評者的美好社會的圖像是穩固的傳統和確定的身分。對於許多老的批評者來說，被圍於家庭的婦女角色是她們在社會和經濟上受壓迫的象徵；而桑德爾卻認為，家庭作為共同體的典型是善優先於正義的證明。對於老的批評者來說，愛國主義是一種阻礙世界和平的非理性情感；而在麥金太爾看來，對於愛國主義的特殊主義要求就像對於正義的普遍主義要求一樣是理性的。老的批評者傾向於以不受壓迫的名義捍衛那些偏離多數派道德的行為；而新的批評者傾向於以保護他們共同體「生活方式及其維持這種生活方式的價值」的名義，捍衛地方的多數派取締冒犯性行為的努力。[14]

總而言之，老的共同體主義者立足於馬克思及其改造世界的願望，而新的共同體主義者卻立足於黑格爾的願望——安心接納自己的世界。前者帶有強烈的烏托邦激進色彩，後者則是保守主義的，帶有明顯的反現代性的懷舊鄉愁情調。

第二節　共同體主義者對自由主義自我觀的批評

一、道義論和目的論

共同體主義者對共同體主義的倡揚毫不隱晦其思想來自古代

---

14 Ami Gutmann, "Communtarian Critics of Liberalism," in Avineri & De-Shalit, eds., *ommunitarianism and Individualism,* Oxford University Press, 1992, pp. 120-121.

的亞里士多德的目的論傳統，在他們看來，所有人類行為的努力都是處於朝向某一目標的旅途過程中，人的一生的使命就是去完成對共同善的貢獻，一個人的價值就是由這種貢獻的大小來衡量的。至於一個人應該做什麼、不作什麼、怎麼做等行為選擇都必須融入到對善的或理想的偉大追求中去，才有意義，獨立的看它們是沒有意義的。行為道德性、正當性的標準並不獨立於善的目標，而是最終依賴於善的評價。缺乏善的根據、善的背景以及善的生活基礎，獨立的行為評價標準既不現實、又顯得可笑。

與之不同，道義論自由主義卻認為，衡量一個人行為是否道德的標準首先應當是該行為是否正當（right）或是否正義（justice），而不是考慮其是否促進了善（good）。只要行為是正當的，外在的任何力量就不能以任何名義、哪怕是以追求善的名義來侵犯和干涉個人的自主選擇。這就是說，善的追求是個人自主範圍內的事情，而自由主義就是要保護個人的這一選擇善的自主權利。自由主義認為，個人有權按照自我的意願來決定過一種什麼樣的善生活，只要不侵犯他人的同樣權利，個人的自我選擇、自主決定就不應受到干涉。

對正當性的優先強調是建立在「權利」設定基礎上的，這與"right"一詞的含意正相吻合，"right"即有「正當的」意思，又有「權利」的意思。它表明，不侵犯他人或承認並尊重他人權利的行為才是正當的；它還表示，在權利範圍內的行為皆是正當的，也即，由權利而提出的對他人不行為或行為的要求是正當的。而我們之所以需要正義，就是要確立和保護權利。正義既是尺度又是庇護神，人們應得什麼、不應得什麼由正義來衡量並加以捍衛。自由主義的正義觀以保護權利為基礎，而不是以追求善為目標。所謂正當或權利的優先性，也就是正義的首要性，按照羅爾

斯的說法，「正義是社會制度的首要價值」[15]。一種社會制度，哪怕再有效率，給人們帶來再多的利益，或追求無論多麼崇高的理想和善目標，只要它是不正義的，就必須加以改造或廢除。羅爾斯指出：「每個人都擁有一種基於正義的不可侵犯性，這種不可侵犯性即使以社會整體利益之名也不可逾越。」[16]

權利優先於善的「權利優先論」（the primacy-of-right theory），其含意包含不能以任何善的名義侵犯個人的權利，它維護權利的神聖地位，而為善的追求設定了一個界限，善的追求必須在這一界限內進行，而不能突破這個界限：

> 如果正當具有優先性，我們對善的觀念的選擇就是在確定的限制之內作出的。正義原則及其在社會形式中的實現規定著界限，我們在此之內進行審慎思考。[17]

對善的追求是古往今來人們的永恆生活方式，是人之為人的本質特徵之一。但是，作為現代現象的自由主義之本質的不是對善的追求，而是對善追求的規範，防止善追求對個人權利的侵犯。自由主義之為現代性品質，就在於它以建立正義規範及其制度來保障人的權利，以抵制權力的濫用，尤其以善的追求的名義對權力的濫用。

善（good）區分為「非道德善」和「道德善」：非道德善用

---

15 羅爾斯，《正義論》，頁1。這裡的「價值」在原文中是virtue，即美德、好的品質。

16 羅爾斯，《正義論》，頁1。

17 羅爾斯，《正義論》，頁550。

於對一般事物的好壞（經常被等同於快樂或幸福與否）作出判斷
或評價，道德善用於對有關人的品質、心靈及其生活方式的善惡
（優秀的或渺小的、高尚的或卑鄙的、君子或小人、有德或缺
德，等等）作出評判。因此給善的追求設定界限，一是指不能以
多數人利益或共同利益的名義對個人或少數人的權利加以侵犯，
二是指不能強加給任何人以他所不接受的善觀念或生活方式，除
非他自願接受。在羅爾斯那裡，對前者的限制是以對功利主義的
抵制來表達的，對後者的限制則是以對完善論的批評來闡發的。
正當對善的優先性意味著正義原則優先於對福利的考慮和欲望的
滿足，而且預先強行規定了可以滿足的欲望與價值的範圍。這就
是說，正義的價值優先於社會的整體利益、最大化的幸福、效率
等價值，也優先於共同體善、公共善以及其他善理想的價值。它
是諸價值的價值，它不與其他價值處於平行地位，而是諸價值的
指導者、調節者，當諸價值間相互衝突、諸善觀念間相互競爭而
無法解決時，正義就是彼此賴以調解和評判的標準。正義獨立於
社會諸價值之外，獨立於充滿爭議的各種善觀念之外，作為一種
公平的原則和程序置於這些價值或善觀念之上。因此，道德正當
是「關於」善的，也即「處理」善的：規範善的追求，或在人們
之間分配善。但它本身不是一種善[18]。

　　「正當（權利）優先於善」意味著只要個人行為正當，就不
得以任何名義施以強加。個人的自主權利具有道義上的不可侵犯
性，哪怕這會消弱善的目的追求。這在倫理學上被稱為「道義

---

18 羅爾斯區分兩種善的理論，即善的弱理論（thin theory of good）和善的強理
　論（full theory of good）。對基本善的分配指的是前者，權利優先於善指的是
　後者。兩者應當區分開來。見羅爾斯，《正義論》，頁381-385。

論」（deontological theory）或「權利道義論」[19]的立場，而與「目的論」（teleological theory）的立場相對立。

目的論把正當定義為達到善的最大化的手段，認為行為正當性（權利或義務）並非自足獨立的，只有行為所追求或所達到的目的價值（善）才能衡量行為之正當與否。也就是說，道德行為之正當性是相對的、手段性的，對其判定要取決於對善（好）的定義，取決於目的的設定。由於目的善區分為非道德之善與道德之善兩種，因此，目的論也就區分為非道德目的論與道德目的論兩種。前者以近代興起的功利主義（utilitarianism）為代表，後者以古希臘完善論（perfectism，又譯「至善論」）和以復興古典目的論為己任的共同體主義為代表。羅爾斯就這些區分寫道：

> 倫理學的兩個主要概念是正當和善。……一種倫理學理論的結構就大致是由它怎樣定義和聯繫這兩個基本概念來決定的。而聯繫它們的最簡便方式看來是由目的論理論作出的：首先把善定義為獨立於正當的東西，然後再把正當定義為增加善的東西。更確切地說，這樣一些制度和行為是正當的：它們是能產生最大善的可能選擇對象，或至少能像其他可行的制度和行為一樣產生同樣大的善。[20]

> 很明顯，根據說明善的觀念的不同方式，目的論理論也是不同的。如果善被看作是使人的優越性通過各種不同文明形式得以實現，我們就有了所謂的至善主義。這個概念可以在

19　之所以稱為「權利」道義論，在於它與傳統的「義務」道義論有別。權利本位使個人能夠免於目的名義的侵犯，而義務本位卻往往強調個人對目的的服從。

20　羅爾斯，《正義論》，頁21-22。

亞里士多德、尼采等人那裡發現。如果善被定義為快樂、我們就有了快樂主義，如果被定義為幸福，我們就有了幸福論，等等。我將把古典的功利原則理解為把善定義為欲望的滿足。[21]

功利主義以幸福或快樂總量作為評價一切事物包括道德事物的標準，因此，它必然把最大化的財富的增長、福利的增加、物質利益的滿足、效益（率）的提高等作為優先考慮的目標，包括道德等其他東西皆作為手段為此目標服務。起碼在理論上，功利主義會不惜犧牲公平、人權和道德精神品質等價值來追求最大化的利益這個目標。共同體主義把共同體善作為評價行為之正當性的標準，它繼承亞里士多德、盧梭和黑格爾的傳統，將個人的價值融進共同體、公共意志或絕對精神中，認為個人只有在共同體中並通過共同體才能完善自己，成就理想，實現自我。因此，個人行為只有合乎並促進共同體的共同善才是正當的，個人應當自覺地投入到共同善的創造、追求中，以是否增進了共同善作為自己行為的準則。

功利主義和共同體主義所追求和維護的善觀念判然有別，甚至截然對立，但皆是目的論的倫理體系，其共同特徵是主張善對於正當的優先性。自由主義者認為，任何目的論都存在著為追求更多的利益或更高的善而踐踏個人權利的可能性，它很難避免把人當作手段去實現價值（利益或理想等）的增進，在必要時，容許侵犯一些人的權利，只要這一侵犯能保證給大多數人帶來更大的利益，或能促進崇高的道德理想。由於目的論的這種特徵，羅

21　羅爾斯，《正義論》，頁22-23。

爾斯因此認為，在一種設想的原初狀態下，理性的各方（相當於自然狀態下平等、自由的個人）不會選擇目的論作為未來社會的正義的基礎。羅爾斯寫道：

> 目的論學說的結構是根本錯誤的：它們從一開始就以一種錯誤的方式把正當和善聯繫起來。我們在試圖賦予我們的生活以某種形式時不會首先關心被獨立地規定的善。我們願意接受的，不是那些從根本上展示著我們的本性的目標，而是這樣一些原則，這些原則統治著人們藉以形成其目標的背景條件，和人們追求這些目標的方式。[22]

是選擇以正當原則為基礎（道義論）還是選擇以善觀念為基礎（完善論）來建立未來社會制度的正義原則，原初狀態下的各方考慮的是進入社會狀態後他們是否仍然擁有選擇善的自由。如果以某一特殊善為基礎建立正義原則，則他們將被迫放棄個人的自由，不能再對善及其善觀念、善生活方式作出選擇。這種代價是他們所不願付出的，因此他們不會作這樣的選擇。之所以如此，是因為，沒有任何一種目的善能在原初狀態下一勞永逸地被選定而在社會狀態下不必再作選擇、評價或給予理性的修正。羅爾斯論道：

> 作為自由的個體，公民們彼此承認，他們具有持有某種善觀念的道德能力。這意味著，他們不認為自己必定被繫於對某一特殊善觀念的追求，也不認為自己必定被繫於在某一給

22　羅爾斯，《正義論》，頁547。

定時間內自己所支持的、與那個善觀念相應的最終目標。相
反，作為公民，他們應該被普遍地當作具有這樣一種能力，
使得他們能夠基於合理的與理性的兩種理由去修正和更改該
觀念。這樣，公民要跳出那些特殊的善觀念並考問和評價與
之相關的各種最終目標，就應當被允許。[23]

　　個人對善目標是否能夠重新選擇和修正，關係到個人是否擁
有按照自我的意願去選擇善觀念及善生活方式的自由問題。羅爾
斯兩個正義原則的第一原則即「平等的自由權利原則」就是體現
這種個人自由的，其基礎正是「正當優先於善」的道義論：

　　由於自我優先於目的，目的由自我確認，甚至一種支配性
目的也是由自我在大量的可能性中選擇的，人們不可能超出
審慎的合理性，因此，我們應當把目的論學說提出的正當和
善的關係翻轉過來，把正當看作是優先的。這樣就從相反的
方向上提出了道德理論。[24]

二、「自我優先於目的」及其批評

　　羅爾斯從道義論的「正當優先於善」自然而然地得出結論：
自我優先於目的。所謂自我優先於其目的，可以有強式的表達和
弱式的表達兩種立場。強式的表達是，目的不是先於自我的選擇
而既有的，而是通過自我的選擇而給出的。弱式的表達是，目的

23　Rawls, "Kantian Comstructivism in Moral Theory," 1980, *Journal of Philosophy*,
　　77/9: 515-72, p. 544. 轉自金里卡，《當代政治哲學》，頁391。
24　羅爾斯，《正義論》，頁547。

雖然先於自我的選擇而給定，但可以通過自我的評價、反思和審視而加以修正甚至否棄。持堅定道義論立場的康德否定任何目的先於自我的觀點，認為這體現了「自律」對「他律」的勝利，它關係到自由是否得以可能的問題。以羅爾斯為代表的當代道義論人物被稱為「新康德主義者」，他們基本上持強式的自我優先於目的的立場。這引發了當代目的論堅持者也即共同體主義者對這一立場的激烈批評。

桑德爾在《自由主義與正義的局限性》中對「正當（權利）優先於善」所引出的自由主義自我觀給予了詳細考察和批評。他把自我優先於目的的立場作了這樣的描述：

> 自我相對於其目的的優先性意味著，我不僅僅是經驗所拋出的一連串目標、屬性和追求的一個被動容器，並不簡單地是環境之怪異的產物，而總是一個不可還原的、積極的、有意志的行為者，能從我的環境中分別出來，且具有選擇能力。把任何品質認同為我的目標、志向、欲望等等，總是暗含著一個站立於其後的主體的「我」，而且這個「我」的形象必須優先於我所具有的任何目的與屬性。正如羅爾斯所說的，「甚至一種支配性目的也是自我在大量的可能性中選擇的」。在某一目的被選擇之前，必然有一個具備選擇能力的自我。[25]

我們看到，桑德爾把自我對目的的關係問題轉化為自我對環境的關係問題，把自我選擇其目的還是自我被目的所決定的問題

---

25 邁克爾・桑德爾，《自由主義與正義的局限性》，頁25。

轉化為自我屹立於環境之上還是自我由環境所構成的問題。這一步轉化就標明了他是一個不折不扣的共同體主義者。與施特勞斯從一種柏拉圖絕對理念論的立場上來堅持人類所追求的善、目的不同，桑德爾一開始就把人與其目的的關係問題轉化為人與其社會環境（角色、關係、共同體目標等）的關係問題。於是，爭論就發生在個體價值與共同體價值何者優先上，而無論共同體優先還是個體優先，都被認為沒有擺脫各自對方所批評的相對主義的處境：共同體主義者指責個人主義使善觀念成為主觀任意、可有可無的東西；而自由主義者認為共同體主義者自身也未使善概念擺脫偶然性，因此，共同體善為什麼就應該高於個人所選擇的善就成為了疑問。

自由主義否認人是環境的產物，堅持一種先在的自我觀，這恰恰是要防止落入歷史主義和偶然性處境，是要實現人對自身價值、道德法則、生活方式的自律：「優先性的一種意義是道德上的『必須』，反映出應當珍視個體的自律，應當把個體看作是超出他所扮演的角色和他所追求的目的之外的有尊嚴者。」[26]正義的首要性與自我的優先性的關聯就在於這種個體自律所反映的人的尊嚴，「正義的優先性產生於有必要區分評價標準與被評價的社會，而自我的優先性產生於有必要區分主體與其處境。這兩者必要平行而至」[27]。通過評價標準與評價對象、主體與處境的區分，個體的自律得以體現，個體的尊嚴得以維護。

羅爾斯以「無拘的自我」（unencumbered self）來表達自我對其環境、目的、欲求、擁有物的優先關係。人們通常會以為，所

---

26 邁克爾・桑德爾，《自由主義與正義的局限性》，頁25。

27 邁克爾・桑德爾，《自由主義與正義的局限性》，頁25。

謂「無拘的自我」就是任性的、非理性的、盲目的自我，這種自我把滿足自我的欲求作為行為的依歸，此外不受任何拘束[28]。霍布斯、曼德維爾、尼采等人對自我的利己主義表述加深了人們對這個問題的誤解，麥克弗森所謂的「占有性個人主義」更是歪曲了個人主義自我觀的真實含意。實際上，所謂「無拘的自我」恰恰是指自我不受自我的欲求或自我的利益拘束，以保持一個自由自律的始源。這一點被康德所表達，被羅爾斯所繼承（二者皆以批判功利主義或快樂主義為其學說的起點），而共同體主義者也是從對這一始源的認定上來批評自由主義的自我觀的，所要批評的恰恰是其自由、自律的性質，而不是其利己主義的性質。麥金太爾把自由主義自我觀的哲學基礎追溯到情感主義，而我們知道，情感主義的最初誕生正是為了批判利己主義，並在休謨那裡成為把價值從事實、包括心理主義事實區分出來的基礎。這一區分為康德把道德奠定在自由、自律的基礎上掃清了道路，也正是這種自由和自律性把自我與任何偶然性事實，包括環境、欲求、占有物區分了開來。麥金太爾寫道：

　　正是在自我避免與任何特殊的偶然事態有任何必然認同的那種能力中，某些現代哲學家——無論分析哲學家還是存在主義哲學家——看到了道德行為的本質。按照這種觀點，作為一個道德行為者，也就是能夠從自己所捲入的任何一種情境、自己所可能擁有的任何一種特性中後退，並且能夠從某

---

28 在中國大陸，對個人主義的「自我」的理解往往如此，似乎個人主義就是主張個人任性妄為，被一己私利所支配，被膨脹的欲望所驅使。甚至「自我」的含意就是「唯我」。

種與一切社會的特殊性全然分離的純粹普遍、抽象的觀點出發對這種情境與特性作出判斷。[29]

羅爾斯在其原初狀態的設計中對各方（the parties）的假設，表達了這種自我區別於自我的偶然事態、包括自我的心理事態的意圖。按照桑德爾的分析，原初狀態下的各方的「相互冷漠」（mutual disinterest）假設表面上看起來像是一個心理學上的假設，似乎說的是各方毫不在乎他人的利益，而實際上它並不是一個關於人所擁有的動機的假設，而是一個關於擁有動機的主體的本性的假設。它關乎的是自我的本性，而不是自我的欲望或目的的本性。它關切的是利益和目的的主體，而不是那些利益和目的的內容[30]。這是符合羅爾斯觀點的，羅爾斯是這樣表達的：

> 對於各方的善的觀念，我除了假定它們是合理的長期計畫之外，再沒有任何的規定。當這些計畫決定著一個自我的目的和利益時，這些目的、利益並沒有被假設是利己的或自私的。是否屬這種情況依賴於一個人究竟追求什麼樣的目的。如果財富、地位、勢力和社會威望是一個人的最後目的，那麼他的善的觀念確實是自私的，他的主要利益是他自己的（are in himself），而不僅僅是（像它們必然總是的那樣）一個自我的利益（interests of a self）。[31]

29　阿拉斯戴爾·麥金太爾，《追尋美德：倫理理論研究》（南京：譯林出版社，2003），頁40。

30　見桑德爾，《自由主義與正義的局限》，頁67-68。

31　羅爾斯，《正義論》，頁123-124。

　　所謂是「自我的利益」（interests of the self），而不是「在自我中的利益」（interests in the self），指的是自我擁有利益，而不是自我被利益所支配，前者表達的是個人「願望」的概念，而後者表達的是個人「私利」的概念：「要成為一個道義論的自我，我作為主體的認同就必須獨立於我所擁有的事物而給定，也就是說，獨立於我的利益和目的以及與別人的關係。」[32]如果自我無法擺脫利益、欲求的支配，自我就會有被其吞沒並消失的危險：「當該欲望或抱負逐漸成為我的身分之構成，它就越來越多地變成我，而越來越少地成為我的。……當它從一種欲念逐漸變為一種迷戀時，我就很少占有它，而是更多地被它所占有，直到最後它與我的身分難分彼此。」[33]因此，關鍵是要保持我之所是與我之所有之間的距離，這樣才能保證我知道我是誰，即使如果距離拉開到我失去了我所擁有的事物，我也將仍然是我擁有該事物時的那同一個「我」。

　　因此，「無拘自我」的含意就是我就是我，了無牽掛，透明稀薄，除了是一個要去擁有、追求、選擇、創造的意志外不是任何東西，不具有任何內容。但是，「這種不具有任何必然的社會內容和必然的社會身分的、民主化了的自我，可以是任何東西，可以扮演任何角色、採納任何觀點，因為他本身什麼也不是，什麼目的也沒有。」[34]這種境況被薩特描述為是「存在先於本質」：自我首先存在，然後才規定自己，賦予本質；自我本身什麼也不是，只是一虛無，但是自我可以成為任何東西。無論我成為什

32　邁克爾・桑德爾，《自由主義與正義的局限性》，頁68。

33　邁克爾・桑德爾，《自由主義與正義的局限性》，頁70。

34　麥金太爾，《追尋美德：倫理理論研究》，頁40。

麼、占居什麼角色、處於什麼關係中,「我」都挺然屹立於它們之後,而不會消散於它們之中。

但是,正如海德格爾的「此在」掙扎於本真的生存與非本真的生存、屬己的生活與沉淪的生活之間一樣,日常「自我」也時常、甚至通常是消散於他的角色、關係、目的和欲求物之中的。在海德格爾那裡,「此在」不可能擺脫它所處於其中的世界性,「此在」注定與它的世間存在糾纏不清,和世界構成既不可分離又緊張對峙的狀態,這是「此在」的「被拋」命運。但是「此在」在世不等於「此在」沉淪於世,「此在」總是在世界中籌畫自己,通過良心的呼喚找回自己,一旦找不回自己,「此在」就與一般的存在者無甚區別了。自由主義的「自我」也復如此。一旦我成為某種東西,或被某種東西所充實,由稀薄轉為厚重,我就有可能不再是單純的我,而是一個被規定者,一個由角色或關係所約束的承擔者,一個被目的所構成、所召喚、所支使的奉獻者。一句話,成為共同體主義者所希望的那種自我。

> 如果說目的是優先於目的所構成的自我而被給定的,主體的界限是開放的,那麼,其身分就會無限度地隨緣而遇,且永遠流動不居。無法區分我之所有與我之所是,我就處於可能被環境的海洋所隱沒的危險之中。[35]

為防止自我塌陷、沉淪、消散於其目的和所有物中,自我就必須從其環境和擁有物中抽身而出,其最終結果或者是康德式的

---

35 桑德爾,《自由主義與正義的局限》,頁72。

先驗自我，或者是薩特式的虛無自我。只有維持住如此抽象的自我以及自我的先行統一，才能在環境的海洋中不至被隱沒，從而保持自主性。自主的前提是自我的先行存在，也即自我對環境、目的價值的優先性，只有這樣，才能實現人對自身價值、道德法則、生活方式的自律。

> 自我的先行統一意味著，儘管主體在很大程度上受其環境的限制，但他總是不可還原地要優先於其價值和目的，這些價值和目的從來就不能充分地建構一個主體。雖然有些時候也會出現艱難的情況，幾乎沒有什麼選擇餘地，但人類的主權行動能力本身並不依賴於任何特殊的生存條件，而是預先被賦予的。按道義論的觀念看，我們決不可能被如此完全地限定，以至於我們的自我完全由我們的處境所充分建構，而我們的目的在不承認自我優先性的情況下被充分決定。……一旦假定人類就其本性來說是一種選擇其目的的存在者，而不是古人所謂的發現其目的的存在者，那麼，他的基本傾向（偏好）就必然涉及到選擇的條件，而不是自我認知的條件。[36]

這裡，桑德爾以「選擇其目的的存在者」對「發現其目的的存在者」來標明自由主義自我觀和共同體主義自我觀的對立。桑德爾正如麥金太爾，把後一自我觀追溯到古代世界的傳統倫理觀上，而把前一自我觀視為沒有傳統根基的現代倫理觀對傳統倫理觀的斷裂。他認為，在古代人那裡，人們只能發現其目的，而不

---

36 桑德爾，《自由主義與正義的局限》，頁28。

能選擇其目的。自由主義則以「選擇其目的的存在者」取代了「發現其目的的存在者」，從而使目的的追求成為個人自主範圍內的事情。實際上，任何個人都不可能自由地選擇他們的傳統和文化，對於個人來講，共同體的目的是「構成性」的，它規定了「我是誰」。也就是說，是目的構成了自我，而非自我選擇了目的，因為我不能選擇業已形成的東西，只能反映它們，從而認識到我應該做什麼、追求什麼。

在共同體主義者看來，這種獨立於環境、先於目的的自我空洞而抽象，根本就不存在這種無歸屬的、先於目的、先於共同體的個人自我，存在的只是在一定共同體中的，被公共善薰陶和塑造的共同體成員。任何個人都必然受到各種歸屬的制約，在他能夠進行選擇之前，他對公共善的感知和認同先已存在，並構成其選擇的基礎。共同體對於他不僅是一種必需，更是一種前提，社會歸屬是不以人的意志為轉移的，理性的選擇根本不起作用。共同體主義者針對羅爾斯而認為，根本不存在空洞的、抽象的、原初狀態下的理性選擇，人的選擇能力是在社會中培育和發展起來的，是社會文化等現實條件的產物，離開這些現實的社會文化生活，人們就不能形成選擇能力。可見，在人們能夠作選擇之前，某種善觀念已經對選擇能力的形成起了作用。因此，是善優先於正當，而不是正當優先於善。

查爾斯‧泰勒指出，完全的自由就是虛無，真正的自由必須是「處境中的」，我們必須接受由處境「為我們設置的」目標。如果我們不接受這樣的目標，追求自我的選擇就會導向尼采式的虛無主義。我們就會把所有共同體價值當作任意的設定而加以拒斥，於是，「生活的權威視域，如基督教的和人道主義的，一個接著一個當作意志的鐐銬而加以拋棄。最後，只剩下強力意

志。」[37] 在泰勒看來，這種純粹的強力意志由於傲視「生活的權威」，其行為方式必是任意的，其行為依據必是虛無主義的。

三、自由主義自我觀的修正

共同體主義者批評自由主義的自我觀空洞而抽象，這種看法斷言，把善生活的選擇權完全交給這樣的個人自我，就會像薩特所斷定的那樣，他們完全從虛無中任意抉擇。在薩特看來，重要的是去作出決定，而不是作出決定的根據，因為根本就沒有根據。因此，對於選擇來講，重要的不在於根據，而在於勇氣，在於責任。薩特等人把那種畏懼自我決定、缺乏勇氣和責任的行為稱之為「逃避自由」。薩特的自我觀正是反自由主義者們歸之於自由主義的那種自我觀，與康德的先驗自我觀一起都被認為是導致現代社會中的個人生活盲目性的一個原因，這種自我觀鼓舞了人們勇敢地作出選擇，卻不知道選擇的根據是什麼或在哪裡。

在當代西方思想界的這場論爭中，自由主義者並不一味是共同體主義的拒斥者，他們多少吸收了共同體主義的某些思想。許多自由主義者也對個人主義的某種形式提出批評，在共同體主義的啟發下對自由主義作出反思和修正。金里卡就認為，自由主義並不一定堅持自我優先於「所有」目的，因為事實上，個人並不優先於共同體及其目的的存在，外在環境和歷史文化成為個人生活的前提是一個不爭的事實。但是，自由主義者堅持認為，即使如此，也不等於個人必須盲從於既定的價值標準和共同體目標，不加反思地服從既有的角色安排和身分塑造；即使自我並不先於

---

37 Charles Taylor, *Hegel and Modern Society*, Cambrige University Press, p. 159. 轉自金里卡，《當代政治哲學》，頁406。

目的、並不脫離環境，也不等於自我完全由目的所構成，或盲目地鑲嵌於環境中。個人可以修正、改變以致拋棄既有的共同體價值而選擇自己所認同的另外的共同體價值。在這個意義上，自我仍然優先於任何「特殊」的目的[38]。自由主義者也許是在這個意義上反對「逃避自由」，即反對逃避個人通過理性的反思、選擇而去自主，歸根究柢，反對的是盲從和不思考。自由主義要求個人勇敢地去承擔生活的責任，而不要把責任推給虛幻的社會和根本不存在的「常人」（海德格爾意義上的）。

關於個人是否能夠承擔起自由、自主的生活的問題，關係到人類面臨的關於現代性是否還能持續的這個重大難題。如果否定了個人自主的可能性，那麼現代性將被證明是不可能的。如果認定個人依據自我而作出的選擇多是盲目的、任意的、沒有根據的，那麼給予個人以自主就會是危險的。

現代社會的個人選擇難道真的是沒有根據，任意決定的嗎？且不說個人自我根據實踐理性（康德）、根據「反思的平衡」和公共理性（羅爾斯）而達到正當、正義規則的選擇，就說個人對善觀念、理想目標以及善生活方式的選擇也並不是沒有根據和標準的。是的，自由主義強調善觀念的私人性質，但這只是就善觀念不得訴諸公共的強加而言的。個人是自由主義所依賴的主體，但這不等於自由主義排斥共同體、傳統文化和美德追求的意義，更不等於它放縱個人。自由主義者所堅持的個人主義雖然強調個人自主，但個人自主並不等於個人是從虛無中作出選擇，不等於個人選擇沒有任何根據因而是任意決定的。個人的選擇標準無疑

38　參見金里卡，《自由主義、社群與文化》（上海：上海世紀出版集團，2005），頁50-52。

依賴於他所接受的教育，受他生於斯長於斯的環境的影響，他的社會性肯定會對他的生活選擇起作用。但是，這不等於說他就應該把共同體的價值或傳統價值看作是他選擇、設定目標的根本權威的視域，因而他無法跳出這樣的視域。自由主義者承認，為了能夠做出選擇，我們確實必須把某種東西看作是給定的、個人所承載的，但是，自由主義者並不認為那個給定的東西必定就是我們選擇的權威根據，不能加以批評和挑戰。

也就是說，自由主義者堅持，即使個人的選擇是有根據的，這些選擇的根據、標準也必須經由個人作出判斷。價值標準不是個人從無中創造的，個人當然必須借助甚至依賴業已存在的傳統和他的社會，可是這並不妨礙個人可以而且應該對它們進行反思、審查和取捨。也就是說，即使選擇的根據、標準是既有的、先在的，也不能構成對自我的強加，因為自我總是可以對它們（哪怕再深厚的傳統）進行甄別、判斷和考查，而不是盲目接受。對任何特定的傳統權威的批評和挑戰總是可能的，在人類歷史上這畢竟是經常發生過的事情。

在這個意義上，自我確實永遠屹立於他的判斷和選擇之後。自我始終能夠將自己從任何特定的共同體實踐中分離出來，對任何特定的文化、傳統和實踐進行自由的判斷，決定是否要修改、接受或拒斥它們。一旦「我思」之後的「我在」塌陷、消散於我思的對象中，狂熱原教旨主義、非理性主義、蒙昧主義等就會緊隨其後。

四、共同體主義的自我觀：目的構成自我

共同體主義者認為，對於個人來講，共同體的目的和價值是「構成性」的，即它構造和規定了我之為我；是目的構成了自

我，而非自我選擇了目的。「由於我們具有構成自我的那些目
的，要想使我們的生活變得更好就意味著：不要提供那些可使我
們選擇和修正自己目標的條件，而要維繫那些能夠使我們意識到
共享的構成性目的的條件。」[39] 既然是目的構成自我，我就不能選
擇「我是誰」，而只能是發現「我是誰」。因為，我不能選擇業已
形成的東西，只能反映它們，從而認識到我應該做什麼、追求什
麼。自由主義的問題是：我們究竟希望自己是（成為）什麼樣的
人，而共同體主義對於這個問題所要求的卻是，去發現我們已經
是什麼樣的人。桑德爾是這樣表達這一點的：

> 如果說自我的目的是預先給定的，那麼，與之相關的力量
> 就不是意志主義的而是認知的，既然主體獲得其自我命令的
> 方式不是通過選擇業已給定的東西（這是不可理喻的），而
> 是通過反思自我和探究自我構成的本性，認清其律法與命
> 令，以及將其追求確認為是自己的。[40]

> 說社會成員被共同體意識約束，並不只是說他們中的大部
> 分人承認共同體的情感，都追求共同體的目的，而是說，他
> 們認為他們的身分在一定程度上被他們身處其中的社會所規
> 定。對於他們來說，共同體描述的，不只是他們作為公民擁
> 有什麼，而且還有他們是什麼：不是他們所選擇的一種關係
> （如同在一個志願組織中），而是他們發現的依附；不只是一
> 種屬性，而且還是他們身分的構成成分。[41]

39　金里卡，《當代政治哲學》，頁411。
40　邁克爾‧桑德爾，《自由主義與正義的局限性》，頁72。
41　邁克爾‧桑德爾，《自由主義與正義的局限性》，頁181-182。

　　共同體主義者在個人與社會的關係問題上一味強調個人的社會規定性、構成性。桑德爾用「嵌入自我」（embedded-self）來表達這種對環境的依賴和被環境所塑造的個人，而泰勒乾脆就用「環境的自我」（situated self）這個一目了然的概念。而在麥金太爾看來，從傳統身分、等級制約的社會擺脫出來的現代自我不僅不是歷史的進步，而且這種沒有任何社會規定性的自我是當代道德危機的最深刻根源所在。

　　在許多前現代的傳統社會中，個體通過他在各種各樣的社會團體中的成員資格來確定自己的身分並被他人所確認。我可以同時是哥哥、堂兄和孫子；可以既是家庭成員，又是村社成員，還是部落成員。這些並不是偶然屬人們的特性，不是為了發現「真實自我」而須剝除的東西。作為我的實體的一部分，它們至少是部分地，有時甚至是完全地確定了我的職責和義務。每個個人都在相互連接的社會關係中繼承了某個獨特的位置；沒有這種位置，他就什麼也不是，或者至多是一個陌生人或被放逐者。不過，知道自己是這樣一個社會人，並非要去占據一個靜止、固定的位置，而是要發現自己被置於一個有一系列目標的旅途的某個點上；經歷人生就是向一個既定的目標前進（或不能前進）。從而，一個完成或充實的人生也就是一種成就，而死亡不過是可以把某人判斷為幸福或不幸的那個點。[42]

麥金太爾把「嵌入自我」或「環境的自我」的涵義表達得更

<hr>

42 麥金太爾，《追尋美德：倫理理論研究》，頁42-43。

清楚了：「每個個人都在相互連接的社會關係中繼承了某個獨特的位置；沒有這種位置，他就什麼也不是」。共同體主義者既然認為是目的構成了自我，那麼每個個人在社會關係中的位置和身分就與一種共同體的目標相連，成為社會有機體的一個部分，其「人生就是向一個既定的目標前進」。可是，個人在這種事業或目標的追求中根本就沒有位置，根本就沒有個人自身選擇目的的餘地，因為根本不存在個人反思和判斷的條件。願意也罷不願意也罷，都沒有（也不鼓勵）任何可以根據自己的判斷對所追求的事業或理想給予審視、修改、接受或拒絕的餘地。基於這種「嵌入自我」和「目的構成自我」的觀念，質疑和不認同共同體目標或集體主義事業即使有必要也是不可能的，因為，在共同體主義者看來：

> 我發現自己的角色，我可以闡述它的意義，但我不能拒斥這些角色或把內在於這些角色的目標斥為無意義。因為這些目標是我作為一個人的構成要素——當決定如何生活時我必須把它們當作既定的事實。至於什麼是優良的生活，這個問題的答案只能是如何最好地闡釋這些目標的意義。聲稱它們對於我沒有價值是無法理解的，因為在這些目標之外沒有一個獨立的「我」——沒有自我能夠優先於這些構成性紐帶。43

　　在共同體主義者看來，只要是共同體的善或根本利益，它就對個人的選擇構成前提和規定，至於此善的追求是否正義，是否侵犯了個人的權利，就在所不論了，共同體主義者沒有為個人提供和培育質疑和反思的土壤。他們有時也希望個人通過民主而參

---

43 金里卡，《當代政治哲學》，頁416。

與到共同善的構建中（這是共和主義的根本理念），但實際上，他們既然強調共同善對於個人選擇的先在性甚至強制性，個人對於共同善的形成就起不了什麼作用。

共同體主義者幾乎說出了黑格爾的下述觀點：人不過是實現倫理實體自身目的的手段而已，而倫理實體（現在被稱為共同體）自身是一有機整體，它具備了某種生命有機體的性質，它是自我發展並自我完成的。共同體主義者否認個人有無條件的自然權利，相反，他們認為個人對共同體有無條件的義務，個人應該為公共善作出奉獻，哪怕必要時作出犧牲，甚至認為，共同體成員有被其所在的共同體強制從善的義務。他們認為，共同體善並不構成個人善的對立面，因為個人首先是一種社會存在，社會的現實生活構成了他對善的認同和體驗，個人善首先是社會善的反映，個人所追求的善就是共同體的善，個人應將自己的生活當作所在共同體生活的有機組成部分，把自己奉獻給共同體的善。

關於自由主義自我觀與共同體主義自我觀的爭論可以概括為：自由主義者認為為保證個人自主，自我必須或起碼在某種意義上獨立於或優先於共同體的善，以期使這些善目標能夠經過理性的反思和考察；否則，喪失了獨立性的自我將會塌陷於對象中而失去反思的能力。而共同體主義者認為，自我並不優先於共同體的善，相反，只有通過對共同體善的先行闡釋，自我才得以形成並被規定；一種空洞的、唯意志主義的自我觀只會鼓勵沒有方向的、盲目的生活。爭論的更深層次問題是：究竟是個體的價值優先，還是共同體的價值優先？在自由主義這邊，這個問題依據於下面這個問題的回答：個人自主為什麼值得超越共同體善而獲得尊重。這是道義論的評價標準。而在共同體主義這邊，評定標準取決於追求何種價值有助於促進美德、社會連結以及共同體理

想。這是目的論的標準。雙方的終極價值標準不同，導致了雙方的根本對立。對個人自主的尊重不可避免地會傾向於弱化社會紐帶和淡化美德追求，而將追尋美德和維護共同善視為最高的、優先的追求目標，對社會紐帶和社會連結的片面強調，同樣不可避免地會弱化對個人自主的尊重，以致會侵犯到個人的自由權利，走向專制主義。這個衝突是無解的，正如上文所言，其爭論會反覆出現。

第三節　共同體主義者對自由主義的原子主義的批評

反對個人主義是反自由主義者們的標籤，只不過共同體主義者的這一標籤尤為明顯而已。他們批判個人主義，是因為認為個人主義導致了原子主義的生活方式，從而導致了現代性的危機。我們這一節討論的對原子主義的批判，不僅限於共同體主義者，也包括共和主義者和共產主義者，後二者在廣義上也是共同體主義者。

一、查爾斯·泰勒：原子主義與權利優先

當共同體主義者批評自由主義的自我觀時，其意圖是要將這種自我觀歸為不真實和虛妄的。可是這樣一來，個人主義在現代社會就不可能是一種現實，因為在共同體主義者看來，個人不可能逃避其鑲嵌於共同體的必然命運。如果人天生是社會動物，那麼批判人的原子化生活狀況就沒有意義；如果人們的現代生活已然原子化了，那麼人天然是社會動物的命題就不可能成立。可是共同體主義者偏偏要在這一矛盾中尋找一個使得批評得以可能的

中間點，這就是背離人的社會本性的原子化的、孤立的個人。

　　共同體主義者也許會認為，即使自由主義的自我觀是真實的而不是虛妄的，個人主義具有現實性，人天然是社會的動物這一命題也仍然能夠成立，只不過現代性的個人主義事實是對人的社會本性的背離，是一種反常的、病態的現象而已。這種反常或變態性質的有力證明在他們看來，就是這種自我觀及其個人主義導致了對我們社會的有危害的、負面的後果。不可否認，現代社會存在著令人擔憂的人與人之間感情淡漠、公民日益缺乏義務意識、對公共事務越來越冷漠、生活中消極頹廢情緒增加、奉獻和犧牲精神等傳統美德日漸消失等傾向，共同體主義者把這些傾向歸咎於自由主義對共同體價值的忽視，認為這是自由主義的權利優先論的必然結果。加拿大著名哲學家查爾斯・泰勒（1931-）把導致這些負面傾向的個人主義也即權利優先論稱為「原子主義」（atomism）。

　　泰勒指出，寬泛地說，原子主義這一術語指的是一種社會契約理論，它在17世紀興起而被後來許多人所繼承，這些人可能並沒有使用社會契約概念但繼承了由個人主義解釋的社會觀。當代的許多政治理論正是這種原子主義的，它們或者公開復興社會契約理論，或者雖然不聲稱是社會契約論的但捍衛個人及其權利優先於社會的立場。而原子主義的核心觀念正是「權利優先」（the primacy of rights），它使權利在政治結構和政治行為的證明中扮演中心的角色。這一政治理論傳統的核心學說就是要確證權利優先[44]。這種權利優先論把尊重個人權利作為無條件的約束強加於

44　見Charles Taylor, Atomism, in Avineri & De-Shalit, eds., *Communitarianism and Individualism*, Oxford University Press, 1992, pp. 29-30.

人們，但是卻拒絕同樣地把個人對他人和社會的義務、對共同體的歸屬、對權威的服從作為無條件的約束強加給人們。它把義務作為有條件的東西而從更基本的、無條件的權利原則中派生出來。泰勒認為，這種權利優先論的典範就是洛克的理論，而當代的典型是諾齊克的理論。諾齊克首先聲稱個人權利的基礎性質，然後才著手討論是否以及在什麼條件下我們可以合法地被要求服從國家。這樣一種權利優先論在當代極為流行，被人們視為不可否認、不證自明的原則。可是泰勒認為，它在當今的顯耀恰恰說明它在人類歷史上並非總是像現在這樣被供奉著。在西方文明的早期階段，更不用說在其他文明那裡，這種權利優先論看起來是如此的怪異，以致不可理喻[45]。

泰勒的這一觀點讓我們想到麥金太爾更著名的一段言論：

> 在中世紀臨近結束之前的任何古代或中世紀語言中，都沒有可以準確地用我們的「權利」（a right）一詞來翻譯的表達式。……根本不存在此類權利，相信它們就如相信狐狸精與獨角獸那樣沒有什麼區別。[46]

權利優先論被認為是原子主義的核心觀念。泰勒認為，其基礎是「一種關於人性和人的條件的觀點」（a view about human nature and human condition）[47]，即相信個人是獨立不依、自足自立

45　見Charles Taylor, Atomism, in Avineri & De-Shalit, eds., *Communitarianism and Individualism*, pp. 30-31.

46　麥金太爾，《追尋美德：倫理理論研究》，頁88。

47　Charles Taylor, Atomism, in Avineri & De-Shalit, eds., *Communitarianism and Individualism*, p. 32.

的原子式存在。這是一種現代的觀念，在古代世界那裡這是不可思議的。亞里士多德就指出，人是社會的動物，確切地說，是政治的動物，一個人不可能脫離城邦（政治）而自足為人：

> 城邦作為自然的產物，並且先於個人，其證據就在於，當個人被隔離開時他就不再是自足的；就像部分之於整體一樣。不能在社會中生存的東西或因為自足而無此需要的東西，就不是城邦的一個部分，它要麼是只禽獸，要麼是個神。[48]

而原子主義恰恰確信個人可以獨立而自足不依。本書在討論個人主義的起源時指出，這樣一種自足不依的人性觀念起源於城邦的衰落和隱修之風的興起之時。中世紀基督教對內心隱祕的強調，近代以後對個人隱私的尊重則進一步強化了這種自足不依的人性觀，而古典自由主義對消極自由和隱私權的保護，對自然權利的聲稱，對私人領域的看重，似乎使這種自足不依的人性和人的條件觀念成為不可動搖的信念。正如漢娜·阿倫特指出的，現代人：

> 不僅不同意希臘人的這一觀點：即在公共世界之外的「自我」圈子內生活從定義上講是「很愚蠢的」；而且也不同意羅馬人的看法，對他們來說，可以獨自生活，但這只是對公共事務的暫時逃避。今天，我們將隱私列入個人領域，它的肇始可以追溯至羅馬晚期，雖然我們很難再追溯至古希臘的任何時期，但在現代以前的任何時期，它的多樣性和變化性

---

48 亞里士多德，〈政治學〉，載苗力田主編，《亞里士多德全集》第九卷，頁7。

是肯定不為人所知的。[49]

正如我們在談到共和主義時會提及的，原子主義既被共同體主義者所不滿，也遭致共和主義者的批評。而二者的批評角度並不相同。前者以「人是社會的動物」來批評原子主義使社會紐帶鬆弛、導向人情關係疏離的傾向，後者則以「人是政治的動物」來批評原子主義對公共參與的冷漠、沉湎於私人生活的傾向。但無論如何，二者所指責的原子主義都有一個共同的人性和人的條件觀念的根源。而這種自足（self-sufficiency）人性和人的條件觀的充分體現就是市場經濟下的那個理性人：他打碎了傳統社會裡含情脈脈的人情關係，以冷酷無情的功利計算來面對所有事物；他與其他人通過「看不見的手」來聯繫，與他人除了利益上的交易外沒有更深、更廣的交往[50]；他只埋頭於追求個人利益，沒有更高的生活眼光，沒有公共參與熱情，更沒有為理想事業作出奉獻的精神。自由主義或個人主義的批評者幾乎都把市場經濟條件下人們的生活方式及其關係作為原子主義的典型。

確實，當今社會生活中的原子化現象的存在是一個事實，我們是否把它完全歸罪於自由主義，這是可以討論的。至於原子主義，作為一種理論是否是自由主義的一個必然結論，也是可以討論的。但是，把權利優先論及其所包含的對個人消極自由、個人私生活的看重等同於原子主義，是沒有道理的。作為自由主義核

---

[49] 阿倫特，《人的條件》（上海：上海人民出版社，1999），頁29。

[50] 阿倫特寫道：「在現代，與其他人的『客觀』聯繫以及從中得到保證的現實的被剝奪，已經成為一種大量的孤獨現象，在這一現象中，孤獨表現了它最極端且最反人性的形式。」（《人的條件》，頁46。）作為一種大眾現象的現代的孤獨，參見大衛・里斯曼，《孤獨的人群》（南京：南京大學出版社，2002）。

心價值的個人主義或個人自主，其涵義並不包含原子主義的自足人性觀念，也不必然推論出一定會傾向於對公共生活的冷漠，更不意味著是反社會的。個人主義也許導致了原子主義，但是個人主義並不包含或並不等同於就是原子主義。

二、漢娜·阿倫特：社會的興起與公共領域的衰退

漢娜·阿倫特（1906-1975）把上述這種經濟人的成長、現代市場經濟的興起歸結於近代歐洲的「社會的興起」。在她看來，個人自足不依的觀念在古代世界是不可思議的，在古典時代，經濟僅限於家庭，它是一個私人領域，也即隱私之處。按古代人的理解：

> 隱私意味著一種被剝奪的狀態，甚至是剝奪了人類能力中最高級、最具人性的部分。一個人如果僅僅過著個人的生活（像奴隸一樣，不讓進入公共領域，或者像野蠻人那樣不願建立這樣一個領域），那麼他就不是一個完整的人。今天，我們使用「隱私」一詞時，首先不會想到它有被剝奪的含意，這部分是因為現代個人主義使私有領域變得極為豐富。[51]

今天，之所以「隱私」的詞義發生了這種轉化——從貶義轉向中性之意，從有缺陷、被剝奪的含意轉向自足性的含意，從「貧乏」之意轉向「豐富」之意[52]，在阿倫特看來，就在於經濟已

---

51 阿倫特，《人的條件》，頁29。

52 "private"（私人的）一詞的希臘詞根就是 "privation"（貧乏）。（見金里卡，《當代政治哲學》，頁537。）

經從狹隘的家庭走向廣闊的社會，經濟不再僅僅是限於私人或隱私領域，而成為了社會領域。這樣的「社會」形成了一種人們主要是為了生存而非別的什麼（如卓越、優秀）而相互依賴的事實，並使之獲得了公共的重要性。

阿倫特認為，社會領域的出現混亂了公共領域與私人領域的區分，使得原來由必然性統治的家庭生活現在擴展到公共領域，這意味著「與純粹的生存相關聯的活動被獲准出現在公共領域」[53]。這樣一種無所不包的「社會」的出現模糊了私有與政治、私域與公域、家庭與城邦的古老界限，它既破壞了私人領域又破壞了公共領域。共同體主義者撻伐前者，指責經濟的社會擴張和滲透對家庭等私人領域帶來的瓦解。共和主義者抨擊後者，阿倫特認為，社會的出現意味著「政治被非政治因素，更具體地說，被勞動的動物性及其利益篡奪或取代了」[54]，公共領域成為私人領域的一種功能。在古代，私有財產僅僅是人們進入公共領域的准入證，參與公共活動是目的，而財富僅僅是手段。而現代，「社會在其最先進入公共領域的時候，偽裝成一個財產所有人的組織，這些財產所有人需要借助這一組織的保護而積累更多的財產。」[55]公共事物反而僅僅是他們追求財富的手段。

私人活動和經濟利益追求的侵入戕害了公共領域，導致了公共領域的全面衰退。阿倫特指出：

> 私有領域的這一擴大（可以說，整個人類為之著迷）並沒

---

53 阿倫特，《人的條件》，頁35。

54 見萊昂諾夫，《二十世紀的政治哲學家》，頁101。

55 阿倫特，《人的條件》，頁51。

> 有使私變公，並沒有構成一個公共領域，恰恰相反，這一擴
> 大僅僅意味著公共領域差不多全面衰退，以致在每一個地
> 方，偉大已讓位於魅力；因為……它無法容納不相關的東
> 西。56

　　漢娜・阿倫特對私人生活價值的蔑視，對經濟生活擴張的抨
擊躍然紙上。她認為，歸根究柢，這一擴大了的私人領域也即社
會領域並沒有改變其中人們的類似古代世界裡奴隸的行為方式，
也即動物式的本能的生活方式的本質：

> 　　隱私的一個特徵就是，在這一領域中，人不是作為真正意
> 義上的人，而僅僅是作為動物種類──人類的一個樣本而存
> 在的。確切地說，這就是古人極端蔑視它的最根本原因。社
> 會的出現已經改變了這一整個領域的評價，但幾乎沒有改變
> 其本質。57

　　阿倫特將人的政治屬性與社會屬性、政治領域和社會領域區
分開來。他認為，社會解放只能解決生存問題，而不能獲得自由
和真正的解放，後者是政治的功能。真正的政治與勞動、工作截
然有別，應當存在於人們的行動（action）中，也即存在於與私
人領域儼然有別的人類積極活動中。在阿倫特看來，社會的擴展
實際上是一種退化，由生存取代了行動，人的活動在總體上簡化
到依照條件來行為的動物水平。

---

56 阿倫特，《人的條件》，頁40。

57 阿倫特，《人的條件》，頁35。

　　阿倫特所謂社會的興起、滲透與擴張，其所指實際上就是資本主義的同樣過程。在阿倫特看來，隨著資本主義的無限擴張，私人領域節節勝利而公共領域全面衰敗，由此造成了一大群孤獨無根、與生活世界疏離、原子化了的群眾。他們充滿物欲的激情，只追求物欲的滿足，全然不關心、也不參與公共事務。他們與他人相隔絕，並且隔絕於使他們的生活有意義的公共領域之外。在這種隔絕與孤獨的境況下，他們極易喪失合理健全的判斷能力，從而極易被各種意識形態所蠱惑，被任何勢力所利用。阿倫特由此得出結論說，正是公共領域的衰落和個人生活的原子化、孤獨化的境況，才使極權主義的意識形態具有了吸引力。

三、托克維爾：身分平等與個人主義

　　作為海德格爾的學生，漢娜·阿倫特對原子主義式的私人生活方式的批評充滿了形而上色彩，而早於她一百多年的托克維爾（也常被人們稱為共和主義者）卻平實地描述和批評了這種生活私人化的原子主義傾向。

　　托克維爾（1805-1859）在19世紀30年代考察了美國後寫道：

　　　個人主義是一種新的觀念創造出來的一個新詞。我們的祖先只知道利己主義。利己主義是對自己的一種偏激的和過分的愛，它使人們只關心自己和愛自己甚於一切。個人主義是一種只顧自己而又心安理得的情感，它使每個公民同其同胞大眾隔離，同親屬和朋友疏遠。因此，當每個公民各自建立了自己的小社會後，他們就不管大社會而任其自行發展了。……利己主義可使一切美德的幼芽枯死，而個人主義首

先會使公德的源泉乾涸。但是，久而久之，個人主義也會打
擊和破壞其他一切美德，最後淪為利己主義。[58]

　　所謂利己主義，有極端的和溫和的兩種含意。極端的利己主
義指損人利己，它幾乎在任何社會裡都被視為不正當的而被道德
加以否定。它與個人主義沒有關係，二者的內涵完全不同。溫和
的利己主義指一種只顧自己、不管他人的生活態度。如果說前一
含意的利己主義行為涉及對他人的傷害，那麼後一含意的利己主
義指的是對他人的冷漠。按照托克維爾的觀點，這種溫和的利己
主義與個人主義儘管含意不同，但久而久之，就會有某種因果關
係。

　　在現代社會，隨著經濟生活和其他私人生活成為人們的主要
生活方式和主要生活內容，公共生活在大部分時候逐漸退出人們
的視域，美德和共同體理想的追求也轉入私人領域，成為人們自
主選擇的生活方式，人們生活的原子化傾向越來越明顯。原子主
義的核心含意按照查爾斯・泰勒的分析就是權利優先，也即正當
優先——優先於善，這意味著人們擁有不被強迫為善的權利。這
就使個人主義在一定條件下——如公共參與的闕如、經濟生活成
為中心等——就會導向原子主義和利己主義[59]。其特徵是，人們只
追求自己的利益，而對公共事務的參與缺乏熱情——這一點為共
和主義者所指出並批評；或者淡化共同體歸屬感，淡漠同胞聯

---

58 托克維爾，《論美國的民主》下卷，頁625。

59 資本主義條件下的原子主義特徵早已被許多思想家所指出，但是專制主義、
　極權主義條件下的原子主義後果直到最近幾十年才被諸如哈維爾等人所指
　出。參見崔衛平譯，《哈維爾文集》。

繫，以及孤獨感的加強——這一點為共同體主義者所指出並批評。

托克維爾認為，「個人主義是民主主義的產物，並隨著身分平等的擴大而發展。」[60]他把個人主義的根源追溯到現代性的民主與平等的趨勢上，這是一種極為深刻的思索。原子化的個人主義歸根究柢源自於一種社會狀況的源發性事實——人們的身分平等（也即民主）的社會狀況。身分平等意味著不存在以出身為基礎的貴族等級制，每個個體都與生俱來地擁有平等和不可剝奪的權利，都是自己事務的自主主體，只服從他自己，按照他自己的意願決定自己的命運。這種個人主義的結構與貴族社會的狀況形成鮮明的對比。在貴族制的社會結構裡，個體是被權利和義務的鎖鏈固定在某一個身分和地位上的，個人沒有多少自主性，而是深深地打上社會的烙印。

> 貴族制度還可以產生把每個人同其他多數同胞緊密地聯繫起來的效果。……在貴族制社會，每個公民都有其固定不變的位置，等級層次分明，所以每個公民都經常意識到在自己之上有一個一定能夠庇護他的人，在自己之下又有一個他有義務扶助的人。因此，生活在貴族時代的人，幾乎總是跟本身以外的某些事物有密切的聯繫，並往往為了這些事物而忘我犧牲。[61]

現代平等和民主的社會，個人之間的等級結構被平等的關係

---

60 托克維爾，《論美國的民主》下卷，頁626。
61 托克維爾，《論美國的民主》下卷，頁626。

所取代，個人不再受到他人的束縛和影響，每個人的行為不再是出於對他人的意志的服從和尊重，而是出於自我的意願。人們不僅擺脫了有名望的姓氏和巨富的影響，而且擺脫了源於知識和道德的天然貴族的影響，成為獨立的自己行為的主人[62]。

> 隨著身分日趨平等，大量的個人便出現了。……這些人無所負於人，也可以說無所求於人。他們習慣於獨立思考，認為自己的整個命運只操於自己手裡。因此，民主主義不但使每個人忘記了祖先，而且使每個人不顧後代，並與同時代人疏遠。它使每個人遇事總是只想到自己，而最後完全陷入內心的孤寂。[63]

托克維爾認為，把人們從自我孤立狀態拉回到社會聚合的最好方式是號召參與公共事務。埋頭於個人的經濟利益會消弱人們的公共意識，而參與公共事務則是消除個人主義原子狀況有害後果的最好方法。要求公民參與公共事務，可以促使他們不光埋頭於自己的私利，也能夠把眼光投向自身小圈子以外的其他事情，從而開闊眼界，看到純私人世界裡不能看到的事物。通過積極參與公共事務，公民就能夠克服日益商業化的社會生活而造成的相互隔絕感和無能為力的心態，成為健全的公民。

托克維爾認為，公民參與公共事務的關鍵是建立各種活躍的公民組織，羅伯特・貝拉等人在《心靈的習性：美國人生活中的

---

62 參看馬南，《民主的本性：托克維爾的政治哲學》（北京：華夏出版社，2011），頁57-83。

63 托克維爾，《論美國的民主》下卷，頁627。

個人主義和公共責任》一書中就此寫道：

> 人民結社加上分散化的地方治理，可以提供公開地、理智地形成意見的講壇；潛在的公共意識和責任意識可以由此發揚光大；個人與中央化國家的關係，可以因此得到緩衝調節。托克維爾認為，公眾結社生活，是防止他最擔心的一種情形發生的最堅固的堡壘，即出現一個由相互敵視的個人組成並必然成為專制主義盤中之物的群眾社會。這些中層結構可以遏制、約束、限制中央政府不斷擴大行政控制權的傾向。[64]

托克維爾強調，只有人們通過結社自由的行使，才能不斷地把身分平等導致瓦解了的社會重新組織起來。而在政治結社與民事結社中，他尤其強調政治結社的意義：

> 當使公民們全都參加國家的治理工作時，他們必然走出個人利益的小圈子，有時還會放棄自己的觀點。一旦人們都去參加公共的工作，每個人都會發現自己不能像最初以為的那樣可以離開他人而獨立，而為了得到他人的幫助，自己就得經常準備幫助他人。[65]

當然，結社自由的最重要意義在於防止專制主義的出現，這是托克維爾一再強調的：

---

64 羅伯特・貝拉等，《心靈的習性》（北京：生活・讀書・新知三聯書店，1991），頁56。

65 托克維爾，《論美國的民主》下卷，頁630。

　　專制在本質上是害怕被治者的，所以它認為人與人之間的
隔絕是使·其長存的最可靠保障，並且總是傾其全力使人與人
之間隔絕。在人心的所有惡之中，專制最歡迎利己主義。只
要被治者不互相愛護，專制者也容易原諒被治者不愛他。[66]

　　在《舊制度與大革命》中，托克維爾談到法國大革命一個重
要的後果，就是它把社會的中間結構給瓦解了，原來的由中間團
體享有的地方性自治權力都被中央收走了（這種趨勢實際上在大
革命前早已開始）。大革命將個體從各種封建束縛、等級社會中
解放出來，或從中間團體中解脫出來，直接受制於國家。其結果
是，所有不屬個體的權力都歸於了國家，於是，中央集權的擴張
就成為大革命的必然結局。在托克維爾看來，中央集權的擴張和
原子化的個人的出現意味著一種新型專制的到來。因此，大革命
以捍衛人權始，而以極權主義終。

四、黑格爾：原子主義——市民社會的原則

　　在黑格爾那裡，這種自由主義的原子主義也遭到了批判。在
黑格爾看來，「『自由主義』揭示了原子論的原則，就是個別意志
的原則，來對抗上述種種；這個自由主義所揭示的原則主張以個
人意志為依歸，認為一切政府都應該從個人明白的權利出發，並
且應該取得各個人明白的承認。」[67]黑格爾把矛頭指向社會契約論
及其人民同意說。自由主義者宣稱人的權利是以自然法或理性為
基礎的，而政治社會卻是一種基於人們意願之上的人為安排，國

---

66 托克維爾，《論美國的民主》下卷，頁630。
67 黑格爾，《歷史哲學》（北京：生活·讀書·新知三聯書店，1956），頁498。

家的正當性和合法性並非不證自明的，沒有任何國家是自然正當
的。自由主義在國家之外去尋求立足點，將享有權利的個人置於
國家之上，國家必須經過他們的同意才獲得合法性。黑格爾不能
同意這種將國家建立在他所謂的個人任意意志的結合基礎上的學
說，他認為，人生來就已經是國家的公民，人作為政治的動物天
生就被規定了。他批評道：

> 近人很喜歡把國家看作一切人與一切人的契約。……但就
> 國家而論，情形卻完全不同，因為人生來就已是國家的公
> 民，任何人不得任意脫離國家。生活於國家中，乃是人的理
> 性所規定，縱使國家尚未存在，然而建立國家的理性要求卻
> 已存在。……所以國家絕非建立在契約之上，因為契約是以
> 任性為前提的。如果說國家是本於一切人的任性而建立起來
> 的，那是錯誤的。毋寧說，生存於國家中，對每個人說來是
> 絕對必要的。[68]

黑格爾對自由主義的批評使之被歸於保守主義的陣營，但是
他也被共同體主義者所追隨，並且得到共和主義者的尊重。黑格
爾關於社會原則與國家倫理的對立，表達了當今共同體主義者和
共和主義者關於個人權利與公共善的對立的同樣意思。在自由主
義那裡，社會不是通過國家來界定的，相反，國家只是社會的一
個管理機構。黑格爾把這樣一種社會稱為「市民社會」，其中，
個人的自我利益從宗教的、倫理的、政治的考慮中擺脫出來，獲
得了合法性。市民社會是一個個人利益得到充分表現的社會。

---

68 黑格爾，《法哲學原理》，頁82-83。

> 市民社會，這是各個成員作為獨立的單個人的聯合，因而也就是在形式普遍性中的聯合，這種聯合是通過成員的需要，通過保障人身和財產的法律制度，和通過維護他們特殊利益和公共利益的外部秩序而建立起來的。[69]

自由主義把市民社會中的個人與國家的關係理解為契約關係，或目的與手段之間的關係，認為所有的權力都必須經過人們的同意，任何人、任何組織都不能行使未經同意的權力。在黑格爾看來，這種契約論解釋的所謂國家其實不過是市民社會，實際上遠未上升到國家的真實概念。

> 如果把國家同市民社會混淆起來，而把它的使命規定為保證和保護所有權和個人自由，那麼單個人本身的利益就成為這些人結合的最後目的。……這樣一來，這些單個人的結合成為國家就變成了一種契約，而契約乃是以單個人的任性、意見和隨心表達的同意為其基礎的。[70]

社會契約論把個人看作目的，把國家視為手段，這種所謂的國家「其所想像的只是指市民社會的規定而言」[71]。黑格爾認為，真正的國家不僅不被市民社會的個人所同意，相反，倒是「成為

---

69 黑格爾，《法哲學原理》，頁174。

70 黑格爾，《法哲學原理》，頁253-255。

71 黑格爾，《法哲學原理》，頁197。

國家成員是單個人的最高義務」[72],「個人本身只有成為國家成員才具有客觀性、真理性和倫理性」[73]。說到底,國家才是自足的,而個人依賴於國家自身的倫理實現:

> 國家是倫理理念的現實——是作為顯現出來的、自知的實體性意志的倫理精神,這種倫理精神思考自身和知道自身,並完成一切它所知道的,而且只是完成它所知道的。國家直接存在於風俗習慣中,而間接存在於單個人的自我意識和他的知識和活動中。[74]

我們看到,黑格爾實際上道出了當代自由主義批評者的「善優先於權利」的觀念。在這些批評者看來,個人權利並不是自證的,善和絕對理念才是自證的。黑格爾把個人與倫理共同體的關係理解為偶性與實體的關係,這意味著個人只有投身於共同體善的追求中,才能獲得其生活的意義,才能找到他真正的自我和身分認同感。而自由主義的「權利優先於善」的市民社會觀念在黑格爾及其當代自由主義的批評者看來,只能使個人躲進狹隘的、平庸的生活圈子中,過著一種任性的、異化的、沒有理想的生活。查爾斯・泰勒曾經對這種市民社會的生活方式給予評價道:

> 使政治邊緣化的政治還以更微妙的形式被視為對自由構成一種威脅。當「政治正在被邊緣化」這一名目下的社會領域

---

72 黑格爾,《法哲學原理》,頁253。

73 黑格爾,《法哲學原理》,頁254。

74 黑格爾,《法哲學原理》,頁253。

成為自我調節的經濟領域時，情況尤其如此。因為在這一領域內，整個社會裡的事物的部署不是來自任何集體意志或者共同的決定，而是經由一隻「看不見的手」。將我們的集體命運聽任盲目的經濟力量的擺布，這可被描摹為一種異化。在此基礎上，所有那些虔信政治生活本身是好的這一理想的人，將會把政治的邊緣化視為拋棄了生活中最有價值的東西，是從公眾逃入更為狹窄也更為無意義的個人安逸的小圈子裡，用托克維爾的話說是尋求「微小的和庸俗的快樂」。[75]

五、共產主義者對原子主義的批判

如果說共同體主義、尤其共和主義對共同善（理想）的訴求是針對西方人的生活狀況的，因而對於我們中國人來講比較陌生，那麼我們中國人自己也曾經有過狂熱的對共同理想也即共產主義的追求則不會不熟悉，儘管這一激進理想的源頭仍然是來自西方的。在那個激情燃燒的年代裡，個人私生活沒有任何地位，政治壓倒一切，所有的隱私都暴露於光天化日之下，私有觀念和個人主義遭受最嚴厲的指責。理想、共同事業起碼在表面上成為人們生活的全部內容，保爾·柯察金那段滾燙的著名言語鼓舞著當時的年輕人：「人最寶貴的是生命，生命在於人只有一次，一個人的生命應該這樣度過：當他回首往事時，不因虛度年華而悔恨，也不因碌碌無為而羞恥，這樣，在他臨死的時候他可以說：『我已經把整個生命和全部精力，獻給了世界上最壯麗的事業

75 查爾斯·泰勒，〈籲求市民社會〉，載汪暉、陳燕谷主編，《文化與公共性》（北京：生活·讀書·新知三聯書店，1998），頁193-194。

——為人類的解放而鬥爭！』」

如果說共同體主義、甚至共和主義所追求的共同善是歷史的、相對的，由地域、語言、文化的自然紐帶或政治連結所限定的，那麼共產主義所追求的善理想則是全人類的解放，其對「人民」、「全人類」、「共同目標」這些概念的使用一開始就為其創始人馬克思所喜好：

> 在選擇職業時，我們應該遵循的主要指針是人類的幸福和我們自身的完美。

> ……人們只有為同時代人的完美、為他們的幸福而工作，才能使自己也達到完美。如果一個人只為自己勞動，他也許能夠成為著名學者、大哲人、卓越詩人，然而他永遠不能成為完美無疵的偉大人物。歷史承認那些為共同目標勞動因而自己變得高尚的人是偉大人物；經驗讚美那些為大多數人帶來幸福的人是最幸福的人。

> ……如果我們選擇了最能為人類福利而勞動的職業，那麼，重擔就不能把我們壓倒，因為這是為大家而獻身；那時我們所感到的就不是可憐的、有限的、自私的樂趣，我們的幸福將屬千百萬人，我們的事業將默默地、但是永恆發揮作用地存在下去，而面對我們的骨灰，高尚的人們將灑下熱淚。[76]

一般認為，歐洲早期的社會主義或共產主義思想與共和主義

---

76 卡・馬克思，〈青年在選擇職業時的考慮〉，寫於1835年8月12日，第一次發表於《社會主義和工人運動史文庫》1925年萊比錫版第11卷。《馬克思恩格斯全集》第40卷（北京：人民出版社，1982），頁7。

有某種淵源關係，甚至可以說，社會主義或共產主義在早期不過是一種激進的共和主義。1842年在《萊茵報》工作期間，一直到1843年寫作〈論猶太人問題〉時，馬克思就是這樣一個激進的共和派人物。

有學者認為[77]，馬克思1842年的政治觀念接近於盧格（1802-1880）的觀點，傾向於對黑格爾國家觀的共和主義改造，強調通過公民的積極參與來消除特殊性和利己主義在當時社會生活各個領域中的支配，馬克思在1842年的絕大多數政論文章都堅持了這一取向。馬克思對普魯士等級議會制度的批判就是反對諸等級的利己主義和特殊性，他試圖以共和主義的公民精神和普遍利益取而代之。在1843年《黑格爾法哲學批判》中，馬克思認為，市民社會只是人的私人存在，是人的非本真的存在，而國家（公共生活）構成了人的本質，是本真的存在。可是，政治解放（自由主義）卻把這種本真存在與非本真存在顛倒了過來，市民社會的人變成了真正的人、本來意義上的人，而公民倒成了不真實的、虛幻的人。馬克思進一步指出，政治解放了的國家，人的實際存在（作為私人）與其本質（作為國家的一員，即公民）之間是截然分離的，於是產生了與政治共同體相隔離的人即私人，也即市民社會的人，馬克思視之為與「社會存在物」相對立的「單個存在物」。他們不關心政治，也不參與國家事務，只顧自己的私人利益，成為單子（原子）式的、利己主義的存在。

在馬克思看來，真正意義上的國家不是現代意義上的與市民社會相對立、相分離的國家，而是實現了真正普遍性的類生活，

---

77 見朱學平，〈從共和主義到社會主義──馬克思〈論猶太人問題〉新解〉，《現代哲學》2014年第3期。

或「真正的民主制」的國家。在民主制下，人民走出了狹小的私人領域，進入國家的政治生活中，所有人皆為公民，國家成為人民自由活動的產物：

> 在民主制中，國家制度本身就是一個規定，即人民的自我規定。在君主制中是國家制度的人民；在民主制中則是人民的國家制度。民主制是國家制度一切形式的猜破了的啞謎。在這裡，國家制度不僅就其本質說來是自在的，而且就其存在、就其現實性說來也日益趨向於自己的現實的基礎、現實的人、現實的人民，並確定為人民自己的事情。國家制度在這裡表現出它的本來面目，即人的自由產物。[78]

馬克思明確指出，消除市民社會和政治國家之間分離的根本途徑在於人民真正成為國家的公民，實際地參與到國家事務中，使國家成為人民全體的國家。

在1843年的〈論猶太人問題〉中，馬克思批判了政治解放的利己主義性質及其隔絕於政治的私人狹隘性，指出在政治解放中，「人沒有擺脫宗教，他取得了信仰宗教的自由。他沒有擺脫財產，他取得了占有財產的自由。他沒有擺脫行業的利己主義，他取得了行業的自由。」[79]宗教、私有財產等都被政治解放推到了市民社會的「私人領域」，並加以法律的保障。政治解放不是廢除宗教、私有財產等，恰好相反，政治解放必然要以宗教、私有財產和市民社會一切要素的恢復而告終。

---

[78]《馬克思恩格斯全集》第1卷，頁281。
[79]《馬克思恩格斯全集》第3卷，頁188。

　　馬克思把批判矛頭指向政治解放所確立的國家對私人領域的人權的保護，認為市民社會的利己主義的成員是政治國家的基礎和前提，政治國家通過承認這樣的人的權利而獲得自己的基礎。在作為政治解放之結果的法國大革命產物的《人權和公民權宣言》中，人權指的是自由、財產、平等和安全的保障，它們都處於公共領域之外，與公共事業的建構無關，卻得到國家的保護。政治解放的結果是私人性、私人領域及其人權成為神聖不可侵犯的。保護人權，就是為私人領域建立屏障，就是不干涉拒絕參與公共事務的私人的權利。顯然馬克思對政治解放及其人權的批判是共和主義的。

　　馬克思在〈論猶太人問題〉中逐一對人權的私人性進行揭露和批判。

　　第一，馬克思指出，按照自由主義的理解，自由這一人權是指可以做和可以從事任何不損害他人的事情的權利，每個人自由活動的界限是由法律規定的。馬克思批判道：「這裡所說的是人作為孤立的、退居於自身的單子的自由」，「自由這一人權不是建立在人與人相結合的基礎上，而是相反，建立在人與人相分隔的基礎上。這一權利就是這種分隔的權利，是狹隘的、局限於自身的個人的權利。」[80]

　　第二，關於私有財產權，馬克思論道，它就是自由這一人權的實際應用，「這就是說，私有財產這一人權是任意地、同他人無關地、不受社會影響地享用和處理自己的財產的權利；這一權利是自私自利的權利。」[81]

80《馬克思恩格斯全集》第3卷，頁183。
81《馬克思恩格斯全集》第3卷，頁184。

　　第三，馬克思就平等這樣說道：「在這裡就其非政治意義來說，無非是上述自由的平等，就是說，每個人都同樣被看成那種獨立自在的單子。」[82]

　　第四，至於安全，馬克思說道：「按照這個概念，整個社會的存在只是為了保證維護自己每個成員的人身、權利和財產。」[83]「市民社會沒有借助安全這一概念而超出自己的利己主義。相反，安全是它的利己主義的保障。」[84]

　　所有這些批判都可以歸因於政治解放將國家與市民社會分離開來的事實，它導致「公民」被「人」取代，這個人在馬克思看來不過是市民社會的人而已。這個抽象的人、與共同體分隔開的人，其本質就是原子化的、利己主義的存在。

　　馬克思由此得出結論說：

> 可見，任何一種所謂的人權都沒有超出利己的人，沒有超出作為市民社會成員的人，即沒有超出作為退居於自身，退居於自己的私人利益和自己的私人任意，與共同體分割開來的個體的人。在這些權利中，人絕對不是類存在物，相反，類生活本身，即社會，顯現為諸個體的外部框架，顯現為他們原有的獨立性的限制。把他們連接起來的唯一紐帶是自然的必然性，是需要和私人利益，是對他們的財產和他們的利己的人身的保護。[85]

82《馬克思恩格斯全集》第3卷，頁184。

83《馬克思恩格斯全集》第3卷，頁184。

84《馬克思恩格斯全集》第3卷，頁184。

85《馬克思恩格斯全集》第3卷，頁184-185。

　　顯然，馬克思是以一種共和主義的強調公民積極參與、強調建立政治共同體的眼光來表達對政治解放的不滿和批判的。在他看來，政治解放的本質是私人領域或市民社會的形成，其結果是，人們沉溺於私人生活，政治參與熱情的冷漠和共同體歸屬感的喪失，利己主義的盛行和原子主義的形成，政治結合的目的僅僅是為了維護退居於私人領域、與共同體分割開來的、市民社會的人的權利，政府的設立也只是為了保障「人」所享有的權利。政治解放使公共領域成為市民社會（私人領域）及其人權的「一種手段」，而不再是高貴的公民活動的舞臺。

　　　正如我們看到的，公民身分、政治共同體甚至都被那些謀求政治解放的人貶低為維護這些所謂人權的一種手段；因此，citoyen〔公民〕被宣布為利己的homme〔人〕的奴僕，人作為社會存在物所處的領域被降到人作為單個存在物所處的領域之下；最後，不是身為citoyen〔公民〕的人，而是身為bourgeois〔市民社會的成員〕的人，被視為本來意義上的人，真正的人。[86]

　　馬克思認為，在中世紀，舊的市民社會直接具有政治性質，社會和國家是不相分離的。現代的政治革命將個體從以前的束縛中解放出來，它消滅了市民社會的政治性質，並在其上建立起具有普遍意義的（但馬克思認為是虛假的）政治國家。政治革命使得公共領域和私人領域發生了分離，從而一方面形成了普遍事務的領域，即政治領域，另一方面形成了私人領域，即市民社會領

86《馬克思恩格斯全集》第3卷，頁185。

域。馬克思寫道：

> 國家的唯心主義的完成同時就是市民社會的唯物主義的完
> 成。擺脫政治桎梏同時也就是擺脫束縛住市民社會利己精神
> 的枷鎖。政治解放同時也是市民社會從政治中得到解放，甚
> 至是從一種普遍內容的假象中得到解放。
>
> 封建社會已經瓦解，只剩下了自己的基礎──人，但這是
> 作為它的真正基礎的人，即利己的人。
>
> 因此，這種人，市民社會的成員，是政治國家的基礎、前
> 提。他就是國家通過人權予以承認的人。[87]

　　共和主義在馬克思思想中的影響一直存在，在後來他評點
1848年革命和盛讚巴黎公社的時候，這種影響仍然潛在於他的表
達中。巴黎公社是革命，但也是復古，它在諸多方面模仿了羅馬
共和國。但是，傳統的共和主義對公民身分的外延是有嚴格限定
的，公民只占人口的很小一部分[88]，而共產主義的目標是普遍公民
制，追求的是「全人類」或「全體人民」的共同善。從「公民」
到「人民」的變換演繹了現代歷史進程中意識形態的詭譎多變，
「人民」取代「公民」標誌了一種古代理想被現代烏托邦追求所
取代。公民的理想是公民對國家的自我統治或自治，而人民的理
想是統治階級的消滅和國家的消亡，從而為人民的自我管理或當

---

87 《馬克思恩格斯全集》第3卷，頁187-188。

88 「盧梭和市民共和主義的觀點，則把古代的自由建立在一種特殊共同體的倫理
　價值及其共同的精神氣質之基礎上，也就是將這些自由根植於特殊的和區域
　性的價值之中。」（羅爾斯，《政治自由主義》〔北京：中國社會科學出版社，
　1988〕，頁436。）

家做主提供了空間。在共產主義社會裡，對物的管理取代了對人的統治。政治將不再存在。

　　不過他們的共通之處還是明顯的，這就是都高舉共同善、公共利益的旗幟，批判自由主義對私人領域及其個人權利的排他性或優先性的強調，主張公民或人民的參與和自治（當家做主），等等。在共產主義者看來，私人性與原子主義、甚至與利己主義有天然的關係，在他們的邏輯裡，私必意味著惡，公必意味著善。他們把個人權利，尤其私有財產權利視為追求人類大同理想的最大障礙，反之，他們把財產的公有化也即人民對財產的公共占有作為消除人間之惡的基礎性步驟和前提。至於為什麼自由主義要保護私人權利，重視私人領域，它有什麼道德依據，在馬克思主義者看來這些問題都是不值一駁的資產階級意識形態的辯護而已。

　　柏拉圖是歷史上最早（從斯巴達人對私人生活的嚴格限制得到啟發）構想出共產主義的思想家。「他的《理想國》一開始就意在討伐和摧毀一種錯誤的自我觀——自我是關心一己之滿足的孤立單位。他的目的是代之以如下觀念，即自我是某種秩序的一部分，並通過在那種秩序中各司其職而獲得滿足。」[89]這種秩序的體現即正義，而正義的目標是至善，實現了的正義即是至善。這意味著善的目標規定、統領著正義。他認為，為實現正義之善，統治者必須與經濟利益和財產以及私人生活完全分離，如果不加分離，政治權力的持有者就會一心想著他自己的私人利益，而不能做到無私忘我，從而遠離了公共關懷。因此，統治者必須實行

---

89 厄奈斯特·巴克，《希臘政治理論：柏拉圖及其前人》（長春：吉林人民出版社，2003），頁291。

共產主義，過一種沒有經濟動機和私人動機的公共生活，甚至不能有自己的家庭[90]，實行共產共妻制度。這樣，統治者才能不以追求私我滿足為目的，而奉獻於為一個更大的整體謀求幸福。儘管後來的各種共產主義在根本問題上完全不同於柏拉圖的共產主義，但是在批判和抑制私有財產及私人善（利益）這一點上是一致的，目的都是要使個人從私人性中走出來，投身於公共事業或公共目標中去。

六、自由至上主義的原子主義及其遭受的批評

一般來講，共產主義以財產的公共化來追求的善理想是要在全體人民之間實現經濟地位也即財產占有的平等，這與柏拉圖的不平等的貴族主義的共產主義不同，儘管後者在統治者內部也追求一種平等。平等作為一種價值始終是許多人夢寐以求的理想，在共產主義者那裡，它甚至成為終極理想。但在現代社會，平等一般不再被承認為是一種終極善，甚至不認為是一種善，而被認為僅僅是一種權利。平等越來越從一種不易追求到的善（經常被認為是烏托邦理想）轉化為一種被法律保障的正當性要求。而這僅僅是因為，平等的內涵發生了變化：在共產主義那裡，指的是財產占有關係的平等，而現代價值中是指享有國家給予幫助和保障的福利權利；甚至更加的具有底線性質：僅僅指平等的自由權利，即法律面前人人平等。因此，平等作為權利也存在著與善的衝突問題：是平等權利優先於善，還是善優先於平等權利。保守主義者、完善論者從道德的角度堅持善優先於平等權利的立場，

---

90 只要有家庭的存在，就會有私人領域的存在，進而就一定會有私有財產的存在，共產主義就不可能實現。

它們對現代社會的平等主義發展對高貴價值的顛覆懷有深深的不滿甚至怨恨，總是把眼光投向逝去了的等級主義的傳統秩序。功利主義從追求最大化的利益角度也會導致這種立場，這一點被羅爾斯所指出。羅爾斯認為，按照功利原則（最大化的幸福原則）分配基本善，會出現至少兩個可能的嚴重後果：第一，它可能允許以社會整體或多數人利益的名義，去侵犯少數人的平等自由權利；第二，它可能允許一種經濟利益分配上的嚴重不平等。

　　但是，無論是平等的善（在共產主義那裡表現為財產公共化、按需分配等）還是平等的權利（表現為福利主義、再分配等），都會與個人自由發生衝突。在一個由個人自主意願而結合的社會裡，個人如果對自己私有物擁有絕對的權利，那麼他就沒有被強加以實現平等的義務（除非自願），因此他人也就沒有平等的權利。確實，要想證明平等具有價值並形成權利，也就是說，要想證明何以一個人有權要求別人為他提供職業、住房、教育和健康保險等而又不侵犯作為自律個體所擁有的自由權利，訴諸自律個體間的自由合作和自由意願（契約）的證明是非常勉強的。在這樣一種自由權利壓倒一切、私有財產神聖不可侵犯的社會裡，一個人如果能夠、但是不願意去改善他人的貧窮生活狀況，他就有絕對的不受干涉的權利。這就是諾齊克這樣的自由至上主義者所要論證和維護的東西，他說：

　　　　我堅決認為，對我們可以做些什麼的道德邊際約束，反映了我們的個別存在的事實，說明了沒有任何合乎道德的拉平行為可以在我們中間發生。我們中的一個生命被其他生命如此凌駕，以達到一種更全面的社會利益的事情，絕不是合乎道德的，我們中的一些人要為其他人作出犧牲，也絕不能得

到證明。以下這一根本的觀念：存在著不同的個人，他們分
別享有不同的生命，因此沒有任何人可以因為他人而被犧牲
——這正是道德邊際約束存在的根據，但我相信，它也導向
一種禁止侵犯另一個人的自由主義邊際約束。[91]

自由主義的反對者激烈批評這種維護個人權利而被認為必然
導致的冷酷無情、弱肉強食、生存競爭的原子主義、利己主義狀
況。共產主義者認為這種狀況的根源是私有制以及一整套保護私
有制的人權體系，要改變這種原子主義、利己主義的社會狀況，
唯一的途徑是消滅私有制度，走向聯合體（commune）。也就是
說，把分散獨立的、由「看不見的手」聯繫的、互相競爭的私人
個體，通過有計畫的組織而聯合為一體，進行有計畫的合作分工
的生產勞動。顯然，共產主義的創始人從一開始就在思考黑格爾
對市民社會的批判，以致如何克服市民社會的原子主義狀況，成
為他終生思索的內容和追求的目標。

共同體主義者同樣追求一種「聯合體」，他們稱之為「共同
體」（community）。但是，維繫這種共同體的不是共同的財產及
其制度[92]，而是共同的傳說、共同的語言、共同的血緣、共同的歷
史、共同的祖先和共同的信仰等文化共同物。共同體主義者把原
子主義的根源歸咎於缺乏或喪失個人對共同體及其共同善的歸屬
感和獻身精神，因而缺乏或喪失關愛、仁慈和互助的情感紐帶。

---

91 羅伯特・諾齊克，《無政府、國家和烏托邦》，頁42。

92 除沃爾澤、大衛・米勒外，共同體主義者並不否定私有財產制的存在，相
反，他們像一般保守主義者那樣，認為私有制對於維持社會的連續性有意
義。但是，他們多持一種平等主義的立場。

因為只有在共同體內過一種有歸屬性的生活，個人才會走出私人生活領域，自願承擔個人對共同體及其成員的義務。在共同體內，追求美德是每個成員的義務，而關愛他人是其中重要的美德。因此共同體主義者認為，在自由主義的正義框架內不可能證明平等，只有在共同體主義的仁愛框架內才可能證明平等。

確實，正如哈耶克所表現的那樣，如果從自由至上主義的立場來為自由作辯護，那麼平等就一定會被忽視或貶低，甚至遭到批評。在哈耶克看來，平等僅僅指的是在法律面前人人平等，而他堅決反對社會正義所追求的物質平等，認為這種物質平等由於依賴於政府的權力干涉，它必定會摧毀法律面前人人平等的原則，進而摧毀法治，從而破壞維護自由的秩序。哈耶克凸顯了、加深了自由與平等價值的相互衝突性質。

另一個自由至上主義者諾齊克也力圖證明自由權利的存在和平等權利的不存在（只存在平等的善——博愛、仁慈等）。他以一種「權利理論」（其要點是自由權利至上）來反對羅爾斯的「差別原則」所表達的平等主義。他認為，如果承認個人的自由權利是神聖不可侵犯的（羅爾斯承認這一點），那麼羅爾斯的「差別原則」就必然會侵犯、干涉人們的權利。之所以如此，在於平等就意味著把改善他人（尤其貧窮者）的生活狀況作為義務強加於個人。可是，這種強加的義務根據何在？諾齊克指出，平等並不比不平等更不需要論證[93]，如果得不到論證，就意味著這是強加的侵犯而不只是強加的義務。在諾齊克看來，「從一種權利理論的觀點來看，再分配的確是一件涉及到侵犯人們權利的嚴重

---

93 見諾齊克，《無政府、國家與烏托邦》（北京：中國社會科學出版社，1991），頁225-227。

事情」[94]。

羅爾斯認為,「差別原則」得以成立的關鍵是這樣一個論點,即一個人不應得其天賦或自然才能,因為天賦對於一個人是偶然、幸運之所得,不是他努力的結果;同樣,他也不應得其幸運的家庭出身所帶來的有利條件。

> 沒有一個人應得他在自然天賦的分配中所占的優勢,正如沒有一個人應得他在社會中的最初有利出發點一樣……認為一個人應得能夠使他努力培養他的能力的優越個性的斷言同樣是成問題的,因為他的個性很大程度上依賴於幸運的家庭和環境,而對這些條件他是沒有任何權利的。「應得」的概念看來不適應於這些情況。這樣,較有利的代表人就不能說這些有利條件是他應得的……[95]

羅爾斯認為,最好把自然才能或天賦看作是社會的一種共同資產,以便可以在全社會中予以分配:「差別原則實際上代表這樣一種安排:即把自然才能的分配看作一種共同的資產,一種共享的分配的利益。」[96]這意味著,那些天賦較高的人是幸運的,這種幸運只能在改善那些不利者狀況的條件下才能給他們帶來利益。我們不能消除天賦上自然存在的差別,但是,「社會基本結構可以如此安排,用這些偶然因素來為最不幸者謀利」[97]。

94　諾齊克,《無政府、國家與烏托邦》,頁173。
95　羅爾斯,《正義論》,頁99。
96　羅爾斯,《正義論》,頁96-97。
97　羅爾斯,《正義論》,頁97。

可是，諾齊克卻認為，這種將人的自然才能看作共同財產的觀點恰恰會否定了自由主義在強調個體之不可侵犯性、個人不能作為他人目的的手段時所確認的原則：

> 人們在把自然才能看作是一種共同資產方面是意見不一致的。一些人回應羅爾斯對功利主義的批評，抱怨其理論「沒有認真地對待人們之間的差別」，他們懷疑如此重建康德，把個人的才能作為別人的資源的觀點是不是恰當。[98]

作為共同體主義者的桑德爾指出，諾齊克揭示了羅爾斯第一正義原則（「平等自由權利原則」）對自由的確認和第二正義原則（「差別原則」等）的平等訴求之間的衝突。並且，諾齊克用康德「人是目的，而不是手段」的信條成功地反駁了堅持康德主義的羅爾斯的平等主義訴求。但是，桑德爾不同意諾齊克的結論：放棄平等，回到自由至上；而是要求：放棄自由至上，承認平等。而這只有在共同體主義的環境下才能夠成為可能，因此，他認為只有在共同體主義的框架下才能證明平等：

> 如果差異原則想避免將一些人當作另一些人的目的之手段來使用，那麼只有在一定環境下，它才能夠成為可能。在這種環境下，占有主體是一個「我們」而不是一個「我」，這種環境繼而暗示在構成性意義上存在著一種共同體。[99]

---

98 諾齊克，《無政府、國家與烏托邦》，頁231。

99 桑德爾，《自由主義與正義的局限》，頁99。

　　桑德爾的意思是，只有「將共同財產的概念和一個共同的占
有主體的可能性維繫在一起」[100]，對自然或天賦才能在全社會的分
配才不是對個人的侵犯。因為，只有不是將社會看作自律個體的
自願合作組織（契約社會）而是看作共同體夥伴關係組織，在這
種社會中，首要的價值不是個人的權利，而是個人的義務，或者
說是對他人的關懷，正如家庭、教會中表現出來的人際關係那
樣，對個人的強加才不是侵犯。

　　英國的共同體主義者大衛・米勒從他所謂「人類關係的樣
式」推出一種市場社會主義的共同體主義，他也認為，只有在一
個由成員的團結合作和互助友愛精神聯繫起來的共同體內，平等
才能實現。因為，在共同體中，每個人都把自己看作是一個更大
的有機體的內在組成部分，因而把別人的利益視為自己的利益，
正如他人把我的利益視為他自己的利益一樣，因此就沒有必要在
共同體的利益分配中強調私人的利益、私人的權利，人們的生活
不受私有桎梏的束縛。友愛是共同體全體成員的共識，共同體成
員都願意為他人的利益作出自己的奉獻，所以，互助是自願的，
絕不會作為一種制度而強制推行[101]。

　　在米勒看來，有兩種不同的平等，一種是與正義相關的，另
一種是獨立於正義的，或者說超越了正義的。前一種平等基於分
配正義，他確立了某種權利——應當平等地加以分配，因為正義
要求這樣做。後一種平等則並非在這種意義上是分配性的，他並
不直接確立對權利或資源的任何分配，而是，它確立了一種社會
理想，即一個人們相互把對方當作平等的夥伴來對待的社會。他

100　桑德爾，《自由主義與正義的局限》，頁98。

101　參自俞可平，《社群主義》（北京：中國社會科學出版社，1998），頁61-64。

認為這是一種「地位的平等」或「社會平等」，與基於正義（權利）的平等並不相同。一種是整體論的，另一種是個人主義的[102]。

在此，共同體主義者訴求共同體理想其目的是要拆解個人權利之神聖不可侵犯性並使平等價值具有優先性，而這意味著對羅爾斯所設定的正義環境或條件的超越。所謂正義的環境（circumstances of justice），按照羅爾斯，是指正義得以必要（得以產生並發揮作用）的條件，「扼要地說，只要互相冷淡的人們對中等匱乏條件下社會利益的劃分提出了相互衝突的要求，正義的環境就算達到了。」[103] 其中，利益衝突是一個關鍵的條件，可以說，若是沒有人們之間的利益衝突，正義也就沒有必要了[104]。因為，正義之所以必要正是來自於需要對衝突各方的利益進行調節、平衡和分配，對個人權利給予保護。按照羅爾斯的看法，人們相互關係上並非總是仁慈、慷慨和利他的（休謨所謂「自私和有限的慷慨」），人們的利益也並非都是一致的，人們的目標也不可能都是共同的，衝突和競爭總是不可避免的。這一點哪怕訴諸共同體的團結和友愛，也是無濟於事的，這是天性使然，是人類必須面對的事實。只要人們的衝突存在，正義的條件或環境也就不可能不存在，我們不可能相信人性會完美到不需要正義來調節

---

102 見米勒，《社會正義原則》（南京：江蘇人民出版社，2001），頁259、260。

103 羅爾斯，《正義論》，頁122。

104 但是，羅爾斯認為，並不等於利益（interests）之外的衝突就不需要正義了，善觀念（conceptions of the good）的衝突同樣需要正義的調節。利他主義的追求有可能比利己主義更需要正義的調節，否則其侵犯權利起來可能更加嚴重。羅爾斯寫道：「聖徒英雄的精神理想能夠像別的利益一樣毫不妥協地互相對立。在追求這些理想中發生的衝突是所有悲劇中最大的悲劇。」（羅爾斯，《正義論》，頁124。）

人們的衝突的境地。但是，桑德爾不這樣看，他認為並非所有的
人類合作都存在利益衝突，因此並非都需要正義：

> 包括各個領域的許多方面，如部落、鄰居、城市、鄉鎮、
> 大學、商貿聯合會、民族解放力量和業已建立的民族主義，
> 還有許許多多的種族、宗教、文化和語言的共同體，這些共
> 同體具有或多或少清晰界定的共同認同與共享的追求，其表
> 現出來的屬性明顯地顯示出正義之環境條件的相對缺乏。儘
> 管在上述情形中可能均存在正義之環境條件，但這類環境條
> 件似乎並未占統治地位，至少很難說正義基本上比其他任何
> 美德更受人們重視。……正義是社會制度的首要美德，並非
> 像真理之於理論那樣絕對，而是有條件的，……[105]

　　桑德爾的意思是，正義不應該是一種首要的美德，而應該是
一種補救的美德，也即次要的美德，「當社會陷入墮落狀況時用
它來做修理工作」[106]。這就是說，正義的環境是在不正常條件下才
存在的，在共同善支配人們行為的地方，正義是不需要的。在那
裡，是仁愛或博愛而不是正義，成為人們遵循的首要美德；只有
這種情況，平等才是強有力的道德命令，但它是仁愛或人性的召
喚而不是正義的命令。桑德爾認為，在正義環境不存在的地方，
強調正義只會導致錯位，強調權利只會敗壞已經存在的和諧與溫
馨狀態。

105　桑德爾，《自由主義與正義的局限》，頁39。
106　桑德爾，《自由主義與正義的局限》，頁39。

當我在不適宜的環境條件下——也就是說仁愛或博愛之美
德相對而言比正義更有意義——出於正義感而行動，我的行
動就可能不僅僅是多餘的，而且可能歸因於對流行的理解和
動機的一種重新定位，由此在某種程度上改變正義的環
境。[107]

共同體主義者不承認正義的條件——尤其是「自私和有限的
慷慨」這一點——是一種正常的、自然的存在，在他們看來，正
義的條件是缺乏共同善的培育、教化和灌輸的結果，因而是可以
輕而易舉地超越和被取代的。因此他們批判基於正義之上的保護
個人權利的制度，追求一種基於友愛和合作的共同體中的人與人
的關係。

這種觀點與共產主義者所描述的歷史的最終走向的看法何其
相似。共產主義者所追求的理想正是正義及其權利體系消亡（確
切地說是不再需要了）後的人類自由的聯合，而其前提正是利益
衝突的根源——私有制——的剗除。按照馬克思主義的觀點，利
益衝突是階級社會的必然狀態，而階級的存在僅僅同生產發展的
一定歷史階段相聯繫，它不是人類社會的常態，而只是人類達到
自由王國之前的非常態。馬克思把利益衝突歸結為人們不平等的
社會階級地位和關係所導致的必然現象，這就是說，若是人們的
社會地位和關係平等了，階級現象消滅了，那麼，利益衝突也就
不存在了。所以，歸根究柢，必須消滅私有制，消滅利益衝突的
總根源。

共同體主義和共產主義都追求一種沒有利益衝突的社會（前

---

107 桑德爾，《自由主義與正義的局限》，頁43。

者知道這是不大可能的烏托邦理想，因此保留了正義的補救意義）。儘管對利益衝突的根源它們有不同的看法，前者歸結於共同情感紐帶、共同體歸屬感以及「共同認同與共享的追求」的闕如，後者卻歸於財產公共所有制、平等的經濟地位和關係的闕如，但是，它們都認為，只要闕如被填滿，衝突就會消失，一個不再存在私有觀念和個人自我觀念的理想社會就會到來。對這種小同或大同社會的追求，是人類古老的夢想，但問題是，對公共善、共同理想的追求是否會「通往奴役之路」？哈耶克的這一問題是人類各式各樣的理想追求者必須面對的。

對群體屬性、人際關懷、社會行為、互助友愛、團結合作等價值的珍視，是所有傳統主義者、保守主義者、共同體主義者，包括亞洲價值觀、新儒家這些東方文化的維護者的共同訴求。他們把這些古老價值衰落的根源歸咎於個人主義、原子主義和利己主義，最終歸結於自由主義，並指責其對於社會、尤其未來社會走向的極大害處，甚至認為導致了人類走向危機。這種聳人聽聞的言論並不會被現代化下邁著匆匆腳步的人們所真正重視。但是，往往當面臨某種危機時，這種共同體主義的意義就會成為話題，而原子主義所導致的人們的冷漠、麻木和自私也才會凸顯出來。

七、中國民族國家認同危機的根源[108]

2003年春，中國經歷了一場嚴重的危機，中華民族與「非典」（SARS）病毒作了一次艱苦的鬥爭。當時，網絡討論空前熱

---

108 以下這節內容為2004年所寫，年代似已老舊，本想刪除，但覺其中問題至今仍有意義，就保留了下來。這節的後面部分做了一些補充和修改。

烈，人們大多把視線指向公共衛生危機和政府信任危機上。但是，在一篇〈危機時刻的反思──許紀霖教授採訪錄〉的網上文章中，許紀霖指出，在這些危機的背後，事實上還潛伏著我們這個社會多少年來所積澱下來的「民族國家認同」的危機和共同體（社會自組織）建構的危機。他認為，危機是重構民族國家認同的最好契機，但是，這場危機恰恰暴露了這種認同的匱乏：

> 　　中國人對民族國家共同體的認同情感是很膚淺的，……中國社會，就像費孝通先生所指出，是一個以自己為圓心的「差序格局」，自我利益是最重要的，其次是家族、村莊、地方的利益，最後才有可能是國家的利益。中國人一直沒有建立起現代的民族國家認同。

　　許紀霖確信：「人並不是一個抽象的概念，權利自由主義將人抽象為權利的主體和理性的主體，但現實中的人不僅是理性人、權利人，同時也是有情感、有文化背景的人，都生活在一定的民族文化背景和民族國家的地域之中。他必須獲得一種文化的和民族的歸屬感，否則無以形成完整的自我觀念。」他以「9‧11」事件的親歷者身分告訴國人，「9‧11」發生以後，美國民眾對民族國家的認同達到了極點，他們急於用各種方式表達對國家的忠誠，通過各種象徵性的舉動表達他們在國家危機時刻對共同體的認同。可是在中國大陸，我們都是被動員式地表達自己的民族情感，「在電視上，看到不少醫務人員、軍人、小孩在表達與國家同心同德，不怕犧牲，抗擊非典時，那個語言之貧乏啊，千篇一律，陳詞濫調，真是急死人。我相信他們是真心誠意的，但是他們的語言聽上去是那樣的空洞、無力。中國人真的已經喪失

了真實情感的表達能力嗎？還是被我們的媒體強制過濾了？還是我們做老師的責任，讓孩子從小學一年級起，就只會按照統一的標準答案，鸚鵡學舌？」

許紀霖說道，他從美國回來後，最強烈的感覺之一就是「中國缺乏現代社群的觀念」。

> 美國的建國過程……是先有社群，再有國家。……美國政府假如突然癱瘓的話，這個社會不一定會亂，可以照常運作。但是中國卻不行。這次防範非典的戰役完全是政府主導的，不是社會公共衛生系統在運作。……我們的社會依然貧血，依然缺乏獨立的自組織能力，嚴重地依賴政府和傳統的群眾運動模式。這樣的社會不能說是一個現代社會。

他把這種社群觀念的缺乏歸咎於經濟化個人觀念的盛行：

> 現在有一種庸俗自由主義的解釋，把個人理解為理性的人或經濟人。有網友在BBS上說，民眾最重要的是知情權，因為每個人都是有理性的，在得到真實信息之後，自然會作出最合理的個人選擇，但是，在現實之中，我們所看到的，恰恰是相反，北京百萬學生和民工大逃亡，不是發生在真相未知之前，而是在真相開始暴露，措施卻沒有及時跟上的一段時間。我們對人性、對人的理性的估計太高、太樂觀了！這是啟蒙時代的產物，以為社會的秩序與市場的秩序一樣，每個人追求自己的利益，靠「看不見的手」來調節，自然而然會達到最優的狀態。實際上，市場經濟下的個人，按照麥克弗森的觀點就是「占有性的個人」，這些人雖然是有理性

的，但只是經濟理性和工具理性式的考量，即如何有效地實現個人利益的最大化，這樣的理性考量在市場交易中是可能的，但在社會系統中無法通過「看不見的手」來調節，因為社會除了個人利益之外，還存在著公共利益。博蘭尼在《巨變》中指出的，這樣一個自利性的市場原則最後會傷害到社會，使整個社會崩盤。之所以如此，乃是因為傳統社會中還有宗教、家庭、家族等各種社群存在，社群中的人際關係不是利益交換的關係，而是靠情感、信念和公共文化作為樞紐在起作用。但假如市場的自利原則普遍化，撕破了中世紀一切溫情脈脈的關係之後，社會就面臨著解體的危機。我們在這次非典危機當中可以看到，由於缺乏社群的紐帶，危機一來，大家都變為自利性的個人。自利性的個人，按照黑格爾和馬克思的經典分析，只是僅僅有權利意識的資產階級市民，還不是我們所希望的有公共意識和社會責任的現代公民。真正的公民在面對社會事務時，是具有公共責任，能夠超越個人的利害，有所擔當的。

許紀霖談論中國大陸問題的口吻我們再熟悉不過了：他指責中國人的自私自利，希望突破個人主義，由社群走向民族國家的認同。隨著市場化在中國經濟領域的確立，其「經濟人」所表現的利己主義形象也成為了不滿個人主義的學者的批評對象[109]。哪

---

109 中國大陸的「新左派」對自由主義的批判局限於自由與平等的衝突問題上，而未進入個人主義或原子主義的問題域。許紀霖的這個對話應該是民間學者中第一次關注這個問題並引發爭論的例子。對個人主義的官方意識形態批判所引用的資源仍然是馬克思主義，共同體主義（更不用說共和主義）從未進入其視野。

裡有個人主義，哪裡就會有共同體主義，二者是相伴而存的。但是，正如許多跟帖網友指出的[110]，今天中國大陸的個人主義，或者說原子主義狀況——表現為個人公共關懷的淡漠，社會交往中的自私自利，共同體觀念的確失，人們生活的一盤散沙，缺乏社群組織的構建和參與，等等，未必是或未必全然是自由主義或自由市場經濟的結果，而更可能與中國傳統的和現實的專制主義不無關係：

> 專制主義有一個很大的特徵，即它從建立伊始，就時而視人民為敵，時而視人民為幼兒，時而視人民為工具，時而視人民為其子，就是從來不視人民為其權力合法性來源，不視人民的自治的可能性，於是他們自稱是父母官，自稱人民的母親，自稱是人民的導師，自稱是人民的保衛者，這種居高臨下的姿態，採取的只能是愚民的政治，教化的政治，而非鼓勵自治的政治。執政者他們像中國家庭中的父母一樣，盡可能地包辦一切，管治一切，從意識形態到甚至性生活，一切文化，科學，道德的發展都在其責任之內。在這種政治體制下，向執政者直言進諫者總要冒著掉腦袋的風險，持不同政見者總是難逃流離失所的命運，爭自主者，爭自治者，總是被國家機器、權力之棒打壓。這樣的情形持續了十年，一百，一千年，兩千年。漸漸地，市民社會在政治、公德領域萎縮。人們確實被教化了，獨立思考的能力，自治的能力，反思的能力，自律的能力，漸漸弱化了，對政府，對執政黨產生了惰性、慣性和極大的依賴性。卻沒有機會自己學會治

110　以下跟帖均來自「世紀沙龍」或「關天茶社」（前者已於十多年前被查封）。

理自己，更不要說與他人聯合應對特殊及複雜的情況。總的
來說，即人們的自治能力沒有發芽的機會，更不可能成長，
成熟。

　　每當專制社會遇到危機，且沒有足夠的力量再管制人們生
活的方方面面的時候，在他們面前出現的就是還沒有學會自
治的原始的、純粹的「經濟人」。專制主義在這個時候，不
要怪他的人民如此自私，不能自治，因為人民的無力自治正
是專制主義結下的果子。（天馬堂）

　　許紀霖談到了個人對之認同或歸屬的兩種社群（共同體）：
一種是「民族國家」社群，一種是社會民間社群。他區分了國家
社群與非國家社群，但是沒有區分愛國主義（Patriotism）與民族
主義（Nationalism），對國家的愛與對民族的愛並非等同，前者
建立在某種政治制度（政體）上，後者往往建立於「想像的民族
共同體」[111]之上[112]。朱建國在跟帖中論道：

　　　　美國作為一個國家社群，它的凝聚力主要來自它的政體，
　　　有一項調查想弄清楚美國人愛國的主要原因是什麼？結果高

111　安德森（Benedict Anderson）在《想像的共同體》（上海：上海世紀出版集
　　團，2003）一書中認為，現代的民族、民族屬性與民族主義是想像出來的
　　「特殊的文化的人造物」，不是自然而然演化的產物。

112　臺灣學者張灝曾指出，60年代之後，大陸和臺灣都已經喪失政治價值的信
　　仰。意識形態失敗的直接後果是導致信仰與信任危機和政權合法性危機。在
　　這種情況下，執政黨如果放棄舊的意識形態，就可能完全喪失合法性，並且
　　將面對統治基礎崩解的風險。所以，刺激意識形態廢墟體內的民族主義就成
　　為延續權力合法性的選擇。（見許紀霖編，《張灝自選集》〔上海：上海教育
　　出版社，2002〕。）

居榜首的是它的政治制度，有80%以上的美國人選了它。中國作為國家社群的凝聚力主要來自悠久的歷史和文化，但如果沒有好的政治制度來支持，這種凝聚力是很脆弱的、一捅就破，在一個如此大規模的社會更是如此。在沒有好的政體支撐下，強調局部社群更有意義，許先生或許應該只談這種社群。

一位叫「異心」的網民跟著說道：

　　許教授對於國家認同得如此執著，並寄予如此強烈的感情，著實讓我吃驚。說來慚愧，像我等不覺悟自利小民，這種國家圖騰根本激不起任何感情的漣漪，說句不敬的話，有時還有點恐懼感。大家可別把我當頑民，我是良民，但還是禁不住恐懼。

　　美國民眾9‧11以後的愛國熱情是有原因的。我記得9‧11後，一個在災難現場的中年美國婦女說，她剛脫離災難，看到星條旗時，她就覺得安全，因為她堅信她的國家與她在一起，她不是孤立無援的，她會得到她所需要的幫助。人民的這種信心不是一天產生的，是國家長期的行為方式積累起來的信譽。這種信譽就產生了人民對國家的認同感。

陳永苗在〈社群觀念是一種癆病──致許紀霖教授〉一文中甚至這樣寫道：

　　如果將憲政和民族主義加以分析比較，二者有本質的差異。在憲政之中，目標是關注社會的公共事務，通過立法和

受限制的權力保護權利和自由。而民族主義則不然，它致力
於在社會中建立每一個人都幸福的生活的局面，解決民生和
苦難問題，這種期待必然導致專斷、暴力和獨裁。

所以當中華民族的民族生存危險解除或基本解除時，人們
就無需民族象徵所提供的認同感，民族主義就無法鋪就未來
之路。我們應該將現有的憲政的民族主義基礎剔除。

以上網民都區分了愛國主義與民族主義，並且強調真正扎實
的、理性健全的、穩定持久的國家認同的基礎是這個國家具有好
的政治制度。對國家的愛不應當建立在對國家執政行為及其執政
者的認肯和擁護上，而應當建立在對國家根本制度的認肯和愛護
上，在必要時挺身而出給予保護。按照共和主義者的說法，只有
當這個國家的公共事務對所有的公民敞開時，人們把國家的事務
當作自己的事情時，才會有真正的愛國主義。而自由主義者堅
持，任何壓制自由、侵犯人權的政治高壓國家不可能有真正的愛
國主義，只有建立在憲政民主基礎上的政治制度（通過立法和受
限制的權力保護公民的權利和參政自由），才會有發自內心的對
國家的愛。

當然，對國家的愛和對民族的愛在現實世界裡是難以區分開
來的，但是，在一個政治制度落後的國家裡（如黑格爾和馬克思
時代的普魯士德國），會顯現出特別的依賴於民族主義的國家認
同機制。如果把國家認同的基礎建立在純粹民族主義之上，那麼
這種認同的基礎是極不可靠的、也是不穩定的，並且是危險的。
民族主義的國家認同在今天更多的是基於民生的、福利的改善的
目標，這種目標既非國家的完全義務，又永遠不可能獲得國民的
完全滿足。因此，當國家強大時，人們的民族主義情緒就會異常

高漲；可當國家有難時，人們就會冷漠、麻木、自私自利，不能與之同甘共苦，原子主義化了的生活狀態就會暴露出來。而這一切，正如網民所說的，是專制主義和缺乏公民精神的必然結果，也是物質主義、物欲追求、和市場化的必然產物。而中國大陸恰恰這兩方面都不缺乏，極其充分。

許紀霖所謂「民族國家的認同」，如果談的是「愛國主義」，則在我們國家這種基礎尚不具備，這種認同也就無從談起。因此難怪會引發許多人的批評。如果說的是「民族主義」，那麼它與何新之流鼓吹的「國家（民族）主義」又有多大區別？這恐怕不會是許紀霖所要認同的帶有好鬥性的、危險的民族主義，起碼它與「和平崛起」的方針不相符合。儘管目前中國在一部分人中存在著狂熱的民族主義的國家認同，但是除此之外，國家認同的基礎嚴重缺失。舊有意識形態顯然已基本喪失曾經有過的形而上的認同動員功能，儘管它仍然擔當著它不堪重負的支撐國家認同之基礎的重任。

在此情況下，人們生活的私人化、原子化傾向無可避免，人們對公共參與、公共美德的追求前所未有的冷漠。一個重要的原因是，在中國大陸目前的政治高壓控制下，尤其是對結社自由等參與自由的嚴格控制下，獨立於政治權力之外的公民社會（civic society）和公眾輿論基本闕如，人們作為公民來參與政治生活的經驗幾近於無。所謂「公民社會」，即哈貝馬斯所稱的「公共領域（public sphere）」，它包括自由的媒體，政治性的公民結社，公民集會、論壇，以及聯誼會、俱樂部這樣的社團，甚至包括獨立的大學等。公民社會是獨立於國家之外的公共領域，他為沉湎與私人生活的人們走向公共關懷和參與公共生活提供了空間。這樣的公民社會在中國大陸幾乎一片空白，任何民間的、非官方

的、獨立的社團都難以自由生長，個人生活直接依屬於國家，強
大的國家控制力塑造著安分守己的、只關心物欲滿足的人民。在
此處境下，人們的原子化、一盤散沙傾向伴隨著孤獨感、隔絕感
與日俱增。這種公共生活嚴重缺乏所導致的政治冷漠維持了國家
認同的假像，按照洛克的邏輯：沉默即同意。冷漠的大多數使國
家認同的危機隱而不顯。

　　另一方面，執政者對憲政制度的拒斥，拒絕哪怕是一點點的
邁向憲政民主的政治改革，這也導致了人們（尤其知識分子——
那些諂媚者除外）對國家嚴重缺乏認同感。可以說，在這塊土地
上、在我們的祖國，還從來沒有「愛國主義」這個東西，而只有
冒充愛國主義的民族主義。他們說的是愛國主義，指的卻是民族
主義。愛國主義走向政治文明，因為它與政治上的進步息息相
關，而民族主義只是抒發感情上對國家（祖國）的愛，而無論國
家是文明還是野蠻、是自由民主還是專制獨裁。一個國家的愛國
主義者可能是不受歡迎的人，因為他們要求的不是去愛國，而是
去讓國家可愛。他們不會盲目地愛國，而是積極的去改變國家，
促使國家更加文明、進步，從而在人們心中確立真正的愛國主
義。

　　中國大陸，面臨著國家共同體認同和非國家共同體認同雙重
匱乏的狀況。這種狀況導致一種奇特的現象，即國家控制下的
「自由主義」（實際上指的是市場化，又被稱為「市場列寧主義」）
在人們的生活中大行其道，使得物質生活、經濟利益、物欲追
求、娛樂成為維繫國家認同或填補國家認同匱乏的替代物。在這
裡，政治的主要功能是為經濟發展保駕護航，成為了阿倫特所說
的最不是政治的政治。經濟生活壓倒一切的中心地位（執政當局
有意識地引導人們投入這樣的生活）進一步加強了人們心靈的封

閉和沉溺於私人生活，參與公共生活成為了禁忌，原子主義於是不可避免地成為今天大陸中國人的生活樣貌。執政者最喜歡人們生活的原子主義化，以此方式逃避了政治改革。

根本的原因還在於，中國大陸的改革開放所引進的「自由主義」[113]僅僅是其他目標的手段或權宜之計，而不是自身即道義目標。當自由主義在中國大陸僅僅成為經濟發展的手段、成為民族復興的權宜之計時，它就僅僅具有工具合理性，而不具有價值合理性。這種自由主義是最糟糕的自由主義，它不是以維護個人尊嚴為根據，而是以滿足人們的物質欲求為目標。於是，自由主義的本然意義被埋沒於政治實用主義之中。中國大陸要想獲得大多數人（尤其是知識分子）對國家的認同，唯有開啟自由主義的本然意義：實行憲政民主，培育公民社會。只有展示出政治上的開放，迎納普世價值，才能真正獲得民族國家認同所需要的合法性基礎。

關於自由主義是否真的如共同體主義者所描述和批評的那樣，完全封閉於人的原子式生活而無視人的群體屬性？自由主義是否真的導致道德敗落、美德盡失？起碼，自由主義所維護的自由，尤其是思想言論自由、結社自由、和政治參與的自由，能夠克服人的原子主義狀況。而這種自由從歷史上追溯，來自於古老的共和主義。

---

113 中國的左派們以此自由主義為參照點，給予大加撻伐，似乎中國真有了自由主義似的。

第四節　共和主義的復興和對自由主義的批評

一、從共同體主義到共和主義

「共同體主義」（communitarianism）一詞之所以在 20 世紀 80 年代才出現，遠遠遲於共同體主義這一思想本身的歷史[114]，就在於共同體主義直至那時才達到哲學高度的成熟。在羅爾斯、諾齊克、德沃金等所創立的體系化自由主義的刺激下，一系列也是體系化的共同體主義思想橫空出世，自由主義者與共同體主義者雙方在前所未有的哲學、倫理學、政治哲學的水平上展開新一輪的論戰。只有到這時，共同體主義才達到自覺的、理論化的高度，「共同體主義」一詞才被世人所用，用以指稱一批哲學大師的思想傾向和訴求。他們否定個人主義的理性自主性，可是他們自己卻相當地具有理性批判精神和懷疑精神，以一種自覺的反省視角解構啟蒙主義的理性主義。

有些學者指出，20 世紀 70 年代政治哲學的主題是正義（justice），80 年代的主題是共同體（community），而 90 年代則是公民（citizen）或公民身分（citizenship）[115]。它們分別代表了自由主義、共同體主義和共和主義的核心概念。以羅爾斯為代表的自由主義者與其他思想人物展開的早期爭論主要是圍繞羅爾斯的正義原則尤其是「差別原則」進行的，也即主要是與分配領域有關

---

114 正如上一章所述，柏克和邁斯特等人可以算是最早表達了共同體主義思想的人物。此外，德國的浪漫主義者（赫爾德等人）和滕尼斯，法國的涂爾幹，以及馬克思和一些馬克思主義者，等等，都闡述了共同體主義思想。

115 見金里卡，《當代政治哲學》，頁 511。Citizenship 在不同的場合又可譯為「公民資格」、「公民品格」等。

的理論問題[116]。但是 80 年代中期以後，經濟和分配領域的爭論基本淡出，主流政治哲學的辯論轉向道德文化問題上來。90 年代以後，共同體主義開始走向衰落，像桑德爾、泰勒這樣的共同體主義者都轉向了共和主義的立場，追隨起阿倫特的新雅典主義之路。之所以發生這個轉向，與上述桑德爾所表達的對共同體主義的不認同有關。共同體主義所表現出來的歷史主義、相對主義色彩無法滿足桑德爾這樣的人對真正共同善的思索和追求。而共和主義即對自由主義持批評態度，又避免了共同體主義的軟肋，因此成為當今不少學者的思想立場。

　　共和主義與共同體主義的區別可以從亞里士多德「人是政治的動物」被托馬斯·阿奎那翻譯和轉換為「人是社會的動物」看出來。作為當代共和主義思想的開創者，漢娜·阿倫特指出，把「政治的」變為「社會的」表達了一種極度的誤解，這一無意識的替換使希臘人對政治的原有理解蕩然無存。她指出，使人區別於動物的並不是人的社會性（動物也有社會），而是人的政治性：

　　　　問題不在於柏拉圖或者亞里士多德忽略或者無視人無法離

---

116 共同體主義者在經濟領域和分配原則問題上都是持平等主義甚至社會主義的立場，這使他們與一般保守主義者在這一問題上的立場似乎不同，因此人們經常會把他們歸入左派陣營。實際上，他們與保守主義者仍然共有著某種核心的特徵，如果就本書上一章所描述的保守主義而言的話。保守主義可以偏向自由至上主義，也可以偏向平等主義，但是其核心是文化—道德上的反個人主義、反現代性。保守主義者丹尼爾·貝爾在 1978 年寫的《資本主義文化矛盾》一書的再版序言中就聲稱，他自己在經濟上是社會主義者，在政治上是自由主義者，在文化上是保守主義者。（見丹尼爾·貝爾，《資本主義文化矛盾》〔南京：江蘇人民出版社，2007〕，頁 2。）可見，保守主義者也可以是偏向社會主義（平等主義）的。

群索居這一事實，而在於他們並不認為這種情況是人類的特殊屬性；恰恰相反，這種情況在人類生活與動物生活之間有共同之處。正因為如此，無法離群索居在本質上並不是人類固有的。人類這種與生俱來的、僅僅是群居性的陪伴被視作是生物性生活的需要而強加給我們的一種制約。在這一點上，人類作為一種動物，與其他形式的動物的生活是相同的。

　　根據古希臘人的思想，人類建立政治組織的能力與建立自然組織的能力相比不僅不同，而且是截然相反的。自然組織的中心是家與家庭。……以家屬關係為紐帶的自然組織解體之後，城邦的基礎才得以產生。[117]

　　共和主義與共同體主義的一致之處是都把「共同善」作為追求的價值，優先於個人消極自由和權利的考慮，因此共和主義者和共同體主義者都反對「原子論」的社會觀，對私人領域的優先性持批評立場。但是，正如阿倫特指出的，它們的不同之處在於，共和主義把對共同善的追求建立於人的自由意志之上，而共同體主義則把對共同善的追求建立於人的自然事實之上。在阿倫特看來，只有在政治這個公共領域中，才存在真正自由的創造活動，而在自然社群，尤其家庭生活中，正如在其他社會生活、包括經濟生活中一樣，人們是被各種生命條件決定和限制的，不可能有自由可言。只有從人所獨有的政治行為特徵出發，才能把人和動物的區分闡述清楚。

　　維羅里（Viroli）在《關於愛國：論愛國主義與民族主義》一書中對愛國主義與民族主義所作的區分，也闡述了共和主義與共

---

117 漢娜・阿倫特，《人的條件》，頁19-20。

同體主義的區別118。共和主義對共同善的追求表達在某種政治理想中，而不是像共同體主義那樣表達在以文化、語言、民族等為基礎的自然共同體理想中。對於共和主義者而言，自由、平等、公民參與、公民美德等等這些政治理想高於一切，共同善建立於那些政治理想基礎上。而共同體主義者則歷史主義地把在同一個地域、說同一種語言、具有同一血脈、信奉同一個上帝或祖先等等自然事實作為共同善的基礎。共和主義的愛是理性的、反思的；共同體主義的愛是前理性的、非反思的，它表現為對共同體（諸如民族─國家）的無原則、無條件的獻身精神甚至狂熱激情。在共和主義者看來，共和國並不是建立在一個自然的共同體之上的，公民身分（citizenship）與共同體成員身分（membership）也不同，前者是一種人為的構造，為了保持公共領域的敞開，立法者通常要限制自然社群，以保證公民對政治參與的公平性，因此，共和主義者認定其公民具有自由平等的身分，在一個公共性平臺上平等地參與創造性的政治活動。而共同體主義所承認的社會成員不可能具有平等的身分，他們依據在社會結構中的地位而劃分為不同的等級；共同善並不依賴於人們的創造性活動，相反，共同體成員依賴於自然的、歷史地形成的共同善。

當今北美學界對於自由主義最尖銳的批評來自共和主義而不是共同體主義。共和主義比自由主義要古老得多，是自由主義的祖師爺，甚至有人認為自由主義是共和主義墮落後的狀態。作為古代傳承下來的共和主義，在19世紀中葉以後逐漸走向式微，直到20世紀50年代以前的政治理論文獻中，少有共和主義的論述和

---

118 見Maurizio Viroli, *For Love of Country: An Essay on Patriotism and Nationalism*, Oxford: Clarendon Press, 1995。

討論。到了20世紀60年代以後，這種共和主義思想才逐漸復興，並蔚為風潮[119]。原因在於，在自由主義者與共同體主義者的論戰中，共和主義的共同體觀念取代了走向困境的共同體主義的共同體觀念，成為許多人、包括共同體主義者所訴求的典範之一[120]。

二、共和主義者批評自由主義

共和主義的核心觀念是「公民身分」（citizenship，或譯為「公民資格」），其所追求的價值包括公民美德、公民自治、政治參與等，它們表達了據說是古代世界關於公民理想的傳統信念。這種信念表明，作為共同體的公民，他們對政治活動的參與是本質性的，而不是偶然的或可有可無的；政治是實現人的有意義生活的最高領域，參與政治的活動本身就具有最高的意義，就是最高的善。而個人的美德依系於對這種政治共同善的追求而被塑造。

共和主義的公民觀與自由主義把公民身分建立於自然權利基

---

119 當代共和主義的著名思想人物有：約翰‧波考克、昆廷‧斯金納、菲利普‧佩迪特、莫里奇奧‧維羅里等。所謂「劍橋學派」，是指以劍橋歷史系教授斯金納、劍橋政治學教授約翰‧達恩和離開了劍橋、在美國普林斯頓大學歷史系任教的波考克為核心的一個學者群體，它包括分散在英美等大學中的一群政治思想史領域的、持有相近觀點的研究者，如伯納德‧貝林、戈登‧伍德等美國思想史學者。另外，所謂「公民人文主義」，是指當代共和主義中更加保守（與自由主義更加對立）的一派觀點，主要指的是漢娜‧阿倫特、波考克、桑德爾、查爾斯‧泰勒這些繼承了亞里士多德的雅典共和主義傳統的觀點。與之不同的是遵循西塞羅的羅馬共和主義傳統的觀點，一般被稱為「公民共和主義」，其代表人物有斯金納、佩蒂特和維羅里等，他們對自由主義的批評較溫和，甚至認同自由主義的大部分核心價值。

120 參見蕭高彥，〈共和主義與現代政治〉，載許紀霖主編，《共和、社群與公民》（南京：江蘇人民出版社，2004），頁4。

礎上，公民身分被理解為每個人平等享有的公民權利完全不同，在自由主義這裡，公民不再是（也不要求是）積極參與公共活動的政治人，公民身分也不要求具有參與公共生活的義務。自由主義的這種公民觀源於古代城邦（共同體）衰落後彌漫開來的普世主義思潮，這其中尤其應該提到的是基督教對自由主義的影響。共和主義源於異教的古代，而自由主義與基督教有脫不開的淵源關係，正是基督教構造出了抽象的和普遍的「人」的觀念，並且把「公民」的政治內涵抽得一乾二淨。同時，基督教與世俗公共政治領域（上帝之城與世俗之城）的二元對立，對隱修、對內心隱蔽的神秘渴望，為後來的自由主義關於「隱私」（私人領域）的神聖不可侵犯觀念奠定了基礎。

　　共和主義者指責自由主義缺乏或淡漠「公共性」，因為自由主義者否認政治生活具有內在價值，而把政治公共善（public good）設想為僅僅是私人善或私人生活的保護手段，只具有工具性價值，根本無神聖性可言。共和主義無法接受把私人生活的重要性或價值置於政治生活的價值之上，在共和主義者看來，在自由主義的基於權利的制度的保護下，人們弱化了公共參與和公民美德的追求，對政治漠不關心，生活封閉於私人領域。其結果是，正如托克維爾所指出的，過分私人化的、一盤散沙狀態的、原子化的生活，恰恰容易成為專制主義滋生的溫床。表面看，由法律和制度保障的人們享有不可剝奪的自由權利，實際上這種制度隱含著人們被統治者操控和玩弄的危險，如果人們遠離和不參與政治活動，政治就會成為人們自由的威脅。當代共和主義思想人物佩迪特在其所著《共和主義》一書中闡釋了一種人們政治上受支配的儘管是無干涉的狀態，在他看來，強調工具性政治的自由主義者追求一種不被干涉的消極自由，以保障人們的私人生活

權利不被侵犯，而實際上由於缺乏公民的政治參與，國家權力並不掌握在全體公民手中，這使得政府對人們生活的控制和支配的可能性隨時存在。

共和主義的這些批評無疑都是有道理的。現代社會與政治所表現出來的人們生活的唯私主義和政治冷漠、公民參與意識和奉獻精神的衰退、現代國家公共生活的萎縮和公共領域的被侵蝕、人們能夠對其共同命運展開協商和討論的公共領域的缺失，這一切都刺激了共和主義這一古老西方傳統的復興，共和主義者希望通過共和主義的復興來救治走向衰敗的現代社會和政治。但是，共和主義（尤其是亞里士多德式的共和主義）者把呈現出來的現代病因歸於自由主義內在的不可克服的缺陷，對自由主義的批評具有顛覆性。共和主義由於其古老的歷史傳統和完備的譜系而似乎對自由主義不屑一顧，它從一開始就不僅是作為自由主義的一種批判力量而且是一種試圖取而代之的力量而出現的。它和所有力圖復興古典傳統的思想[121]一樣，把批評的矛頭指向自由主義的權利政治、中立政治，而試圖提出以公共善的政治、美德政治取而代之，說到底，他們對自由主義的批評是對其核心價值的否定。

作為自由主義之基礎的個人主義強調道德和善生活的個人自主選擇性，認為社會無法就道德觀和善生活觀達成一致，因此國家對公民的道德要求和美德塑造不能通過強制手段來予以實現。這就是說，關於道德、宗教和善生活方式等方面的價值追求活

---

[121] 施特勞斯援引古典傳統思想（尤其是柏拉圖思想）資源，可謂是對柏拉圖主義的復興。共同體主義者對亞里士多德完善論或美德倫理學的復興，被稱為「新亞里士多德主義」，與自由主義所堅持的「新康德主義」相對立。而當代共和主義可以視為是對古代雅典或羅馬共和主義傳統的復興。

動，不屬公共領域內的事務，而是個人權利範圍內的追求，它們
形成了一個政治公共權力所不能干涉的私人領域，而在古希臘人
的眼光中，純粹個人性質的、與國家無關的道德觀是無法想像
的。現代世界的這種自由主義性質形成了現代政治的中立化和工
具化性質，也即桑德爾所謂的「程序共和國」[122]。這使得公民參與
政治的行為不再具有道德完善的色彩，公民資格的內涵也趨於稀
薄，不再要求具備投身於公共善的公民美德，參與政治僅僅是一
種利益的訴求。金里卡寫道：

> 許多古典自由主義者相信，即使缺少特別有道德品質的公
> 民群體，自由主義的民主制也可以通過權力制衡來有效地運
> 轉。制度與程序的設計，如權力分立、兩院制的立法機構以
> 及聯邦主義，就足以遏制潛在的壓迫者。即使每個個人只追
> 求他自己的利益而不考慮共同利益，私人利益之間也會形成
> 相互遏制。例如，康德就認為，「甚至一群魔鬼也可以解決」
> 如何建立優良政府的問題。[123]

　　實際上，休謨早就提出了一種「無賴假設」與制度設計之
說，把對政治人物道德上的不信任作為制度設計的前提，因此不
可能希望他們會自覺遵循公共利益，因而必須在制度上制約他
們[124]。休謨把制度，也即程序，而不是把美德作為政治公共性的

---

122 見桑德爾，《民主的不滿：美國在尋求一種公共哲學》（南京：江蘇人民出
　　版社，2008）。
123 金里卡，《當代政治哲學》，上頁513。
124 休謨，《休謨政治論文選》（北京：商務印書館，1993），頁27、28。

保障，這種看法是三權分立、互相制衡的憲政模式的理論基礎。哈耶克也認為，從好人的假定出發，必定設計出壞的制度，從壞人的假定出發，則能設計出好的制度。建立在人性善基礎上的德性政治是蒼白的，而實踐中則往往導致專制與暴政。哈耶克認為：「剝離掉一切表層以後，自由主義就是憲政」[125]，在他看來，憲政的偉大目標始終是限制政府的權力，以保障公民的個人自由。現代政治已經多多少少不再是與人有關之事（無論是一個人、一些人、還是多數人），其制度設計主要不再建立於人的品格和美德等亞里士多德看重的「道德德性」基礎上，而是主要建立在法治的基礎上。

　　自由主義的程序政治和中立性政治當然存在著諸多局限性甚至諸多弊端。但是，對自由主義的批評觀點往往忽視了自由主義作出自我調節的能力。我們從自由主義的歷史演進中看到，作為一種寬容、多元主義和追求普世性的產物的思想，它有足夠的包容性去反思和接受對它的批評觀點。而這是其他思想所不大可能做到的。之所以是如此，恰恰在於自由主義缺少完善論或目的論價值的追求，因而它與任何一種合理的哲學、道德和宗教等學說都不會發生衝突。儘管由於它所具有的「平庸」、「低俗」和「缺乏理想」的特徵而遭受來自繼承古代傳統思想的各種學說的嚴屬批評，但是，它還是現代政治制度的價值基礎，這不是偶然的，不是沒有原因的。可以說，正是自由主義的政治內涵之低，它所包容的東西才如此之廣泛。

　　在當代政治哲學的爭論中，自由主義所遭受的批評越來越多，與此同時自由主義者也越來越對自身進行反省和修正。他們

125　哈耶克，《自由秩序原理》，頁243。

認識到，對於現代政治的運作來講，除了一定的程序和制度外，公民美德和公共精神也是必要的，尤其對自由主義的民主運作來說這些價值不是可有可無的。而且，正如貢斯當指出的，「政治自由是個人自由的保障，因而也是不可或缺的。」[126]政治自由和個人自由，共和主義的自由和自由主義的自由，自由主義者儘管偏向後者，但他們也強調前者的重要性。羅爾斯就明確地說道：

> 如果民主社會的公民們想要保持他們的基本權利和自由，包括確保私生活自由的那些公民自由權，他們還必須既有高度的「政治美德」，又願意參加公共生活。……如果沒有一個堅實而明智的公民實體對民主政治的廣泛參與（那肯定會帶來一種朝向私人生活的普遍退卻），即便是設計得最好的政治制度，也會落入到那些尋求統治權並為了權力和軍事榮譽的緣故，或者是出於階級利益和經濟利益的原因，而通過國家機構將其意志強加於民的人的股掌之中，……。民主自由的安全需要那些擁有維護立憲政體所必需的政治美德的公民們的積極參與。[127]

把現代社會與政治的所有問題都歸咎於自由主義，儘管很直接、很乾脆，但是缺少對問題的複雜看法。自由主義價值中的不同方面常常是彼此衝突的，自由主義的各種理論也存在著不同的觀點和看法，例如，在中立（程序）自由主義和完善論自由主義之間，正如在自由至上主義和平等主義的自由主義之間一樣，在

---

126 貢斯當，《古代人的自由與現代人的自由》，頁41。
127 羅爾斯，《政治自由主義》，頁217-218。

各種衝突價值的立場上就很不一樣。但是，其拒絕或接受批評的程度都不是主觀隨意的，而是反映了現代世界的價值衝突這一事實。正如追求一個既自由而又平等的世界是烏托邦的空想一樣，一個積極的公民參與並實現公民自治的共和國，不可能同時是一個保障了個人自由的共和國，反之也然。我們只能去兼顧兩方衝突的價值，但是必須以自由主義為基礎去兼顧，因為，個人權利的喪失或專制主義是現代人更不可接受的。

三、共和主義的自由與自由主義的自由

　　共和主義與自由主義的分歧以致對立在很大程度上是它們自由觀上的分歧和對立。共和主義者不斷地談論自由，但他們筆下的自由是公民參與公共生活所獲得的政治自由，以及共同體的自治，而不是與共同體存在緊張關係的個人自由，在亞里士多德那裡，沒有關於個人自由的明確觀念。共和主義將自由視為政治範疇，而自由主義將自由視為先於政治的自然範疇，或政治之外的私人範疇。按照古典自由主義學說，人是生而自由的，只要是一個賦有人格的人，就自然地享有不可剝奪的自由權利。這些自然的自由產生了政治權利，但是其本身不屬政治權利，因為它們不是出自某種能構成這些權利的政治制度，而是直接屬人這一主體。因此，自然權利所賦予的自由被認為先於任何政治制度，為人所固有。由於這樣的自由在自然狀態中難以被保障，理性的個人便訂立社會契約，政治社會隨之應運而生，其職責在於維護和保障這些自然權利。可是，共和主義者認為自由不是一個自然事實，也不是自然狀態中人的天賦特性，而是政治制度所創造的一種法律狀態，不存在參與政治的地方就不存在自由。自由的首要特性不是不被干涉的狀況，不是不受妨礙地做自己願意做的事情

的狀況，而是一種提供保障的法權狀況。是法律賦予了個體權利，才使個人具有了不被干涉的自由，而非相反，個人具有不受干涉的權利才需要法律的保障。法律不是一種外在的手段，而是屬自由本身，自由是由法律構成的，並通過法律來實現。在法律之外沒有自由，只有戰爭、強暴和奴役。因此，共和主義者強調，人們的自由要通過人們的政治參與、包括參與法律的創制來保障，人們對政治的消極冷漠必將導致自由的喪失，一味強調消極自由就有可能最終沒有自由。

　　共和主義與自由主義在自由觀上的區別，就是伯林所談論的積極自由與消極自由的區別。在共和主義的雅典傳統主義者（波考克等）看來，自由主義所理解的消極性的、不受干涉的自由實質上是一種放任狀態，是受感情和欲望支配的狀態，根本就不是自由。真正的自由意味著自律、自主和自治，意味著理性對靈魂各部分的自我統治，而不是欲望之間的衝突和欲望的氾濫。這正是伯林意義上的「積極自由」概念的表達。至於另一路共和主義者（羅馬傳統主義者）佩蒂特、斯金納等人所謂超越消極自由和積極自由的「第三種自由」，其實仍然落在消極自由的範疇內，與自由主義的自由並沒有實質上的區別。正如查爾斯·拉莫爾所指出的，佩蒂特的「非支配」概念並不意味著個人或共同體的「自我主宰」，「自我」仍然可以在多樣化的方式中由理性或激情所引導，這區別於共和主義傳統中「積極自由」概念——理性的自主和自治[128]。因此，看不出來自由主義者為什麼會反對這種無支配的自由觀。二者並無根本的衝突。

---

128 轉自劉擎，《懸而未決的時刻：現代性論域中的西方思想》（北京：新星出版社，2006），頁168。

在共和主義者盧梭那裡，積極自由所蘊含的理性的自我統治、自我作主意味著對「公意」（the general will）的服從。盧梭認為，公意（產生於公民大會）永遠代表全體人民的共同利益和願望，服從公意「只不過是在服從自己本人，並且仍然像以往一樣自由」[129]。盧梭所表達的「公意」，其實就是伯林所謂「高級的自我」、「真實的自我」。積極自由意味著我只服從我自己的決定，任何他人強加於我的決定都是一種奴役，而在盧梭看來，所謂「服從我自己的決定」就是「我們每個人都以其自身及其全部的力量共同置於公意的最高指導之下」[130]。盧梭認為，政治共同體是一個「生命體」，因而具有一個最高的統一意志，「正如自然賦予了每個人以支配自己各部分肢體的絕對權力一樣，社會公約也賦予了政治體以支配它的各個成員的絕對權力」[131]。盧梭也意識到，要做到「眾意」（個別意志的總和）永遠以公共利益也即公意為依歸是不可能的，因為這要求人民內部不存在派別，並且要求每個公民在表示自己的意見時著眼於公共利益而不局限於個人利益，這樣的期望幾乎是不可能實現的。於是盧梭說：「任何人拒不服從公意的，全體就要迫使他服從公意。這恰好就是說，人們要迫使他自由。」[132]在這種情況下，他失去了追逐特殊利益的自由，但他獲得了作為一個公民所應有的完整自由。至此，盧梭的自由觀完全符合共和主義者所追求的積極自由的內涵，即自治和自主，只不過他把積極自由按照自身的邏輯推延至極端了而已。

---

129 盧梭，《社會契約論》（北京：商務印書館，1982），頁23。

130 盧梭，《社會契約論》，頁24。

131 盧梭，《社會契約論》，頁41。

132 盧梭，《社會契約論》，頁29。

　　共和主義者會贊同盧梭下面說的話：「僅只有嗜欲的衝突便是奴隸狀態，而唯有服從人們自己為自己所規定的法律，才是自由。」[133]共和主義者堅信，法律是公民自己意志的產物，是創造出來的，而不是發現的，按照全體公民意志而制定的法律就是共同善的基礎，服從這樣的法律是公民的最高義務和最高美德。盧梭也認為，一個國家的公民在服從法律的時候就是在服從公意，而這其實就是在服從他自己，法律只不過是我們自己意志的記錄，當人民服從法律時，「他們就不是在服從任何別人，而只是在服從他們自己的意志。」[134]可是，任何政治權力不論在抽象意義上如何代表人民，或體現公共意志，在實際上，它必然由一個人或少數人行使，反映的是一個人或少數人的意志。因此，盧梭所謂「服從公意，而這其實就是在服從他自己的意志」之論，很容易成為專制主義的口號。貢斯當就此說到：

　　　　由於以全體的名義實施的行為，必定——不管我們喜歡與否——是由一個單獨的個人或極少數人支配的，因此當一個人把自己奉獻給全體時，他並不是把自己奉獻給了抽象的人，相反，他是讓自己服從於那些以全體的名義行事的人。由此可見，我們作出了全部奉獻以後，並不能取得與全體平等的地位，因為某些人會從其他人的犧牲中獲取獨享的利益。[135]

　　盧梭認為，「共同體不可能想要損害它的全體成員；而且我

133　盧梭，《社會契約論》，頁30。

134　盧梭，《社會契約論》，頁44。

135　貢斯當，《古代人的自由與現代人的自由》，頁58。

們以後還可以看到，共同體也不可能損害任何個別的人。」[136] 這意味著，只要是符合並反映人民或多數人意願的東西，就是自由的保障。但是，現代政治的歷史不知多少次證明了，即使是多數人取得權力，如果其權力不受限制，那麼它所呈現出來的權力之惡也仍然可能會比少數人或一個人的專橫權力更加的令人恐懼。埃德蒙・柏克指出：「我能肯定的是，每當一個民主制的政體出現像它所往往必定要出現的嚴重的分歧時，公民中的多數便能夠對少數施加最殘酷的壓迫；這種對少數人的壓迫會擴大到遠為更多的人身上，而且幾乎會比我們所能畏懼的單一的王權統治更加殘暴得多。在這樣一種群眾的迫害之下，每個受害者就處於一種比在其他任何的迫害下都更為可悲的境地。」[137] 關於這個問題，又一次把我們引向有關「極權主義民主」或「多數人的暴政」的討論。貢斯當區別了古代人的自由與現代人的自由，也就是共和主義的自由和自由主義的自由，其意並不是要否定前者而肯定後者，而是要說明，如果沒有現代人消極自由權利的保障，那麼人們對共同善的追求，那怕是多數人的追求，都有可能（甚至更有可能）走向最血腥、最殘暴的統治。與貢斯當同時代的托克維爾也認為，多數人的暴政起於民主時代賦予了多數以無限的或不受限制的權力，「任何一個權威被授以決定一切的權利和能力時，不管人們把這個權威稱做人民還是國王，或者稱作民主政府還是貴族政府，或者這個權威是在君主國行使還是在共和國行使，我都要說，這是給暴政播下種子。」[138] 托克維爾說道，只有上帝才享有無

136　盧梭，《社會契約論》，頁28。

137　柏克，《法國革命論》（北京：商務印書館，1998），頁165。

138　托克維爾，《論美國的民主》，頁289。

限的權威，人間的一切，哪怕是多數人，也不能擁有無限的權威。

　　共和主義的復興，再次挑起了人們對自由主義者關於過度的公民政治參與所可能產生的危險的爭論。實際上，早在美國立國時期，麥迪遜就對人民的過度政治參與發出警告，並提出制度上的因應措施。他毫不隱瞞對人民群體持有的懷疑態度，認為他們容易為情感所左右，常常陷入非理性狀態，因此要提防人民自身缺陷所帶來的弊端和危險。如果任由大眾湧入政治場域，不假過濾地行使政治決策權，那就很可能刺激派別爭鬥，釀成政治動盪，並有可能走向多數人的暴政。麥迪遜不認同民主制，而認同共和制，這裡所謂的共和制其實就是代議制，即間接民主制[139]。他對此區分道：「在民主政體下，人民會合在一起，親自管理政府；在共和政府下，他們通過代表和代理人組織和管理政府。」[140]他認為，通過選定議會來代表人民，可以使公眾意見得到提煉和擴充，這樣「由人民代表發出的公眾呼聲，要比人民自己為此集會，和親自提出意見更能符合公眾利益」[141]。在當時的美國開國領袖中，這是不少人的看法。他們對普通民眾的過分政治動員和參與熱情深感不安，認為這樣會導致社會紛爭和混亂，他們主張借

---

139 麥迪遜所不認同的「民主制」在古代亞里士多德定義（demokratia）中，與「共和制」（politeria）一樣是指多數人的統治，不同的在於，民主制追求的是窮人自身的利益，共和制追求的是公民共同的利益。但是，無論是民主制還是共和制，都顯示了「人天然是政治動物」這一點，而一個人的統治和少數人的統治都不能顯示這一點。因此，民主制雖然被亞里士多德貶斥，但是仍然顯示了他的共和主義（積極公民觀）理念。因此，相比之下，麥迪遜的「民主制」反而更接近於共和主義的理念，而其「共和制」更遠離共和主義的精神。

140 麥迪遜等，《聯邦黨人文集》，頁66。

141 麥迪遜等，《聯邦黨人文集》，頁49。

助代議政治的手段來抑制「過度民主」的弊端。約翰‧亞當斯和麥迪遜一樣，堅信他所擁護的是「自由的共和制」，而不是「民主制」，因為後者是專斷、暴虐和不可忍受的政體。

　　薩托利在《民主新論》一書中這樣寫道：「直接的民主就是人民不間斷地直接參與行使權力，而間接民主在很大程度上則是一種對權力的限制和監督體系。在當代民主制度下，有人進行統治，有人被統治；一方是國家，另一方是公民；有些人專事政治，有些人除偶有關心以外則忘掉了政治。」[142]薩托利反對人民對政治的直接參與，也否定現代公民自治的可能性。他認為，有人進行統治，而大多數人是被統治者，現代民主的間接性表明，人民並不參與統治，也沒必要參與統治，而只是通過投票選舉、利益訴求以及一些制度機制來限制和監督統治者及其統治權力。在薩托利看來，個人自由的保障依賴於憲政、法治等一套制度體系，公民無需通過參與政治和實現自治來擁有自由。

　　反之，在桑德爾那裡，自由取決於共享自治，自由被理解為自治的一個結果，如果沒有自治的制度，就不可能還有自由的精神存在。他斷言，「我之所以是自由的，是因為我是一個掌握自己命運的政治共同體的成員，並且參與了支配其事物的決策。」[143]這種典型的共和主義自由觀，據桑德爾說，來自於我們時代的如下擔憂：「無論是從個人還是集體來說，我們正在失去對統治我們生活的力量的控制。」[144]按照伯林的話語來說，自由主義的自由觀尋求制約、限制政府的權力，而共和主義的自由觀追求控制政

142　薩托利，《民主新論》，頁315。

143　桑德爾，《民主的不滿：美國在尋求一種公共哲學》，頁29。

144　桑德爾，《民主的不滿：美國在尋求一種公共哲學》，頁3。

治及其社會的一切權力，也即「一切權力歸人民」。由於對自由的解釋不同，兩者在評價政治制度時提出的問題也不同。自由主義首先問政府應該如何對待其公民，而共和主義則首先問公民如何能夠自我統治。從共和主義的立場看，自由主義的公民是被動的，是自由的享受者，而共和主義的公民是主動的，是自治的主體，是自由的創造者；由於自由主義公民的主體性的喪失，他們「從一開始就屈從於某種權力的剝奪」[145]。可是，從自由主義的立場看，這種統治權力的「剝奪」或喪失正好促使人們轉向對統治權力的制約，建立起對權力的限制和監督體系，而共和主義追求自我統治，其結果是讓個人自由置於多數人的無限權力的威脅之下，並為國家的道德強迫敞開了大門。

共和主義自由觀的哲學依據是亞里士多德的「人天生是政治動物」這一命題[146]。共和主義把積極的公民生活視為最高級的人類活動，並且是人之為人的本質活動，公民的政治參與被視為具有內在的價值。按照這種觀點，政治生活優越於純粹私人性的生活，諸如家庭生活、職業追求、社會交往、經濟活動、宗教、娛樂、藝術甚至沉思生活等等，都屬價值較低的人類活動，一個人如果退居於私人領域而不（或不能）從事政治活動，那麼其存在必定是不完整的、有缺陷的。這種觀點區分高貴的生活和平庸低級的生活，把政治視為生活的最高形式，鄙視社會或私人生活，這顯然是一種完善論的觀點，它在眾多善觀念中優先強調某一特殊的善觀念或善生活方式。這無疑與現代世界的多元主義事實相

---

145 桑德爾，《民主的不滿：美國在尋求一種公共哲學》，頁30。

146 亞里士多德通過「自然」得出的這一結論，卻得不到追尋「自然正當」的施特勞斯的認同。

衝突，金里卡寫道：

> 　　由於公民們在優良生活觀上所持有的深刻和持久的差異，
> 我們就不能指望人們會就政治活動的內在價值形成共識，也
> 不能指望人們會認為政治活動比社會或私人領域的活動具有
> 更重要的地位。人們不僅就前政治活動和傳統的價值存在分
> 歧，人們還對政治參與本身是否具有內在價值存有分歧。
> 「多元主義的事實」不僅挫敗了傳統的社群主義，而且也挫
> 敗了亞里士多德式的共和主義的復興。[147]

　　這就是說，人們關於價值之優劣的爭論不可能有一個「自然
正當」的標準，或者說，人們關於終極善的生活方式不可能有一
個共同的看法，只要承認多元主義是一個事實，那麼任何一致性的
觀點都會是強迫的結果。例如，通過對絕大多數人的感受和理解的
考察，我們可以得出與共和主義相反的觀點，金里卡這樣說道：

> 　　絕大多數人感到在自己的家庭生活、工作、宗教或娛樂中
> 享有最大的幸福，而不是在政治生活中。一些人固然感到政
> 治參與是實現個人價值的令人滿意的方式，但對絕大多數人
> 而言，政治參與最多只是偶一為之的、旨在保障政府尊重和支
> 持個人追求私人職業和維繫私人紐帶而不得不承擔的負擔。[148]

　　私人生活從古代人那裡的「貧乏」（privation）轉而為現代人

---

147 金里卡，《當代政治哲學》，頁538-539。
148 金里卡，《當代政治哲學》，頁532。

這裡的「豐富」，使得現代人「沉迷」其中。而正因為現代人「迷戀於」私人生活，人們才會創造出偉大的憲政制度和代表制民主制度，無需親自參與政治而得享自由。儘管存在著諸多弊端，但是它使政治的紛爭、動盪和血腥成為過去，因為人們忙於私人生活而無暇顧及政治，避免了把私人生活的紛擾帶進政治。另外，也許更重要的是，它避免了古代世界所呈現出來的那種「政治肥大症」，而可能正是這種「政治肥大症」壓垮了古代的城邦制度。我們看看薩托利是怎麼說的：

> 真正的自治，正如古希臘人所實踐過的那樣，要求公民完全致力於公務。自我統治意味著用畢生的時間去統治。「公民……不遺餘力地獻身於國家，戰時獻出鮮血，平時獻出年華；他沒有拋棄公務照管私務的自由，……相反，他必須奮不顧身地為城邦的福祉而努力。」這套公式所要求的捲入政治的程度如此之深，造成了社會生活各種功能之間的深度失衡。政治肥大症造成了經濟萎縮症：民主愈趨完善，公民愈趨貧窮。因此導致了用政治手段解決經濟問題的惡性循環：為了彌補財富生產之不足，就不得不去沒收財富。於是看起來這種古代民主制注定了要毀於富人與窮人之間的階級鬥爭，因為它在損害經濟人時造就了一批政治動物。[149]

共和主義對政治自由也即積極自由這一價值的強調，導致它在19世紀以後走向式微，而又使它在當代走向復興。其式微的標誌是自由主義與保守主義的結合所產生的保守自由主義對盧梭式

---

149 薩托利，《民主新論》，頁316-317。

的激進共和主義和法國大革命（被認為是對古典共和主義的一次實驗）的撻伐，對極權主義民主的激烈抨擊[150]。這種保守自由主義在當代走向高潮的標誌是1947年「朝聖山學社」（Mont Pelerin Society）的成立，其中匯聚了像哈耶克、波普爾、彌爾頓·弗里德曼以及各路經濟學家這樣的自由主義原教旨主義的人物，他們完全拒絕激進民主主義的道路，並為個人的不受侵犯的自由作了有力的論證。而伯林對消極自由的辯護和對積極自由的責難，使自由主義更加純粹、更加回到原始立場上的同時也使共和主義呼之欲出。當共同體主義者無力承擔對自由主義的批評時，於是共和主義走向了復興。

共和主義者所批評的個人主義更多的被稱為「原子主義」，原子主義的核心觀念被認為是指個人權利神聖不可侵犯，它把保護私人領域作為政治的全部功能，把個人的私人生活視為基本的、甚至唯一的生活方式，認為公共事務的所有目標都是保障私人生活，使之不受干涉。共和主義者所反對的正是這一點：把權利所保障的私人生活視為神聖。但是，這不等於當代共和主義者贊成干涉、侵犯個人權利（儘管佩迪特贊成「無支配的干涉」），而是鼓勵和號召個人從封閉的私人天地裡走出來，去關心公共事務，那怕會犧牲一點私人事務和私人時間。現代政治領域無疑失去了其內在的、目的性的價值，人們參與政治不再具有自我完善的色彩，但是即使為了實現其工具性價值，參與政治也是必要的。只要這種參與不是強加的而是自願的，那麼這種自願的公共關懷就不失為是一種很重要、很高貴的美德。

個人主義的實質是個人自主，保護個人權利就是為個人留下

150　Talmon, *The Origins of Totalitarian Democracy*, New York: Norton, 1970, pp. 38-49.

自主的空間，由個人自己去作出選擇。這並不排除對個人給予引導，培養公民美德，甚至灌輸公民參與精神，只要不侵犯到個人的基本自由權利，這些都不會與自由主義堅持的價值相衝突。擁有自主權利的公民個人即可以把自己封閉起來，完全冷漠於政治，缺乏公共關懷，也可以走出去，投入公共行動中，成為積極的公民。這說明，自由主義所維護的個人自主並不等於只是強調消極自由，它內在地還包括對積極自由的鼓勵。自由主義堅持個人自主，但是個人追求什麼樣的生活方式和認同什麼樣的善觀念，自由主義採取開放、包容的立場，當代自由主義者更多的是強調採取鼓勵和引導的立場。這都說明，自由主義的核心價值是個人自主，如果僅僅把消極自由視為自由主義的核心價值則過於狹窄，並會產生對自由主義的誤解[151]。個人自主是一個開放的概念，它具有廣泛的開展性，僅僅消極自由不能顯示這種開展性；反之，如果僅僅堅持積極自由，肯定會違背自由主義的理念。把消極自由作為其堅實的基礎，把積極自由作為其向上的臺階，自由主義才能夠既突破狹隘性，又可避免走向其反面，以自由的名義反對自由。

由此可見，共和主義是當代政治哲學爭論中最靠近自由主義的理念。但是，這樣說並不等於共和主義足以取代自由主義，共和主義的復興才剛剛開始，它的意義在於，它向狹隘的自由主義敲響警鐘，促使自由主義者積極地調整自己的理念，更多地擴展自己的視野，而不是一味地保守狹隘的觀念。自由主義者如何去既維護自己的理念而又克服自己的弊病，無疑必須更多地依賴批評自由主義的聲音。

---

151 關於「個人自主」這一主題的討論，將在第四章第一節詳細的展開。

第四章

自由主義者的回應

　　二戰後，隨著兩大陣營的形成，世界進入冷戰年代。這一時期的自由主義在理論上呈現保守的傾向，被稱為冷戰自由主義。這些帶有意識形態色彩的自由主義者們以對極權主義、烏托邦主義的批判研究著稱，在5、60年代的冷戰背景下，這批自由主義思想家們肩負著捍衛個人自由的道義擔當[1]。他們在極權主義的共產主義擴張、蔓延的世界形勢下，以深厚的思想底蘊闡明了自由主義的核心觀念，清楚表達了捍衛個人自由的決心，為自由主義作為現代社會的主導價值作了強有力的辯護。他們在各種左的或右的反自由主義思想的挑戰中，維護了自由主義的權威，守住了現代文明的普世價值。但是，由於這些自由主義的意識形態和冷戰形勢下的論辯色彩，使之缺乏哲學的高度和學術的深度，一旦達到了這一高度和深度，一個思想的新時代就會到來。而這要到一個人的一本著作的出版才開啟。

　　一般認為，1971年羅爾斯《正義論》的發表是政治哲學復興的標誌。關於自由主義的理論反思及其討論從來沒有像20世紀70年代以來的幾十年裡那樣興盛，自由主義彷彿突然進入了人們的視野。在此之前，自由主義大致只是一個實踐問題，而如今，它成了一個熱門的理論話題。是它「終結」了歷史？還是它遇到了前所未有的挑戰？無論如何，歷史進入了這樣一個時期：自由主

1　這個時代表達自由主義思想的主要論著如下：哈耶克，《通往奴役之路》，1944。卡爾・波普爾，《開放社會及其敵人》，1945。漢娜・阿倫特，《極權主義的起源》，1951。塔爾蒙，《極權主義民主的起源》，1952。雷蒙・阿隆，《知識分子的鴉片》，1955。羅伯特・達爾，《民主理論的前言》，1956。卡爾・波普爾，《歷史主義的貧困》，1957。伯林，《兩種自由的概念》，1958。哈耶克，《自由憲章》，1960。奧克肖特，《政治中的理性主義》，1962。弗里德曼，《資本主義與自由》，1962。

義成為了一個問題。

　　問題起於共同體主義者對羅爾斯正義論所表達的個人自主、權利優先、中立性等核心觀念的激烈批評，在這種批評中，他們復興了古代的完善論和美德倫理學。而羅爾斯的這些觀念是在批判功利主義的目的論中形成的。正是在批判功利主義中，為捍衛人的至上尊嚴，維護人的道德自主能力，羅爾斯建立起了道義論的自律道德體系，抵制了目的論倫理道德觀，並將自由主義的道德建立在康德的「人是目的」這個理性命令基礎上。就堅持目的論倫理學而言，完善論與功利主義是一致的，羅爾斯經常將二者相提並論，以「善優先於正當（權利）」來表述二者共有的目的論前提，並且把他自己所堅持的道義論表述為「正當（權利）優先於善」的立場。道義論正義觀維護權利的神聖地位，為善的追求設定了界限，顯然這種限制既是針對功利主義的，又是針對完善論的。道義論自由主義者認為，任何目的論實踐都存在著為追求更多的利益或更高的理想而踐踏個人權利的可能性，它很難避免把人當作手段、以犧牲人的尊嚴或自由去實現利益或理想的增進這種做法。在必要時，目的論容許侵犯一些人的權利，只要這一侵犯能保證給大多數人帶來更大的利益，或能促進崇高的道德理想。

　　但是，完善論與功利主義是兩種完全不同、甚至截然對立的目的論倫理學說，完善論的目的價值是美德和至善理想，與功利主義的功利原則有著根本的區別。當道義論自由主義者將視野轉向應對共同體主義的完善論批評時，首先面對的是其所占有的道德制高點。功利主義完全沒有這種道德制高點，人類利益之得失不具有道德性質，把功利原則作為道德的判定標準就是把道德視為追求最大化利益的手段，它不是提升而是降低了人類的道德水

平。不同於此，完善論有著執著的道德理想追求，它對自由主義提出的批評理由就是認為自由主義的權利政治、中立政治割斷了政治與傳統美德、與公共善的聯繫，把道德的判定和追求交給了個人去自主。

共同體主義者的批評使得自由主義者不得不重視權利與善的關係，政治與公民美德、公共善的關係等這類問題。正義保護的是個人權利，在正義的保護下，個人有權自己來決定過一種什麼樣的善生活，因此，善觀念就不得通過國家來強加給個人。可是，這樣一來，個人的生活在賦予了充分的自主權利的同時，也有可能走向善觀念的盲目性、美德的衰敗和生活的日益世俗化。爭論圍繞著權利是否優先、是否要堅持國家中立性、是否堅持多元主義等這樣的問題展開的。

以羅爾斯、德沃金等為代表的自由主義的主流人物仍然堅持自由主義的核心立場，即權利優先和國家中立的原則，他們致力於維護自由主義核心價值和批評反自由主義的立論。但是另外一些自由主義者呼籲放棄中立性立場，支持自由主義的公民美德建設，支持追求自由主義的善目標，甚至主張以自由主義的共同體的共同善來統合人們的善觀念。他們致力於證明，自由主義並非被認為的那樣平庸、低俗和無德，自由主義從來沒有放棄美德追求和崇尚優秀。因此他們更強調積極自由的意義，認為自由主義應有自己的公共善和公共美德追求，他們強調自由主義應加強對個人的指導和約束，而不是放任自流，甚至主張放棄多元主義，接受善觀念的一元論。

無論是中立論自由主義還是完善論自由主義，都是對反自由主義者的批評的回應，它們的核心理念是一致的，只是外圍學說（保護手段）發生了分歧。完善論自由主義者為自由主義的完善

性辯護，挽回了自由主義的名聲，堅定了自由主義的立場，但是也使得自由主義的核心價值（個人主義、寬容、和多元主義等）遭致動搖的危險。

第一節　個人自主：自由主義的道德根據

與以往關於自由主義的爭論不同，上世紀80年代以後的這一輪爭論更多的是圍繞著道德問題而展開的，倫理學和政治哲學成為顯學。自羅爾斯出版《正義論》以來，對自由主義之道德根據的思索和探究激發了規範倫理學和政治哲學的復興。思想和學術領域逐漸擺脫了價值虛無主義，從意識形態之爭中走出來，走向價值關懷。無疑，這一切都與道義論自由主義尋求自身的道德基礎有關。

自由主義並不是在利益驅動下成長起來的資本主義，其終極價值也不在於維護個人利益的最大化，自由主義也不是放縱個人沉溺於低俗生活的享樂主義，更不是毫無理想、毫無價值關懷的道德虛無主義。自由主義有它自己的理想、自己的道德追求、自己的道德依據，對自由主義的追求就是對人們所嚮往的道德理想的邁進。

那麼，自由主義的道德根據是什麼？自由主義所追求的基本道德價值包括哪些？

一、自由主義的真正核心

沒有什麼比是否尊重個人自主更能確定自由主義的實質了，「促使所有公民的自主活動正是自由主義、它的基本價值及其政

治綱領的終極目標和辯護理由」[2]。經常談到的自由主義的基本價值有多元主義、寬容、自由、正義、平等，等等。但是，為什麼自由主義不把秩序、效率或幸福等作為它的基本價值？或者，為什麼不把共同善、美德等作為其目的價值？自由主義所確定的基本價值其根據何在？

根據就在於個人主義或個人自主：賦予個人以無上的尊嚴，視個人為目的而不是手段；讓個人自己去作什麼樣的生活是有意義的判斷，尊重個人的自主選擇權；不干涉個人的隱私，保護個人的消極自由；鼓勵個人去自我完善，為個人的自我發展創造社會條件；等等。所有這些就是自由主義所追求的目的價值，而其他價值只有實現這些目的才被珍視。可見，個人自主「是自由主義的真正核心，是內部的要塞，所有自由主義的戰役都是為了保護這一要塞而打響的⋯⋯自主是自由主義的基本政治價值試圖去培養和保護的東西。自主是目的，其他的價值則是它的組成部分或手段」[3]。

多元主義之所以是自由主義的一個基本價值，是因為它為個人自主提供了選擇的可能。一元化就不存在自主選擇的可能，在事實世界裡，科學所致力於的是認知而不是選擇，真理只有一個，因此對世界的認知不可能是多元主義的。但是，在價值世界裡，關於什麼是善的或好的觀念沒有一致性，這就為個人自主提供了可能性和必要性。個人可以自由地選擇這些多元價值中的任何一種，來形成他們自己關於善生活的觀念（conceptions of the good life）。國家應當平等地對待每一種合理的善生活觀念，而不

---

2 約翰・凱克斯，《反對自由主義》（南京：江蘇人民出版社，2003），頁26。
3 約翰・凱克斯，《反對自由主義》，頁19。

應當把一種特定的觀念置於其他觀念之上。這意味著「寬容」或「中立」。國家的任務在於制定和維持一些規則以使它們的公民能夠去過他們自己追求的生活，而不是去干涉他們的生活。與這些規則相一致的行為就是「正當」的，而公民試圖按照他們自己關於應當如何生活的觀念來生活時指導（指引）他們的東西就是「善」。政治道德應當只關心正當，而讓個人自己去決定他們的善。由此，就引出了當代自由主義道義論所謂「權利（正當）優先於善」的原則。多元主義就是關於如何正確對待善的政治態度的自由主義價值。正是有多元主義這個被人們尊奉的基本價值和政治態度，在自由主義社會裡，才不會把僅僅與某種善觀念不同的另一種善觀念當作異端予以壓制，個人在善觀念的選擇和確信上有充分的自主權利。

正如第一章所述的，自由（消極自由）作為自由主義的基本價值是理所當然的，因為它為個人在多元主義所承認的許多不同的價值和善生活觀之間進行自主選擇提供了空間。這種空間由自由主義國家政治上的保護所保證，使得公民在作自主選擇時不受外來干涉。自由與個人自主有更加密切的聯繫，它是個人自主的必要條件，因此它是自由主義的最基本價值。但是，僅僅自由（消極自由）是不夠的，自由只是個人自主的必要條件，把自由作為終極價值會使自由主義陷於被批評的境地。

正義是自由主義所要求的社會制度的價值，它所保障的是個人按照任何善生活觀自主地生活的各種權利，自由主義國家的責任就是不管這些權利是什麼，都要去保護它們。這些權利最重要的當然是自由權，此外還包括其他的許多權利。它們之間可能是衝突的，因此正義的任務之一就是平衡它們，排列它們的秩序。但無論如何，正義是個人得以按照自己所認定的生活方式去生活

的社會制度保障。沒有這種保障，個人就會屈從於利益追求所要求的犧牲（功利主義），共同善追求所要求的強制（完善論），以及烏托邦追求所施加的暴政。正義是個人得以抵制權力所施加的侵犯、專斷和凌辱的公共保障。

平等在自由主義中的闕如使之無法令人信服，很難想像，個人自由的有意義的行使不需要經濟資源、健康、教育以及諸如此類的適當條件的保證。國家不能僅僅保護自由，而且應該保護自由得以實現的條件，也即羅爾斯所謂的「自由的價值」[4]。平等涉及的同樣是對人的尊重，沒有福利權利的保障，社會中的某些人就會在沒有尊嚴的情況下生活，更談不上按照自己的善生活觀念去自主地生活了。但是，平等與自主並不如自由與自主那樣有密切關係。儘管自由未必自主，然而自由並不否定、剝奪自主，而平等卻可能會否定、剝奪自主。國家再分配所施加的強制被認為直接侵犯了個人的自主權利，這一點使平等是否是自由主義的基本價值在自由主義者中產生了懷疑。自由至上主義者就否定平等價值對於自由主義的意義。伯林認為，在自由與平等之間作選擇是人類注定要進行的悲劇選擇，二者的衝突是人類價值衝突的典型。但是，我們如果把維護每一個人的自主生活作為自由主義的核心，那麼就不會像自由至上主義者那樣排斥平等價值。為了所有人的有尊嚴的自主生活，自由並非不能為其他價值作出一定的讓步。

多元主義及其寬容使個人自主得以可能，自由使個人自主具有不被干涉的空間，正義（權利）為個人自主提供社會制度的公平保障，平等提供了個人自主的資源條件。自由主義之所以堅持和維護這些價值，皆與個人自主有關，都是圍繞個人自主而展開

4　羅爾斯，《正義論》，頁194。

辯護的。沒有對個人自主的尊重，我們就無法理解自由主義的一整套模式，包括它的起源、它的形成、它的制度、它的改良以及它內部的衝突。對個人及其自主能力的尊重，正是自由主義的道德根據，自由主義把尊重能夠自主的每一個人作為道德要求在這個世界中實現。個人由於其自主能力而受到平等的尊重，這種尊重得到法律的保障，它抵制的是對個體的強加、暴力、各種形式的威脅和操縱。由於自由主義，個人的道德責任在加重的同時，個人的尊嚴也隨之增加。

二、個人主義與個人自主

　　史蒂文‧盧克斯在《個人主義》一書中將個人主義的基本觀念分析為四個方面，這就是：個人的尊嚴、個人自主、個人隱私、自我發展。這裡，我們首先對「個人隱私」和「自我發展」作一分析，然後再來審視個人主義的其他內容的含意。

　　伯林曾對自由的兩種概念作過著名的分析，其「消極自由」概念就相當於這裡的「個人隱私」概念，而「積極自由」概念的內涵之一就是「自我發展」。

　　消極自由是關於主體在其中不受干涉的領域的概念，它要回答的是：在什麼樣的限度內，某一個主體可以被容許做他想做的事，而不受到別人的肆意干涉？而積極自由則是關於由誰對個人的行為進行控制的概念，它和以下這個問題的答案有關：什麼人或什麼東西有權控制、干涉、決定某個人應該去做某事。伯林認為，這兩個問題的答案，雖然可能有重疊之處，但卻顯然是不同的問題5。

5　柏林，《自由四論》，頁230。

　　所謂個人隱私，也就是為個人保留一個由他自己來決定做什麼、不做什麼的私人領域，在此範圍內個人不受他人的任意干涉。這個範圍隨不同的時代、不同的制度和文化而有大有小，但是，「這個範圍如果被別人壓縮到某一個最小的限度以內，那麼，我就可以說是被強制，或是被奴役了。」[6]密爾把這一隱私或私人領域同公眾的干涉相對立，認為個人有權按照他自己的方式去追求自己的利益或善生活，只要不侵害他人就不能被公眾所干涉。貢斯當則把這一私人領域與政治或公共領域的權力相對立，並認為，私人領域或隱私的形成和被保護是現代人才具有的事情，而古代人並沒有這種「個人的」自由，儘管那裡有許多政治的或公共領域的參與自由。在古代人那裡，沒有一個明確界定的私人領域，個人可以遭受公共權威的廣泛干涉；而現代人愈來愈重視個人的私人生活，強調維持一個不受公共政治權力干預的私人空間[7]。

　　所謂自我發展，指的是自我對自己行為和內心的把握和導向，以克服自己內在的非理性、盲目、和無知的因素，積極地成就和完善自己。早在19世紀末，新自由主義者托馬斯·格林就主張一種完善論的自由主義，他認為，人區別於動物的本質之處在於，人是具有自我意識的理性存在，他依據理性去追求道德的自我完善，在實現道德善的過程中獲得自由。所謂自由，不僅是指個人消極地不受他人與國家的限制，更是指一種積極的自我發展、自我完善的力量和能力，通過這種自由我們去做值得做的事情。

6　柏林，《自由四論》，頁230。

7　見貢斯當，《古代人的自由與現代人的自由》，頁23-46。

這種自我發展、自我完善的觀念與伯林的積極自由含意是一致的。如果說消極自由的含意是，作為個體的我的意願和行為不受他人的肆意干涉和阻礙，那麼積極自由的含意是，我希望控制和駕馭自己的意願和行為，成為自己的主人，按照我所導向的目標去發展。

個人隱私的形成與個人主義的成長休戚相關，它形成了自由主義關於不受限制、不受干涉和不受侵犯的權利觀念。盧克斯總結道：

總之，這種隱私的觀念指的是一種與別人毫不相干的領域。它意味著個人與某些相對廣泛的「公眾」——包括國家——之間的一種消極關係，是對某些範圍的個人思想或行為的不干涉或不侵犯。這種局面可以通過個人的退避或「公眾」的寬容來實現。自由主義者認為，保護這個領域是可取的，因為它本身是一項終極價值，是可以用來評價其他價值的價值，也是實現其他價值的手段。[8]

為什麼消極自由是有價值的問題可以回答為什麼個人主義是有價值的問題，消極自由與個人主義有密切的關係。在這個意義上，消極自由（私人領域或隱私不受干涉）的存在是個人主義的必要條件，因而也是自由主義的必要條件。但是，消極自由是否是個人主義的充分條件？是否一個人不被干涉從而獲得一個獨立的空間就是個人主義的全部價值？也就是說，僅僅消極自由是否就是自由主義的全部理想？這裡涉及到對積極自由的評價問題。

8　史蒂文・盧克斯，《個人主義》，頁61。

　　密爾[9]、哈耶克和伯林等這些古典自由主義者或自由至上主義者傾向於強調消極自由是自由主義的終極理想，認為自由就是他人不妨礙我的選擇，至於我作什麼選擇別人不能干涉，只要我不侵犯他人，我就有充分的決定權。而具有理性主義傾向的自由主義者，諸如康德、托馬斯·格林、哈貝馬斯以及拉茲等，則會認為，自由不僅僅是不被干涉，而且是意志自律、理性自主。他們在維護消極自由的前提下也強調積極自由對於自由主義的意義。在他們看來，自由不僅僅是給我自由的問題，而且是，我能夠去自由的問題。也即是說，自由不僅僅是我有多大的空間去隨自己的意願作出決定的問題，而且是我作出的決定是否合理或有合理的根據的問題。對於那些不能運用自己的理性去克服盲目的衝動和規制氾濫的欲望的人來講，他們即使有了不被干涉的空間，也仍然可以是不自由的。因此，在理性主義者看來，自由的關鍵是，我是否能夠成為我自己的主人，由我自己來決定和把握自己的心靈和行為選擇，從而克服被決定、無知、盲目的狀態。按照伯林的話說：

9　約翰·斯圖亞特·密爾（1806-1873）在《論自由》（1859）中表達的思想，堅持了「最大自由原則」和「（不）傷害原則」，以及「最小國家觀」，毫無疑問他是一個古典自由主義者。而且，他後來從未放棄在《論自由》中表述的這一古典自由主義信念。約翰·格雷這樣寫道：「密爾的政治哲學在某些方面更接近於古典自由主義而不是他父親或邊沁的功利主義，並且在某些方面還進一步偏離了功利主義。至少就《論自由》而言，密爾的自由主義個人主義信念要遠比其功利主義社會改革信念明顯。」但是，密爾也是現代自由主義的先驅人物，約翰·格雷繼續寫道：「密爾成功地完成了自由主義傳統發展中肇始於邊沁和詹姆斯·密爾的斷裂，並建立起一個為19世紀後半葉英國愈發明顯的干預主義和國家主義趨勢提供合法論證的思想體系。」（約翰·格雷，《自由主義》〔長春：吉林人民出版社，2005〕，頁44，45。）

「自由」這個字的積極意義，是源自個人想要成為自己的主人的期望。我希望我的生活與選擇，能夠由我本身來決定，而不取決於任何外界的力量。我希望成為我自己的意志，而不是別人意志的工具。希望成為主體，而不是他人行為的對象；我希望我的行為出於我自己的理性、有意識之目的，而不是出於外來的原因。我希望能成為重要的角色，不要做無名小卒；我希望成為一個「行為者」——自己做決定，而不是由別人決定；我希望擁有自我導向，而不是受外在自然力影響，或者被人當作是一件物品、一隻動物、一個無法扮演人性角色的奴隸；我希望我的人性角色，是自己設定自己的目標和決策，並且去實現它們。10

但是，伯林認為，積極自由對自我做主、自我決定、自我發展的強調很容易走向「對……征服」的路徑。因為，這時作為理性主體的自我：

　　已經不是一般人心目中，擁有一些實際希望與需求的個人，而是內在的「真」人：這個內在的「真」人，在追求某些「經驗自我」所無法想像到的理想目的。同時，就像「積極」自由的自我一樣，這個東西還可以膨脹成某種「超個人的」的東西，如國家、階級、民族、歷史的邁進等。這些東西都被認為是比「經驗自我」更能代表某些特徵的、更「真實」的主體。但是，事實上，「積極的」自由觀念，認為自由即是「自主」，實已暗示了自我分裂交戰之意，在歷史

10　柏林，《自由四論》，頁241。

上、學理上以及實踐上，已經輕易地助成了人格的剖分為二：其一是先驗的、支配的控制者，另一則是需要加以紀律、加以約束的一堆經驗界的欲望與激情。[11]

伯林要求我們警惕積極自由所隱含的否定個人的趨向，他認為，只有享有消極自由的主體才是一個實實在在的個人，而積極自由主體（儘管被稱為「真我」）的膨脹實已轉變成了超個人的主體，以致對個人施以控制、支配和征服。因此，對於伯林，積極自由不是自由主義的必要條件。儘管伯林沒有全盤否定積極自由的意義，但是，比起消極自由來，積極自由與自由主義的關係要弱許多。在他看來，對自由主義而言，消極自由足夠了。

對消極自由的幾乎唯一的強調，使密爾、伯林、哈耶克這樣的堅持古典主義立場的自由主義思想家傾向於為個人行為最大程度的自由也即不受干涉的範圍作辯護，不僅理性的行為受到保護，甚至非理性的、盲目的行為都在權利的保護範圍之列。這種自由主義認為，只要不傷害到他人，那麼對於自己，什麼是好什麼是壞，是自己來判斷的問題，別人代替不了，也不得干涉。密爾寫道：

> 任何人的行為，只有涉及他人的那部分才須對社會負責。在僅只涉及本人的那部分，他的獨立性在權利上則是絕對的。對於本人自己，對於他自己的身和心，個人乃是最高主權者。[12]

---

11 柏林，《自由四論》，頁245。

12 約翰·密爾，《論自由》，頁10。

這種自由，只要我們所作所為並無害於我們的同胞，就不應遭到他們的妨礙，即使他們認為我們的行為是愚蠢、背謬、或錯誤的。[13]

密爾甚至認為：「對於文明群體中的任一成員，所以能夠施用一種權力以反其意志而不失為正當，唯一的目的只是要防止對他人的危害。若說是為了那人自己的好處，不論是物質上的或者精神上的好處，那不成為充足的理由。」[14]

在這裡，密爾表達了自由主義的一個確信：自由主義者對個人自由的珍重超過了對任何善生活內容的珍重，而這種對個人自由的看重又是來自對個人自主能力的信任和極端尊重。他們與其說是相信個人自主必會選擇合理的善生活，不如說是堅信個人自主的價值高於個人所選擇的任何善生活內容的價值，哪怕個人不選擇善生活而選擇平庸的生活，也不得以善的名義強迫他。在密爾看來，強迫是最大的惡，其不道德性不可能被其強迫所獲得的善抵銷：

要知道，一個人因不聽勸告和警告而會犯的一切錯誤，若和他容許讓他人逼迫自己去做他們認為對他有好處的事這一罪惡相權起來，後者比前者是遠遠重得多的。[15]

密爾等自由主義者之所以如此堅定地堅持消極自由，歸根究

---

13 約翰・密爾，《論自由》，頁13。

14 約翰・密爾，《論自由》，頁10。

15 約翰・密爾，《論自由》，頁83。

柢在於認為，只有不受強迫和任意的支配、干涉，才能保證每個
人能夠按照自己的意願作出自主的選擇和自我發展，並且保證這
種自主選擇的生活對於我才是一種好的生活。消極自由是其他一
切的基礎，包括一切好生活的基礎，儘管它並不能保證一定有好
生活的內容。消極自由的意義不在於想過一種好生活就一定有好
生活的內容，因為這要取決於非常多的因素。消極自由的意義在
於我所生活的內容都是我自己選擇的和親歷的，而不是從外面強
加給我的，儘管可能其內容並不好，我生活得艱辛，遭受許多苦
難，等等，但這要比強加的「好」的生活要更好。金里卡這樣寫
道：

> 　　沒有一種生活會通過外在的根據那個人並不信奉的價值來
> 過而變得更好。我的生活只有根據我對價值的信念並由我自
> 己從內部來過才會變得更好。16

　　密爾、哈耶克和伯林等自由主義者是如此看重消極自由和不
被干涉的私人領域，而貶低積極自由的意義，這凸顯了自由主義
的原始立場，也即古典自由主義或自由至上主義的立場。若古典
自由主義者向積極自由的方向邁出一步，則他們對消極自由的忠
誠和堅守就會後退一步，他們的古典自由主義特徵就會減弱一
分；若邁出第二步，第三步，……就會不可避免地失去自由主義
的原始特徵。從20世紀初開始，「自由主義」一詞在美國已逐漸
改變了含意，與原本18和19世紀的自由主義有很大的不同，注
入了許多積極自由的內容。那些堅持古典自由主義觀點的人，為

16　金里卡，《自由主義、社群與文化》，頁12。

了區分於這一新的、現代的自由主義，就更換名稱來稱呼自己，如「保守自由主義」、「自由至上主義」（libertarianism）等。

伯林在《兩種自由概念》的演講中把平等概念與積極自由概念並列進行相似的闡述，而與消極自由概念區分開來[17]，這說明，積極自由概念與平等概念具有某種親和性。因此，消極自由與積極自由的衝突可以說包含了自由與平等的衝突，但是其意義又遠遠超過了自由與平等的衝突，它涉及到現代性與傳統、現代人的自由與古代人的自由、憲政與民主、個人自主與共同體歸屬、正當和善、權利與美德等等一系列的價值衝突。追求平等會導致消極自由的縮減，同樣，追求美德、珍重傳統、強調公共參與、重視共同體歸屬等等，也會或大或小地縮減消極自由的領域；反之亦然。這說明，僅僅堅持消極自由會導致許多其他價值的削弱或損害，自由主義者若是僅僅尊奉消極自由價值，就不可避免地要遭受來自其他價值擁有者的無數批評。

消極自由是所有自由主義者都堅持的價值，否則就談不上是一個自由主義者。消極自由之堅持關乎自由主義所保障的個人自由權利，由此也關乎自由主義建立於其上的所有其他價值。至於積極自由對於自由主義是否是不可或缺，是否是必要條件，自由主義就此產生了分裂。不少自由主義者批評過分強調消極自由所帶來的消極意義，他們認為消極自由與積極自由不可分離，沒有積極自由，消極自由本身將會顯得非常乖謬。

但是，反自由主義者對積極自由的堅持卻是要否定消極自由，他們認為，僅僅強迫和支配的不存在並不能保證人的自主，自主的涵義不是指個人自主，而是理性自主。而且，如果沒有超

---

17 見《兩種自由概念》的第六節「地位之追求」。

越存在物，諸如上帝、絕對精神、超驗道德、共同體善、歷史規律等的引領，個人就會走向盲目和隨意。在反自由主義者看來，所謂自主就是自覺服從絕對的、超驗的自我，成為其中的一個部分，去實現它的目標。他們認為，只有積極自由才能把個人提升到自主的高度，也即理性自主的高度。

可見，是否相信和堅持個人具有自主的能力，成為是否堅持自由主義（個人主義）的標誌。對個人的尊重歸根究柢是對個人自主能力的尊重。我們之所以把一個人看作是人，而不是物，就在於他能夠承擔責任，對自己的選擇負責[18]。自由主義保護個人自由權利，就在於對個人自主能力的信任。我們不會無緣無故地去維護個人自由，如果個人不能對自己的行為負責，缺乏承擔能力，維護個人自由無異於毀滅人類。羅爾斯把個人的這種自主能力稱為「道德人格能力」（the capacity for moral personality），他認為：

> 道德人格以兩種能力為其特徵：一是獲得一種善觀念的能力，二是獲得一種正義感的能力。當其實現時，前者表現為一項合理的生活計畫，後者表現為一種按某種正當原則行為的起調節作用的欲望。所以一個道德的人是一個具有自己選定的目的主體，他的基本偏愛取決於條件，這些條件使他能去構造一種盡可能充分地──只要條件允許──表現他作為

---

18 這裡指的是承擔責任的能力（哪怕是潛在的能力），而不是承擔責任的實現，正如羅爾斯說的：「規定著道德人格的最低要求所涉及的是一種能力而不是它的實現。一個具有這樣能力的人，不論其能力是否得到了發展，都應當得到正義原則的充分保護。」（羅爾斯，《正義論》，頁496。）

一個自由平等的理性存在物的本性的生活方式。[19]

　　有了這種最低程度的、潛在的道德人格能力，就使任何個人不能被當作物來對待，他們是有尊嚴的理性存在，理當被賦予至上的價值。包含在人身上的這種道德人格能力是個人主義的根本依據。

　　我們看到，盧克斯所總結的個人主義的四個方面（個人尊嚴、個人自主、個人隱私、自我發展）歸根究柢歸結於一個核心：個人自主。由於個人主義是自由主義的基礎，因此，個人自主就是自由主義所要維護的核心價值。

三、個人自主還是個人不能自主？

　　個人自主並非一個必然事實，而是一種需要自由主義加以捍衛的價值。是否個人自主，取決於是否有個人自主的制度和文化的保障，自由主義為個人自主提供了這種保障。一個自由主義者無論具有什麼樣的理論，他都應該以個人有權自己來決定信仰什麼、追求什麼、過一種什麼樣的生活為其理論的前提。儘管哈耶克否定在人類秩序和制度建構上的理性自主性，但是他從來沒有否定在思想、信仰、生活方式等善觀念方面人的自主性。任何一個自由主義者都首先必須確信：個人是他自己的善的確定者，只有他知道什麼對自己是好的。密爾寫道：「唯一實稱其名的自由，乃是按照我們自己的道路去追求我們自己的好處的自由，只要我們不試圖剝奪他人的這種自由，不試圖阻礙他們取得這種自

19　羅爾斯，《正義論》，頁548。

由的努力。」[20]如果認為，個人在思想、信仰、價值選擇、生活方式等方面不具有、或不應該具有自主權利，什麼對自己是好的，個人並不是判斷的主體，那麼他就失去了自由主義者的立場，成為反自由主義者。由此可見，對待個人自主的態度，是衡量一個人是否站在自由主義立場上的根本尺度。

但是，自由主義儘管邏輯上包含了「個人自主」這個內核，可是自由主義的歷史卻圍繞著「自由」而展開，自由才是自由主義高揚的旗幟。正是自由主義的這種姿態，引來了眾多對自由主義的批評觀點。這些觀點都是說，作為自由主義的最重要價值，自由並不能使人自主，而可能恰恰使人走向任性盲目；個人自由放縱了人們的欲求，使人們變得貪婪，不接受理性和權威的制約、指導。在這裡，反自由主義者們抓住了自由主義的一個軟肋：自由不等於自主，自由也未必使人自主，它恰恰容易使人盲目、非理性。自由主義在這裡遇到了對它的根本挑戰，它必須跳過自由和自主之間的溝壑，否則就會在這裡摔死。

自由主義的根本理念是對個人自主能力的確信。個人自主能力表現在一個人對自己行為的責任能力上。自主並負責的行為必須具備兩個條件：第一，這種行為是「非強迫」的；第二，這種行為是「自製」的。

所謂「非強迫」條件，是指外部控制、干涉力量的不存在。這也就是「消極自由」的含意。消極自由是個人自主的一個必要條件，如果沒有個人不受干涉和控制的自由空間，個人自主是不可能的。因為，個人自主意味著個人可以按照自己的意願作出選擇，而對個人的強迫、控制和干涉使個人被迫作出自己所不願意

---

20 約翰・密爾，《論自由》，頁13。

的選擇。哈耶克寫道：「當一個人被迫採取行動以服務於另一個人的意志，亦即實現他人的目的而不是自己的目的時，便構成強制。……強制意味著我仍然進行了選擇，只是我的心智已被迫淪為他人的工具。」[21]

自主行為的所謂「自製」（自治）（self-goverment）條件，是指行為處於行為主體意志的控制和調節下，自我對自己行為動機能夠給予評價，對自己的選擇能夠給出理由，對自己的行為及其後果有一種認識，對自己的行為能夠進行積極的約束。它排除的是盲目和無理性的行為。心智不健全、無力判斷自己的行為後果、或無自控能力者的行為不屬自主行為。自主行為必須對自己的欲求、衝動、渴望給予評價、理解和控制，或是認同、接受所要滿足的欲望，或是抵制、調和、緩解這些欲望的滿足。這也就是「積極自由」的含意。

如果說自主的第一個條件排除的是外在強制，那麼第二個條件排除的是內在的無理性。第一個條件構成自主的自由成分，消極自由給個人自主以機會、空間，但是，單有自由並非就是自主，因為行為者可能並沒有對自己的行為進行反思和導向。一個人可能已經擺脫了外在干涉和控制，但他仍然處在自己的非理性的任性、盲目的衝動、低級的欲望、虛幻的意識、幼稚的無知控制下，成為自己內在情欲的奴隸。

因此，個人自主是消極自由與積極自由的結合，兩者分別都是其必要條件但不是充分條件。這意味著僅僅消極自由和僅僅積極自由都會否定個人自主。

就僅僅消極自由而言，它否定的是個人的「自主」性。一個

---

21 哈耶克，《自由秩序原理》上卷，頁164。

缺乏自我控制、自我導向能力的人，給予他消極自由的程度正與他自主性的程度成反比，他的自由越多，他就越不自主。儘管他並沒有受到外在的束縛，但他陷入了盲目無序、內心衝突、迷茫困頓之中，無法對自己的行為承擔責任。從這個意義上來說，反自由主義者們對不受引導、約束和氾濫的自由的批評有其道理。僅僅強調消極自由，必定會使我們這個社會陷於病態和危機之中。

就僅僅積極自由而言，它否定的是「個人」的自主性。積極自由對於個人自主的意義是無人否認的。但是，即使是在個人自主範圍內，積極自由已經把自我一分為二，潛伏了一種伯林所指出的危險性。范伯格說道：「如果我們被某種內在因素所妨礙，不能去做我們最願意去做的事，那麼，這內在的壓抑因素就會被認為是一種異己的力量，即一種『內部敵人』。」[22] 但是，只要堅持個人自主，這種危險性就不會展開。畢竟，視內部的非理性因素為敵人與視個人為敵人不是一回事。儘管個人必須經常對自己的行為給予控制，甚至壓制自己的情欲，但那不是壓迫。可是一旦把個人自主的「個人」去掉，而代之以超個人的主體，那麼「自主」恰恰有可能成為反自由主義者們的旗幟，甚至有可能成為專制極權的根據。伯林尖銳地指出了這種把內在於個人的因素分裂為反個人的外在對立物的邏輯過程：

　　人難道沒有把自己從精神的或自然的奴役中解放出來的經驗？在這種解放的過程中，他們沒有一方面意識到一個居於支配地位的自我，另一方面意識到他們身上注定處於受支配

22　范伯格，《自由、權利和社會公正》（貴陽：貴州人民出版社，1998），頁16。

地位的東西？於是，這種支配性的自我就等同於理性，我的
「高級的本性」，……我的「真實的」、「理想的」和「自律
的」自我……；這種高級的自我與非理性的衝動、無法控制
的欲望、我的「低級」本性、追求即時快樂、我的「經驗
的」或「他律」自我形成鮮明對照；這後一種自我受洶湧的
欲望與激情的衝擊，若要上升到它的「真實」本性的完全高
度，需要受到嚴格的約束。23

伯林進一步指出：

真實的自我有可能被理解成某種比個體更廣的東西，如被
理解成個體只是其一個因素或方面的社會「整體」……。這
種實體於是被確認為「真正」的自我，它可以將其集體的、
「有機的」、單一的意志強加於它的頑抗的「成員」身上，達
到其自身的因此也是他們的「更高的」自由。24

這就是伯林著名的所謂自由變戲為壓迫的過程。這裡的關鍵
是，積極自由從個人自主走向否定個人自主，它相當於哲學史上
從康德走向黑格爾的過程。自主是一個非常重要的價值，但是在
自由主義那裡，「個人的」自主才是目的價值。如果不是「個人
的」自主，那麼要求自主恰恰會成為壓迫個人的藉口。

自由主義者強調消極自由對於個人自主的重大意義，確信沒
有消極自由就沒有個人自主。但是，消極自由是否就必然走向個

---

23 伯林，《自由論》，頁201。
24 伯林，《自由論》，頁201。

人自主？個人自主又是否必定走向個人對社會的擔當？

沒有人可以肯定。自由主義是一場現代性的冒險，個人自主是一個問題而不是一個真理，它有待現代性的展開。而現代性——正如哈貝馬斯所言——是一個尚未完成的規畫[25]。給個人以自由去充分的自主來決定個人自己的事情，這種模式——現代性——會把人類引向何方？無人知曉。

正是這種不確定性，鼓勵了反自由主義者們去否定個人自由和自主。被稱為大陸新儒家的學者蔣慶寫道：

> 西方自由主義的教育理論，即要啟發兒童的理性與自主精神……這種教育理論認為，每個人都有平等清明的理性，每個人都可以按照自己清明的理性判定什麼是善良什麼是邪惡，因為自己理性的法庭具有審查一切事物的最高權威，任何外在權威都必須服從自己理性的審判。但是，這種自由主義的教育理論沒有看到，在現實層面聖人的理性與凡人的理性是不平等的，……聖人有天然教化凡人的權利，曰「天賦聖權」，而凡人只有生來接受聖人教化的義務。[26]

蔣慶贊成一種不平等的自主能力，在他看來，凡人沒有理性自主能力，因此天然應該接受聖人的教化。這一高論我們在伯林那裡可以看到更尖銳的表述：

---

25 參見哈貝馬斯，〈現代性——未完成的工程〉，見汪民安等主編，《現代性基本讀本》（鄭州：河南大學出版社，2005）。

26 蔣慶，〈讀經與中國文化的復興——蔣慶先生談兒童讀經面臨的問題〉，http://www.confucius2000.com/confucius/jqxstetdjmldwt.htm。

> 聖賢比你更知道你自己，因為你是你的激情的犧牲品，是
> 過著他律生活的、半盲的、無法理解自己真實目標的奴
> 隸。……在我內部的理性要獲得勝利，就必須消除壓制我並
> 使我成為奴隸的那些「低級」本能、激情與欲望；同樣，社
> 會中的高級部分──受過教育的、更理性的、「對其時代與
> 人民有最高度洞見的人」，可能會運用強迫的方法使社會的
> 非理性部分理性化。[27]

反自由主義者對個人自主的否定實際上是在主張一種不加反思的、盲從的生活方式。只有放棄個人自主，反自由主義者所尊奉的超驗價值才得以被人們不加反思地接受。可是，從現代歷史來看，以各種原因否定個人自主的制度都不成功，而最不成功的恰恰是反自由主義者們津津樂道的對道德完善的追求。沒有自由主義所保障的個人自由和個人自主，我們就只有聽命於他人，這就不可能有什麼道德完善的生活。完善的生活不可能從外面加進來，而必須靠自己去追求，去自我完善。

四、自由、自主和強迫

伯林深刻闡釋了消極自由與積極自由之間──也即自由和自主之間──含意上的差別。由這種差別引出了思想史上著名的一種觀點，這種觀點認為，只有當一個人在「理性自我」而不是「經驗自我」控制下時，他才具有真正的自由。這就是說，自由不在於外在強制的不存在，而在於控制自己內在的情感、欲望和盲目的衝動。外在強制的不存在不僅不是自由，而且可能是更糟

---

27 伯林，《自由論》，頁221。

糟的不自由，因為這時一個人恰恰有可能受到了內在情感、欲望和盲目衝動的支配，成為它們的奴隸。「也就是說，真正的自由存在於某種對人的控制之中，這種控制使人致力於給定的目標，而不是人們自認為的目標。」[28]伯林指出，這種解釋是對積極自由或者自主觀念的「敗壞」（perversion，也可譯為「扭曲」）。這種觀點把不受干涉和控制（消極自由）所可能導致的非理性、盲目和愚蠢說成是不自由，而把對人的行為和意願的方向、目標的控制和強迫說成是自由。可是，在伯林看來，自由就是不受外在權力或強力的控制和干涉，或者說，自由就是擺脫外在的約束和阻礙。這是自由的基本含意。至於自由是好是壞，是愚蠢、盲目和非理性還是明智、自覺和理性，與自由的基本含意沒有關係。他引述了邊沁的話與另一段話對比說：

> 關於這一點，我認為邊沁所說的是最具決定性的話，他說：「自由不是做壞事的自由，又是什麼？我們不是說『我們必須剝奪癡人與壞人的自由，因為他們濫用自由』嗎？」請把這段話拿來，和同一時代的一項雅各賓黨人的典型宣言互相比較，後者說：「當一個人在做壞事的時候，他就不是自由的。防止他去做壞事，就是使他獲得自由。」[29]

這項雅各賓黨人的典型宣言所表達的就是伯林認為敗壞的積極自由觀，「自由並不是去做不理性、愚蠢、錯誤之事的自由。

28　羅納德・德沃金，〈兩種自由概念〉，載達巍等編，《消極自由有什麼錯》，頁144。

29　柏林，《自由四論》，頁263注。

強迫我們的『經驗自我』去合於正確的模式，並非暴政，而是解放」[30]。可是伯林反對這種觀點，認為這不是自由。你無論叫它什麼——善、美德、平等——都可以，但就是不能稱之為自由。自由可能並不善，也可能不平等，但是自由就是自由，而不是其他東西[31]。德沃金指出：

> 伯林引起我們對積極自由敗壞的關注，並不是意味著消極自由是純粹的好事，因而應該在任何環境下不惜一切代價保護所有形式的消極自由。他後來曾經說，正相反，過分的和不加選擇的消極自由，特別是存在於原始經濟的不平等中的消極自由形式，其弊端是如此之明顯，以至於他認為沒有很大的必要再做描述。[32]

自由就是不受他人的強制，就是他人阻礙、強迫的不存在。

---

30 柏林，《自由四論》，頁263。

31 比較一下這段話：「儒家倫理所主張之自由，乃是行善或擇善之自由。此是倫理上選擇之自由。但此一選擇之自由有其自己的理由與限制。……此一立場或限制即為善。吾人應該擇善，而不應該擇惡，倘若吾人允許人人皆有擇惡之自由，則人人之自由必遭受惡之威脅。……因此，基於倫理之觀點，吾人該只允許擇善之自由，而非擇惡之自由。……選擇之自由，乃是在複雜之善惡中選擇善而非選擇惡之自由。此是人之自由，也是儒家倫理所允許之唯一自由。」（謝幼偉，〈個人在中國倫理中之地位〉，載劉志琴編，《文化危機與展望——台港學者論中國文化》上卷〔北京：中國青年出版社，1989〕，頁269-270。）這裡，儘管不是關於自由的定義之爭，但把自由限制於擇善而不是包括擇惡上，與伯林所謂敗壞的積極自由觀一致。他們都認為，自由是「好的」（因而需要強迫自由），可是，伯林認為自由也可以是「壞的」。

32 德沃金，〈兩種自由概念〉，載達巍等編，《消極自由有什麼錯》，頁144-145。

自由未必就一定是一件好事，自由有可能導致放縱、盲目、無知、愚蠢和非理性等。但是，伯林認為，即使如此，自由的價值也比其它東西（諸如善、美德、平等、幸福等等）的價值要高，起碼，不比其他東西的價值要低。其理由在於，「消極自由的本質是犯錯誤的自由，不但適用於英勇的行為，也適用於庸俗的事情。」[33] 這一點約翰・密爾早已指出：「這種自由，只要我們所作所為並無害於我們的同胞，就不應該遭到他們的妨礙，即使他們認為我們的行為是愚蠢、背謬、或錯誤的。」[34] 在密爾看來，人類的繁榮和社會的發展並不依賴於任何人認定的善目標，而依賴於人們對善生活的種種試驗，哪怕它們是錯誤的。他相信，只有「創造性」和「個性」的發揮，也即「生活的種種試驗」，才會促進人類的繁榮和社會進步。波普爾也認為，自由主義的優越性不在於它的求真，而在於其不斷的試錯。它允許人們犯錯誤，因此就能夠排除錯誤，而不允許犯錯誤，也就無法發現錯誤，因此就不能排除錯誤。正如金里卡所說的，「只有假定我們關於價值的信念可能是錯誤的，它們才是有意義的。」[35] 實際上人類最大的錯誤都是發生在專制制度下的，而不是在給予人們自由的制度下發生的。

哈耶克對自由的不完美也有精采的論述：

> 我們可能是自由的，但同時也有可能是悲苦的。自由並不意味著一切善物，甚或亦不意味著一切弊端或惡行之不存在。[36]

33　德沃金，〈兩種自由概念〉，載達巍等編，《消極自由有什麼錯》，頁148。

34　密爾，《論自由》，頁14。

35　金里卡，《自由主義、社群與文化》，頁11。

36　哈耶克，《自由秩序原理》，頁12-13。

　　如果欲對自由進行明確且嚴格的討論，那麼對自由的定義就毋需取決於是否每個人都視這種自由為一善物。一些人很可能不會珍視我們所關注的自由，也不認為他們從此一自由中獲致了巨大的裨益，甚至還會為了獲取其他的利益而隨時放棄此種自由；有些人可能更極端，甚至認為按照自己的計畫和決策行事的必要性，與其說是一種利益，毋寧說是一種負擔。但是，自由卻可能是可欲的，儘管並不是所有的人都會利用它。[37]

　　我們現在明白，自由為什麼給那麼多人以攻擊的靶子，以致可以用「自由」去攻擊自由？伯林所指出的自由與自主的差別揭明了這一點：自由有可能放縱人的欲求，使人變得貪婪；自由還可能使人任性、盲目，不服從善或真理的要求。因此，對自由不滿的人就以強調自主——也即積極自由——來克服單純自由的弊害。積極自由的目標不是消除人為的外在阻礙，限制權力，而是要求控制住自己，做自己的主人。這種積極自由觀我們再熟悉不過了，古今中外幾乎所有的形而上自由觀都是這種「做自己主人」的理論，而不是「掙脫外部約束」的理論。

　　所謂做自己的主人，就是自我對自己的駕馭和把握，而不放縱自己。那麼什麼是這個「自我」？

　　查爾斯·泰勒在〈消極自由有什麼錯？〉一文中提出了一種「強評價」（strong evalution）的理論。所謂強評價，即是對「什麼東西對人的生活是重要的」作出判斷。這些判斷並不因為我們的願望、傾向或選擇才變成正確的，相反，這些判斷獨立於我們

---

37 哈耶克，《自由秩序原理》，頁12。

的願望、傾向或選擇之外，並且提供了可以衡量它們的標準。他
寫道：

> 我們的某些願望和目標在本質上比其他願望、目標更重
> 要……這些對重要性的判斷與各種願望的強度沒有關係……
> 當我們發現我們置非常重要的目標於不顧，迷失於不太重要
> 的目標時；或者當我們在壞的、可鄙的動機引導下行動時，
> 自由是否處於危險之中呢？答案是我們有時的確如此。[38]

　　這裡的意思是，如果我們被低級的願望所控制或役使，我們
就不可能有真正的自由。自由就是在高級的願望評價下去發現和
追求更重大的目標。經過「強評價」而確立的事物是我們應該承
認的高貴的事物，無論我們的愛好是什麼，它們都具有權威。泰
勒由此而否定了個人自主，他寫道：

> 作為主體的人不可能是判斷他自己是否自由的最終依據；
> 因為對於他自己的願望是否是真正的願望，他的願望是否妨
> 礙他的動機這些問題，他無法作為最終權威。[39]

　　本來，自我做主（self-mastery）意味著自我對自己所認定和
判斷的目標進行選擇，自我是最終的裁定者。但是泰勒把「自我

38　查爾斯‧泰勒，〈消極自由有什麼錯？〉，載達巍等編，《消極自由有什麼
　　錯》，頁79-80。

39　查爾斯‧泰勒，〈消極自由有什麼錯？〉，載達巍等編，《消極自由有什麼
　　錯》，頁74。

做主」給否定了：自我不可能做主，因為自我有可能判斷錯誤。為什麼會判斷錯誤呢？因為自我可能被自己的內部障礙所蒙蔽，如果他依靠自己的內心來作判斷的話。

把自由視為沒有外在障礙的簡單觀點認為，自由就是做你自己想要做的事情，至於你想要做什麼，你自然是清楚的，而且你比誰都更清楚自己想要做什麼。這並不等於說，你想要做什麼就做什麼，完全不對「什麼東西對人的生活是重要的」作出判斷，而是說，這種判斷由你自己去作出，你完全可以勝任作此判斷。你可能無力判斷「什麼是重要的」，但是你完全有能力判斷「什麼對你是重要的」。可是，依照泰勒（及其他保守主義者如邁斯特、黑格爾）的觀點，自我對於自己真正想要（做）什麼並不十分清楚，他可能沒有能力作這種判斷。由此，泰勒的這類觀點就推論說，自由不是指做自己實際想要做的事情（哪怕願望再強烈），而是指做自己真正想要做的事情，遵從自我真正的意志，符合自我真正的願望。對於真正的願望、真實的意志，如果個人自我能夠認識到並遵循之倒也罷了，可是這類觀點認為，個人由於受內部障礙的蒙蔽，多半不可能有此認識。

我們最熟悉的自由定義是「自由是對必然的認識」，將自由問題歸結為心靈的認知和態度問題。必然規律在我們認識並把握它們之前，我們的生活是盲目自發的，談不上有什麼自由；認識和把握了必然規律之後，我們的生活就從自發性走向自覺性，從「必然王國」邁進「自由王國」[40]。對必然規律的認識和態度判定我

---

40 參看恩格斯的這段話：「社會力量完全象自然力一樣，在我們還沒有認識和考慮到它們的時候，起著盲目的、強制的和破壞的作用。但是，一旦我們認識了它們，理解了它們的活動、方向和影響，那麼，要使它們愈來愈服從我

們的生活是否自由。自由就是驅除我們頑抗「必然」的那些內在心靈障礙，符合自己的也是共同的理性，從而獲得一種「真正的」意志和自我，並最終認識到真理。「真正的」在此是與「虛假的」形成對照：你生活中所認為真實的願望及其自我多半是虛假的，甚至是異化的，無論如何你可能是在虛幻中生活著，你根本沒有真正主宰自己的生活，你把自己的奴役狀態誤以為是自由狀態，越是滿足自己的願望實際上就越沉淪於不自由。在「必然王國」生活下，沒有人是自由的，除非有一個人首先認識到必然王國的本質，從而告訴人們：「你們還只是生活在看到的只是事物影子的洞穴裡，真實的事物不在這裡」，你才能把他們引領（強迫）到「自由王國」。

但是，雖然任何人都是有理性的，然而並非任何人都遵循自己的理性，因此他們並不都能看到真理。必須強迫他們去符合理性，也即強迫過一種真正符合他們意志的生活，或者說強迫他們自由。

> 有些人並不像別人一樣，那麼容易聽從理智的指揮。事實上，有些人根本就聽不到理智的聲音。如果我是一個立法者、或統治者，我就必須假定：如果我所制定的法律是理性的（而關於這一點，我也只能徵詢我自己的理智），則只要社會成員是些有理性的人，這法律就應該會得到我的社會中所有成員的同意才對。因為，他們如果不贊成的話，則從上述意義而言，他們就顯然是無理性的；如此，我們就必須：用理智

們的意志並利用它們來達到我們的目的，這就完全取決於我們了。」（《馬克思恩格斯選集》第3卷，頁427。）

來壓制他們，至於到底是根據他們自己的理智、或是我的理智，就無關緊要了，因為每一個人心中的理智表現，本是相同的。我發號施令，如果你拒絕服從的話，我自己就必須負起責任，壓制存在你心中的那些反理智的、非理性的因素。我曾嘗著教導你自動去壓制它，若能做到，我的工作就會輕鬆了許多。但是，我必須為公眾的福利負責，我總不能等到每一個人都完全有理性的時候，才開始行動。康德或許會反對說：人民的自由，要旨本是在於：惟有人民自己，才能為自己下必須服從的命令。但是，這只是完美的說法。如果你沒有辦法訓練你自己，我就必須代替你來訓練，你不能抱怨說如此你就缺乏自由，因為康德的「理性裁判」已使你成為囚徒，這一事實，就足以證明你沒有聽從你自己內心的理智，同時，也證明你就像一個小孩子、一個野蠻人、一個白癡一樣，尚未成熟，無法自主，或者，根本永遠無法自主。[41]

之所以會從自我做主推演出自我不能做主，關鍵的步驟在於，這種觀點把「自我」作了「超我」的解釋，而又把這個超我說成是真正的自我，這個真正的自我體現在某個民族、政黨、領袖或人民等的意志之中。而作為「經驗自我」的個人根本沒有自主能力，他必須服從這個代表「真正自我」的智慧：

> 聖人比你自己更了解你自己，因為你是自身激情的受害者、你是一個無法自主的奴隸，因為你是愚蠢而盲目的，無法明白你自己真正的目標何在。你希望成為一個「人」。國

41　柏林，《自由四論》，頁269-270。

家的目標就是要滿足你的這個願望。「強迫是有道理的，因
為它可以教育你，使你在將來能夠具有真知灼見」。於是，
我本性中的理性，若要獲得勝利，它必須消除或壓制那些使
我變成奴隸的「卑賤的」本能，亦即消除、或壓制我的情感
與欲望；同樣的，社會中比較優秀的分子，也就是受過較良
好教育的、比較有理性的，那些「具有他們的時代與人群之
最高智慧」的人物，也可以使用強迫的手段，去使社會中無
理性的人，變成有理性的人，這種從「個人」轉變為「社會
概念」之間的重大變化，幾乎是無法察覺的。[42]

似魔術一般的理論遊戲之所以能夠從「強迫」耍出「自由」，
根本的原因還在於其依據的是一元論的價值觀：它把人們的生活
選擇問題轉變為對真理的認識問題，自由、幸福或善皆意味著對
冥冥之中的事物規律的認識。可是，它又不能像自然科學裡的情
景那樣通過規律自身的強制來獲得人們對真理的統一認識，而是
通過規律代言人的權力的強制來統一人們的觀念，然而卻把這種
強制說成是規律的強制。劉小楓對此曾經寫有下列精采的言論：

> 　　現代的種種「主義」之正當性論證的特點在於實證科學的
> 引入。正因為某些個體自以為其理念是可實證的，因而是客
> 觀必然、普遍有效的，故理所當然地是應有政治權力的。
> ……它以科學的表述形式把主觀意識變成客觀事實（或規律）
> ──與此同時發生的是把個體話語變成總體話語。……本來，
> 任何一種話語都是個體性的，問題之相當引人之處在於，何

42　柏林，《自由四論》，頁265。

以某種個體性話語會成為總體性的、全權道義性的話語，以致形成意識形態的話語形式。[43]

個體話語通過對實證科學的模仿轉化為總體話語，可是，個體話語畢竟是個體的價值表達，沒有任何實驗手段使之證成為真，從而轉化為總體話語。因此，這一轉化在自由主義者看來，就是把一種特殊的善觀念公共化、政治化，賦予權力，置於所有其他善觀念之上，從而構成了對人們的其他善觀念及善生活觀之自主選擇權的取消以致剝奪。

泰勒儘管認為個人無法自主，否定了個人自主，但是他又矛盾地否定了對個人以「自由」名義的權力強加，其理由正是多元主義：

能動者（agent）不可能是判斷自己是否自由這個問題的最終權威，那麼我們是不是給極權主義的控制敞開了道路呢？假設有另外一些人在關於我們的目的這個問題上比我更智慧，如果他們以自由的名義，要將我們的行動調整到正確的方向上，為此甚至使用強力，那麼我們上述的觀點是否使這種行動合法化了呢？

對此我們的答案是「當然不」。……其他人可以給我們提出建議，但是，任何官方機構都不可能擁有某種使他們知道如何讓我們走正確的方向的理論或方法。因為如果人類的自我實現確實各不相同的話，這種理論和方法在原則上就是不

---

43 劉小楓，〈流亡話語與意識形態〉，載劉小楓，《這一代人的怕和愛》（北京：生活・讀書・新知三聯書店，1996），頁157-160。

可能存在的。

　……由於人類的多樣性和獨特性，在原則上社會權威無法
提供任何有效的引導。而且這種引導的企圖還會破壞自由的
其他必需條件。[44]

　一旦承認多元主義，承認人們的價值觀是一個意願問題，而
不是一個認知問題，以自由名義的對個人的強加就失去了根據。
泰勒的自由主義「本能」──他畢竟生活在自由主義的世界裡
──使他自相矛盾，他像自由主義者一樣陷入兩難困境。

第二節　對功利主義的目的論的批判

一、道德神聖性和利益追求的衝突

　道義論倫理學和目的論倫理學，是西方倫理思想史上的兩個
基本派別，也是當代倫理學爭論的兩種基本思想立場。在古代希
臘，目的論倫理學發展得更為成熟，一般認為，完善論和快樂主
義是目的論倫理學的兩個流派。古希臘思想家關注於思考和求索
人生的目的、城邦的目的等這類問題，在他們看來，道德是為人
而設的，人卻不是為道德而活的。因此，道德指向人所追求的目
標，其功能是，創造、保持和促進那些使人得以獲得幸福生活或
善生活的條件。難以設想，那時的人們會認為有一個高高在上的
道德權威，構成行為的絕對命令。柏拉圖和亞里士多德都把培養

---

44 查爾斯・泰勒，〈消極自由有什麼錯？〉，載達巍等編，《消極自由有什麼
　錯》，頁74-75。

美德和追求心靈的完善作為道德的首要功能。按照現代倫理學的語言來講，關於「我們應當成為（是）什麼樣的人」的問題是他們思考和追索的核心，至於關於「我們應當做什麼」的問題，也即關於人們行為是否正當、是否應該、是否盡義務等這類問題，基本不在思考的範圍內。亞里士多德主義的完善論認為，行為正當並不必然表明行為者品質完善，盡義務僅僅是一個人行為合乎要求，但是這個人的心靈、品德是否優秀、是否高尚卻是另一個問題。因此，亞里士多德倫理學給出的都是「好人」、「好公民」、「好東西」、「好事物」的評價標準，而幾乎沒有關於「正當行為」或「錯誤行為」的評價標準。

直到城邦政治解體、社會動盪的古希臘晚期，道義論倫理學才被一些人系統地提出來。西方歷史上第一個道義論思想體系是借助自然法理論而誕生的，這就是斯多葛學派。一旦自然法或理性法獲得絕對的權威，那麼服從它們就成為人們的道德義務[45]。到了近代，當自然法理論中的自然權利含意被闡發出來時，道義論所蘊含的革命性便得以彰顯。自然權利構成一種國家權力的界限，對國家形成絕對命令，同時，對自然權利的堅持成為自由主義思想家們的道義承擔，成為堅持道德神聖性的象徵。

與此同時，古典目的論倫理學到了近代演化為功利主義目的論倫理學，功利主義幾乎成為目的論倫理學的唯一形態。古代目的論那種理想主義、英雄主義、男性氣概的特徵逐漸消失，人生和至善的思索被基督教的「愛」的倫理學所取代。古代的快樂主義被功利主義改造成一種以功利原則對行為進行理性推論的倫理

45「道義論」（deontology，又譯「義務論」）一詞的前綴deon在古希臘文中即「應當的、義務的」意思。

學說。功利主義的盛行與現代社會的世俗化及市民社會的興起密切相關，人際倫理取代人生倫理成為現代思想家主要思考的對象，對規則的需求和制定壓倒了對美德和至善的追尋，我們應當做什麼的問題取代了我們應當成為什麼樣的人的問題，這使得關於行為正當和制度正義的問題凸顯出來，而對內在心性品質和至善的思索相形之下不那麼重要了。社會急需建立規範原則以調節日益增加的人們行為上的權利和義務關係，而功利主義正是以建立一個最高的道德原則用以規範我們的全部義務和權利，並從它出發派生出我們的道德選擇標準為己任的一種倫理學。

　　功利主義以最大化的利益作為道德判斷和選擇的標準，以利益的計算來衡量一切行為和一切事物是否具有道德價值，因此是否應當去做或追求。在此基礎上，它反對自然法理論，反對人擁有不證自明的自然權利。當近代自然法理論及其社會契約論經邊沁為代表的古典功利主義者的抨擊而走向衰弱之時，是康德挽救了道義論倫理學。他以「人是目的」的道德絕對命令來抵制最大化利益的追求所可能導致的對個人權利的侵犯、對個人尊嚴的踐踏的傾向。

　　但是，康德道義論和以羅爾斯正義論為代表的當代道義論尚有某些區別，康德道義論所發出的服從道義規則的絕對命令主要是針對個人的，它要求個人嚴格克制自己的感性欲望而遵守義務之規，不得傷害他人。而當代道義論所發出的服從道義規則的命令主要是針對國家和其他共同體的，它要求國家和非國家共同體嚴格遵守正義規則，不得以求善或最大化利益的名義侵犯個人。當代道義論者認為，制度倫理原則先於個人道德原則，按照羅爾斯的說法，社會正義原則先於個人行為的正當原則，只有國家符合正義，才能保證個人行為正當，遵守義務。

　　當代道義論並非某些個人的偶然思想創作，而是戰後歷史背景下人們共同面對的某些現代性事件的共同思考的結果，它之形成思潮並構成一個思想群體有其歷史的原因[46]。從理論背景上看，20世紀初開始，功利主義就遭到諸多批評。功利主義在理論上缺乏論證，其受到批評勢所必然。但是，它在實踐上的影響仍具有廣泛性。二戰後，當保守自由主義者們以極權主義和共產主義為批判對象時，象羅爾斯這樣的道義論自由主義者卻致力於批判功利主義。他們思考的核心是個人權利的維護問題，他們所批判的對象與保守自由主義者所批判的對象有所不同，與意識形態及冷戰背景並無太大關係，而是任何國家和任何政治實踐都可能面臨的問題，因此，當冷戰結束後，這一執守道義論思想的群體的意義便凸顯出來。所謂個人權利，按諾齊克的定義，是指對他人、尤其對政府的行為所設定的道德邊際約束，它給他人或政府行為強加上不可逾越的道德限制。儘管在權利具有什麼樣的內容上，道義論群體內有著尖銳的爭論，但他們共同認為，一旦某一要求或某項自由被設定為權利，那麼它就是神聖不可侵犯的。在設定權利上，所要考慮的不是利益，更不是效率，而是人的尊嚴，正是人所具有的尊嚴，使道德權利具有了神聖性。這些觀點是所有道義論自由主義者都贊同的。

　　自20世紀初元倫理學（meta-ethics）興起後，流行於19世紀的規範倫理學無論是功利主義還是其他倫理學都走向了衰弱，倫理學不再關心和研究社會生活中的「正義」、「我們應該怎樣做才是正當的」這類規範問題，也不關心和研究生活的意義、生活的

---

46 當代堅持道義論的主要代表人物有羅爾斯、德沃金、艾克曼、諾齊克、哈貝馬斯、金里卡和拉莫爾等。

目的這類問題，美德倫理學的考問更是銷聲匿跡。可是戰後，尤其60年代後的一系列事件，引發了規範倫理學的回歸，其中，就有功利主義的復蘇。功利主義始終面對著它的功利原則與正義原則相衝突的批評，因此，當它復蘇時，就自然會向道義論做一些妥協，吸收道義論的某些成分，以修正自己有可能違背公平和侵犯權利的理論傾向。但是，相較於當代道義論規範倫理學的復興，當代功利主義規範倫理學的復興顯然規模和影響要小得多，它在理論上缺乏力度和它對公平及權利忽略的指責都使它難以像在19世紀那樣成為倫理思想的主流。對當代道義論自由主義真正構成挑戰的是當代共同體主義者對古代目的論和完善論倫理學的復興，也正是這一挑戰及其自由主義者們的回應激發了當代思想學術領域裡關於權利優先、個人自主、國家中立、權利和善、多元論與共同善等問題的大討論。為更好地理解羅爾斯對共同體主義所持有的目的論倫理學的辯駁，我們有必要在這一節裡首先將羅爾斯對功利主義目的論的批判作一闡述。

二、自由主義道德：捍衛個人尊嚴

　　為什麼自由主義把它的道德基礎、道德根據奠定在維護個人權利、個人尊嚴之上，而不是奠定在追求民族、國家或其他共同體的繁榮、富強和輝煌之上？或者說，不是奠定在人類的或民族的最大化幸福之上[47]？這是因為，現代人看到了太多的以善的追求的名義對個人實施的壓制、凌辱和踐踏的現象。在個體自由與

---

47 自由主義並不以秩序、效率、幸福、繁榮和強盛等為基本價值，不等於這些價值對於自由主義不重要，相反，歷史證明，只有保障了個人自由，這些價值才能根本上更好地實現。

整體力量之間的不成比例的衝突中，個體多是萬眾一心奔向目標的滾滾車輪的碾壓者。一切反對者、不同意見者、忠實於自己的良心者以及思想分子都可能在強大的意志和力量面前無聲無息地消失或失蹤，或被殘酷地處理掉。如果你融合不進集體，你必會被視為是集體的敵人，成為迫害對象、踐踏者。個體尊嚴的價值是至高無上的，可是個體的力量是極其弱小的。對個體的打擊是最輕而易舉的事情，哪裡有權力，哪裡有共同的意志和共同的目標，不論這些目標是什麼，哪裡就會有對個人的侵犯。這幾乎是毫無例外的。

　　每一個人面對集體、面對權力都是弱小者，即使他參與到國家的政治活動中、成為國家的統治者一員也改變不了這個事實。自由主義的宗旨和核心價值就是要把保護個人的權利作為自己的道義擔當。自由主義就是要證明，在這個世界上，不僅有物質的強大力量，有集體主義目標的追求所凝聚的強大力量，有絕對權力的行使而消滅一切的力量，有宏偉壯觀的人民運動所展示的力量，等等，而且，還有作為精神力量的道德規範和道德絕對命令，它限制上述力量，遏阻權力對個人的侵犯，從而維護具有尊嚴的存在。康德指出，在這個世界上，除了自律的人是目的，值得尊重外，其他價值皆因為人才得以被尊重。正是由於有道德的這種力量，個人才得以被保護，我們才可以說，實力和物質並不是這個世界上最強大的力量，最強有力的力量是道德，正是道德──一種精神力量──保護並抵禦了個人免遭來自其他強大力量的踐踏。人是這個世界上唯一有尊嚴的存在，因而，只有人所享有的尊嚴才形成一種道義上迫使人們去遵守的道德絕對命令。

　　康德奠定了自由主義的道德基礎，它使自由主義有了道德的根據。康德指出，以個人尊嚴為基礎的道德（也即道德律令）之

所以可能，在於道德本身的自律而非他律，或者說，在於道義論倫理的可能性。雖然一切個人或國家的行為的自然趨向是利益，這源自於人首先是動物並受因果律支配這一事實，但是正因為人有自然的動物衝動，才需要有道德，道德的功能正在於克制利益衝動，使行為遵循一定的道義之規。之所以能夠做到這一點，在於人不僅僅是動物，人還具有理性，正是人的理性存在使道德學區別於謀利之學。18世紀的法國思想家愛爾維修曾說：「如果說自然界是服從運動的規律的，那麼精神界就是不折不扣地服從利益的規律的。」[48]諸如此類的觀點在18世紀唯物主義盛行的時代幾乎成為不可爭議的定論，然而，康德卻從根本上抵制了這種觀點。他認為，道德的意義不在於去做感性欲望的工具，幫助感性欲望達到目標，而在於絕對服從自身的理性法則。人的行為之正當性不在於我們對行為效益或成果的計算，而在於對理性至高法則的遵守，哪怕一無所獲。

　　所謂道德，就是關於我們的生活世界應該成為什麼樣子的要求，不同的要求就會有不同的生活方式和不同的生活樣貌。對於功利主義，最大化的利益追求成為我們對生活世界的要求。它認為，人們的行為本身並無道德上的對錯之分，只有行為所導致、所追求的最大化的效果才使行為具有了道德性，如果不借助於行為外在效果的考查，我們就無法斷定某一行為是否應該去做。功利主義使權利和義務概念從屬最大利益概念，使行為正當性由最大利益來決定，其結果必然是，它容許侵犯一些人的自由或權利，只要這一侵犯能給大多數人帶來更大的利益。功利主義不僅把道德而且把人當作手段，使之服從於最大化的利益追求。道德

48《十八世紀的法國哲學》（北京：商務印書館，1963），頁460。

在功利主義那裡完全失去了自身的標準，而以非道德的他律標準作為道德行為的指導，從而使道德喪失了自律性，成為滿足最大化利益的手段。

功利主義儘管在實踐中並不否認個人自由，相反，為了達到社會財富的增長和個人幸福的目的，它極力主張自由放任，強調國家不干預個人自由的好處。但是，它在理論上卻潛伏著對個人權利侵犯的巨大危險，這種危險來自於目的論邏輯的內在本質和理論歸趨。確實，自法國大革命以來，目的可以證明手段的信念就無形地支配了一切以革命為宗旨的意識形態實踐，多少人犧牲在這種理想主義的口號之下，成為通往革命目標上的絆腳石而遭受殘害，人們似乎習以為常，認定這是歷史的鐵律。正如馬克斯·韋伯所描述的：「如果由純潔的信念所引起的行為，導致了罪惡的後果，那麼，在這個行動者看來，罪責並不在他，而在於這個世界，在於人們的愚蠢，或者，在於上帝的意志讓它如此。」[49] 這是一種推脫責任的罪惡行為。在目的論倫理（馬克斯·韋伯稱之為「信念倫理」，與「責任倫理」相對立）的思維裡，只要目的被認為是純潔的，那麼在通往目標的道路上，個人是可以為了這個目的而被犧牲的，惡是理想（善）的代價，而且這樣做不需要理由：

> 這個世界上沒有哪種倫理能回避一個事實：在無數的情況下，獲得「善的」結果，是同一個人付出代價的決心聯繫在一起的──他為此不得不採用道德上令人懷疑的、或至少是

---

49 馬克斯·韋伯，《學術與政治》（北京：生活·讀書·新知三聯書店，1998），頁107-108。

有風險的手段，還要面對可能出現、甚至是極可能出現的罪惡的副效應。當什麼時候、在多大程度上，道德上為善的目的可以使道德上有害的手段和副產品聖潔化，對於這個問題，世界上的任何倫理都無法得出結論。[50]

　　康德道義論的意義，正是為了防止此類以目的之善所行罪惡之實的行為。康德關於「人是目的，而不是手段」的原則成為當代道義論抵制功利主義所內含的允許最大多數人的最大幸福去侵犯少數人的中流砥柱。把一個人僅僅作為手段加以對待，就是把他作為缺乏內在價值的東西來對待，即使承認他還有什麼價值的話，那也只是外在的、工具性的價值。在康德那裡，永遠把他當作一種目的來對待，就是永遠把他作為具有內在價值的人來對待，而不管他可能恰巧具有什麼外在價值，一個人的外在價值都是偶然的，因而其自身並不值得尊重。在康德看來，「人是目的，而不是手段」就是要求，一個人必須永遠被尊為一個自主者，即，被尊為一個能夠設定、追求和評判他自己目的的人，並因此而不干涉他設定和追求的自己的目的（即羅爾斯所謂的「合理生活計畫」），只要他同樣地不干涉其他人的自主生活。

三、義務論[51]直覺主義及其道德衝突

　　對功利主義有可能侵犯少數人權利這一點，義務論直覺主義者早就指出並予以批評，他們認為，功利原則（最大多數人的最

---

50 馬克斯・韋伯，《學術與政治》，頁108。
51「義務論」與「道義論」都是對"deontology"的翻譯。「義務論直覺主義」（Deontology Intuitionism）是中文通行的翻譯。

大幸福原則）不符合人們的正義直覺。但是，他們也僅能排列出一批作為行為正當性根據的規則，並認為其正當性並不依據於善的結果，善並不是行為正當的原因。可是當這些規則發生衝突時，他們卻拿不出一個在它們之間做出選擇的根本原則來。功利主義的優勢就在於，它在理論上提出了一個解決道德正當性衝突的根本原則，當兩種同樣正當的要求（如基本人權與發展權，自由與平等）發生衝突時，以最大多數人的最大幸福為準則來判定何者應當優先考慮。而直覺主義卻不能解決道德之間的衝突，只是一味地強調人不能成為手段，道德正當不依賴於幸福和利益的計算等，卻沒有一個解決衝突的根本原則。

　　著名的義務論直覺主義思想家羅斯（David Ross, 1877-1971）提出了「顯見的義務」（prima facie duties）概念。他概括出 7 項「顯見義務」，分別是：1）忠誠的義務（the duties of fidelity），2）賠償的義務（of reperation），3）感恩的義務（of gratitude），4）公正的義務（of justice），5）仁慈的義務（of beneficence），6）自我完善的義務（of self-improvement），7）不傷害的義務（of no maleficence）[52]。他認為，任何義務規則都不是絕對的，在必要時可以被其他義務規則所壓倒，因此它們都是初定的義務，而不是絕對的義務，康德所認為的絕對義務是不存在的。並且，諸「顯見義務」平行並列，它們並不根據於一個最終原則，也不存在這樣一個最終原則。當義務之間發生衝突時，判定正當性的依據只能是具體境況下的直覺。

　　後人更多地用這一闡釋來分析權利概念（如范伯格[53]）。按照

---

52 見 W. D. Ross, *The Right and the Good*, Oxford: The Clarendon Press, 1930, p. 21.

53 范伯格，《自由、權利和社會正義》，頁106-110。

這種闡釋，當我們提出一項權利時，都是指一種「顯見的」（prima Facie）權利而不是絕對的權利，也就是說，這種權利是「傾向於成為我們的權利」而非「就是我們的權利」[54]。我們一般所指的權利都是顯見權利，它只是趨向於成為我們的實際權利，但它本身還不是實際權利，因為它有可能被另一個顯見權利所壓倒。實際權利可能是某個顯見權利，也可能不是這個顯見權利，如果有另一個顯見權利凌駕於它的話。顯見權利是否成為實際權利，要看在具體情況下是否有另一個對等的或更強的權利與之發生衝突，在不發生衝突或不被其他權利凌駕的情況下，顯見權利就是實際權利。既然在某些條件下顯見權利可以被壓倒，那麼它就不是絕對權利。因此，不存在康德那樣的在任何情況下皆正當的絕對權利，權利只有在不衝突的情況下才是絕對的。當發生衝突時，衝突的權利雙方都要求我們遵守，但又不可能同時遵守，雙方缺乏可公度性，因此必須放棄甚或犧牲一方。

　　在這種觀點看來，我們沒有辦法判斷衝突雙方或各方的哪種權利更根本、更優先，我們唯一能做的是把這一境況下的諸權利排個隊，力圖決定在此境況下哪種權利更優先。這意味著，在一種境況下優先的權利，在另一境況下就未必優先。因此，道德權利之間的衝突只能通過鑑定彼此相互競爭的權利的正當性程度加以解決，但確定正當性程度本身並沒有一個有效的標準，也就是說，在衝突的各種權利之外並沒有一個超離當下境況的衡量標準。當我們必須放棄一種權利而優先考慮和維護另一種權利時，並不是由於因此能夠產生、獲得更大的利益，而是由於我們認為在這一境況下某一種權利更正當，這只能靠直覺等進行權衡把

54　見 W. D. Ross, *The Right and the Good*, pp. 28-29.

握。在義務論直覺主義者看來，只有當權利之間發生衝突時才存在權衡問題，當權利與利益發生衝突時不存在權衡問題，權利應無條件被維護[55]。

羅斯的義務論直覺主義是對康德和功利主義的道德一元論的拒斥，它不提供一個最終原則來作為評價正當性的標準。這就很容易使之陷入諸正當性之間的衝突中，爭論各方皆以自己所偏愛的權利為優先訴求，並訴諸具體境況（如所謂「國情」）下的具體考慮和正當判斷，而斷然否認具有作為普世價值而存在的、必須嚴格給予優先對待的基本權利。這種現象在當今世界關於人權的意識形態爭論中尤其明顯。一些拒不接受基本人權（也即消極人權，諸如思想、言論、結社、參政等自由權利）的國家，聲稱他們的國情更應該以所謂生存權、發展權或集體人權（也即積極人權）為優先考慮的權利。使情況更加複雜的是，有人甚至將原先屬善的追求內容轉化為權利要求，使權利項目日益名目繁多，追求幸福、追求發展、甚至追求民族自決，等等，都成了需要優先承擔的「道義」，成了必須捍衛的「基本人權」。而自由主義訴求的基本人權（第一代人權）反而被視為是對這些擴大了的（新一代）人權的干擾，甚至被認為是一種西方的或資產階級的意識形態，帶有文化霸權和帝國主義的目的。可是，這新一代的「人權」並不具有相應的完全義務來保證其實現，從而使這些權利僅僅是一個目標或理想，但仍然構成了對前一種權利即基本自由權利的競爭關係。這種競爭關係成為當今世界價值衝突的一個突出例子。不少第三世界國家為謀求發展，提出自由權應當為「生存權」讓路，以此抵制自由主義對基本自由權的優先性要求。這似

55　參看羅爾斯，《正義論》，頁328-331。

乎很有說服力，一個國家謀求發展的權利具有壓倒一切的優先性，如果飯都吃不飽還談什麼人的基本自由，可見，自由是一種奢侈品。可是實際上，這種所謂「生存權」的訴求，在大多數情況下，不過是為自己國內的不良人權紀錄開脫辯護而已。一個沒有人權保障和憲政制度的國家，多半是一個腐敗盛行、難有長久和平的國度，所以根本談不上會有長遠的發展，人們的生存權也確實沒有保障。

這種「生存權」的意識形態訴求，最多不過是一個國家為謀求發展而要求擁有不被干涉和不受限制的專斷權力而已。而真正意義上的生存權（更應當稱之為生命權），其所指不僅僅是一種權利（正當），而且是一種必需，它出現於諸如災難、饑荒、戰亂等某些非常情況下。在那種情況下，生存權毫無疑問可以凌駕於自由權之上。這時候生存權具有壓倒一切的、絕對的正當性。自由雖然是一種基本的人權，但是當面臨急迫的人們的生存必需時，它完全可以被合情合理地壓倒，在非常情況下，自由權就應當為生存權讓路。在這種情況下，首要的正當性未必是保護人們的自由，而是應對壓倒一切的危局。這都是不言自明的道理，沒有人會把自由權的訴求延伸到這種非常情況裡來。但是，這麼做必須提出嚴格的限制條件，只有在非常情況下，人的生存以致生命危在旦夕的情況下，或者社會共同體面臨解體而威脅到人們的生存的情況下，人的自由權利才可以被終止。

而且，即便在這種情況下，我們也只能說，一種緊急的正當性壓倒了基本人權的正當性，基本人權的正當性暫時終止了，而不能說基本人權是不正當的，因而喪失了對它們的擁有。我們應當區分開「所擁有的人權」和「所實現的人權」：人們擁有的權利並不一定會被實現，因為它們有可能被其他權利或其他價值所

壓倒，但是，人權的存在以及被人們所擁有這回事卻是不可能被壓倒的；國家在人們的權利實現方面不可能是無條件的，但是，國家在承認權利的正當性方面則應該是無條件的；被承認的權利有可能因各種原因而不能或不許實現，但是它們並不因此而失去「顯而易見」的正當性。它們仍然是人所擁有的顯見的權利，儘管不是實際的權利。無條件承認的權利雖然不免會受到（有時是合情合理的）壓制和使其失效，但卻是不可剝奪的，其存在並不是可以隨著環境的改變時而失去、時而復得。權利本身一時一刻都不能從我們這裡被剝奪掉[56]。

　　況且，哪怕是對自由的合情合理的壓制，在道德上也仍然是錯誤的，只不過這種錯誤被允許了而已。我們經常有意無意地忽視對自由的限制和壓抑本身在道德上錯誤的性質，僅僅因為有更急迫的或根本不急迫的價值要追求而就把對自由的限制和壓抑視為是正確的。顯而易見，某些行為在本質上就是不正當的、錯誤的，當這些行為不得不實行時，並不說明這種錯誤性消失了，而只說明這種錯誤性被原諒、被允許了。在某些環境下，自由可以合情合理地受到壓制，但這仍然是錯誤的，而不是正確的。如果我們否認這一點，我們就會縱容和鼓勵這種壓制，同時會削弱在發生有理由的、必要的壓制時本應該保持的不情願、歉疚和只要有可能就加以糾正的態度。實際上，對自由的壓制甚至侵犯並不可怕，因為有時我們為了其他價值（急迫的甚或是不急迫的價值）確實需要權宜之計。自由價值被壓倒的情況也許是經常發生的，而且可以是合情合理的，甚至是必需的。可怕的是，把對自由的壓制和侵犯正常化、常規化和制度化，並且毫無歉疚和不安

56　參自范伯格，《自由、權利和社會正義》，頁108。

之心。

在任何一個社會裡，自由都不可能是或始終是壓倒一切、絕對優先的價值，人們有許多需要滿足的價值，各種價值之間必然會是一種競爭關係。但是，這並不等於自由的價值與其他價值之間沒有一個標準來審定哪個應得到優先保障。羅爾斯《正義論》的核心思想就是要建立這種價值之間的優先次序，也即自由對於平等、權利對於善、正義對於功利的優先性。在羅爾斯看來，自由當然是應當優先保障的價值。可能有人認為自由主義在這裡自相矛盾了：一方面承認自由應當為諸如生存權等急迫的價值讓路，另一方面又認為自由應當優先。這確實是矛盾，但又不是矛盾，因為自由優先是相對於非急迫價值而言的。羅爾斯以自由權利的優先性來建構一種正義原則，並認為這一正義原則優先於追求「最大多數人的最大幸福」的功利原則。他指出，追求最大多數人的最大幸福不能以犧牲任何人的自由、損害人的尊嚴為代價來獲得，這是一種自由對最大化的善的絕對優先，在此沒有任何條件可言。但是，他又認為，正義原則是有條件的，這就是秩序良好的社會，如果沒有這一良序社會的前提，談論自由確實就是一種奢侈。如果一個國家沒有為人們提供基本的生存保障和基本的生存秩序，那麼自由就沒有意義。康德主義的權利道義論所訴求的人權的無條件性和絕對性，是指在正常情況下，在生命和生存不成問題時，應當無條件地遵守的性質。

因此我們可以說，如果以求善為由限制人們的基本自由，這是道德所不允許的。但是，如果人們面臨著諸如生命、安全和生存等方面的基本惡，則對基本自由的限制是可以容忍的。這僅僅是因為有更大的惡要避免，我們才容忍、原諒和允許了不自由的存在。

四、羅爾斯正義論中的道義論立場

當諸權利之間發生衝突時，我們應當如何作出選擇？作為直覺主義者的羅斯沒有給我們關於道德規則之間的優先性的排序，羅爾斯就此寫道：「對優先問題，直覺主義否認存在著任何有用的和明確的答案。……直覺主義特別認為，對於各種衝突的正義原則的衡量，不可能給出任何建設性的解答，我們至少在此必須依靠我們的直覺能力。」[57]因此，直覺主義很容易陷入價值衝突的困境。羅爾斯正是依靠康德的理性主義和近代的契約論理論，建立了這種道德規則的優先性排序。

羅爾斯不滿於羅斯僅僅羅列一批最初的（顯見的：prima facie）正當性原則：

> 直覺主義理論有兩個特徵：首先，它們是由一批最初原則構成的，這些最初原則可能是衝突的，在某些情況下給出相反的指示；其次，它們不包括任何可以衡量那些原則的明確方法和更優先的規則，我們只是靠直覺，靠那種在我們看來是最接近正確的東西來決定衡量。[58]

羅爾斯認為，功利主義在面對道德規則的衝突時卻有自己的解決辦法：

> 古典的功利主義試圖完全避免訴諸直覺，它是一種單獨原

則的觀點，只有一個根本標準。……密爾認為，必須只容許
一個這樣的標準，否則，在衝突的標準之間就沒有仲裁者
了。西季威克詳細地論證說，功利原則是唯一能夠充當這一
角色的原則。他們堅持主張，我們的道德判斷在下述意義上
無疑是功利主義的，即當面臨道德命令的衝突時，……我們
沒有別的選擇，而只能採取功利主義。……毋庸置疑，這種
古典理論的一個最大魅力就在於它正視優先問題並試圖避免
依靠直覺。[59]

　　但是，對於功利主義可能違反正義原則，我們的常識和我們
的直覺都無法認可，一直以來，直覺主義者作為道義論的代表始
終批評功利主義。但是，由於直覺主義的自身缺陷，它無法駁倒
功利主義。

　　羅爾斯認為：「要駁倒直覺主義者，就須提出一種據他們說
是不存在的建設性標準。」[60]基於直覺義務論的弱點，羅爾斯恢復
了理性主義的傳統，通過原初狀態下無知之幕後面的人們的理性
選擇，來確立正義對於功利、權利對於善以及自由對於平等的優
先性。他與康德理論的不同之處在於，不是用一個理性設定的根
本原則來解決衝突問題，而是用理性所選擇或所偏愛的優先次序
（詞典式次序）來解決衝突問題。他毫不猶豫地斷定，按正義諸
原則的秩序，自由權在任何情況下（當然，是在秩序良好的前提
下）都優先於其他權利，也優先於其他價值，無條件地肯定了自
由的優先性，恢復了近代啟蒙主義的傳統。

59　羅爾斯，《正義論》，頁37-38。

60　羅爾斯，《正義論》，頁36。

　　這種優先性次序的根據來自於「人是目的」這一理性命令。我們從羅爾斯關於自由的優先性和「詞典式次序」的闡述中可以看到，「人是目的」所認定的人的尊嚴在其權利體系中的地位。

　　羅爾斯以兩個正義原則來規定現代權利體系，第一原則稱「平等自由權利原則」，涉及的是對基本自由[61]的分配問題；第二原則包含兩個分原則，一個是「機會的公平平等原則」，一個是「差別原則」，涉及的是社會、經濟利益的分配問題。正義原則所規定的是對社會基本善的分配，討論的是分配正義。所謂社會基本善，可以分三個方面的內容，第一是基本自由；第二是社會地位、職務或機會等；第三是財富和收入[62]。對這三種基本善的分配分別有上述兩個共三種正義原則，它們之間構成一種詞典式的次序，也即只有優先考慮了前一種原則，才能考慮後一種原則，而不能顛倒過來[63]。

　　那麼，為什麼關於基本自由分配的第一原則要優先於關於社會經濟利益分配的第二原則？也即為什麼在他所列出的社會基本善中，自由是更基本的善，優先於其他基本善？以何來判定這種優先性？很顯然，若是沒有對個人尊嚴在現代社會中作為首要價值的認定，這種排列次序就不可能成立。之所以自由優先，那是

---

61 羅爾斯指出：「大致說來，公民的基本自由有政治上的自由（選舉和被選舉擔任公職的權利）及言論和集會自由；良心的自由和思想的自由；個人的自由和保障個人財產的權利；依法不受任意逮捕和剝奪財產的自由。」（羅爾斯，《正義論》，頁57。）其中，良心的自由和思想的自由被羅爾斯認為是最重要的自由。

62 羅爾斯提到還有第四類社會基本善，即自尊（的基礎），但是他在書中的其他處專門討論這個問題。

63 羅爾斯，《正義論》，頁56-61、292。

因為自由與人的自主能力的發展休戚相關。人的尊嚴就體現在人具有自主地選擇和追求他自己認定、反思、考查和修正的善生活觀念的能力上，而不是體現在他可以享用（而不必自主選擇）的任何善觀念上。

羅爾斯認為，人作為道德人必須能夠具備兩種基本的道德能力，第一是能夠具有一種正義感的能力，即一種能夠理解、應用和按照正義原則行事的能力。缺乏這種能力，人們便無法作出自主的道德判斷。第二是能夠具有一種實現善觀念的能力，這指的是一種擁有、修正和理性地追求不同人生計畫的能力。缺乏這第二種能力，人們便無法理性地安排和調整自己的人生計畫，並對自己的選擇負責。正義感和善觀念這兩種道德能力，在羅爾斯看來，構成了人所具有的道德人格。但道德人格的形成和發展需要適當的社會和政治條件，而基本自由正是為這種道德人格的形成、運用和發展提供了這些條件。也就是說，我們之所以必須獲得基本自由的保障，基本自由之所以具有價值上的優先性，就在於，基本自由同人的這兩種道德能力密切相關，基本自由對於人的這兩種道德能力的發展和運用是必要條件：它們能夠為人的道德能力的全面發展和充分運用提供必要的政治條件和社會條件。也就是說，人喪失了這些基本自由，便會隨之喪失道德能力的生長條件，其道德人格也就不可能是健全的。故此，這些基本自由是一種「最高階利益」，在原初狀態中的人們會賦予自由以優先性[64]。

在羅爾斯看來，自由的優先性的含意是：「這些基本自由具

64　羅爾斯，《正義論》，頁548。羅爾斯，《政治自由主義》，頁19-20。

有高於一切的價值」[65]，「自由只能為了自由的緣故而被限制」[66]，除此之外，自由不受任何東西的限制。根據這一原則，羅爾斯認為，當各種平等的基本自由不夠廣泛時，需要滿足下列條件，即整體上的自由形勢總的說來對公民的自由仍然有利；如果自由不夠平等的話，那就需要讓自由較少者的自由也得到較好的保障。也就是說，「（1）一種不夠廣泛的自由必須加強由所有人分享的完整自由體系；（2）一種不夠平等的自由必須可以為那些擁有較少自由的公民所接受。」[67] 在羅爾斯看來，只有在上述情況下，自由的不廣泛和不平等才可以得到辯護，或自由的限制才是允許的。此外，羅爾斯還考慮到下列兩種限制的情況：第一，自由被自然界和人類社會中的偶然事件或歷史和社會的偶然因素所限制，在這種情況下，對自由的限制不涉及正義問題。第二，社會安排或個體行為中已經存在不正義。在這種情況下，對自由的限制是出於避免更加不正義的情況出現[68]。

　　羅爾斯認為，自由優先性的另一種含意是，自由與經濟利益之間不允許交換，即任何對第一個正義原則所要求的平等自由的違反都不能由較大的社會經濟利益而得到辯護或者補償。羅爾斯寫道：

　　　　自由的優先性意味著，正義的第一原則賦予各種基本自由以一種特殊地位……相對於公共善的理由和完善論價值的理

65　羅爾斯，《政治自由主義》，頁388。

66　羅爾斯，《正義論》，頁241。

67　羅爾斯，《正義論》，頁241。

68　參自趙柯，〈論羅爾斯與哈特關於自由及其優先性的對話〉，載《政治思想史》2014年第4期，頁161-162。

由來說，它們具有絕對的分量。比如說，某些社會群體不能
以下述理由──即他們所擁有的那些自由可能使他們得以阻
礙各種保持經濟效率和經濟增長的政策──來否認平等的政
治自由。……在實踐中，自由的優先性意味著，一項基本自
由只能因一種或多種其他基本自由而限制或否定，而正如我
所講過的那樣，它永遠也不能因為公共善或完善論價值的緣
故而受到限制或否定。[69]

　　羅爾斯為在什麼情況下可以允許對自由實行限制提供了說
明：「較大的經濟和社會利益並不構成接受較小的平等自由的一
個充足理由。只有當存在著一種強制的危險性、並且從自由本身
的觀點來看反對這種強制是不明智的時候，對不平等的自由的同
意才似乎是可允許的。」[70]這意味著，生存、生命和安全的需要可
以壓倒對自由的需要。自由誠然可貴，但生命的價值無疑更高，
某些個人可以為自由而不顧危險，甚至拋棄生命，但道德不能這
樣要求。即使是奴隸制，也比遭受殘酷的鎮壓和折磨以致犧牲更
能夠接受。這是一種隱忍但絕不是放棄。但是，羅爾斯也指出，
即使在那種境況下，限制自由也不是無條件的，只在「僅當社會
條件使這些權利不能有效地運用時，一個人才能接受社會條件的
限制。僅當拒絕平等的自由成為提高文明的質量、以便使平等的
自由在一定階段上能為所有的人享有的必要條件時，這種拒絕才
能為人們接受」[71]。總之，自由優先於所有其他價值，只有當一項

69　羅爾斯，《政治自由主義》，頁312-313。

70　羅爾斯，《正義論》，頁197。

71　羅爾斯，《正義論》，頁529。

基本自由與其他基本自由相衝突時，才存在自由的限制和否定的
問題，而不能因為一種其他價值受到自由的妨礙而就限制和否定
人所擁有的基本自由權利。

自由意味著不受干預，在不受干預的範圍內人們的生活內容
是無限的，自由主義的目標就是讓人們按照自己的意願去過各種
可能的生活。這意味著，自由的價值要優越於自由選擇的任何價
值內容，也就是說，人的至上尊嚴體現在擁有的自由本身上，而
不是體現在任何善生活的內容上。在強制、役使和精神控制下，
一個人的生活內容再豐富、再滿足，也喪失了意義。這種喪失不
是可以用任何其他東西來補償的。自由和利益之間是不可公度、
不可公約的，因此是不可互換的。自由所體現的人的尊嚴是無價
的。

基本自由體現人的尊嚴，為維護這種尊嚴，自由主義建立起
現代政治，即憲政、法治、民主等。這一切都表明了人之區別於
動物之處，在於人是按照道德的要求來建構生活的，人並不是僅
僅追求利益的最大化，被欲望所驅動。人類理性首先思考什麼樣
的社會是正義的或道德的，然後按照正義社會的觀念將其建立起
來（或改造它）。而不是相反，依照社會現實來給道德定位，派
生出道德的功能。一個人的尊嚴體現在他由道德加以確立、由社
會給予肯定的基本權利和自由的平等擁有上，而不是體現在他可
以滿足的幸福內容──如物質生活條件──上。羅爾斯認為：

> 以為一個正義和善的生活必須依賴一種高度的物質生活水
> 平是錯誤的。……實現這種社會狀態並不要求大量的財富。
> 事實上，財富在超過某一限度時便可能成為一種確實的障
> 礙；這時它即使不是一種使人縱欲和空虛的誘惑的話，至少

也是一種無意義的娛樂。[72]

在一個公正的社會中自尊的基礎不是一個人的收入份額，而是由社會肯定的基本權利和自由的分配。[73]

那種把自由主義者對自由的渴望等同於對物質的貪欲、占有欲、享樂主義等的觀點都是歪曲了自由主義的本質。自由與個人自主的承擔能力（羅爾斯的兩種道德能力）本質相關，而不是與市場自由競爭或占有性追求相連。芝加哥經濟學派開山祖弗蘭克·奈特在哈佛大學的演講「競爭的倫理」[74]中曾嚴厲警告：「最大的謬誤莫過於把自由和自由競爭混為一談。」[75]以《自由主義美德》一書而著名的美國學者馬塞多也指出：「我們不應將自由主義人物混同於所謂的『經濟人』，或者斷言對物質收益的追逐是自由主義公民的第一要務。」[76]羅爾斯在《正義論》第82節中有一種看法，認為隨著文明條件的改善，人們對社會經濟利益的關心會越來越弱，而對自由的關心則會越來越強。一個正義的社會已經為人們的生活提供了必要的條件，在這種情況下，為了獲得較大的物質利益而接受一種較小的自由，這是不合理的。當一般的福利水平達到某一點的時候，人們對繼續提高福利的願望就會降

---

72 羅爾斯，《正義論》，頁280。

73 羅爾斯，《正義論》，頁531。

74 Frank H. Knight, "The Ethics of Competition," reprinted in *The Ethics of Competition and Other Essays*, New York: Harper & Brothers, 1935, pp. 41-75.

75 轉自甘陽，〈自由主義：貴族的還是平民的？〉，《讀書》1999年第1期。

76 斯蒂芬·馬塞多，《自由主義美德：自由主義憲政中的公民身分、德性與社群》（南京：譯林出版社，2010），頁242。

低，從而不會以自由為代價來獲取物質利益的增加[77]。

由此可見，自由之於人關係到的是做人的尊嚴，失去自由就失去了做人的尊嚴，即使他還享有哪怕再豐富的其他價值，也失去了大部分的意義，除非他願意自己放棄做一個人的資格。

一種異議必然會提出來：為何自由被侵犯就是對人的尊嚴的傷害，而平等[78]的喪失就不是對人的尊嚴的傷害？為何要將自由置於平等之上，正如羅爾斯將正義第一原則置於其第二原則之上？我們對不平等的自由總是那麼敏感，而對普遍存在的不平等的生活狀況卻視若無睹，難道不平等的經濟地位、財產狀況和生活水平不是也傷害了僅僅平等的自由所賦予人的尊嚴嗎？自由主義的批評者將矛頭指向自由競爭社會的弱肉強食現象，認為這種狀況與動物界的生存法則沒什麼區別。他們指出，那些掙扎於生存線上的人談何人的尊嚴，其立論根據是，尊嚴要有一定的物質生活條件，在生活上朝不保夕的那些人不可能有尊嚴可言。

這種狀況根源於自由與平等的不可避免的、根深柢固的衝突，它表明，自由和平等兩種價值不可能同時兼得，總有一方要受到損害。這是自由主義的道德困境之一。但是，這一困境對於

---

77 羅爾斯，《正義論》，頁528-534。另參自姚大志《羅爾斯》一書中對《正義論》的解讀。（〔長春：長春出版社，2011〕，頁94。）

78 這裡論及的「平等」或「平等權利」不是指「平等的自由」或「平等的自由權利」，或「法律面前人人平等」意義上的平等，而是羅爾斯正義第二原則涵蓋的與自由有可能相衝突的那種意義的平等，也即社會經濟利益的平等，或物質上的平等，也可以說是結果平等。另外，平等在馬克思那裡指的是財產占有關係的平等或經濟地位的平等。所有自由主義者都堅持平等的自由，但是平等的物質財富（及其占有）或物質生活水平卻是自由主義者反對的。但是，一些自由主義者不反對「平等主義」，即物質財富的再分配和福利主義。

自由主義並非致命的。自由主義者對自由優先於平等的論證具有來自理性的道德根據。如果將平等置於自由之上，為了平等而侵犯和踐踏人的自由，是無論如何提高不了做人的尊嚴感的。但是，自由優先和重視平等並不矛盾，不可兼得不等於不可兼顧。自由優先並沒有否定平等對於自由的意義，也沒有否定平等本身所具有的意義。

羅爾斯在論及正義第一原則對基本自由的平等分配時，指出他所說的是自由「權利」的平等分配，而非自由「價值」的平等分配。自由權利賦予每一個人享有平等的自由選擇權利，但是，這不等於這個人的選擇權利就能夠實行，這只是僅僅承認了這個人擁有選擇的權利，至於這個人是否真的能夠去作出選擇，則是另一個問題了，儘管這個問題對於自由也是重要的。這個問題在羅爾斯那裡即是「自由的價值」問題，指的是作出選擇的能力、手段、資源條件等問題。

無疑，自由的「權利」關係自由之有無，而自由的「價值」僅僅關係自由之能否。試想，一個人如果自由權利被剝奪了，自由的手段對於他還有多少意義？他可能非常的富有和博學，他可以用其財富和知識做許多事情，但是，他如果是在一個肆意的強權支配下生活，這些財富和知識於他有何意義？當然，他可以滿足於最低賤的生活，苟且偷生。但是，這能使他作為一個有尊嚴的人來生活嗎？反之，如果一個人自由的手段極為匱乏，而自由權利的存在對於他仍具有真實（而非虛假）的意義。貧窮確實是限制了一個人對合理生活計畫的追求，但是這種限制並沒有使人喪失人格，他仍然是自由的，他仍然是一個有尊嚴的人。

早年的馬克思被普魯士、法國和比利時等專制當局所不容，驅逐和流亡似乎註定是他一生的命運。但是他後來在英國這個當

時正在走向成熟的自由憲政國家定居了下來，擁有了法律保障的基本自由。他當時一家人生活窮困潦倒，三個孩子相繼去世，有時甚至連一張郵票都買不起，馬克思生活之清貧可想而知。但是他從來不覺得自己活得沒有尊嚴，因為，他享有思想、言論、集會、出版、結社等各方面的基本自由權利，這一切都是自由主義所給與的保障。馬克思使用這些權利組建和領導了第一國際，號召推翻資本主義，並且在思想上致力於批判自由主義，揭露其自由、平等、博愛的虛偽性。他成就了自己的生活計劃——對自由人聯合體的完美世界的探索和追求，而這一切都是建立在對自由主義的無情批判之上的。可是，沒有任何人、沒有哪個權力強迫他停止批判，終止探索，查禁出版物。權利對於他的思想以及其他一切思想是中立的，思想根本無罪，任何思想本身都不能是剝奪其權利的理由，權利與什麼樣的思想、什麼身分的人、什麼階級的成員根本沒有關係，而只屬於人本身。

但是，自由的「價值」不可能不也是重要的，如果缺乏實現自由的手段和能力，那自由的價值就會大打折扣。因此，才會有自由主義向兼顧平等的方向傾斜。羅爾斯所論證的「差別原則」即是自由主義的平等主義訴求的理論結果。他所謂「自由的價值」，實已不涉及自由，而是涉及其他的社會基本善（財富和收入，權力和地位等）。不可否認，這些其他基本善的分配對於自由的影響重大，缺乏這些基本善的平等擁有，對於某些人來講其所擁有的自由的意義或價值無疑要減少許多，甚至於自由對於他們而言，其價值幾近於零。一種僅僅自由權利平等而其他基本善不平等的社會狀況畢竟是一種缺陷，雖然我們有充分的理由要求保證自由權利的優先性，但是也應該盡力減小以致消除財富或物質上的不平等。自由主義本應該不僅保護自由權利的平等，而且

也應該盡力使物質財富的占有也能夠平等（社會主義即追求這種平等），如果這兩種價值不衝突的話。

然而，羅爾斯的差別原則為這種努力設置了限制。差別原則，其實就是一種有限平等原則[79]。在羅爾斯看來，進一步的平等是不合理的，而一種不平等的分配比平等的分配更合理。理由是，首先，要想消除社會經濟利益的不平等或差別是不可能的，因為這種差別根源於自然稟賦和家庭環境的差異，而這種差異是難以消除的，或不可能永久地消除的。其次，不平等比平等更有益於所有人，對於社會中的較有利者來說，其積極性會得到更好的發揮，而對於社會中的較不利者來說，可以從不平等中獲得利益，用羅爾斯的話來說：「當某些不平等最大限度地提高或至少有助於提高社會最不幸階層的長遠期望時，這些不平等就是可以允許的。」[80]

另外，之所以平等應當是有限的，還是因為無限制的平等不僅不會促進自由，反而會導致自由的覆沒。無限制的平等是一種烏托邦追求，它要求徹底消除不平等的願望根本不可能實現，它最終會走向極權主義，以暴力來強行實現平等。在自由主義者看來，平等的訴求必須不損害自由，平等必須以自由權利的保障為優先，否則，平等會以人的尊嚴之喪失為代價來獲得。平等的奴役比不平等的奴役好不了多少，甚至更糟糕，都是一種人們人格的喪失。況且，根本不存在平等的不自由或奴役，因為不自由意味著強加，而強加者必會濫用所掌握的權力而腐化，從而成為

---

79 也可以說，是一種有限不平等原則，即不平等應該限制在什麼條件上的要求。羅爾斯認為，應該限制在能夠使社會上最不利者得以受益的條件上。

80 羅爾斯，《正義論》，頁145。

「新階級」（吉拉斯語[81]），凌駕於不自由的眾人之上，從而製造出新的不平等。這就是說，不僅無限制的平等會使自由喪失，而且不自由也會使平等喪失。這正是羅爾斯等自由主義者關於自由優先性論證得以成立的理由。由此可見，自由是其他一切的基礎，包括是平等的基礎：一個沒有自由保障的社會，平等是不可能的。

差別原則實際上是羅爾斯整部《正義論》的重點，他為此作了近二十年的論證思考，其內容並不新穎，其論證卻是他的獨到之處。差別原則既肯定了一定限度的不平等是合理的，保證了自由對於平等的優先性，又堅持了平等主義原則，不至於以自由來拒斥兼顧平等。羅爾斯差別原則論證的全部意旨是，使正義不僅僅包含自由而且包含平等，從而使正義原則優越於功利原則。正義所體現的政治價值是自由和平等，自由優先和兼顧平等構成了羅爾斯正義論的整體內涵。羅爾斯認為，按照正義原則分配基本善，將保證每一個人的尊嚴和權利不受侵犯，保證每一個人各得其該得。而按照功利原則分配基本善，則會出現至少兩個可能的嚴重後果：第一，它可能允許以社會整體或多數人利益的名義，去侵犯少數人的自由權利；第二，它可能允許一種經濟利益分配上的嚴重不平等，只要這種不平等能夠帶來最大化的利益。大致上，前者涉及自由權利問題，後者涉及平等權利問題。儘管自由權利和平等權利所能證成的根據不一，並且互相衝突，但其立基於對人的尊重這一點卻是不二的。失去人的尊嚴這一根據，自由

---

81 見Milovan Djilas, *The New Class: An Analysis of the Communist System*, New York: Praeger, 1957。（密洛凡・吉拉斯：《新階級：對共產主義制度的分析》，北京：世界知識出版社，1963。）

對於平等的優先性，權利（無論自由權利還是平等權利）對於善（好）的優先性，也即正義原則對於功利原則（還有完善論）的優先性，就不能站住腳。

正義原則之所以優先於功利原則，羅爾斯認為，在於它遵循了康德的「人是目的，不是手段」的道德律令。功利原則允許犧牲某些人的權利和尊嚴，以達到最大化福利的目的，這等於把這些人作為達到目的的一種手段來對待。這就使一個人的權利和尊嚴隨時可能在為了其他人或社會整體的利益而被踐踏和損害。而正義原則把人當作目的而非手段，對所有人同等的尊重，這保障了人的自尊心，或自我價值感。而「那些尊重自己的人更易於尊重別人，反之亦然」[82]。羅爾斯指出：

> 功利主義在某種意義上並不把人看作目的本身。……當我們必須為了別人而自己接受一種較低的生活前景時，我們若體驗到一種自尊的喪失，一種對達到我們的目標的自我價值感的削弱，這確實是很自然的。……在這種情形中，人們的自尊就有賴於他們互相怎樣看待。如果各方接受功利標準，他們就缺少對他們的自尊的支持，這種支持是由他人的公開承諾所提供的。在一個公開的功利主義的社會裡，人們將發現較難信任自己的價值。[83]

在道德虛無主義盛行的今天，總有人（尤其在中國大陸）要對上述觀點提出質疑：人的尊嚴是個什麼東西？它能給人以實在

---

82 羅爾斯，《正義論》，頁171。
83 羅爾斯，《正義論》，頁173。

的滿足，尤其物質上的滿足嗎？一個看不見摸不著的東西能具有壓倒一切的優先價值嗎？在這類人看來，人類歷史的發展規律證明了一個簡單事實：社會首先是建立在吃、喝、住、穿這個鐵的事實基礎上的，首先必須滿足人們的物質需求，因而首先要有生產勞動活動，然後才談得上什麼道德和其他東西。他們認為社會發展和進步的標準是物質性的，只要社會進步了、發展了，人的尊嚴之得失又算得了什麼。在他們看來，人類的大部分歷史從來沒有留下什麼因尊重個人權利而創造的偉業，倒是留下了許多奴隸制基礎上的輝煌業績。虛無主義者得出結論說，歷史的進步從來不都是以一部分人的犧牲為代價而獲得的嗎？把道德原則對人的尊重要求凌駕於社會歷史的發展之上，這不是唯心主義嗎？歷史是按照必然的規律自身演進的，從來不會按照道德的要求改變什麼，道德最多只是加速或延緩了歷史本來的進程而已。恩格斯在《反杜林論》中就認為，用現代人的自由平等觀念去批判古代人的奴隸制度是可笑的，因為道德的內容從來不是根據什麼普遍理性的要求，而是根據當時的社會經濟發展狀況或條件的。這就是說，只要不自由的奴隸制度是當時社會生產力所制約的，或是時代條件所限定的，那麼我們對之加以道德譴責就是一種可笑的行為。這樣一種思考問題的方式不可避免地會走向對普世價值的否定和拒斥。我們不禁要問，難道為贏得從奴隸制中解放出來的斯巴達克斯的起義也是可笑的嗎？難道在任何時代，對自由平等的否定和踐踏不都是應當加以道德上的譴責和批判嗎？自由和平等這類價值為有尊嚴的人的生活所不可或缺，它們在任何時代和任何社會都是一種道德的應然要求。

　　確實，在人類歷史上的大部分時間裡人們所追求的價值中，幾乎沒有「人」的位置，更談不上有對個人權利給予尊重和保障

的制度。人類各個古代文明可以創造建立在以人為手段之上的宏偉、燦爛的建築、藝術作品和政治偉業等等，但幾乎都沒有產生對個人自由給予平等保護的道德觀念，以及對權力給予限制的政治制度。但是這並不說明，以人的尊嚴為根據的道德觀念及其限制權力的制度是人類歷史的偶然的、無關緊要的事件。恰恰相反，正如（據說是）美國前任總統小布希在他的一次演講中所說的：「人類千萬年的歷史，最為珍貴的不是令人炫目的科技，不是浩瀚的大師們的經典著作，而是實現了對統治者的馴服，實現了把他們關在籠子裡的夢想。」限制權力，尊重個人權利，為個人自由提供保護，這不僅是人類發展史上最為珍貴的價值，而且是人類文明進程中最為重要的一次進步。古代人不知個人權利為何物這只能說明那時的人類歷史尚處於蒙昧階段，而現代人如果仍然拒絕它們，就是一種尚未達到人類基本文明水準的表現。有些國家物質上雖然進步了，但是政治上仍然處於前現代的理性不成熟水平。而這一切都部分地根源於一種唯物主義哲學世界觀對國人長期薰陶的結果。

基於人的尊嚴之上的人的權利，在沒有制度保障的情況下是沒有意義的，它們可能隨時可以為追求其他價值而被犧牲掉。但是，正因其脆弱，才需要強大的憲政制度加以保護；隨時可能被犧牲的東西必須求助隨時給予保障的制度來呵護。道德理性的訴求必須依靠一整套以之為根據的制度和法律來實現，道德自身不能實現自己，但它推動著一種建立於其上、並根據於它的制度來實現。道德人權是一道命令，是一動力因，它推動著人們去作制度建設。在這個意義上，我們說自由主義是一種道德的要求和實現，它是通過戰勝和排除不道德的力量建立起來的。

那種認為自由主義是在利益驅動下實現資本主義動機的論斷

不能成立，推動自由主義成長的動力不在於任何個人的或階級的利益追逐，或無盡的占有欲的滿足。恰恰相反，這種動力來自道德理性對一種排除了利益算計的道義論道德基礎的追尋，它以人的尊嚴而不是以任何階級的利益為保護和捍衛的對象。儘管自由主義所保護的自由曾經幫助了資本主義去戰勝封建主義勢力，為資本主義的發展掃除了障礙，但是，這並不等於說自由主義就稟有資本主義的本性。自由主義所保障的自由決不是僅僅屬某個階級的特權，而是屬所有人平等享有的人權。正是自由的這種屬「人」的性質，使得以捍衛個人自由為宗旨的自由主義絕不可能是一種屬階級的意識形態。

　　自由主義制度下存在著不平等的階級[84]差別，以致社會可能走向兩極分化、貧富懸殊的局面，這是不爭的事實。但是如果由此就推論說，這一切表明了自由主義是維護資產階級利益及其統治權力的政治工具，這是沒有道理的。自由主義為什麼要以實現資產階級的本性和完成資產階級的要求為自己的宗旨？她是被資產階級綁架了還是缺乏自由意志？

　　自由主義導致的不平等現象是無可避免的，它不是任何政治的強加和有意製造的結果，而是自由與平等兩種價值衝突而自由主義堅持優先保護自由而導致的一種人類社會的不幸結果。只要自由主義堅持自由權利優先，就必然會導致社會的不平等狀況。我們只能說，這是自由價值擠壓了平等價值，自由損害了平等。

---

84 馬克思主義的「階級」概念已經越來越不適應於對當代社會的分層狀況進行分析了，作為具有統一的階級意識、階級意志的「資產階級」和「無產階級」根本就不存在，因此它們也就根本不可能展開鬥爭，也不存在統治和被統治的關係。用階級分析的方法來解釋和說明國家和政治現象，已經毫無科學內涵，僅僅具有意識形態意義。

可是，由此認為，自由主義保護個人自由權利就是保護私有財產神聖不可侵犯的權利，因而就是維護資本主義的自由競爭和剝削制度。並且得出結論說，自由主義的國家或制度是保護資本主義經濟利益的上層建築，本質上就是「資本主義的機器，資本家的國家，理想的總資本家」[85]。正如薩拜因所指出的，這是顛倒了自由主義和資本主義兩者的決定關係。自由主義並不是資本主義社會和私有財產制度的派生物或衍生物，聽命於資本主義的動機邏輯，自由主義的基礎是一種自律性道德，它根源於人的精神世界，根源於人的自由意志。從一種充斥著競爭性和侵略性關係的資本主義的必然邏輯去解釋和規定自由主義的性質，這是一種唯物主義歷史決定論的庸俗眼光。過去的歷史表明，恰恰是，由於自由主義政治制度的形成、建立和發揮作用，才限制、馴化了人類以往的侵略性和貪婪特徵，包括資本主義的這些特性。隨著人類理性的成熟和文明的進步，自由主義的真正本質——捍衛人的尊嚴及其所蘊涵的道德誡命——「人是目的，而不是手段」就會愈加彰顯並實現出來。

但是，道德自律不等於道德決定論，如黑格爾認為的那樣，似乎道德作為一種絕對精神自我發展的展現可以主宰這個世界。實際上，道德自律的含意是，它的準則是自律的而非他律的，它否定的是外在準則的取代而不是否定外在準則本身。外在的物質世界有其自身的規律，社會也有其自身運行的規則，在那裡，利益可能決定一切，物質欲望的追求構成人們社會生活的動力因素。人們生活的追求目標是博彩斑斕的，也就是說，人們所追求的善生活方式是非常多元的，不可能有一個共同的價值或人類善

85《馬克思恩格斯選集》第三卷（人民出版社，1972），頁436。

來涵蓋所有這些生活內容。道德不可能否定這一切，正如這一切不可能否定道德自律一樣。道德是理性意志的要求，人區別於動物之處就在於，人具有一種「要求」和「評判」的意志，不會停留於自然因果事實，而力圖去「做」什麼，而不是僅僅「接受」什麼。如果以為自然世界具有決定一切（包括精神世界）的必然性，以致道德不過是一種潛在的這些自然事實的隱蔽表達，那麼就是把人降低為動物。道德虛無主義者欲以揭露道德的虛假性來證明道德歸根究柢不過是被隱藏起來的利益追求，或是被包裝了的權力欲望的表達，在他們看來，人類根本就不存在道德與利益的衝突，而只存在利益與利益的衝突——或者公開的利益，或者隱蔽的利益。羅爾斯正義論所蘊含的道義論倫理學對功利主義倫理學的批判，及其所推動的政治哲學及道德哲學的當代大討論，可以說就是對這種道德虛無主義的回應。它堅持了道德所維護的人的價值在這個世界中的至上位置，抵制了道德的虛無主義以事實世界對道德世界的侵蝕。

第三節　對共同體主義的回應

一、自由主義者忽視人的社會性嗎？

自 20 世紀 80 年代以來，共同體主義者對自由主義的個人主義前提展開激烈的批評。這一批評的重點是自由主義的自我觀，共同體主義者認為這種自我觀是所謂「權利自由主義」的核心。他們對自由主義的批評所要建立的是共同體的共同善對個人權利的優先性，以取代自由主義強調的權利優先於善。關於對自我的理解所引發的爭論，我們在前文已討論過。爭論的關鍵問題也許

不在於，是自我優先於目標還是目標優先於自我，而在於自我是否可以對目標進行重新選擇或再選擇，也即個人是否能夠審查並修改任何既定的目標。自由主義者堅持，他們所說的自我優先於目標是指，自我能夠隨時修改其具體的目標，而不是如共同體主義者批評自由主義時所認為的那樣，自我是在空無中建立目標。羅爾斯在《政治自由主義》中就強調，個人自主即個人可以修改關於善的觀念是個人作為一個公民的一種權能，它與羅爾斯對自由優先性及其兩種道德能力的強調是一致的。也就是說，自我優先於目的和權利優先於善是自由主義所堅持的個人自主性的一種觀念表達。

反之，共同體主義者則認為，權利以及界定權利的正義原則都只有建立在共同體的共同善之上才能被理解，因此，是善優先於權利和正義，而不是相反。這是共同體主義者從共同體優先於個人這一立場出發得出的結論。在共同體主義者看來，個人生活在共同體之中，是共同體給予了個人以目的和價值，因此，個人不可能抽象地具有權利，個人權利來自於共同體的賦予，它們不可能獨立於並優先於共同體的善。

自由主義所遭受的最激烈的批評是，它導致了原子主義的生活狀況：在這種生活中，超然的、隔離的、解放了的個人成為中心，成為絕對的存在，他「不受任何在歷史中發展出來的社會組織的影響」[86]。而這又是源自於個人「權利優先」，即優先於「共同善」（the common good，也有翻譯為「共同利益」的）。在這種批評者看來，當代社會中原子化的個人就是建立在這種對個人權利的形而上學的承諾之上的。這一主要由共同體主義者發起的批

---

86 Robert Nisbet, *Community and Power*, Oxford University Press, 1962, pp. 225-226.

評認為，自由主義忽視了個人權利或個人自由只有在社會中，確切地說，只有在共同體中，才得以可能；一旦我們承認個人對社會的依賴，我們就會把社會的共同善置於個人的自由權利之先，起碼是置於同等重要的地位上。由此，共同體主義者認為，自由主義的「權利的政治」或「中立的政治」應該讓位於「共同善的政治」。

查爾斯‧泰勒就指出，自由主義強調自我與特定共同體角色之間保持距離，以及自我在選擇對自己最有價值的生活計畫方面的能力，然而這些能力只有通過某種社會和文化的環境才能得到發展和運用。泰勒批評自由主義說，自由主義認為個人在社會之外是自足的，個人可以脫離社會或人們的共同生活背景來發展和運用自我選擇的能力。可是，個人自主沒有社會的支持是荒謬的，個人根本不可能在社會之外發展自我決定的能力。泰勒把這個問題稱之為「社會論題」（social thesis）[87]。他認為，對社會論題的完全接受要求摒棄自由主義的一個核心教義，即權利的首要性。

但是，羅爾斯、德沃金等自由主義者實際上並沒有否認社會論題，他們都承認，個人自主不可能超越社會環境，人們的選擇都不是從無開始，而是在前人無數的選擇基礎上做出的。羅爾斯寫道：「許多規模和目標各異的社團，根據共同的正義觀念調節它們的相互關係，它們通過提供確定的理想和由無數個人乃至無數代人發展和檢驗的生活形式簡化抉擇。所以，在制定我們的生活計畫時，我們不是從頭開始。我們不需要從毫無給定結構或確

---

87 Charles Taylor, *Philosophy and the Human Science*, Cambridge University Press, 1985, pp. 190-191.

定輪廓的無數可能性中進行選擇。」[88]可見，共同體主義者對自由主義的批評是以偏概全，其實，自由主義者從未忽視共同體的意義，也未拒絕個人參與共同體的活動，更未得出共同體是可有可無的結論。他們強調的是，即使如此也不能在政治和道德上否定個人權利的優先性，對共同體及共同善的意義的強調並不與對個人權利的強調相衝突。對於這種批評，霍爾姆斯在《反自由主義剖析》中回答說，自由主義肯定國家中立和個人權利並非反對共同善的觀念，而毋寧說是為這個觀念提供了自己的闡釋。他以洛克、休謨、康德為例說明自由主義者從來沒有忽視人的社會性：

> 洛克，作為泰勒的原子化自由主義者的首要範例，並非毫不注意社會生活。例如，他寫道，上帝造出人「這種他自己認為不宜孤獨的生物」。他關於教育的論文不可能符合對所謂自由主義忽視基本社會化過程的指控。他認為，要求順從的社群壓力，如果不是不可抗拒的，那也是壓倒性的。他還假定，個人信仰通常從社會交流中產生。
>
> 對於康德來說也是如此，個人來到世界上，就有著天生的社交衝動。人類是群居的動物，因為他們天生的能力只有在社會中才能完全實現。他們在一個隔離的房間或社會真空中不能是「自由的」，只有在一個權利能夠實現，而且制度方

---

[88] 羅爾斯，《正義論》，頁550。羅爾斯在另一處寫道：「沒有任何理由解釋，為什麼一個有序的社會應該首先鼓勵個人主義的價值，如果這意味著引導個體去追求他們自己的生活方式而不關心他人的利益（儘管也尊重他人的權利和自由）的話。在正常情況下，人們都希望絕大多數人屬一個或更多的聯合體，並且至少有一些這種意義上的集體目的。」（Fairness to good, Philosophical Review 84, 536-554. 轉自桑德爾，《自由主義與正義的局限性》，頁179。）

式保證了的創造性的交往可能得以發生的社群中，才能得到自由。[89]

作為羅爾斯弟子的霍爾姆斯指出，洛克有關社會契約論的論述應該從政治的角度加以理解，而不應該從歷史描述的角度去闡發，因為，社會開始的方式與它們現在應該如何組織並無關係，毋寧說契約論是一種批判的立場。「他將人類的自我理解『原子化』，也是限於達到某種政治目的——為了攻擊依賴和順從的有機鏈條，並削弱危險的宗派和派系集團。」[90]也就是說，自由主義對個人主義的強調是為了使個人從專橫的社會壓迫中擺脫出來，而不是認為個人應該擺脫所有的社會約束：

> 就像所有政治綱領一樣，自由主義在某種微不足道的意義上是「反社會的」。它向某些被廣泛接受了的社會制度的存在提出了挑戰。它要求某些正在進行的實踐有所改變或廢除。自由主義力圖將個人從他律和隸屬關係中解放出來。但是只有當我們將社會與其等級的、地區的和壓迫性的子形式等同起來時，自由主義才能在更為嚴肅的意義上被認為是反社會的。很顯然，自由主義者意圖使社會非部落化、或非分層化或廢除社會壟斷，這並不意味著他們在攻擊人類社會的本質。[91]

89　霍爾姆斯，《反自由主義剖析》，頁268-269。

90　霍爾姆斯，《反自由主義剖析》，頁270。

91　霍爾姆斯，《反自由主義剖析》，頁273。

霍爾姆斯認為，自由主義者時常表現出的對共同善（共同利益）的擔憂必須在他們的政治背景中加以理解。他們擔心的是，對共同善的強調會成為壓制個人對善觀念的自主認同的藉口：

> 自由主義者不相信共同利益的措辭，因為它很容易被策略性地誤用。他們經常把「共同利益」當作危險和壓制性的價值。……他們還擔心一個單一的、至上的共同利益觀念會暗示在國家中對共同利益的不同意見可能會沒有合法地位。[92]

儘管有這種政治上的擔憂，自由主義者還是毫不含糊地相信麥迪遜所說的「公眾利益，乃是人民大眾的真正福利」所表達的觀點，他們從未懷疑過共同善或共同利益的存在。自由主義者相信，個人的自主權利並不必然與創造共同的生活相矛盾，個人的利益需要國家權力的保護，公共利益需要國家的權力來代表，自由主義者並非無政府主義者，他們深知國家權力的重要。康德因捍衛個人自主而聞名，他反對強加於假定為不成熟的公民思想上的一切權威，但是他卻寫道：每個人都情願擺脫本來是普遍的規則，「這樣他就要求有一個主人來粉碎他的自我意志，使得他服從於普遍有效的、使任何人都能自由的意志。」[93]這種意志要求國家權力對個人進行約束，實現真正的自由。要是沒有權力易於被濫用和腐敗的趨勢，也許這種積極的自由可以實現。但是，公共利益或國家利益經常成為國家壓制個人權利的藉口，以至於伯林

---

92 霍爾姆斯，《反自由主義剖析》，頁280。

93 康德，〈世界公民觀點之下的普遍歷史觀念〉，轉自霍爾姆斯，《反自由主義剖析》，頁285。

對積極自由給予了著名的批判。可以說，正是公共利益經常被國家濫用，才催生了自由主義的誕生和發展，自由主義著力於關注國家干涉個人和社會自主性的危險，自由主義的根本理論就是限制國家權力的理論。正因此，自由主義似乎給人以貶低公共利益和削弱國家權力的印象，但這是一種錯覺。

古典自由主義者使用公共利益的概念，最經常的是把它作為統治者需要去適應的標準，而不是作為公眾服從或馴服的論據。對公共利益的經常濫用未必是作為被統治者的個人，而恰恰是高喊代表公共利益的統治者，因此，必須有某種制度措施來制約統治者，以使其在公共利益允許的範圍內行為。麥迪遜曾說：「在建立一個由人來管理人的政府時，巨大的困難就在於：首先你得使政府能控制住被管理的人；下一步又得使它能管住自己。」[94]因為，統治者也是人，與常人一樣的凡人，甚至比凡人更可能犯錯誤。霍爾姆斯寫道：

> 個人需要一位「主人」來使他們公平。不幸的是，「這位主人也是一個需要主人的畜生」。統治者永遠也不會像上帝一樣。尤其糟糕的是，被提拔到很高地位上的普通人也自然而然地易於濫用權力。那麼，控制人的權力怎樣才能被控制呢？怎樣去找到「一個自身就公正的最高權威」呢？這是「所有任務中最難辦的」。[95]

---

94 轉引自霍爾姆斯，《反自由主義剖析》，頁286。另見《聯邦黨人文集》，第51篇。

95 霍爾姆斯，《反自由主義剖析》，頁286-287。

　　使自由主義者感到擔憂並使之處於兩難困境的事情，對於共同體主義者似乎並不是一個問題。他們對共同體善及其美德的偏愛使他們寧願犧牲個人的自由及其權利。在他們看來，重要的不是個人是否被尊重，而是共同體的善是否被遵循，美德是否因此而得到發揚。個人應該服從這些更重大的目標，而不應該計較一己自由之得失。共同體主義對共同善的強調必然會導向對較高程度一致性或者同質性共同體的強調，這種傾向不可避免地與現代社會的複雜性和道德多元化特徵相衝突，從而易於導致人們的盲從和家長制的統治，甚至可能陷入極權主義。也許當代共同體主義者不會這麼赤裸裸地將這種傾向表達出來，而著名的保守主義者羅傑·斯克拉頓（1944-）卻明白表達了這種傾向：

　　　保守主義者致力於維護能夠培養出忠誠習慣的各種慣例和制度，家庭當然是其中最好的。我們將會看到，保守主義思想的這種必然推斷，與任何暗示保守主義者擁護自由主義理想或所謂「最弱意義上的國家」的說法勢不兩立。如同社會主義者一樣，保守主義者在必要時會成為「極權主義者」，儘管這樣的自我表白並非明智之舉。……保守主義者認為，對於國家的權威來說，國家權力必不可少，保守主義者將與任何反對國家權力的勢力針鋒相對，謀求確立和強化國家權力。[96]

　　這種保守主義者露骨表達的極權主義傾向未必是共同體主義

---

[96] 羅傑·斯克拉頓，《保守主義的含義》（北京：中央編譯出版社，2005），頁19。

者所不具有的，只是沒有說出來而已。

　　當然，當代保守主義者和共同體主義者都不會反對按照法律來統治的憲政理念，也強調對獨斷的、隨心所欲行使的權力的限制。但是，他們更會強調法律、尤其一部憲法並不是制定出來（所謂社會契約論）的這一點。在他們看來，法律在制定出來之前已經形成，自由主義者（如羅爾斯）忽略了一部憲法——如美國憲法——所繼承下來的東西，如忽略了這份文獻誕生的特定環境，忽略了所有已經定型的慣例和習俗，甚至忽略了業已形成的權利和自由。這一切，在他們看來才是法律的真正基礎。正如斯克拉頓所說的：「揭示美國憲法的並非書面的詞藻，而是歷史。美國憲法中通常被視為完整體系的那個部分，只不過是建立在深奧莫測基礎上的精緻的上層建築。」[97] 這個所謂「深奧莫測的基礎」，其實就是共同體主義者置於優先地位的共同體善。只不過，這種深奧莫測的共同體善在斯克拉頓信奉的保守主義那裡帶有濃厚的歷史主義色彩而已。

二、對個人自主的抵制——共同體主義錯在何處？

　　共同體主義者對自由主義最不滿的是，自由主義強調，個人可以獨立於社會環境或先於共同體的目的而依據自己的理性判斷對自己的生活方式作出選擇。羅爾斯的論說是這種敘事模式的典型。羅爾斯關於「原初狀態」下的「無知之幕」後面的理性各方，就是這一不受歷史特性、環境和善觀念影響的抽象的個人。通過這種抽象個人的合意行為，社會的建構得以可能。因此社會的可能形態和結構方式是理性各方之間合理意願的產物。可是，

---

97 羅傑‧斯克拉頓，《保守主義的含義》，頁32。

共同體主義者認為，社會是我們生活的起點，也是我們理論的起點，「不管我們喜歡與否，不管我們知道與否，我們都深深植根於我們所在的社會裡。」[98]因此，不是個人構成了社會，相反，是社會構成了個人。

其實，這一爭論不僅發生於自由主義者與反自由主義者之間，在某種程度上，也發生於自由主義內部的不同觀點之間。哈耶克就批評羅爾斯這類的「理性建構主義」，而提出他自己的「歷史演進主義」觀。但是，哈耶克並沒有因此而否認個人主義，相反，他認為理性建構主義的觀念反而會損害個人主義。其實，哈耶克所謂自生自發的歷史演進秩序與羅爾斯的理性建構「秩序」的目標是一致的，即都是保護個人自由及個人的自主選擇權利，只是哈耶克相信，這一秩序能夠通過歷史的自發演進而形成，而不是人為的理性建構的產物。在否認個人的自主理性對社會秩序具有規範和批判能力上，哈耶克與共同體主義者是一致的。但是，哈耶克並沒有因此而否認個人在這種社會秩序下生活對於自己的善觀念及其生活方式具有自主選擇的權利。

共同體主義者之所以否定個人的自主選擇權利，說到底是因為不信任、懷疑甚至懼怕個人對理性能力的運用。共同體主義者對啟蒙主義深表懷疑，在他們看來，對理性的信任無疑會導向對個人自主的肯定，而個人的理性自主具有破壞、瓦解共同體歷史地形成的生活常規、社會慣例或日常習俗的危險。他們最擔心的是，一旦個人淡出環境，不再僅僅從其環境中培養並獲得善觀念，不再滿足於其環境所給予的文化塑造，他的理性自主能力就有可能會被喚醒，共同體就有瓦解的危險。這種擔心與哈耶克對

---

98 丹尼爾・貝爾，《社群主義及其批評者》，頁10。

理性能力可能導致自發秩序的破壞的憂慮是一致的。哈耶克和共同體主義者對理性都抱有一種警惕的態度，都力圖維護一種前反思的、自生自發的、非人為建構的「常規」（convention）。但是，他們的一致之處僅僅是形式上的，所維護的「常規」內涵卻大不相同。因此，他們所共有的保守主義特徵也僅僅是表面上的，這一點我們在第二章已經討論過了。

　　自由主義者堅持個人對自己的善生活方式具有自主選擇權利，並且贊成個人從傳統習俗規定的社會地位、角色中解放出來。他們認為，共同體之所以重要，是因為共同體構成了個人追求自己的善生活方式的社會條件，而不是規定了個人的善生活方式。如果個人不再認同生活於其中的共同體價值，共同體沒有權利不讓他去調整以至拒絕它們。與之相反，

> 　　社群主義者拒斥這種「自主的個人」觀。他們認為人是「鑲嵌於」特殊的社會角色和社會關係之中的。這種鑲嵌自我並不去形成或修正他們的優良生活觀；相反，他們所繼承的生活方式就界定了什麼是他們的利益。社群主義者不把群體常規視為個人選擇的產物，相反，他們視個人為社會常規的產物。……因此，看重個人自主就被視為對共同體具有摧毀作用。[99]

　　共同體主義者對「鑲嵌自我」（泰勒）、「角色約束」（麥金太爾）或「構成性目的」（桑德爾）等的強調，反映和表達了他們對傳統生活方式優越於現代生活方式的眼光，說明他們都有一

99　金里卡，《當代政治哲學》，頁602。

種懷舊思古心態。這種心態很容易使他們同情固守傳統的群體對個人自主的抵制。

> 這些群體常常感到，自由主義對自主的強調對他們構成了威脅。他們擔心，如果自己群體的成員被告知了其他的生活方式，並且被賦予了理解和評價它們的認知和情感能力，許多成員就會選擇放棄自己原有的生活方式，這樣就會對整個群體構成威脅。為了防止這種後果，原教旨主義或奉行孤立主義的群體通常願意以這樣的方式撫養和教育自己的後代：盡量減少他們發展和運用理性的可修正能力的機會。這些群體也會設法製造困難，以阻止其成員脫離自己的群體。其目標就是保證自己的成員的確被「鑲嵌於」群體之中——使他們無法想像能夠離開自己的群體並在外成功地生活下去。[100]

金里卡的這一描述原則上適合於所有抵制個人自主的反自由主義者的心態，包括我們中國人熟悉的曾經有過的閉關鎖國心態。這樣的共同體最害怕的是理性的自覺和反思，因此，維持一種非反思的生活方式在他們看來就成為防止共同體瓦解的關鍵。甚至在自由開放的社會環境下，共同體主義者也讚賞一種對傳統觀念的非反思態度。丹尼爾・貝爾（貝淡寧）在《共同體主義及其批評者》一書中就對「未經審視的生活是不值得過的生活」（蘇格拉底）這一古老格言提出質疑，他借書中人物之口說道：

> 我覺得，說未經審視的生活是不值得過的生活，我們應該

100　金里卡，《當代政治哲學》，頁419。

不再尊重那些沒有行使行為規範方面的自決權的人，這樣說
是傲慢之極。以我祖母為例。她是位單純的婦女。就我所
知，她從未考慮過什麼是「值得做，值得去追求的事，做什
麼樣的人」。她只是去做她必須去做的事。這對她來說就是
在天主教無可懷疑的權威指導下生活。……實際上，每個人
都喜歡她。你認為她的生活方式應比那些行使了規範化自決
權的人的生活方式少受尊重嗎？很可能她沒有為自己決定什
麼值得做，什麼值得去追求，或什麼是事務應有的狀態，但
是她未經審視的生活仍然是有意義的生活，而且值得尊敬。[101]

　　丹尼爾‧貝爾不斷地使用「不假思索地」、「無意識地」、
「盲目地」這類字眼，來表達泰勒所謂「鑲嵌自我」的生活方式
的特徵。他認為：「一個人的直覺和真善美的意識比理智所要求
的正義原則更能支配我的所作所為。」[102]「當以社會慣例所規範的
方式行動時，我們不需要有計畫與目標，更不用說羅爾斯所想的
長遠生活計畫了。……通常，你用不著制定目標，做選擇就在於
做你必須做的事。你讓有關的社會慣例引導你。……所有的這些
慣例都是一個人所處的社會提供的，我們學習這些慣例並且照著
它們行動，從不對它們提出質疑。」[103]可是，這樣一種個人不自主
的、盲從的、獻身於其中的生活方式難道不會有一種危險嗎？丹
尼爾‧貝爾不會不知道納粹主義下的大多數德國人是如何「鑲嵌
於」自己的國家及其民族主義的狂熱環境之中的。我們中國人也

101　丹尼爾‧貝爾，《社群主義及其批評者》，頁21-22。
102　丹尼爾‧貝爾，《社群主義及其批評者》，頁9。
103　丹尼爾‧貝爾，《社群主義及其批評者》，頁11-12。

有這方面的慘痛記憶。

　　誰能保證，缺乏個人自主審視和評價的共同體之善不會轉化為一種集體的惡？萊茵霍爾德·尼布爾在《道德的人與不道德的社會》一書中指出：「在每一種人類群體中，群體都缺乏理性去引導與抑制它們的衝動，缺乏自我超越的能力，不能理解他人的需要，因而比個人更難克服自我中心主義。」[104] 由此，尼布爾得出「群體的道德低於個體的道德」的結論。這一結論部分地可以說明，為什麼自由主義反對將善觀念置入公共政治的議題中，並且禁止政教合一，主張國家中立。這是因為，任何善觀念都不可能不是一種特殊的群體價值的表達，難以克服自我中心主義，因而不能保證不會對其他善觀念的信奉者施以壓制甚至迫害，如果他們掌握了公共權力的話。自由主義者對個人自主的維護並非如保守主義者或共同體主義者擔心的那樣，導致了現代社會的危機，可能正相反，保證了現代社會不會退回到野蠻和無休止的戰爭狀態中去。現代社會的「諸神之爭」已然是事實，多元主義局面無法改變，如此，任何一種價值一元論的追求及其對個人自主的扼殺，都會導向災難性的後果。

　　實際上，即使那些嚴厲批評自由主義的人也知道，前自由主義社會並非那麼吸引人。馬克思在評論英國法律對於「理想化的」印度村落的影響時指出：

　　　　從純粹的人的情感上來說，親眼看到這無數勤勞的宗法制的和平的社會組織崩潰、瓦解、被投入苦海，親眼看到它們的成員既喪失自己的古老形式的文明又喪失祖傳的謀生手

段，是會感到悲傷的；但是我們不應該忘記：這些田園風味的農村公社不管初看起來怎樣無害於人，卻始終是東方專制制度的牢固基礎；它們使人的頭腦局限在極小的範圍內，成為迷信的馴服工具，成為傳統規則的奴隸，表現不出任何偉大的作為和任何歷史首創精神。[105]

共同體主義者和保守主義者一樣，對古代生活方式的懷念被化為對現代社會的所謂原子主義生活方式的強烈不滿，可是他們又深知無能為力回到過去，所以從他們的思想裡總是讓人感到一些悲涼和悲壯。但是，無論古老世界崩潰的情景使我們個人的感情是怎樣的難受，從歷史的觀點來看，這畢竟是一個進步過程，儘管伴隨著許多現代病象。

共同體主義者對個人主義的否定含有伸張和維護「文化多元主義」的意圖。文化多元主義要求將「文化」作為公共權力的保護對象，要求在政治上承認文化共同體的「權利」。這即是泰勒所謂「平等承認的政治」或「差異的政治」。所謂「承認的政治」所要求給予承認的，是傳統共同體堅持群體差異的權利，它實際上是要抵制無差別的普遍人權對文化共同體的「強加」。泰勒指出，存在兩種截然不同的政治模式：自由主義的「普遍主義政治」和多元文化主義的「差異政治」。劉小楓在他早期發表的一篇文章中寫道：「在泰勒看來，自由主義最易受攻擊的下腹部，就是忽視他者及其與自己的差異：西方自由主義不過是特殊文化的結果，卻以普遍主義的面目掩蓋其特殊主義的面貌。」[106]於是，

105《馬克思恩格斯選集》第2卷，頁67。

106 劉小楓，《刺蝟的溫順》，頁7-8。

問題被泰勒倒轉了過來，自由主義成為堅持一元論的一方，而共同體主義者卻在捍衛多元主義。如果自由主義者批評某些共同體侵犯人權，就會被指責為對共同體的文化、民族獨立性、特殊性也即差異性的不加尊重。文化多元主義或「承認的政治」於是成為拒絕普世價值──維護個人權利──的擋箭牌。劉小楓就此論道：

> 平等主義的差異政治理論延伸到國際間的政治文化論域，就意味著應當承認不同民族國家的政治理念和制度理想的不同訴求具有合法性。舉例來說，希特勒的民族社會主義就是正當的，因為它既符合德意志的文化傳統習性，又符合德意志的現代化國情……依平等主義的差異文化現代性理論，你不承認希特勒的民族社會主義政治理念訴求的正當性，當然就是文化霸權。至於這種基於民族現代性訴求的政治強權剝奪了這個民族共同體中某些個人或群體與民族社會主義不同的「關於美好生活的判斷」，就免談了，那是人家民族（國家）文化共同體內部自家的事，外人管不著。[107]

可見，對「差異權利」或「承認的政治」的訴求儘管本著維護文化、民族特殊性的動機，而實際上大多數情況下成為專制政權抵制人權的藉口。身處西方世界的共同體主義者，傾心於關注非西方特殊文化群體和民族、國家的命運，他們支持這些特殊群體和國家對「西方價值」的抵制。正如劉小楓當年指出的，這一被抵制的所謂「西方價值」的「自由主義可以提供一個價值中立

107　劉小楓，《刺蝟的溫順》，頁10-11。

的基礎，使來自所有文化背景的人都可以在此基礎上交往和共存」[108]。無疑，劉小楓肯定了這一被稱為「西方價值」的中立性和寬容主張。可是泰勒卻說：「對於主流伊斯蘭教來說，根本不存在我們西方自由社會實行的政教分離的問題。自由主義並不能為所有的文化提供可能的交往基礎，它是某種文化的政治表述，而與另一些文化是不兼容的。」[109]泰勒如此決絕地表達了共同體主義和文化多元主義拒絕普遍主義政治，維護民族文化的差異性和特殊性的主張，與自由主義所維護的普世價值——捍衛個人權利之間有著不可調和的衝突。

　　泰勒以及其他共同體主義者的一貫觀點，實際上是主張一種不加反思的、盲從的、不承擔個體責任的生活方式。他們實際上在強調善優先於權利的同時，為以追求善的名義的強加打開了通道。共同體主義者批評個人自主，認為個人的選擇多半是任意的、盲目的，給個人以自主選擇權意味著放縱個人的情欲，個人只有依賴共同體並通過共同體才能得到提升和淨化，獲得其真實的存在，作出真正的選擇。共同體主義者把虛無主義和主觀主義歸於自由主義，認為自由主義就是鼓吹什麼都可以，個人想怎樣就怎樣，因而個人主義及其個人自由的形象就是任性妄為、肆意放縱，由此，自由也就成為他們的大敵。這是一切反自由主義者最輕易的對自由主義的指責模式，可是卻不符合自由主義的事實。自由主義者從來沒有把自由與縱欲、任性妄為相聯繫，更不是放縱人們對生活的任意選擇。恰恰相反，自由主義強調個人承

---

108 劉小楓，《刺蝟的溫順》，頁11。

109 泰勒，〈承認的政治〉，見陳清僑編，《身分認同與公共文化》（香港：香港牛津大學出版社，1997），頁15。轉自劉小楓，《刺蝟的溫順》，頁11。

擔責任，對自己的行為負責。而共同體主義卻為追求共同體善而卸除了個人的責任，鼓勵非理性的忠誠，信奉不承擔責任的「信念倫理」。

實際上，自由之所以重要，恰恰在於我們要追求更好的生活，而不是滿足個人的情欲。關於美好的生活需要有一個自由討論、自由結社、自由探索的環境。金里卡寫道：

> 有些人生計畫是比其他的計畫更有價值的，而之所以需要自由恰恰是為了發現生活中有價值的東西——要去質疑、重新審視和修正我們關於價值的信念。這是我們想要自由的一個主要理由——我們希望了解關於善的知識……自由之所以是重要的不是因為我們已經先於社會互動了解我們的善，或是因為我們不能了解我們的善，而恰恰是因為只有這樣我們才能達到對於善的了解，才能——用諾齊克的話來說——「生活得最好」。[110]

自由主義強調個人自由，其意義在於我們的目標、生活方式和善觀念可能是錯誤的，因而我們需要通過質疑、審視和對話而修正、改進它們。這意味著自由主義恰恰鼓勵對更美好的生活方式的追求和探索，而非縱容任性妄為。只不過，自由主義把重點放在追求美好生活的自由條件上，認為自由與追求更好的生活息息相關，而不是放在美好生活的內容本身上，因為那會因個人自主權利的喪失而導致善的強加或釋放出不負責任的、有害的激情。

---

110 金里卡，《自由主義、社群與文化》，頁18-19。

三、關於國家中立性

　　自由主義的國家觀是工具性的國家觀，這與古代國家觀有實質上的區別，古代國家觀總是被聯繫到神聖性的事物上，賦予國家至上的目的。在古希臘，國家（城邦）被認為不可能是一種平凡的人們製造出來的東西，她或與實現神的計畫有關，或注定要趨向於自然所指定的目的。亞里士多德就把國家（城邦）視為使公民去實現自然的或人的本性之內在目的至高無上的共同體，在他看來，人們共在於一個國家裡，不可能只是滿足需要，完成日常生活的欲求，而一定是或必需是去完成屬人的本質（自然）的目的也即至善的追求。而到了現代，馬基雅維利卻把國家描述為世俗者手中的玩物，強權者鬥爭的工具，這就打碎了國家頭上的神聖性光環。在霍布斯那裡，國家成了個人為擺脫叢林狀態，實現自我保存而建立的利維坦。而到了洛克，人們之所以建立國家僅僅是為了保護人的權利、維持公正而已，此外別無目的。他們筆下的國家，描述了剛剛走出前現代的人們生活下的國家的真實品性：國家是人們需要的東西，僅此而已。

　　自20世紀70年代以來，美國的一批道義論自由主義者，包括羅爾斯、諾齊克、德沃金、艾克曼、拉莫爾等人，相繼表達了一種國家中立性的觀念。所謂國家中立性，是指國家或政府應當中立於其公民所追求的所有善生活觀念，平等寬容地對待它們；國家的任務在於制定和維持一些規則以使公民能夠去過他們願意過的生活，而不試圖去影響或強加他們對不同生活觀的價值判斷；政治道德應當只關心權利（正當），而讓個人去決定他們自己的善；國家不能基於對各種善生活觀的高低排序來為自己的干涉行為提供辯護。這種國家中立的觀念實際上來自於古典自由主

義的有限國家觀和工具國家觀，並且是建立在權利優先於善這一道義論原則基礎上的。

國家中立性的觀念是在批評完善論（perfectionism）國家觀中提出來的。完善論國家觀將某一或某些特殊的善生活觀視為最有價值的生活方式，要求國家提供政治上的保護，並給予政策、資源分配和法律等方面的傾斜和促進。在以完善論立論的國家下生活，人們並不擁有選擇自己善生活的自由，也不可能僅僅思想或觀念的原因而免於社會的懲罰，人們可能必須過一種自己並不願意過的生活。完善論者會認為，就什麼是有價值的生活的認識，人們是易於犯錯誤的，因此國家有責任教導它的公民什麼才是有價值的生活。國家如果容忍或縱容那些被錯誤理解的生活方式，就是放棄了它對公民的責任。因此完善論國家不會公平地對待所有善觀念，不可能寬容地包容人們自主選擇的各種生活方式和生活理想。

羅爾斯指出，原初狀態下的公平觀念的一個基本特徵是，它不允許正義原則的選擇依賴於各方的可能存在分歧的某種特殊的善觀念，因此人們是在對自己的實際處境、天資稟賦和所持有的善觀念無知的情況下作出選擇的。只有在這種「無知之幕」下作出的選擇，才會對所有的善觀念保持中立，而且才符合康德的「自律」要求。羅爾斯寫道：

> 我相信康德認為，人是一種自由、平等的理性存在物……他是在自律地行動的。他所遵循的原則之所以被選擇，不是因為它的社會地位或自然稟賦，也不能用他生活在其中的特殊社會以及他恰好需要的特殊事物來解釋。按照那樣的原則行動也就是在他律地行動。現在，無知之幕使原初狀態中的

人不具有那種使他能夠選擇他律原則的知識。[111]

按照羅爾斯的觀點，在原初狀態下的各方會選擇保護自己擁有善觀念的平等自由權利的原則，而不會選擇完善論作為立國的標準。因為，「承認這樣一種標準就是接受一個可能導致一種較少的宗教自由或其他自由的原則（如果不是導致完全喪失推進一個人的許多精神目標的自由的話）。……他們不可能通過賦予一個價值標準以某種權威地位而使他們的自由處於危險之中。」[112] 也就是說，在原初狀態下去做出選擇的各方，會選擇他們進入社會後對善觀念擁有自主追求權利、因而限制國家在善觀念上擁有決定權的立國標準。自由主義認定個人權利對於善的優先性，就是伸張不以共同體善的強加來犧牲個人權利，並將建立在權利基礎上的正義和建立在正義基礎上的國家與任何善的理念脫鉤。自由主義信奉國家中立，也即寬容，要求國家必須在不同的善觀念之間保持平等的對待，不提倡任何一種善觀念而反對另一種或另一些善觀念。國家不應當獎賞或懲罰各種有關善生活的特定觀念，而應當提供一種中立的構架，使人們能夠在此構架中追求自己認同的善觀念。

可是，共同體主義者卻認為國家能夠而且應該去鼓勵、提倡人們接受與特定共同體生活方式和生活目標相一致的善觀念，阻止、排斥與這種生活方式和生活目標相衝突的其他善觀念。他們針對我們這個過度個人主義化的社會——這個社會似乎更多的是關注個人如何實現自己的偏好而不是去關注如何實現我們的共同

111 羅爾斯，《正義論》，頁242-243。
112 羅爾斯，《正義論》，頁316。

責任——力圖恢復古老的共同善的理念，通過共同善觀念來克服現代社會的個人「放縱」和「任性」的傾向。這是一種完善論的國家觀，它要求對不同的生活方式的價值進行公共的排序，某一善觀念成為人們評價和選擇生活方式的共同標準，個人生活方式的價值取決於個人在多大程度上符合這一共同善，或者在多大程度上去為這種共同善作出了貢獻或盡義務。

我們看到，完善論的國家在對共同目標進行追求時，並沒有受到中立性要求的約束，這就打開了通向絕對的國家主義的大門，這種完善論的非中立的國家很容易成為壓迫性的和侵犯性的國家。在這樣的國家裡，一個單一的、至上的共同善觀念的一元性地位意味著對這一善觀念的不同意見（被視為「異端」）不具有合法性，國家必然會壓制異於它的善觀念。因此，「國家完善論提升了針對表達意見的獨裁制度的前景，並且不可避免地會去懲罰那些持不同意見的個人。」[113]國家完善論的前提應該是：國家或政府能夠識別人們的善觀念的錯誤。可是，國家完善論卻增加了國家犯錯誤的危險，因為官方的善觀念未必就比任何個人的善觀念更高明，官方和個人一樣有可能發生錯誤。

況且，統治者易於濫用權力。思想的控制極大增加了權力的誘惑力。一旦統治者憑藉權力而壟斷了一種善觀念和信仰，統治者的權力就會愈發不受限制。統治者哪怕一開始是正確的，其後繼者或追隨者也容易走向變質、腐敗，真理在他們手裡也就成為玩物。他們也是人，禁不住權力的誘惑，尤其禁不住壟斷了善觀

113　Will Kymlicka, "Liberal Individualism and Liberal Neutrality," in Avineri & De-Shalit, eds., *Communitarianism and Individualism*, Oxford University Press, 1992, p. 179.

念的權力的極大誘惑。「權力趨向於腐敗，絕對權力絕對導致腐敗。」如果有什麼是放之四海而皆準的道理，那麼這一阿克頓勳爵表達出來的道理就是放之四海而皆準的。「中立國家」的觀念與「有限國家」觀念一樣是出於對國家權力的不信任，不相信國家能夠自我約束，自動公正地運用權力。把道德教化大權交給國家，誰能保證不會有扼殺思想的事情發生？國家對善以及善解釋權的壟斷有可能製造出最大的惡，至善轉化為至惡的例子不勝枚舉，不是善本身轉化為惡，而是求善的人的權力轉化為惡。自由主義並不反對求善，倒不如說，它時刻警惕著以求善之名所行使的權力，對權力極端不放心。

　　這裡的關鍵問題是，國家完善論把善觀念的選擇轉化為一個政治問題，也即所謂非中立的「共同善的政治」（politics of the common good）[114]。於是，一種善的東西就不能僅僅依賴於人們的自願選擇和追求（在這種觀點看來，個人是易犯錯誤的，因此不可信任），而必須依靠政治的力量來推行和維護。可是，羅爾斯認為，對作為生活方式之根據的善觀念的評價不應該成為公共關注的對象。

　　雖然作為公平的正義允許在一個組織良好的社會中承認優秀的價值，但是追求人的完善必須限制在自由結合原則的範圍內。人們……不能以自己的活動具有更大的內在價值為由，而使用強制性的國家機器來為自己爭取更多的自由或更

---

114 Michael Sandel, "Morality and the Liberal Ideal," *New Republic*, 190: 16-17; Charles Taylor, "Alterative Futures," in Cairns and Willams, *Constitutionalism, Citizenship and Society in Canada,* University of Toronto Press, 1985, pp. 183-229.

大的分配份額。完善論不適合作為一種政治原則。[115]

這就是說，對人們善觀念進行評價的場所不應該是國家（而應是公民社會中的那些自願性社群和社團），這是因為國家的行為具有強制性，是壟斷暴力的機構，這使它不適合於來對善觀念作評價，否則，就很難避免善觀念強加的危險，而這種危險在國家與私人領域之間起作用的公民社會中就不容易存在。而且，由於非中立的國家使善觀念進入了政治議程，因而使得不同群體之間因善觀念衝突而出現的社會不穩定的可能性大大增加。

因此，自由主義制定了國家中立性的正義原則，一方面保護各種善觀念的擁有者都享有平等的自由權利，另一方面，防止善觀念和善的追求進入到政治中來。自由主義把善的追求限制在私人領域，以防止公共政治成為互不相容的善觀念衝突的場所。如果允許公共領域裡的制度安排受任何善觀念影響，那麼各種善觀念就會競逐獲取這種影響，這樣，國家制度就無公正性可言，國家偏向任何一方都會造成對另一方的傷害以至迫害。德沃金就曾強調，自由主義的正義理論假定，政治決定必須獨立於任何關於善生活的特定觀念或是賦予生活以價值的東西，以防止不平等的對待不同的善觀念：

> 既然一個社會的公民的觀念各不相同，政府如果偏愛一種觀念而排斥另一種（或是因為官員們認為一種觀念是內在地具有優越性，或是因為一種觀念被更眾多的或更強大的團體

---

115 羅爾斯，《正義論》，頁317。譯文根據英文原著作了改動，見John Rawls, *A Theory of Justice*, Harvard University Press, 1971, pp. 328-329。

所持有），那就不會平等地對待所有公民。[116]

可是，在共同體主義者看來，國家中立性瓦解了對於社會生活的某些至關重要的價值觀；在國家中立性觀念指導下，人們可以獨立於傳統的或歷史形成的善生活觀念或生活目標而自由地選擇自己認定的目標；這種對個人權利和國家中立性的強化，使自由主義的國家排除了對善觀念的公共採納，從而由於缺乏善的公共強加而使人們的生活紐帶和社會團結陷於瓦解，美德盡失。共同體主義者相信，如果沒有國家主動地把個人連結在一起予以生活方式的評價和追求共同的目標，個人就會陷入原子般的孤立狀態的生活，如一盤散沙。在這種觀點看來，如果沒有國家（非中立政治）的行為，也就沒有社會（凝聚力）的行為。可是這不正是對人的「社會本性」缺乏信任嗎？從某種意義上講，自由主義更加相信人的自發社會性，強調國家放任不管，人們憑自發的作為反而能夠良好有序地組織社會。

在不少共同體主義者看來，非政治的行為在本質上都是孤立的。這種看法與共和主義的觀念儘管含意略有不同，卻一脈相承，它們都反對國家中立，都堅持共同善的政治，都認為對私人生活的至上強調是反社會的，是對我們政治、社會本性的否定。為克服這種「公民唯私主義」（civil privatism）[117]綜合症，共和主義者認為政治生活——也是一種善生活方式——應該占據生活的

---

116 Ronald Dworkin, "Liberalism," in Sandel, *Liberalism and Critics*, Basil Blackwell, 1984, p. 64.

117 見哈貝馬斯，《在事實與規範之間》（北京：生活・讀書・新知三聯書店，2003），頁95、662-663。

中心位置。可是，在自由主義者看來，如果沒有政治所不能干涉的私人領域的存在，現代社會最為珍貴的自由、自主價值就會失去藏身之地。私人領域的形成以及私人領域的擴大，是現代生活區別於古代傳統生活方式的特徵，正是有這種不被干預的私人領域的存在，現代生活才會有如此廣泛的自由空間。並且，私人領域的存在限制了國家權力的擴張，尤其限制了國家在善觀念、善生活方式上的干預、強加和控制行為。

圍繞著國家中立性和國家與社會的區分而產生的爭論，是當代道義論自由主義者與反自由主義者之間的核心分歧之一，它特別能反映不同價值立場之間不可調和的衝突狀況。金里卡（Will Kymlicka）寫道：

> 儘管自由主義已經堅持了幾個世紀要在國家與社會之間進行區分，社群主義者仍然假設：適宜於社會領域的任何內容都必須納入政治領域。他們不像自由主義者那樣擔心：由於無所不在的權威和強制性手段是國家的特徵，因此國家特別不適合成為社群主義者所欲的那種慎議和信念共享的場所。[118]

之所以這種爭論顯得不可調和，是因為爭論的問題有關國家，自由主義者是絕不會放棄對國家權力的警惕，放棄對加強國家權力的批判的。這對自由主義者來講，是一種不可調和的立場。但是，這不等於自由主義者對美德、共同體和共同善的維護和追求採取不可調和的拒斥態度。自由主義防止的是以善的名義的專制，而不是善的追求本身。

---

118 金里卡，《當代政治哲學》，頁461。

四、自由主義的目標和自由主義的美德

但是，正是在這不可調和的立場之間，發出了試圖去調和雙方立場的聲音。

國家中立性概念一提出來，就遭到許多人的批評。他們質疑：國家對各種價值觀念或善觀念的競爭放任不管，任其成敗和自生自滅，是否會使許多優秀的價值成為歷史博物館中的東西？國家與所有目標追求無涉是否不僅會喪失許多優秀的價值，而且會危及自由主義在與其他意識形態競爭中的優勢？

對國家中立立場提出激烈批評的反而是自由主義內部的一些人物。自從20世紀70年代羅爾斯、奧克肖特分別在美英提出國家中立理論而引發一場政治哲學的大討論以來，自由主義內的兩方人物出版了大量書籍和文章為各自立場辯護。其中，像拉茲（Joseph Raz）、加爾斯通（William A. Galston）、馬塞多（Stephen Macedo）等自由主義者，為回應共同體主義者的批評，對自由主義作出了許多修正和補充。他們與羅爾斯、諾齊克、德沃金、艾克曼（Bruce Acherman）、拉莫爾（Charles Larmore）等比較正統的自由主義者的不同之處，正是來自於對國家中立性看法上的分歧。這些自由主義者在學術界通常被稱為完善論自由主義者。

這些修正派的自由主義者是這樣提出問題的：國家中立是否就能夠維護自由主義的基本價值？如果對一切善觀念都保持中立，那麼某些自由主義的美德或公民品德首先就會喪失[119]。1991

---

119 加爾斯通把所要維護的這些自由主義的公民品德分為一般品德、社會品德、經濟品德、政治品德四種類型。見 William A. Galston, *Liberal Purpose*, Cambridge University Press, 1991, pp. 221-224.

年出版的美國學者加爾斯通的《自由主義的目標》一書開宗明義
便指出，自由主義的國家不能如奧克肖特所說的那樣被理解為是
無目標的、中立的「公民社團」，或是可以不受約束地表達差異
的競技場。我們必須放棄一種被廣泛接受的對自由主義在有關人
類善的問題上所持中立性立場的理論解釋，取而代之的是另一種
對自由主義的解釋，這種解釋認為，內含於自由主義中的特定善
和諸美德具有核心重要性。加爾斯通寫道：「像每一個其他形式
的政治共同體那樣，自由主義國家是一個事業社團，它的獨特之
處不在公共目標的缺失上，而在公共目標的內涵上。」[120] 自由主義
必須拒絕中立性，公開追求某些自由主義的善觀念。自由主義國
家和每一個其他的政治共同體一樣，包含著對某種生活方式的偏
愛而嫌惡另一些生活方式的人類善的眼光。在加爾斯通看來，自
由主義並非無偏向性的，並非完全容忍所有的多元價值，而是在
某種程度上限制多元性；實際上沒有哪種社會生活能夠完全或平
等地接納所有的人類傾向。加爾斯通將他的問題歸結為：

> 現代自由主義國家最好被理解為是在一整套清晰的公共目
> 標激勵下運作的，這些公共目標指導自由主義的公共政策，
> 塑造自由主義的正義，要求實踐自由主義的美德，並且依賴
> 於一種自由主義的公共文化。如此設想的自由主義目標規定
> 了一種自由主義共同體的成員所必須具備的共有之處。這些
> 目標是鞏固自由主義多樣性的統一體；它們使合眾為一（e
> pluribus unum）成為可能，正是這種合眾為一，建立起了衝
> 突中的各種社會力量成熟、穩定的平衡，並繼而成為自由主

120　William A. Galston, *Liberal Purpose*, p. 3.

義國家富有倫理意義的象徵。[121]

　　加爾斯通指出，他不僅關注自由主義的政治制度和實踐，而且關注自由主義社會的道德文化，以及這兩者的關係。他之所以反對國家道德中立，是由一些引人注目的現象所喚起的，這些現象包括：犯罪率上升，毒品氾濫，家庭崩解；有效的公共教育幾乎垮掉；人們在公共和私人事務上的貪婪和短視；政治意識的持續衰降和政治犬儒主義的持續攀升；以及美國某些人生活的原始部落化和野蠻化，等等[122]。加爾斯通認為，我們不能再以一種中立性立場來回避這些現象了。但是，與共同體主義者將這些現象歸罪於自由主義的觀點相反，加爾斯通把這些令人憂心的現象歸結於中立性政策所導致的自由主義美德的喪失。

　　如此激烈地反對國家中立性，是否還能堅守自由主義的根本立場？加爾斯通指出，美國人天生地害怕專斷權力，恐懼多數人對少數人的迫害，因此設置權利以抵制侵犯。這種害怕和恐懼過了頭，以致有消弱國家而不能保護我們權利的危險。政府太弱而不會威脅到我們的自由，可是政府太弱又會保護不了我們的權利，更不用說增進我們的共享目標。反之，如果政府足夠強而有效地保護我們的權利並增進我們的目標，又會有難以控制的危險。這是一個兩難困境，不可能一勞永逸地獲得解決，並永遠驅除。關鍵的是要喚起公眾對太弱國家和太強國家的同等意識，將權力的危險與權力消弱的危險同時相比較。自由主義將限制國家以保護個人權利作為首要考慮，但是，對個人權利的侵犯不僅僅

121　William A. Galston, *Liberal Purpose*, p. 3.

122　William A. Galston, *Liberal Purpose*, p. 6.

是來自國家權力，還有其他原因，若一味強調對國家權力的限制必會放任其他侵犯個人權利的原因。

同樣，加爾斯通認為，如果片面強調對國家道德作用的限制，也會消弱自由主義的說服力，自由主義不能沒有自己的善觀念。片面強調自由，會導致所有約束的鬆落；片面強調中立，會使美德和優秀價值孤軍奮戰。強調價值沒有對錯，並不等於各種價值和生活方式不存在高低貴賤之分；強調各種價值的私人性，並不等於不能在公共領域裡向人們推薦某些優秀的價值和某些高貴的生活方式；強調任何善觀念的特殊性，並不等於否認某些善觀念代表了人類公認的傳統美德，可以為所有人共享。

馬塞多在其著作《自由主義美德》中也從自由主義的理論傳統和憲政民主實踐出發，闡述了自由主義並非沒有公共性的一面，以回應共同體主義者的這樣批評：由於強調個人權利、消極自由和保護私人領域，自由主義忽視了公民品格、美德和共同體的積極政治理念。馬塞多試圖從理論上證明，自由主義並不與追求公民美德、建設共同體等相衝突，自由主義也可以提供一種關於共同體和美德的理論，而又同時繼續保持以自由為核心，以正義為優先的立場。他說：「我同意威廉·加爾斯頓的觀點：自由主義正義與權利並非如自由主義理論家們有時推斷或主張的那樣，獨立於關於美好生活的理解之外。」[123] 也就是說，自由主義的正義等價值本身就是善，培養自由主義的美德就是自由主義的目標。

馬塞多批評羅爾斯、德沃金等當代道義論自由主義的中立性

---

[123] 斯蒂芬·馬塞多，《自由主義美德：自由主義憲政中的公民身分、德性與社群》，頁5。

主張和立場。他認為，自由主義包含一整套積極的道德價值觀，它滲透到自由主義公民的生活和品格之中，在一定程度上構成了我們的人格，塑造了我們的生活（包括公民的私人生活）。這套積極的價值觀應該得到自由主義公民的最高忠誠，它壓倒或排斥很多其他的追求。自由主義者應該敢於為自由主義的價值做辯護，為了維護自己高於一切的地位，自由主義的政治道德必須指出，非自由主義的個人理想是錯誤的，或者不如自由主義的價值重要，或者可以被修改得與自由主義相容。自由主義者應該表明，他們在政治道德方面不可能是中立的，自由主義本身就是一種有著鮮明立場的政治道德理論。

馬塞多指出，「自由主義的美德」這一術語的含意似乎是自相矛盾的，並且具有危險性，它將導致政府干預、政治完美論以及家長制作風等。自由主義者主張政府不應當試圖去管理人們的道德，而只應當提供平等的自由和保護。馬塞多說他同意自由主義的觀點，但同時也堅持，自由主義者應該擁有和發展一種自由主義的美德，當人們真正擁有和發展了這些美德時，自由主義政體便會得到蓬勃發展。這二者並不矛盾。雖然自由主義者抵制家長制，對人們的選擇盡量不予干預，但是，這些並不等於中立。對於國家權力，自由主義者當然會強調予以限制，但這種限制並不嚴格得足以導致追求中立性。自由主義的各種理想與美德仍然隱藏在背後，從未完全淡出[124]。他寫道：

　　自由主義正義並不對人類的各種善及各種生活方式保持中

124　斯蒂芬・馬塞多，《自由主義美德：自由主義憲政中的公民身分、德性與社群》，頁3-5、246-248。

立——自由主義正義積極要求，每一位公民的「善」都要帶
有如下特徵：願意「自己活，也讓別人活」；願意讓個人的
計畫與志向服從於公正的法規；願意勸說而非強制他人。[125]

　　馬塞多實際上把自由主義的核心價值歸結為是一種目的善，
因此在他那裡不存在正當（正義）與善的區分問題。他認為，在
一個多元化的社會裡奉行自由主義正義，就一定會鼓勵、培養人
們保持和具有寬容的態度，廣泛的同情心，以理服人以及願意與
他人對話的意願，反思以及自我批評的品質，願意嘗試接受新事
物的態度，積極自治的自我發展能力，對傳承的社會觀念的贊同
態度，以及對公民同胞的關愛乃至利他主義的關懷，等等。這些
就是馬塞多所強調的自由主義美德，也是自由主義所追求的目的
善。在自由主義的諸美德中，馬塞多特別看重寬容和一視同仁的
美德，以及反思和自我批評的能力：

　　自由主義正義要求我們尊重所有人的權利。在政治身分
中，自由主義公民認為他人儘管與自己有著千萬種差異，但
在本質上，或者在某個決定性方面，與自己是一樣的。因
此，自由主義政治代表的是一種非個人的視角。從某種意義
上說，這種視角要求我們能夠推己及人，包括那些在幾乎所
有的根本志向方面都與我們不同的人。平等的自由主義尊重
孕育了人與人的相互尊重。[126]
　　自由主義個人的獨特之處在於擁有自我支配的反思能力。

---

125 斯蒂芬・馬塞多，《自由主義美德》，頁251。
126 斯蒂芬・馬塞多，《自由主義美德》，頁252。

深入發展這些能力將引領人們接近自治理想，而這一理想是
其他自由主義美德的源頭。[127]

在馬塞多看來，自由主義的憲政制度和自由主義的共同體所
蘊含的這些自由主義的美德，培育了個人在多元的自由主義社會
健康發展所需要的能力，加強了自由主義者對他人的理性能力的
信任，因此有助於穩定基本的自由主義政治規範。他深信，「自
由主義政治取決於一定程度、一定品質的公民美德，而公民美德
又因生活在一個合理公正、寬容、開放的自由體制下而從多方面
得到促進。」[128]

約瑟夫‧拉茲在《自由的道德》一書中提出了一種不同於共
同體主義的國家完善論的自由完善論。所謂國家完善論，是指通
過國家行為或政治倡導來對不同的生活方式進行評價，而個人依
據這種評價形成他的善生活觀念。為反對這種國家完善論，自由
主義者一般都堅持國家中立觀，認為政府應當中立地看待不同的
人們的善觀念和善生活方式，也即，政府應當如此的規範自己的
行為，以使他們的行為既不促進也不阻礙個人按照他們自己的善
觀念來生活的意願。拉茲指出，反完善論理論：

　　來自於這樣的思想，即人們是自主的道德主體，他們將由
　自己來決定如何指導他們自己的生活，政府不是具有權威的
　將自己的正確與錯誤的觀念強加給他們的道德裁判官。[129]

---

127 斯蒂芬‧馬塞多，《自由主義美德》，頁254。
128 斯蒂芬‧馬塞多，《自由主義美德》，頁3。
129 Raz, *The Morality of Freedom*, Oxford: Clarendon Press, 1986, p. 108.

> 反完善論回應了一種廣泛的對於集權和官僚體制的不信
> 任。任何對於善理想的政治追求都可能是拙劣的和扭曲的。[130]

　　拉茲認為，反完善論訴求的來源是有根據的，它源於對個人
尊嚴和人格的關切，源於對共同體中的一部分人將其偏愛的生活
方式強加於另一部分人的厭惡。這些關切和厭惡是真實的和重要
的。然而，拉茲仍然堅持認為，反完善論是沒有道理的，反完善
論的國家中立觀是不可取的。自由主義不僅與完善論不相對立，
而且可以是一種完善論的理論。自由主義的中立原則恰恰忽略了
個人自由對於公共文化、集體善和共同的生活方式的依賴，實際
上，如果政府想要保證自由的社會條件和賴以維持的基礎，它們
就必須援引完善論的理想。拉茲雖然也反對認為一個社會或國家
是由單一的共同善觀念來維繫的國家完善論，認為我們應該避免
單一的政治信仰和價值觀妨礙或壓制公民的自由選擇，形成對公
民的政治壟斷。但是，他又相信，自由主義者並不否認政府有責
任保護並促進某些有益於某種共同目標的社會條件。起碼，如果
脫離開社會的公共文化和各種集體善，自由主義所珍視的個人自
由就會失去其賴以存在的基礎，即使人們仍然還是自由的，那也
失去了生活的意義。拉茲強調保護和促進自由文化的社會條件的
重要性，而且認為這一做法的依據恰恰是因為促進了自由主義的
政治目標。

　　拉茲指出，自由主義者一般都將權利作為個人自主的政治道
德、甚至普遍道德的基礎。但是他反對這種觀點，認為「建立在
權利基礎上的道德排除了將美德和追求優秀作為其內在的道德價

130　Raz, *The Morality of Freedom*, p. 111.

值」[131]。因而,「無論是道德還是政治道德都不是建立在權利基礎上的,如果道德有一個基礎的話,那麼它應該包括義務、目標和美德等」[132]。拉茲幾乎與查爾斯・泰勒一樣,把以權利為基礎的道德稱之為個人主義,並等同於原子主義。而與此同時,他不承認個人自主是建立在以權利為基礎的個人主義之上的,而是認為另有基礎。因此,以權利為基礎的理論——也即個人主義——就無法說明自主的訴求,而通常的自由主義是堅持認為,只有以權利為基礎的道德才能表達自主的基本價值。

拉茲認為,自由主義所維護的個人自由觀是建立在個人自主價值(並不等於個人主義)這個基礎上的,也就是說,支持政治自由的強有力論證來自於個人自主的價值。自由主義者假定,為了尊重自主,就需要政府放棄追求任何善觀念,從而對任何善觀念保持中立。拉茲反對這種觀點。他認為,個人自主並不導向反完善論,恰恰相反,自主的價值需要完善論的支持。

拉茲寫道:「個人自主僅僅是一種有價值的生活方式,只對選擇了它的那些人才有價值;而對於拒絕它的人來講,也並不太壞。」[133]也就是說,個人自主只有在一個支持自主的社會中才有價值,而在不具備個人自主文化條件的社會中,人們並不會承認個人自主有價值,甚至甘心不自由或被奴役。而在具備了個人自主的社會條件中生活,要想不自主也都不可能,其社會條件提供了廣泛的有意義的選擇範圍,保障了個人自主能力的實現。這些前提條件又取決於某些社會形式的存在與否,包括一種寬容的社會

131　Raz, *The Morality of Freedom*, p. 196.

132　Raz, *The Morality of Freedom*, p. 193.

133　Raz, *The Morality of Freedom*, p. 390.

氛圍，也就是包括我們通常所說的某種文化條件。

　　拉茲所堅持的完善論即是認為，人們有責任互相提供個人自主得以維持的文化條件，而國家在實現這些責任時使用強制權力也就有了正當理由。他寫道：

> 　　一個政府有責任促進它的公民的自主，只要它的法律體現並具體明確了公民的基於自主的責任，那麼它就有權以強制為基礎，來對資源進行再分配，提供各類公共物品，以及參與其他服務的供應。[134]

　　在此意義上的政治行動是完善論的，因為國家必須基於對哪些選擇是有價值的問題所作的判斷來行動。不過，拉茲這裡的完善論僅僅指國家採取必要的行動以最小暴力來維護公民自主的文化條件，而不是指對其他具體的文化問題作價值判斷[135]。「自主原則就是一種完善論原則。只有當自主的生活是在追求被接受的和有意義的事業和社會關係中度過的，它才是有價值的。自主原則允許甚至要求政府創造各種道德上具有意義的機會，而同時消除那些惡劣不良的機會。」[136]拉茲認為，難道這些內容不就體現了一種完善論原則嗎？

　　就拉茲的觀點來看，尤其就其對以權利為基礎的個人主義的批評而言，我們幾乎難以區分他到底是一個自由主義者還是一個

134　Raz, *The Morality of Freedom*, p. 417.

135　這裡的內容參考了顧肅，《自由主義的基本理念》（北京：中央編譯出版社，2003），頁560-561。

136　Raz, *The Morality of Freedom*, p. 417.

共同體主義者。但是，同樣是援引完善論的理論觀點，同樣是批評中立性，共同體主義者與自由主義者有相當明確的區別：共同體主義者是在為共同體善和共同體美德辯護，而自由主義者是在為自由主義善和自由主義美德辯護。對於完善論自由主義者而言，他們之所以放棄中立性原則，不是因為要對自由主義的立場作出讓步，恰恰相反，是要採取更加積極、更加主動和更加進取的態勢。在他們看來，中立性原則是自由主義者單方面解除武裝的奢侈品，面對現代性的善觀念的多元主義局面，自由主義採取回避衝突而非迎面而上、解決衝突的方案，這是軟弱無力的表現。按照卡爾‧施米特的說法，這是自由主義者不能做出決斷的表現。完善論自由主義者認為，與其努力說服非自由主義者接受中立性原則，保持各自立場，不如迎面去質疑他們的信仰，占領制高點。

完善論自由主義者對中立性原則的排斥是為了可以在公共領域維護（偏愛）自由主義的價值，包括寬容、平等待人、尊重權利等美德。但是，如果自由主義者通過提出其價值具有內在的優勢來捍衛自己的更高地位的話，就難免導致對非自由主義善觀念的不寬容。這是一種兩難處境：堅持中立性的話，自由主義就不能提升自己理念的理想性，而只能視之為中立的政治普遍原則，從而可能使自由主義陷於軟弱無力；放棄中立性的話，就會有自我否定的危險──政治行為的偏向或偏袒（非中立性政治）否定了平等自由權利原則，並且必將形成自由主義善觀念與其他善觀念之間的對立與衝突。

羅爾斯等中立論自由主義者並非沒有論證自由主義價值的優勢地位或優先性，只不過他們將自由主義的價值限於具有普遍性的正義原則上，並與任何善觀念及其美德觀念區別開來，訴諸合

乎理性而非合乎理想性來確定自由主義價值的優先性。他們論證的是，正當對於善、正義原則對於善觀念具有優先性，而不會支持某種善觀念或美德觀念具有價值等級上的優先地位。在中立論自由主義者看來，所有善觀念，也即所有完善論理想或完備性學說，都不具有價值排序上的優劣之分。任何聲稱其善觀念具有優先性的理論都僅僅是一種偏愛，而得不到理性的支持，包括自由主義的善觀念和美德觀念。羅爾斯論道：

> 關於意義、價值、人生目的的這些觀點——它們均由相應的完備性宗教學說或哲學學說所具體提出——都不能得到公民的普遍任肯，所以通過基本制度來追求它們中的任何一種善，都會使政治社會產生一種宗派特徵。[137]

自由主義要使自己被所有人接受為共享、普適的價值，而不具有宗派的特徵，就必須放棄成為一種完善論理想或完備性學說，中立於或獨立於所有它們所追求的善，只把守護正義原則作為其宗旨。這種中立的政治性的正義原則缺少完善論自由主義的善觀念所具有的理想性，卻因此而擺脫了特殊性和宗派性，獲得所有合理的完備性教義的支持。正是其中立性，超然於所有善觀念之上，才獲得價值排序上的優先性。

完善論自由主義者想要抹去正當與善的區別，或者說想要通過正當和善的統一來擺脫自由主義的道德困境。自由主義以維護個人自主和個人自由為核心價值，圍繞著這一核心價值，自由主義展開其外圍理論的論說和辯護。完善論自由主義者將自由主義

---

137 羅爾斯，《政治自由主義》，頁191。

的美德——諸如寬容、平等待人、講道理、尊重權利、政治參與等——視為一種善觀念，也即自由主義的目標。於是他們用一種完善論的語言取代了道義論的論說，認為自由主義的核心價值之所以重要，是因為它可以獲得善的目標或結果。完善論自由主義者將「人是目的」的道義論堅守悄悄地置換為美德是目標的完善論追求，似乎融合了道義論與完善論倫理學，完美解決了正當與善不可兼容的兩難處境。可是，完善論自由主義者由於消弱甚至放棄了對自由主義核心價值的論證和支持，因此他們的理論存在著顛覆自由主義的可能危險。拉茲對個人主義、個人權利的否定就是一例。自由主義的道德兩難處境沒有被完善論自由主義者解決，而是被掩蓋了。

完善論自由主義似乎打破了古典自由主義以來的自由主義的傳統教條，就像當年由托馬斯・格林開創的新（new）自由主義興起時受到人們的歡呼一樣，這種完善倫自由主義也在一定程度上受到當代人的歡迎。但是這種「新」自由主義多多少少改變了自由主義的內涵，偏離了自由主義的核心價值。當這種偏離走向過分時，就不再能被稱為自由主義了。如果以為這種完善論自由主義是多種自由主義的一種，說明自由主義也可以不是或原本就不是國家中立的，或權利優先的，那麼我們不過是仍然稱呼它為自由主義而已，但是，起碼它已經不是嚴格意義上的自由主義了。正如當年的新自由主義一樣，很快就會退出自由主義的歷史舞臺。自由主義有它固有的內涵、傾向和觀點，國家中立、權利優先和寬容等都是其中不可或缺的內容。不存在有多種自由主義的問題，除非你指的是自由主義的非核心問題的爭論。自由主義可以加上各種修飾詞，但是自由主義的核心內涵是沒有兩樣的。如果不認同自由主義的核心價值，他就不是一個自由主義者，而

不是不同的自由主義者。

五、共同善與多元主義

　　關於國家中立性的爭論的關鍵問題是：我們的生活中是否真的有一種共同的善、共同的理想、一元的價值從而有充足的理由要求所有的人去遵循之，甚至不惜動用國家的權力？羅爾斯認為，關於這個問題的回答標明了兩種正義觀念之間的區別：其一是允許人們保持各自善觀念這一多元論狀況的正義觀念，而與之對立的，是堅持只能有一種可以為所有公民所承認的善觀念存在的正義觀念[138]。按照我們熟悉的話語來說，羅爾斯這裡的區別表達的是關於主張價值一元論還是價值多元論的問題上的對立。反自由主義者或多或少都否定多元主義（pluralism）的理論和現實，而傾向於主張並維護社會及其善觀念的一致性，也即一元性[139]。但是，自由主義者認為，任何關於目標一致性、價值一元論、公共意志、或共同利益的觀念都掩蓋了實際上人們價值和利益上的千差萬別，因此對共同目標或公共意志的追求都只會導致對人們之間實際存在的分歧和差別的無視和壓制。自由主義者認為，任何一種在大社會範圍內的關於「共同善」的描述都是虛假

---

138 見羅爾斯，《政治自由主義》，頁142。

139 劉擎在〈國家中立性原則的道德維度〉一文中對一元論者這樣描述道：「對於持有一元論信仰的人來說，……從某些宗教和意識形態的立場來看，只有在良善生活的問題上展開說服、教育和改造工作，使人們在通向『善的真理』的道路上達成『思想統一』，才能真正解決分歧，也才能在根本上克服現代性的危機。在當前中國大陸，對於一部分社會主義論者以及儒家思想的信奉者來說，讓國家承擔道德教化的功能，推進『思想統一』的事業，仍然是一個可能和可欲的選項。」（《華東師範大學學報（哲社版）》2009年第2期）

的、不真實的，在它所使用的一元論語彙下，掩蓋了無數隱蔽的人們之間的區別和分歧。在現代社會，這樣一種共同善已經根本不存在了。金里卡這樣寫道：

> 桑德爾和泰勒聲稱，總有一些共享目的，它們可以支撐對社會中所有群體而言都具有合法性的共同利益的政治。但他們卻無法舉例說明究竟這些目的是什麼——顯然，部分原因就在於，根本就不存在這樣的共享目的。他們說，可以從我們的歷史常規中找到這些共享目的，但他們卻不指出，那些常規是由社會中的那一小部分有產白人為著自己的利益而予以確定的。就算婦女、黑人和工人在法律上被允許參與到這些常規中，它們也充滿著性別歧視、種族歧視和階級歧視。試圖促進這些目的會削弱合法性，並將使邊緣群體受到進一步排擠。[140]
>
> 如果回顧我們社會的歷史，顯然自由主義的中立原則因其潛在的包容性而具有巨大的優勢，而該原則否認處於屈從地位的群體必須吻合由優勢群體加以界定的「生活方式」。[141]

自由主義強調尊重人們的實際欲望，而不是強調某種共同善認定的人們應當具有的欲望。實際願望與理想願望畢竟存在著距離，國家不能把它認定的理想強加於公民。強制推行某一理想而忽視其公民的實際願望只會掩蓋多元主義而不會消除多元主義。多元主義是一種現實，是現代性的不可逆轉的現象。現代人信仰

---

140 金里卡，《當代政治哲學》，頁474。

141 金里卡，《當代政治哲學》，頁477。

什麼、追求什麼、確立什麼，總之對關於什麼是善生活的觀念，什麼是他們賴以生活的價值，已經根本不可能被限定了。麥金太爾尖銳地指出了這一點，但是他把這種現象表達為現代人的道德危機，因此要求重建古典傳統美德的權威來克服這一危機。施特勞斯也激烈地指出，現代西方的現代性危機表現為人們拋棄了西方古典的「自然正當」觀（也即價值一元論），從而走向了道德虛無主義，它使得現代人的生活想怎麼樣就怎麼樣，完全沒有了高貴的真理價值的指導。可是，自由主義者質問，何以人類走出傳統的一元生活觀，走向多元生活和多元價值觀，就一定是道德危機的表現？為什麼人類的多元主義局面就一定是道德衰敗的表徵呢？對個人的自主、自由的尊重，把個人從價值一元論的壓制下解脫出來，就一定會走向道德虛無主義嗎？為什麼就不能鼓勵人們在尊重自主選擇權利和承認多元主義的前提下去追尋各自認為的善？人類生活的多元主義已然成為現實，依靠重建傳統的一元性生活和灌輸一種統一的思想即使不是幻想，也會走向家長式的苛政，其所換取的道德增進不足以抵償所導致的對個人尊嚴的侵犯所毀壞的價值。

自由主義是在保障多元、承認差異的前提下，從事其政治理論建構並進行制度建設的。自由主義的核心觀念都是圍繞著如何包容多元和差異，承認宗教、道德、思想和生活方式等善觀念的多樣性而得以說明的。如果這個世界不存在多元主義這一事實，那麼也就根本不會存在自由主義這一現實。

不過，使自由主義的存在得以必需的前提不僅僅是單純價值多元化這一事實，而且更重要的是，還由於人類的各種價值（也即善觀念）處於衝突中這個事實。如果這個世界的人們所追求的價值、利益和觀念是不相衝突、互相兼容的，自由主義的存在就

仍然沒有理由，就會失去根據，各種理想主義就可以取而代之。另外，給予自由主義以現實性的價值衝突，不僅僅局限於人們的利益衝突，而且還包括人們思想上、精神上關於善觀念的對立而發生的深刻衝突，這種衝突是不可還原為利益衝突的。那種認為價值衝突都是來源於物質利益的衝突，或歸根究柢都是根源於物質利益的衝突的觀點，是無法證明、缺乏根據的。人們在這個世界上的追求，其原因具有各種各樣的可能性，利益動機只是其中的一個因素，而且常常根本不是重要的因素。人是一種可能性的動物，人可以按照無限多樣的可能性的善標準來塑造自己，去追求無限多樣的生活方式。人及其心靈的無限可能性[142]，為善生活的無限可能性提供了基礎，也為文化創造的無限可能性提供了基礎，更為人們的生活之所以有意義提供了基礎。把物質利益動機和社會經濟關係（被歸結為階級關係）作為人們行為選擇的最終根據，從經濟基礎上去論證人類衝突的根源，並且從財產占有制度的革命上去徹底消除人類一切衝突的根源，到頭來只會發現，衝突依然存在，只不過被壓制下去了而已。人類歷史上不知有多少人為追求人們生活的統一性和同一性，提出了不知多少「大同」、「小同」的社會改造方案，企圖一勞永逸地消除人間的衝突，付出了不知多少專制、極權之惡的代價，人們有目共睹。

　　這也說明，人類衝突的根源並不能僅僅歸結為人們追求自己的私利這一動機上，其實，真正的衝突可能更多地發生在並無私利動機的理想追求中。與休謨僅僅強調正義的利己主義根源不同，羅爾斯等當代自由主義者更強調正義的利他主義根源。在休

---

142 海德格爾說，此在的本質即在於能在。薩特說，人的存在先於本質。他們都表達了人的生存的無限可能性，以及人的不被規定而是自我規定的觀點。

謨看來，利他主義精神的實現會使正義道德不再必要，因為，他把正義的必要性歸結為人們之間的利益衝突，因此，一旦利益衝突的根源——利己主義——消失，正義也就消亡。也就是說，利他主義的實現會使正義失效[143]。可是，當代自由主義者認為，正義的必要性在於不同善觀念之間的衝突，也就是說，即使社會中人們的利益衝突不發生，精神上（宗教、哲學和道德等）的衝突也會導致需要正義。這種精神上的不可還原的衝突，是人類的最高意義的衝突，羅爾斯就此寫道：

> 政治自由主義設定，最錯綜複雜的鬥爭顯然是由那些具有最高意義的緣故所引發的，也即是因為宗教、哲學世界觀和不同道德善觀念而發生的鬥爭。[144]

即使人們善觀念的宗旨是促進他人的幸福，持有不同利他主義的善觀念的人們也會捲入尖銳而持久的衝突中。托馬斯·內格爾認為：

> 在沒有其他因素介入的情況下，利他主義本身就會導致衝突，世界上有多少善觀念就會有多少相互衝突的角度。
>
> 當利他主義者熱忱追求各自的善觀念時，他們完全可能作出不正義或破壞權利的行為。……即使人們不是利己主義的，他們也會在追求各自的善觀念時對彼此造成威脅。[145]

---

143 見休謨，《人性論》，頁532-534。

144 羅爾斯，《政治自由主義》，頁3-4。

145 轉自慈繼偉，《正義的兩面》（北京：生活·讀書·新知三聯書店，2001），頁52、54-55。

利他主義者之間所發生的理想的衝突甚至有可能比利益的衝突更劇烈，更殘酷，更野蠻。羅爾斯寫道：

> 聖徒英雄的精神理想能夠像別的利益一樣毫不妥協地互相對立。在追求這些理想中發生的衝突是所有悲劇中最大的悲劇。[146]

霍爾姆斯也就此寫道：

> 在多元化社會中，某個人願意使自己的私人利益服從於他所熱切認同的共同利益，就其自身來說，並不能解決社會最迫切的政治矛盾和困難。實際上，為實現理解上截然對立的共同利益而作出的完全無私的努力，可能導致無意義且具有嚴重破壞性的民間衝突。[147]

因此，正義起作用的條件的關鍵不在於人們的行為是利己驅動還是利他驅動。不要以為只有低級齷齪的利益衝突才需要道德規範，實際上高尚理想的觀念衝突更需要道德規範。這是因為，正因其高尚，它的信仰者才有可能肆無忌憚地去侵犯、踐踏他人的自由和權利。正義不僅僅是規範和約束自私、利己的人們的行為，而且更是規範、限制高尚無私的人們的行為。如果以為利他主義的動機就不會發生對他人的侵犯，企圖通過培育利他主義精神來實現人類至善的理想，到頭來我們會發現，我們與其說進入

---

146 羅爾斯，《正義論》，頁124。
147 霍爾姆斯，《反自由主義剖析》，頁281。

了天堂，不如說下到了地獄。恰恰相反，人類歷史上無數的侵犯和傷害的行為都是在崇高的、造福人類的宗旨下作出的。共產主義的歷史最能夠說明這一點。

可見，正是因為這個世界有對善的追求，才更需要正義這個守護神。人們都想實現自己認定的理想，都認為自己的道德理想國應該在全世界實現，因此都想把自己欲求的善強加於人，以致不惜動用暴力。自由主義誕生於宗教戰爭年代，它的思想軌跡與各種善觀念的衝突和暴力迫害的歷史經驗息息相關。因此，自由主義來到世間的使命從一開始就是要建立一個讓所有人的善觀念多元共處、平等相待的正義之國。為此，自由主義要求在各個善觀念之間保持中立，克制自己對任何善觀念產生偏好，公平地保護所有人的平等自由權利。

六、價值多元主義與合理多元主義

價值多元主義最早是由韋伯表述和概括的，其關於「諸神之爭」的描述表達了前現代社會一神統治崩解後的價值多元局面。他在〈以學術為業〉一文中認為，對於生活的終極可能性的看法是不可調和的，因此，它們之間的鬥爭絕不可能有最終結果，科學也解決不了這個問題。「對於每一個人來說，根據他的終極立場，一方是惡魔，另一方是上帝，個人必須決定，在他看來，哪一方是上帝，哪一方是惡魔。生活中的所有領域莫不如此。」[148]韋伯表達了價值多元主義的這種基本主張，即各種價值之間是不可公度的，而且是相互衝突的。

價值多元主義在伯林那裡得到系統的論述。伯林是從反對西

---

148 韋伯，《學術與政治》，頁40。

方思想傳統的價值一元論提出這個問題的。價值一元論認為，所有問題必然只有一個正確的答案，存在著最終的解決之道，人們所信奉的所有積極價值，最終都是相互包容甚或是相互支撐的。伯林通過對馬基雅維利、維科、赫爾德、浪漫主義者以及19世紀俄國思想家的研究，發展了多元主義的思想。伯林認為，人類的目標是多種多樣的，它們並不都是可以公度的，而且它們之間往往處於永久的敵對狀態。他說明道：人們的生活中存在著多元的價值，「這些價值同等真實、同等終極，尤其是同等客觀的；因而，生活不可能被安排在一種永恆不變的等級秩序之下，或者是用某種絕對的標準來判斷」[149]。伯林由此得出結論說，那種認為原則上可以發現所有價值都能和諧相處的觀念模式，是建立在關於世界本質的一種錯誤的、先驗的思想之上的。他認為，不僅善與惡之間，而且善於善之間也存在著無法消除、不可調和、不可通約的衝突。人類面對的一種無可逃避的境遇是，人們注定要在不同的絕對要求之間作出選擇，人的目的是相互衝撞的，人不可能擁有一切想要的事物，實現一切想達到的目標。於是，為著一些終極價值而犧牲另一些終極價值，就成為人類困境的永久特徵。

托馬斯・內格爾認為有五種造成衝突的價值基本類型：「義務，權利，效用，完美主義的目標，以及個人的執著，這些價值觀不斷影響著我們的決定，而它們之間以及它們內部的衝突，在醫學研究、政治、個人生活中，或者行動範圍不受人為限制的無論什麼地方都會出現。」[150]像伯林經常表達的那樣，內格爾也反對給這些基本價值排序（給出一個優先性順序），反對我們在作出

---

149 伯林，《扭曲的人性之材》（南京：譯林出版社，2009），頁81。
150 托馬斯・內格爾，《人的問題》（上海：上海譯文出版社，2000），頁141。

選擇時有合理的根據，反對去尋找一個關於如何作出決定的獨一無二的普遍理論。他寫道：

> 最強烈衝突的情況下是真正的困境，在那裡，兩種或更多種互不相容的行動或不行動的方針都各有明確的根據。在那種情況下仍有必要作出決定，但是看來必將是個任意的決定。當兩種選擇完全不分高下的時候，採取哪種選擇都無關緊要，任意性也就不成問題。[151]

　　如此的價值多元主義，是對自由主義的最有力辯護，還是徹底顛覆了自由主義？我們知道，羅爾斯強調正義對效率、自由對平等、權利對善的優先性，在他看來，各種價值並不是平等並列、各自終極的，而是存在於一個理性認定的優先性序列中。約翰‧格雷以及保守主義思想人物約翰‧凱克斯卻認定，這種理性建構論的自由主義實質上是一種一元論。在他們看來，多元主義和自由主義是互不兼容的，伯林的多元主義與他所維護的自由主義是互相排斥的。如果是一個徹底的多元主義者，他就不會贊同排列出一個高低不同的等級秩序，因而不可能是一個自由主義者。約翰‧格雷作為伯林思想（尤其後期思想）的傳人，在支持價值多元主義的同時就如他所說的，走上了反自由主義之路。
　　確實，伯林沒有像羅爾斯那樣給出一個理性建構的秩序，把自由權利置於所有其他價值之上，而是指出：其他價值的獲得都不等於是自由的獲得，甚至是自由的縮減以致喪失，不要把自由價值與其他價值混淆起來，它們是不可公度的。他清晰地區分了

---

151 托馬斯‧內格爾，《人的問題》，頁138-139。

自由和其他價值，但是沒有指出自由對於其他價值的優先性。他這樣說道：「我並不想說個人自由，即使在最開明的社會裡，也是社會行動唯一甚至是支配性的標準。」[152]「這樣一種對自由的極端要求，只有人類中高度文明且自覺的一小部分人才能提出。人類的大部分在絕大多數時間裡肯定會為了別的目標而犧牲自由：安全、地位、繁榮、權力、美德、來世的報答；或者公正、平等、友愛，以及其他許多看起來全然或部分與最大限度的個人自由不相容的、其本身的實現肯定不以自由作為先決條件的價值。」[153] 在這段話裡，伯林似乎只是無奈地承認自由與其他價值的同等地位，而在他的思想中實際上包含著對自由作為首要價值的認定，他在多處都有類似的這樣表述，如他說道：

> 如果正如我所認為的，人的目的是多樣的，而且從原則上說它們並不是完全相容的，那麼，無論在個人生活還是社會生活中，衝突與悲劇的可能性便不可能被完全消除。於是，在各種絕對的要求之間做出選擇，便構成人類狀況的一個無法逃脫的特徵。這就賦予了自由以價值——阿克頓所理解的那種自由的價值：它本身就是目的，而不是從我們的混亂的觀念、非理性與無序的生活，即只有萬能藥才可救治的困境中產生的短暫需要。[154]

在此，伯林用價值多元主義所產生的選擇的必要性來證明自

---

152 伯林，《自由論》，頁242。
153 伯林，《自由論》，頁234。
154 伯林，《自由論》，頁242。

由的優先性：「我們在日常經驗中所遭遇的世界，是一個我們要在同等終極的目的、同等絕對的要求之間做出選擇，且某些目的之實現必然無可避免地導致其他目的之犧牲的世界。的確，正是因為處在這樣的狀況中，人們才給予自由選擇以那麼大的重要性。」[155]正是多元主義所包含的價值的不可通約性導致了人們時刻都面臨著選擇，並且必須做出選擇。伯林從選擇的必然性推出了消極自由的重要性。

但是，如果自由本身也是這多元價值中的一種價值，那麼對自由優先性的證明就不可能成功。在自由主義思想裡，自由不能成為與多元價值平行並列的一元，而是所有多元價值得以存在的基礎。這意味著多元主義僅僅適合於說明善觀念，不適合於正義觀念的論證，正義原則恰恰是善觀念的多元主義的保障，沒有政治正義的保障就不可能有多元主義，而只會是霍布斯的叢林狀態，或走向專制獨裁。因此，正義本身不在多元主義涵蓋的多元價值之列，只有這樣它才是多元價值的保護神。如果善觀念的一元論能夠成立，選擇善觀念成為一個真理認識問題，那麼以多元主義為保護對象的正義原則就沒有了意義，自由也就沒有存在的必要，起碼不再那麼重要了。正如伯林說的，「如果他們能夠確信在某個完美的、人們在地球上可以實現的狀態中，他們所追求的那些目的絕不會相互衝突，那麼選擇的必然性與巨大的痛苦就會消失，自由選擇的核心重要性也會隨之消失。」[156]可是現代性即「諸神之爭」，現代社會的價值之爭和價值衝突不可能有消失的那麼一天，因此才需要正義，其作用就是保障人們平等自由地追求

---

155 伯林，《自由論》，頁241。

156 伯林，《自由論》，頁241。

各自善觀念的權利，它限制那些以善的名義對他人施以強迫的人的行為，並且保護那些因自己的善觀念與他人的善觀念不同而可能遭受迫害的人的自由。沒有正義就沒有自由的保障，而沒有自由就沒有價值多元主義的可能性。可見，多元主義因自由而存在，而非自由因多元主義而存在。自由主義包含多元主義，所以不必預設多元主義，也就是說，多元主義是自由主義制度實現的結果，而不是前提。

　　自由的根據在於人具有自主能力因而享有尊嚴這一點上，正是人的這種自主能力所賦予的尊嚴給予了我們追求自由以道德神聖性。尊重人的自主性，正是自由主義的最終道德根據，自由主義把尊重能夠自主的每一個人作為道德要求在這個世界中實現，並以一整套制度來澆鑄這一理念。這就是被稱為「道義論」的對自由主義的辯護。多元主義只能服從於自由主義的道義論辯護，而不能相反，自由主義去為多元主義辯護。伯林的多元主義描述與韋伯「諸神之爭」的表達是一致的，都是對各種終極價值的衝突的認定。但在韋伯那裡，正是這種認定走向了「價值無涉」，對自由是否優先不作判斷。而在施米特那裡，成為反自由主義的武器：既然所有的價值都是同樣絕對的，那麼對價值選擇的確定就沒有標準，所有價值都是同等的就意味著價值的認定是隨意的。這就為政治的唯意志主義打開了大門：價值的確定取決於最高權力意志，也即主權。而這是不折不扣的為專制獨裁提供辯護的根據。伯林自由觀所致力於批判和抵制的東西，在其多元主義的邏輯延伸下可以重新被確認，這是絕大的諷刺。可見，多元主義如果脫離了自由主義，就會成為為專制主義辯護的工具。

　　自由主義的標誌是對某種程度的消極自由的支持和認同，消極自由就是強迫的不存在。可是，上述立論（對自由優先性的強

調）似乎在為強迫人們接受消極自由作論證。這似乎是一個悖論。對於那些不想要自由或從來沒有體驗過自由的人而言，對自由優先性和自由主義普遍性的辯護和實施似乎就是一種強迫。這是反自由主義者的一個似乎強有力的立論。在他們看來，寬容就是寬容包括不想要自由的那些人的選擇，你不能強迫他們去自由。約翰·格雷認為這才是真正的自由主義，它與不寬容的自由主義相對立，不是建立在自由主義的「一元論」也即理性共識之上，而是建立在一種被他稱之為「權宜之計」的方案之上。他認為這才是一種多元主義，不過這時它被稱為文化多元主義或共同體主義，它要論證的是集體的或共同體的自由或自決，而不是個人的自由或自主。這樣的「自由」的目標不是保護個人的自主，而是保護文化多樣性及其共同體的自決和自治。約翰·格雷寫道：

> 當代標準的自由主義思想在提到多元主義時，指的是個人倫理信念與理想的多樣性。同政治哲學至為相關的不應該是這種多元主義。……順理成章地塑造著政治思想之議程的價值衝突並不是源自個體的不同理想，而是源自各種生活方式的對立要求。[157]

這就是說，在約翰·格雷那裡，多元主義並不是建立在個人具有選擇的自由這個基礎上，而是不同文化（生活方式）之間的競爭所提出的要求，這與個人自主和個人自由無關，文化是既定的，個人只能接受。這就意味著善優先於正義：個人是維護某種

---

157 約翰·格雷，《自由主義的兩張面孔》（南京：江蘇人民出版社，2002），頁12。

善觀念（生活方式）的手段，而非自身即目的；為了維護這種善觀念，可以對個人實施任何有利於善觀念的強制和壓迫措施。這樣的共同體的自由——正如前文所述，恰是個人的不自由和被強迫。

伯林的多元主義缺乏的是一種理性的積極建構，他把理性主義等同於一元論，這是缺乏根據的。非理性立場只會導致自由失去合理的辯護，隨之而來的是多元主義也會失去真正的可能性，這是因為，只有自由主義才是多元主義的保障。自由主義強調正義原則（在更廣泛的意義上即是正當原則）的理性認定的一致性，因為只有被一致接受的正義觀念才能保護社會在善觀念方面的多元性。正義觀念的一元性恰恰是為了保證善觀念的多元性，多元主義的基礎不可能是多元主義的。關於多元主義的討論只涉及善觀念而不應該涉及正義觀念，正義觀念的多元主義將使一個社會失去基本的共識，並會使社會分崩離析，根本談不上多元主義的保障。這一點羅爾斯有著清醒的認識，他寫道：

> 一般地說，個人的關於他們的善的觀念在許多重大的方面相互區別將是一件好事，而對正當的觀念來說就不是這樣。在一個組織良好的社會裡，公民們持有相同的正當原則，他們在各個具體的例子中都試圖達到相同的判斷。這些原則將在人們相互之間的衝突的要求中建立一種最終的秩序。無論每個人接受這樣一種秩序在實踐上會多麼困難，使這種秩序從每個人的觀點中統一起來也是至關重要的。另一方面，各個個人是從不同的方面確定他們的善的，許多事物可能對一個人來說是善而對另一個人則不是善。而且，在什麼是各個個人的善的問題上，不存在達成一致公認的判斷的緊迫性。

> 在正義問題上使達成一致判斷成為必要的理由並不存在於價
> 值判斷之中。158

自由主義對多元主義的維護本身不可能是多元的。這就要求進行類似羅素提出的邏輯分層，把多元價值與維護多元價值的價值——在羅爾斯這裡就是善和正當——區分開來，保障多元主義的行為本身不能再是多元主義的。如果多元主義是沒有限制的，那麼多元主義就不能成立——這是一個悖論；要使多元主義成立，就必須限制多元主義，使之終止於保護多元主義的行為——這是悖論的解決。保護多元主義的主義不在多元主義之內，而在其之外，否則多元主義就不可能存在。

伯林的非理性立場限制了他的思想，不少人指出，伯林對多元主義的極端強調有顛覆他所珍視的自由主義的危險。但是，也存在不同的評論。史蒂文・盧克斯就有這樣的評價：

> 伯林的立場相當複雜，他所謂的價值多元主義主要形成於一套前提預設，它們使得價值多元主義能支持伯林所試圖捍衛的自由主義。他堅持主張，（消極）自由對於其他價值而言的那種絕對的（在沒有例外的意義上）、高於一切的、普遍適用的優先權。他相信存在著一個共同的人類本性，因而對那種文化相對主義極為反對。他實際上是要強調公共和私人生活中的許多，甚至大多數價值衝突的可處理性。我可以斷言，在這些承諾與他的認知主義和道德現實主義之間、在他的泛人類的道德核心觀念與他的作為一個領域的政治的相

---

158 羅爾斯，《正義論》，頁435。

> 對和平的想像之間，能夠讓自由的合作行為建立在共同的原
> 則和追求共同理想的基礎之上。[159]

盧克斯在此使用了「共同原則」和「共同理想」概念，但這並不意味著他否定多元主義，而是意味著將多元主義置於使其得以維護的共識中。這種共識既非共同善，也非任何一種善觀念，它就是自由主義的正義原則。這正是羅爾斯政治自由主義所探討的問題。

羅爾斯首先以一種「合理多元論」來說明人們持有的善觀念或完備性學說[160]的分歧的不可避免性和合理性。他的問題是基於下面的觀察而提出的：在自由民主社會的公共文化中，存在著各種各樣不同的、甚至是相互衝突的完備性宗教學說、哲學學說和道德學說，它們之間存在著根本的分歧。它們之間的多元價值局面並非偶然的、暫時的現象，而是這個社會公共文化中的永久特性。它們之中沒有任何一個能夠贏得所有合理的（reasonable）公民的自願一致的認同，從而擺脫分歧，走出多元局面。羅爾斯指出，如果一個社會對於某一個完備性學說出現了持久一致的認可和理解，那麼一定是國家使用了壓迫性權力的結果：

> 只有靠壓迫性的使用國家權力，人們對某一種完備性宗教學說、哲學學說和道德學說的持續共享性理解才得以維持下

---

159 史蒂文・盧克斯，〈以賽亞・伯林與馬克斯・韋伯的價值多元主義之比較——兼論以賽亞・伯林的自由主義〉，《江漢論壇》2012年第3期。

160 羅爾斯在《政治自由主義》中將「善觀念」又稱之為「完備性學說」（comprehensive doctrines），或譯為「完備性教義」。

去。如果我們把政治社會當作以認肯同一完備性學說而達成
同一的共同體，那麼，對於政治共同體來說，壓迫性地使用
國家權力就是必需的。[161]

自由民主社會的這種多元性與共同體社會的一元性有著根本
的差異：共同體社會是一種單一型社會，所有成員都要接受某一
種完備性學說的統治，沒有給其他的完備性學說留下平等存在的
空間。這種社會通過壓迫性的公共權力來追求一種單一的價值體
系。這就是說，如果某種完備性學說要在政治領域裡成為一種一
統天下的價值或定於一尊的善觀念的話，那麼其推行者就必然要
依賴使用壓迫性的國家權力。這種壓迫性不是偶然的現象，而是
政教合一政權的必然現象[162]。只要把某種善觀念帶進政治，並壟
斷政治權力，那麼就要面臨其他善觀念持有者的挑戰，因為誰都
想涉入政治而占領公共領域。於是鎮壓和反抗就不可避免。使用
壓迫性的國家權力只會壓制住衝突，而不會消除衝突，一旦權力
消弱或崩潰，衝突反而會更大地釋放出來。於是，公共舞臺就成
為善觀念之爭的戰場，社會的分裂甚至崩潰成為時刻懸在人們頭
上的達摩克利斯之劍。

羅爾斯提出這個問題不是要指出多元性的荒謬和導致不幸，
恰恰相反，他認為各種完備性學說的多元存在及它們之間的分歧
不僅是不可避免的，而且是合理的。這種多元局面下的分歧並非
產生於人們堅持自己狹隘的各不相同的利益，或是導源於非理性
的衝動或不合理的偏見，更不是出自於盲目的意願，「假設我們

---

161 羅爾斯，《政治自由主義》，頁38。
162 這裡講的政教合一包括政治與任何完備性教義的合一。

的所有差異都只是根源於無知和固執，或是根源於權力、地位或經濟利益的競爭，那是不現實的，或者更糟的是，這種假設還會引起人們之間的相互猜忌和敵對。」[163]羅爾斯認為，恰恰相反，這種分歧是人類理性運用的必然結果。在允許理性自由地運用的社會裡就會形成多種多樣的完備性學說，並產生合理的（reasonable）分歧。這種分歧是不可避免的，也是每一個社會成員在作出自己的判斷時，都必須承認的。這意味著，我們在做出自己的任何判斷時，不但要承認存在著與我們自己的觀點不同的其他觀點，而且還要尊重這些觀點，將它們視為與自己的觀點一樣，也有合理的和理性的基礎；也就是說，那些認肯不同於我們學說的其他人的觀點也是合理的，並且肯定不是非理性的。

羅爾斯由此得出結論說，合理的個人並不一定會認肯相同的某一種完備性學說，他們認識到，有許多種（而非只有一種）合理的學說得到了人們的認肯，但是，它們中的任何一種都不可能為真。任何合理的個人所認肯的學說，僅僅是諸多學說中的一種合理的學說[164]。因此，人們在對於完備性學說的真理性判斷這個問題上，要在政治上達成一致是不可能的。各種價值體系在這方面已經爭論了數百年、甚至數千年卻毫無結果。人們要做的並不是指出哪個價值體系為真，哪個價值體系為假，而是承認它們共存的多元局面。

既然存在著「合理的分歧」，並且這種分歧是永久的、並非偶然的，那麼人們之間就不會一致地認同某一完備性學說（除非

---

163 羅爾斯，《政治自由主義》，頁61。羅爾斯認為，這一點也是合理多元主義區別於一般多元主義——如價值多元主義——之處。

164 見羅爾斯，《政治自由主義》，頁63。

被權力所強加），人們也不會將某一完備性學說視為真理。合理的個人將把利用政治權力去維持一種完備性學說而壓制並非不合理的另一種完備性學說的做法，看作是不合理的。也就是說，羅爾斯認為這種不合理性的根源在於，那些擁有政治權力的人堅持認為只有他們的信仰才是真實的：

> 由於許多學說都被看作是合乎理性的，所以當根本政治問題發生危機時，那些堅持認為自己所採取的學說是真實的而別人所採取的學說卻是不真實的人，在別人看來就只是在他們擁有政治權力時堅持他們自己的信仰而已。當然，那些堅持自己信仰的人也堅持認為只有他們的信仰才是真實的：他們之所以要強加他們的信仰，是因為他們以為他們的信仰是真實的，而不是因為這些信仰是他們的信仰。[165]

羅爾斯由此得出結論說，人們在政治上所追求的有關各種完備性學說的一致判斷變得愈加困難了，這種困難已經為歷史的經驗和許多世紀來的宗教信仰、哲學信仰和道德信仰的衝突所證明。也可以說，在有關完備性學說的判斷上要達成政治上的一致，實際上是不可能的了。

但是，這恰恰導向羅爾斯提出的政治自由主義的證明。政治自由主義的「立憲政體並不要求人們對某一完備性學說達成一致：因為其社會統一的基礎不在於此，而在其他地方」[166]，也即在不同於、並且中立於任何善觀念的正義原則這個地方。既然任何

---

165 羅爾斯，《政治自由主義》，頁64。

166 羅爾斯，《政治自由主義》，頁67。

一種合理的完備性學說或善觀念都不能得到全體公民的一致認肯，那麼，在一個秩序良好的社會裡得到公民一致認肯的正義觀念就必須是限於「政治領域」內的觀念。也就是說，公民一致認肯的正義觀念不能是一種完備性學說的觀念，也不依據於任何完備性善觀念。而另一方面，各種完備性學說的衝突和分歧，只要不發生在政治領域，就不會對社會的穩定與和諧構成威脅。

　　因此，自由主義的解決之道是，把公共領域和私人領域兩者區分開來：將政府的權威局限於政治公共領域，而不能延伸出政治領域之外，並且它的正義觀念必須是大家都能共同接受的，因此不能是任何一種完備性學說的觀念，否則就會導向壓迫性的政治；至於私人領域，則是屬個人自主選擇的範圍，每個人可以自由追求其認為最合適的生活方式和善觀念，各種衝突、分歧的完備性學說都可以在私人領域中得到發展，只要不違反公共領域的正義原則，政府就不得以任何理由干涉私人領域的個人活動，對他們的活動保持中立。國家不要求全體公民都認肯同一種完備性學說，而只是要求全體公民認肯同一種公共的正義觀念。也就是說，自由主義的政治及其理念包含兩個方面：一個方面是由全體社會成員一致接受的正義觀念所形成的公共領域，其存在保證了社會的和諧、共識和穩定；另一個方面是由包容個人自由地追求他們的完備性教義、善觀念和生活方式所形成的私人領域，其確立保障了宗教、哲學和道德等價值觀的多元發展。

　　羅爾斯寫道：「政治的正義觀念要發揮立憲政體的公共正當性的基礎作用，就必須是一個能夠得到各種不同且相互對立的（然而卻是合乎理性的）完備性學說的廣泛認可。」[167]如果這種政

---

167 羅爾斯，《政治自由主義》，頁39。

治正義觀念無法獲得認同各自完備性學說的合理公民的廣泛支持，或者他無法獲得一種合理的重疊共識的支持，那麼這種正義觀念就可能失敗：其政治秩序或者走向分崩離析，或者依賴壓迫性權力。顯然，能夠擔當起這種正義觀念角色的，必須是中立於各種完備性學說的原則，而不是某個完備性學說自身。任何一種完備性學說都不能滿足公共辯護的要求，都不適合於作為立憲政體的政治觀念基礎，「在這樣的社會裡，一種合乎理性的完備性學說無法確保社會統一的基礎，也無法提供有關根本政治問題的公共理性內容。」[168] 羅爾斯提出政治自由主義的目的是要包容各種不同的完備性學說，從而獲得各種完備性學說的重疊共識的支持。而它之所以能夠做到這一點，在於它不以任何完備性學說或善觀念為其根據，可以在不同的有爭議的宗教、哲學和道德學說之間保持中立，既不依賴它們，也不否定它們中的合理學說。羅爾斯認為，只有這樣得出來的正義觀念才有可能提供一個共享的基礎，因此是全體公民彼此都可以接受的。

自由主義認為，真正的穩定建立在包容、多元和共識之上，而不是建立在無論多麼理想的善觀念或完備性學說之上。建立在共同體的共同善基礎上的共同體主義，建立在政治美德和公共目標之上的共和主義，建立於超驗道德或自然正當之上的保守主義，都由於其政治建構缺失現代性的世俗基礎，過於理想化而不具有包容性，含有宗派特徵也不具有普適性，因此不能為社會提供一個長治久安的穩定的政治基礎。

---

168 羅爾斯，《政治自由主義》，頁141。

第五章

自由主義的道德處境

　　自由主義起源於保護個人權利。可是強調對個人權利的保護就有可能降低善的追求和美德要求在人們生活中的地位和分量。因為，把善生活方式的選擇權利交給個人自主選擇就意味著個人選擇什麼樣的善生活方式，以及是否選擇善的生活方式，都是個人自己的事情，他人不得干涉和強加。這就使得自由主義保護下的個人生活的自主選擇權利大大加強，而善的生活內容則傾向於衰落。面對反自由主義者的指責和批評，自由主義者並非沒有作出反省，他們也強調善觀念及其美德對於人們生活的不可或缺的意義，人類不能沒有理想，不能缺失歸屬感甚至信仰。但是自由主義者不可能以放棄維護個人權利的價值和制度的代價來成全對善和美德的追求，喪失了個人權利保障的善的追求會使人類陷入無窮的衝突或專制極權政治中而不可自拔。

　　這是一個現代性的無解的人類處境（自由主義不過是放大了這一處境而已），不可能寄希望於有一天能夠擺脫。因此我們所能做的是，保持一個必要的張力，防止固執於一端，在自由的對話討論中動態地應對這一道德處境。

第一節　世界的除魅和價值的個體擔當

　　現代社會給個人以廣泛的自由，個人不受干涉的範圍非常寬廣，與此同時，對個人給予約束和指導的外在權威和道德文化相應地衰落了，這就提出了這樣的問題：人類個體是否有能力獨自承擔起價值創造、規畫自己的人生、把握自己的行為、成就有意義的生活的責任？對個人主義的評價取決於是否承認個人具有道德擔當的能力這一點。對於這個問題，保守主義和自由主義給予了不同的回答。大約兩百年前：

　　梅斯特爾就質問道，還有什麼比自由主義者想把人類從權威底下解放出來的企圖更荒唐嗎？這種「解放」之所以看上去是誘人的，無非是由於對人類偏好的天真的認識。實際上，人的思想混亂不堪，好似一團亂麻。人無一例外都是「脆弱而盲目的」。他們意志不堅定，總是搖擺不定，猶豫不決。這種天生的不堅定根源於人的兩面性：每個人都是一個小小的戰場，其中再現著宇宙間善惡力量的鬥爭。作為宇宙混亂的縮影，人的偏好既不堅定也不一貫：「他不明白他需要什麼，他想要的不是他所需要的，而他所需要的他卻不想要。」[1]

　　這種批評是保守主義的一貫特徵，與其說是對個人自主能力的不信任，不如說是對人類生活中喪失了價值權威的哀鳴。在他們看來，個人是脆弱而盲目的，個人自己擔當不了生活意義的產生和價值創造的重擔。但是，現代社會，如果個人不承擔這個世界的價值創造責任，還有誰來擔當此任？上帝？可是尼采說「上帝已死」！上帝——象徵著一切超越（驗）存在——作為超越道德的源泉是傳統社會得以維持其一元局面的根本，可是，尼采說，上帝被我們人類自己殺死了，或者說被我們的哲學或科學殺死了。人類不得不自己成為上帝，承擔起價值創造的重負。這不是願意不願意，而是必須的問題。現代性把脆弱的個人推到上帝的位置上，現代性就是一場冒險，而且人類不得不接受。

　　根據韋伯的看法，推動我們哲學的動機是理解宇宙的意義——把世界作為一個有意義的整體加以把握——的願望。這一願望推動著哲學的發達，可是它的結果卻是「世界的除魅」——根

---

[1] 斯蒂芬・霍爾姆斯，《反自由主義剖析》，頁25。

本無法合理地探尋到這種意義，這種意義甚至根本就不存在。達到這一探索頂點的合理化結晶是從哲學中分化出來的現代科學，可是正是它毀滅了信仰。隨著信仰的垮掉，這個世界的精神生活也失去了統一性，或者說，人們已經不再認為它有統一性——這個世界不再是「上帝的花園」，甚至連一座雜草叢生的花園也算不上，因為沒有園丁（上帝）來照料它，它只是一片無主的土地[2]。

與這種生活意義的統一性的消失同時出現的，是人類所掌握的「理性化」手段大為增強。馬克思曾把它視為建立未來理想社會最強大的武器：不斷進步的以科學技術為核心的生產力，必將把我們帶入一個人人得享真正自由的平等社會。但是，社會的演化過程並無科學意義上的「必然性」可言，對這種必然性的信仰和追求反而成了另一種形而上學，取代昔日的上帝。「理性化」過程不是使我們邁向理想的腳步更加堅實，而是使人類追求相互衝突的目標的能力更加強大。我們這個時代有著足夠發達的工具理性，而缺乏成熟的價值理性，或目標和意義的思考。這使目的價值的實現變得極有效率，包含使惡價值和不正義價值的實現變得極有效率。因此，現代性潛藏著巨大的危險。

現代社會通過上帝的死亡釋放出各種以「主義」為名的價值觀念的競爭，韋伯稱之為「諸神之戰」（the war of the gods），他認為，「諸神」之間沒有客觀標準得以判斷誰是誰非，它們處於敵對的衝突之中。一個人倘若選擇一種價值，也就是拒絕另一種價值，把對方視為魔鬼而與之戰鬥。我們在毫無依據和真理可言的價值之間不得不作出選擇，我們的心靈被選擇所撕裂。現代性

2　此處文字來自馮克利，〈除魅世界裡的公共哲學——評《二十世紀的政治哲學家》〉，載《中國圖書商報·書評周刊》2001年6月14日。

的天才闡釋者馬克斯·韋伯指出了現代社會下的個人處境：在除魅了的現代世界，價值屬個人私有，無客觀性可言，任何「主義」都不過是個體價值的表達，不能充當科學來要求人們接受。作為科學的經驗理性知識是唯一的知識，而價值（也即善觀念）被歸結為個體的偏愛和選擇，並最終受制於個人激情、傳統、習俗、統治者和先知等等。任何價值都不可能得到科學的論證，科學對於任何價值都是中立無涉的。

　　自20世紀初，幾乎與德國的韋伯同時代，隨著邏輯實證主義和元倫理學逐漸成為學術主流，有關道德規範和價值的思考被逐出已經實證化、科學化了的學術領域。自那以後，人類思想似乎進入了一個後規範倫理學和後政治哲學的時代，似乎問題只在於去行動，去選擇，而不再認為有指導行動的普遍的價值可探詢。執著於一種價值立場成為嘲笑的對象，價值似乎永遠失去了客觀的基礎，大學內只傳授分析的知識，而不再樹立思想的立場。人類探索價值、思考道德規範的時代似乎一去不復返了。產生於英國、後來廣泛傳播於英語世界的元倫理學其宗旨即在於分離價值與事實，情感主義倫理學成為時代的最強音。情感主義倫理學否定除情感意義外，價值陳述還具有認知的意義。這意味著，我們根本無法通過爭論來解決價值的衝突，價值被認為僅僅是情感的表達，目的是喚起聽者對表達者所支持的東西的讚許，任何人都不可能通過論證來證明你相信的價值體系比其他價值體系要好，如果對方一定要堅持己見的話，我們就無法說服和改變對方。於是，進行價值判斷就不是一個訴諸理性說服對方的過程，而是一個訴諸情感打動對方、贏取對方的過程。於是，凡是價值之爭皆無理據，誰也說服不了誰。各種價值的競爭被情感主義凸顯出來，道德或價值爭論變成一個宣傳、說服、勸導的問題。既然價

值最終沒有事實根據，價值之爭也就失去了合理性。這實際上是對現代性價值多元主義（韋伯所謂的「諸神之戰」）狀況的描述，同時，又是對這個現代性特徵的辯護。現代人選擇什麼樣的價值賴以生活，賴以安身立命，純粹是個人的事情。實際上，早在休謨那裡，價值與事實的傳統同一關係就開始消解了，他不認為價值判斷（「應當」）有任何事實（「是」）的根據，從而把價值言說等同於情感表達，把價值置於無所依憑的狀態中，這樣就為個人的選擇自由打開了大門。情感主義的意義正在於它為價值選擇作了個人主義的辯護，它將價值的根據從理性上挪開，把它們移向人的內心情感。休謨由此得出結論說：價值「就在你的心中，而不在對象之內」[3]。從休謨起，價值的選擇成為了個人的事情。情感主義倫理學給個人以充分的選擇自由的同時，給個人載以沉重的自由負擔。自由主義的深刻基礎是這種情感主義倫理學，以致麥金太爾將情感主義視為我們這個時代的倫理學及其道德狀況的象徵[4]。

倫理學中的情感主義所描述的不過是現代社會中的一個事實，這一事實被存在主義哲學更明白地表達出來。當陀思妥耶夫斯基驚呼「要是上帝不存在了，我們什麼不能做啊！」時，人們就發現，他們需要自己來承擔以往由上帝承擔的價值創造的重負。價值無所依憑意味著個人必須自己去作出選擇。價值並不蘊含於事實中，不能從事實中分析出來，這正表現了價值與人的特別關係。人從動物界超離出來始，就賦予了海德格爾所謂的「存在論上」和「存在者層次上」的優先性地位，作為「此在」的人

3　休謨，《人性論》，頁509。
4　見麥金太爾，《追尋美德：倫理理論研究》，頁29-45。

的本質就在於他的「能在」，他不是一種被規定的已經存在於那兒的東西，而是一種能夠去規定而不斷去存在的存在者[5]。你總是要去作出選擇，此外你別無選擇，你不能選擇不選擇，你選擇了不選擇也是一種選擇[6]。這並不意味著沒有了外在權威或終結了價值一元論，人就可以任意選擇或就可以選擇惡，而是意味著個人必須承擔選擇之後果的責任：你不能逃避這種責任，把它推給必然性。同時，這還意味著任何價值標準都不具有強加的規定性，你總是可以去選擇，或反對或贊同，或批判或保守，或創造或守舊，你沒有被限定，生活的可能性總是向你敞開著。價值失去事實的基礎，或者說失去虛幻的事實基礎，恰恰為人的多樣性、創造性和自主性生活敞開了大門。以科學來論證價值的一元論是不能成立的，因為你不可能像堅信科學真理那樣堅信價值一元論的同時，不會動用強迫性權威來壓制不同的價值主張。訴諸強迫性力量恰恰說明你所維護的價值不是科學。沒有任何一種價值的擁有者、信仰者能夠宣稱只有他們的價值才是真理，否則，壓制或不寬容就會是他們的選擇。你如果自信，你就來參與競爭吧。任何價值都要在競爭中獲得存在，這就是伯林所謂的「競爭的自由主義」的意義[7]。情感主義分離價值與事實招致許多人的批評，但它卻是現代性生活狀況的真實寫照，無論如何，價值已然失去事實的基礎，我們必須面對它。出路不在於尋找新的事實根據，而在於尋求合理的規範，以保護價值多元主義和道德寬容。

　　各種價值的競爭為個人的選擇提供了廣闊的空間，而價值外

5　參見海德格爾，《存在與時間》，頁10-18。

6　參見薩特，《薩特哲學論文集》（合肥：安徽文藝出版社，1998），頁128。

7　參見約翰‧格雷，《伯林》（北京：崑崙出版社，1999），頁146-178。

在權威的衰落使個人不得不自己去作出選擇。既然個人不得不自己去作出選擇，於是，選擇的標準問題就突出出來。總的來講，現代人的價值標準是越來越主觀化了，人們弱化了來自傳統、社會或自然的要求，而突出了我們自己的選擇標準。查爾斯・泰勒這樣描述道：

> 某種意義上，人們已經從這種文化中看到了一個多方面的、可以稱為「主觀化」的運動：即事物越來越集中在主體上，並且是以許多方式體現的。曾經由某個外部現實所設置的事物——比如說，傳統法律或自然——現在則要參考我們的選擇。一些我們曾經應聽從權威指示的事務，現在不得不由我們自己想辦法來解決。現代自由和自主性使我們集中在我們自己身上……。8

價值標準的主觀化實際上在古希臘智者學派那裡就已經表達出來了，但是，直到現代性降臨，這一趨勢才成為一種社會生活的普遍判斷模式。

這種價值標準的主觀化（「事物越來越集中在主體上」）遭到了個人主義反對者嚴厲的批評，這一批評在羅伯特・貝拉等人所著的《心靈的習性——美國人生活中的個人主義和公共生活》一書中得到淋漓盡致的表達：

> 由於缺乏判斷是非善惡的客觀標準，自我和自我感覺便成了唯一的道德指南。這個自我棲居的世界雖不斷進步，卻並

8　查爾斯・泰勒，《現代性之隱憂》，頁93。

無固定的道德目標可循，這是一種什麼樣的世界呢？在這個
世界裡，每個人都享有屬自己的「一小處空間」；在這空間
的疆界內，人人都有完全的自由。[9]

　　如果個人的自我必須成為自身的道德準則的源泉，每個個
人就必須隨時知道自己的欲望或直觀感覺。必須按照產生最
大程度的滿足、表現最大範圍的衝動的原則行事。……自然
法則的客觀道德標準，在這裡變成了得其所欲、享其所得的
主觀道德標準。功利取代了義務；自我表現傾覆了權威。
「好」變成了感覺「好」。[10]

　　但是，價值標準的主觀化並不等於——如個人主義批評者所
指責的那樣——所有價值都是由個人自我的感覺、欲望或感情來
決定的，更不等於是從最大程度的滿足中產生的。羅伯特·貝拉
等人把價值選擇的主觀性標準歸結為情感主義或享樂主義所得出
的結論，這顯然是不對的。實際上，自由主義並不認為，價值的
選擇僅僅是一個情感偏好的問題。價值根源於人之主觀，並不等
於價值就一定是根源於人之情感。人是一種「可能性」的動物，
並不是僅僅用「情感」就能涵蓋的；價值發自於人，並不等於就
是僅僅發自於人的情感或快樂的欲望。價值無疑也發自人的能動
的理性，尤其是自由主義價值之形成和構建無疑具有理性的參
與。但不是知性理性，而是實踐理性。只有實踐理性才能彰顯人
之為人的本質特徵。

9　羅伯特·貝拉等，《心靈的習性：美國人生活中的個人主義和公共生活》，頁
　　112。
10　羅伯特·貝拉等，《心靈的習性》，頁114。

　　普羅塔哥拉說：「人是萬物的尺度。」只要不是事實的尺度，而是價值的尺度，這句話就沒有問題。價值發自人（自我），並不一定會使價值更失去客觀性；同樣，價值與事實的分離並不必然導致價值主觀主義或相對主義。如何在維持價值的主觀創造性的同時避免主觀主義和相對主義，這是近代以來哲學的一個重大問題。康德深受休謨的啟發從「獨斷論的迷夢」中喚醒，通過「哥白尼式的革命」而走向主觀性或主體性，但是他恰恰強調主觀性中的普遍必然性，也即主觀性中的客觀性。在他看來，客觀性唯獨不來自於外部實在。在道德哲學中，康德斷然將道德規律與自然規律區別、對立開來，認為道德規律根源於純粹實踐理性，並由此而具有普遍必然性。最高的、無條件的善只能在理性自我的意志中找到。康德倫理學以行為準則的可普遍化原理來避免價值創造的主觀主義或主觀任意性。同樣，羅爾斯由原初狀態下設想的公平理性的人來選擇正義原則，從而避免了主觀偏見的干擾和作出選擇的偶然性。羅爾斯的公共理性、反思性平衡概念，無知之幕概念，也都是為了努力避免這種主觀隨意性的。毋寧說，人們對許多價值的選擇是以理性來考量、來判定的。實際上，自然不會賦予我們的價值以客觀性，客觀性需要自我去建構，也正因此，理性有其地位。我們經常看到，恰恰是那些企圖「發現」客觀必然性的人和歷史決定論者陷入最大的主觀隨意性中，原因就在於，他們把某種價值的「創造」說成是對客觀實在的「反映」和「發現」，在社會歷史領域模仿牛頓、達爾文去尋求和發現必然規律，從而陷入了虛幻的真理之路。一旦把相對之物許諾為絕對之物，把主觀言說認定為科學規律，討論和對話就不可能了，理性就會被非理性取代，客觀性的追求就走向主觀隨意性。因為，理性的真實含意關乎探問、質疑和反思，而非獨

斷；堵住討論、對話之路就是堵住了尋求客觀性之路。理性之應用得當與否，關係理性在價值創造中的可能性，也關係到理性在價值創造中的聲譽。

強調理性在價值創造中的作用和意義，這並沒有否定價值或道德的情感主義結論。自由主義承認關於善的追求以及善觀念的訴求是一種情感的表達，是對各自理想、希望、信仰和依賴感、歸屬感的表達而已，而不是作出理性認知的判斷，與科學所追求的真理沒有任何相似性，其所追求的終極善不可能得到所有人的認肯，不具有真理意義上的普遍性。在這個意義上，自由主義導向了價值標準的情感主義，並賦予個人在善觀念選擇上完全的責任。可以說情感主義是自由主義得以成立的一個理論基礎，沒有情感主義對善及善觀念、善生活方式的解釋和說明，對個人自由和個人自主的認肯就沒有根據，整個自由主義體系也就失去了意義。

自由主義接受情感主義的結論而不承認人們善觀念及善生活中存在好壞、優劣的判斷標準。但是，這不等於自由主義對所有的善的追求和善觀念的選擇都給予寬容，並保持中立，而是僅僅對合理的善觀念的選擇給予寬容。

> 作為多元主義者，而不是極端寬容主義者，自由主義者反對運用武力來把一套官方的道德目標強加給全體公民。但是，具體的道德規則，如正義，應該在政治上得以實施。儘管自由主義國家沒有提供一個與「醜惡生活」相對立的正統的「美好」生活的定義，但它確實在「正確行為」與「錯誤行為」之間作了強制性的區分。[11]

---

11 斯蒂芬・霍爾姆斯，《反自由主義剖析》，頁281。

　　也就是說，自由主義對所有善（好）觀念保持中立，不予規定，不作善惡判斷，認為國家或公共權力不宜來處理和規定這一問題。關於人生觀、價值觀或世界觀之類的問題應該是社會、宗教組織、公民自願社團、民間組織或個人自己的事情，而不是公共權力機構所關心或管理的事情。但是，為保障人們的善觀念選擇權利以及善觀念的多元主義，國家又必須對善的追求和善生活作出規定，在「正確行為」和「錯誤行為」之間作出強制性的區分。只不過，這一區分不關乎善的內容，只關乎善的形式，也即關乎正當或正義原則的標準。這個標準依據於合乎理性的判斷，而與情感主義的價值標準無關。但是，正義道德原則儘管依據於實踐理性的合理論證，它仍然必須有人們的情感偏愛作支持才得以建立。正義依據於什麼是一回事，正義為何具有價值（價值的價值）則是另一回事。正義道德何以被我們所尊重？回答這些問題都離不開情感主義的解釋。只有人們熱愛正義，人們才會發自內心地尊重正義、維護正義。羅爾斯將正義感的建設視為維持自由憲政制度的頭等大事，並為此大量闡述這一正義感建設的心理過程和心理法則[12]，這是可以理解的。他深知，沒有道德感的形成，也就沒有對道德原則的尊重和遵循。

　　無論是情感主義倫理觀還是理性主義倫理觀，都是世俗人道主義的倫理觀，按照韋伯的說法，都是「人義論」的道德觀。世界已經不再有上帝的位置，現代社會的價值的人的擔當已經是一種無可逃避的現實。是人類造成的這一後果，也只有人類才能承擔由此而產生的責任。保守主義者懷想「神義論」時代，但是人類終究已經不可能再回到那個時代了。

12　羅爾斯，《正義論》，頁440-500。

　　上帝之死和世界的除魅以及歷史向人義論轉向，為個人的道德擔當和價值創造提供了可能，也把以維護個人權利的自由主義推到了現代生活的最前沿，人們生活在比以往都要自由的政治環境下。起碼在自由民主制度下的多元主義並沒有導向相互之間的戰爭，社會也沒有崩潰、沒有瓦解，甚至有回歸共同體和公民社會的趨勢。世俗化的人義論時代的到來，使得現代政治的公權力不再捲入傳統上的宗教、思想、文化、階級等之間的衝突，從而一個和平和穩定的世界的實現有了最根本的保障，起碼為人類提供了希望。

　　但是，這些正面的描述，並不能掩蓋自由主義下的某種消極趨向，被稱之為現代性危機的另一面。現代性從它改變了歐洲社會的傳統固有形態伊始，從它的新興人類登上歷史舞臺開始，人們從強加於他們身上的身分、等級、角色等各類社會關係中擺脫出來開始，就把人解放成為一個自由、自主的主體而去行動。個人自由和個人自主的維護及其實踐考驗著人類的承受力，人類要在多大程度上可以相信個人應當享有充分的自主權，從而繼續維護建立於個人主義價值觀基礎上的自由主義？

第二節　自由主義提升了道德還是敗壞了道德

一、道德兩難：權利優先還是善優先？

　　個人主義或個人自主是自由主義的基礎和道德根據，但是，它也是自由主義的「阿基里斯之踵」。個人主義意味著個人有權依據自己的意願來行為，它反對對個人施以強加和干涉的行為。從積極的意義上講，這促進了個人對更多知識的探索，對更豐富

價值的追求，對道德承擔更大的責任，並產生一個更加人道的世界，人的尊嚴因此而得到現代道德的確立，等等。從消極的方面看，按照保守主義者的說法，這可能意味著將人性中的惡釋放出來。自從啟蒙運動及其法國大革命以來，保守主義者就不斷地強調這一點，在他們看來，個人主義降臨於世就如打開了潘多拉的盒子，許多東西已經不可逆轉了，前現代社會中被捂住、被深埋的人性惡釋放了出來。自由主義因此被指責為削弱了人們的共同體歸屬感、淡化了人們對美德的追求，並且抑制了國家在道德中的教化作用，社會道德不可避免地走向衰敗。

自由主義為了保護人的尊嚴而突出了權利本身，將它們置於對善的優先位置上，並以國家對善觀念的中立來保障個人的這些權利，這是自由主義必須堅持的道德原則和要求，自由主義絕不可能放棄這一原則和要求。可是，在共同體主義者看來，自由主義所堅持的權利優先原則不可避免地導致人們生活的原子主義化，導致社會生活的解體，導致現代性的危機。但是，他們又回避對個人權利的否定和貶斥會導致的專制主義政治後果，無視自由主義為維護善的多元化、為現代社會的穩定與和諧所作出的制度貢獻和道德努力。他們在理論上一味地強調善優先於權利，指責善觀念和美德追求的私人化，甚至走向了對善觀念一元化也即共同善的危險認同。但是實際上他們並不敢、也不想否定自由主義的基本原理，畢竟他們不想喪失生活在自由民主制度下的做人的尊嚴。

在保守主義者看來，在給予個人充分自由和自主的社會生活下，個人本性中的惡的傾向會釋放出來。他們認為，如果不加以約束而放任的話，個人傾向於自願地、有意識地作惡。這與蘇格拉底關於人不會有意作惡的信念相反，而與亞里士多德和基督教

的信念相一致。凱克斯在《反對自由主義》中論道：

> 存在著這樣的政治道德（例如亞里士多德和霍布斯的政治
> 道德），它們並不信奉人性本善，它們承認動機是天然地混
> 合在一起的，與惡德相比，人類並不更傾向於形成美
> 德，……這樣的政治道德不會把取消對人類行為的限制當作
> 是值得嚮往的。相反，它們會認為加強限制邪惡的制度是可
> 取的，而不會讓自己去信奉為行為者保障同樣的自由、平
> 等、權利、多元主義和分配正義的自殺性政策，而這種行為
> 者如同會習慣性地行善那樣也會習慣性地作惡。[13]

　　與共同體主義者相比，這種起源於反法國大革命的保守主義
傳統人物公開否定自由主義的基本原則，對自由主義表現出極端
仇視的傾向，其理論依據正是這種人性惡的觀點。這種極端保守
的反自由主義觀點詛咒一切把人從社會等級關係中解放出來並給
予平等自由保障的人類實踐，把人類的現代敗象、把人間的一切
邪惡統統歸為源於自由主義對個人自由權利的保護，公開鼓吹通
過國家權力、傳統習俗、超驗道德等機制對個人行為進行嚴格的
控制。

　　但是，保守主義者（廣義的保守主義包括共同體主義）認
為，個人不可脫離其環境而自主，因為在能夠自主之前他已經被
環境所構成，因此個人是鑲嵌於環境的，社會是什麼樣，個人就
是什麼樣。保守主義對個人自主的否定包含著兩個方面的含意：
一方面否定個人自主本身的可能性，認為個人不可能脫離其社會

13　約翰・凱克斯，《反對自由主義》，頁59。

環境而存在，個人是被社會所塑造的，不存在抽象的、獨立於社會的個人，人天然就是社會的動物；另一方面，又認為個人如果脫離環境而自主，就會釋放出人性中的惡，導致社會生活的原子化和道德淪喪，生活敗壞。可是，這兩方面是自相矛盾的，因為，後一方面意味著個人可以自主地生活，而前一方面卻否定這一可能性。顯然，保守主義者更偏向於後一方面的看法。

可見，保守主義否定個人自主的論點不在於否定個人自主本身的可能性。他們反對個人自主是因為個人自主被認為釋放出人性中的邪惡，從而敗壞了道德，瓦解了社會，導致人心不古。他們要求人們放棄自主生活的追求，回歸到傳統生活方式去。實際上他們非常明白，傳統生活方式已經一去不復返了，他們對現代性的詛咒充滿了哀怨與悲鳴。

霍爾姆斯把反自由主義者對個人自主或個人主義的指責刻畫為：

> 無視個人的社會性構成，蔑視共同利益，蔑視權威，為了私人犧牲公眾，輕視政治參與，忽視美德，過分崇拜經濟人，宣布價值觀為主觀，把人降低為只知享樂或受苦的機器，廢除自製，對理性過於崇信，而且普遍地解除所有滋養一切的社會紐帶。[14]

這些指責的實質在於，不相信個人自身能夠在沒有外在約束和權威指導的景況下進行有意義的生活選擇和道德判斷，認為現代社會給予個人以過大的自由、自主範圍，並使保護個人權利和

---

14 斯蒂芬・霍爾姆斯，《反自由主義剖析》，頁263。

維護個人自由成為政治權力的核心職能，優先於善或美德的追求。從保守主義者對自由主義的指責內容看，似乎是要顛覆自由主義而代之以冥頑不化的專制主義，而實際上，他們與所有的反現代性意義上的反自由主義者一樣，在自由主義堅持權利優先於善的地方，他們堅持善優先於權利。這與其說是正義與邪惡、光明與黑暗的較量，不如說是韋伯意義上的「諸神的戰爭」。

自由主義的宗旨並非要貶低善的追求對於個人生活的意義，並放任個人的生活，但是自由主義的實踐確實導致了傳統文化的衰落、美德追求的淡化、生活價值的平庸化，等等。自由主義的原則使得自由主義者決不會為了追求傳統的善、理想的善而對個人施以強加和控制，無視或犧牲對個人權利的遵守。但是，他們也不可能一味固守個人權利而無視人們生活中的美德和善生活的淡化和衰敗的狀況。自由主義陷入了道德兩難處境。

自由主義為什麼寧願讓傳統價值衰落、美德追求弱化也要執守個人主義、權利優先以及國家中立的立場？這是因為，自由主義（尤其是古典自由主義）的宗旨從一開始就不是致力於求善，而是致力於制惡（權力之惡）；它不是要追求一個完美的理想社會，而是要構建一個不壞的──防止權力被濫用的──社會。而之所以自由主義的價值目標會如此低姿態，在於現代社會善的價值已然多元化了，對任何善的公共追求都會導向不寬容和衝突的政治，從而製造更大的惡。因此，自由主義者認為，對美好價值的追求不應該是政治或國家的責任，不應該在公共舞臺上競逐這些價值，而應該把它們限制於私人領域，而政治或公共權力只應當保障人們對善生活追求的權利，防止對權利的侵犯。由此，自由主義排除了任何善觀念依靠政治力量來追求的可能性。

保護個人權利是自由主義的核心價值和道德原則，追求善也

是自由主義不會放棄而要加以促進的。可是，按照韋伯和伯林的觀點，人類所有追求的價值都是相互衝突的、不可化約的，權利與善也不例外，它們之間也是相互衝突的，兩者必有一方要被犧牲或削弱。保護個人權利就會弱化善的追求，而執著於善的追求就可能會侵犯個人權利，從而踐踏人的尊嚴。是否能夠像一些人所認為的那樣去調和權利與善的緊張關係，強調它們之間的兼容性？自由主義的實踐已經證明了自由能夠兼顧平等，那麼我們是否也應當相信：權利優先能夠兼顧善的追求，個人自主與美德追尋並不互相排斥？

一味堅持現代性價值有可能導致一種道德平庸、甚至道德滑落的社會狀況，這不是自由主義的初衷，也不是自由主義的本義。面臨保守主義者、共同體主義者以及共和主義者的批評，80年代以來，西方的不少自由主義思想人物開始反思自由主義與美德的關係，許多人呼籲重視傳統價值和美德教育，加強國家在這方面的作用。

二、權利優先於善的道德處境

自由主義的核心內涵是保護個人權利，防止對個人權利的侵犯，因此自由主義者無論如何反思和調整其道德立場，都無法跨過一些基本的、關係到自由主義存亡的底線，那樣的話就等於放棄了自身。它必須維護和捍衛個人的權利、個人的自由，因此若是將善置於優先地位，就有可能走向道德的強加以致思想的專制，這意味著自由主義的覆亡。

所謂「權利優先於善」是「正當優先於善」的另一種表達（英文裡都是一個詞：right）。之所以可以用「權利優先於善」來表達「正當優先於善」這個更廣泛含意的命題，是因為「正當」

（或「正義」）概念的核心要義就是「權利」，它的所有內涵都是圍繞著「權利」概念來展開的。羅爾斯的正義原則的第一分原則就是「平等自由權利」原則，第二分原則實際上也是關於人的權利的。羅爾斯所謂「正當優先於善」具有三個方面的含意。第一個方面是：正當原則優先於功利原則，優先於社會和經濟利益的考量。第二個方面是：正當原則對人們的善觀念施加了重大的限制。第三個方面是：正當原則不能建立在任何完備性善觀念的基礎上，只有這樣，持有不同善觀念的人們的自由和權利才能得到保障。這三個方面都指向一個意思，即之所以應當是正當優先於善，而不是善優先於正當，是為了保障人的基本權利免於來自善追求的強加和侵犯。

按照德沃金的說法，權利就像是一張「王牌」（trump），它超過所有其他的政治理由，享有至高無上的地位。而之所以這種權利具有非常的重要性，是因為對它的侵犯會觸犯人之為人的尊嚴，在德沃金看來，沒有什麼比人的尊嚴更加重要的了[15]。

在現代社會，善已經不是一個中心觀念，我們所追求的各種各樣的善要受到正當與不正當的道德評價，也就是說，對善的追求只在平等自由權利的規範、約束下才能是正當的。現代政治確立了個人的地位，個人權利成為國家行使其權力的前提，國家的所有行為都不能以善目標來侵犯、壓制個人的基本權利，善的追求要在尊重個人權利基礎上才是正當的。

是否權利優先於善，是古代倫理學與現代倫理學區分的標誌。在古代，政治以善為中心來建立各種制度並展開其活動，人的一切都被置於善的目標支配下，為了追求共同體的善目標，可

---

15 德沃金，《認真對待權利》，頁6-11。

以要求和強制人們做出一切犧牲。按照亞里士多德的說法，個人之與城邦共同體的關係正如部分之與整體的關係，個人僅僅因為城邦而存在，城邦絕不會因為個人而存在。古代人的美德也就是服從城邦最高善並願意為之犧牲的英雄美德。個人權利的觀念在古代是不存在的，因此作為保障個人權利的正當觀念也是不存在的。古代人對善的追求是以人的不平等的倫理關係為前提的，古代的善觀念實際上充當了為不平等制度辯護的作用，奴隸制的存在及其為之所作的辯護，以及婦女的不平等地位，都說明追求善的古代道德與建立在平等權利基礎上的現代道德有著多麼大的實質差別。另外，古代人的善觀念具有一種輕賤個人生命的態度，在他們看來，個人是無足輕重的，集體才是一切，個人只有作為政治機制的部分才有價值，個人存在的目的就是為了國家強大。所以，例如，他們有殺嬰棄嬰的惡俗。當柏拉圖、亞里士多德、西塞羅，以及塞涅卡等哲學家提到這些觀念或做法時，有些不加譴責、視如正常，有些還表示贊成[16]。

由此可見，權利優先於善或權利優先論是要表達，不能以任何善的追求的名義侵犯個人權利。它維護權利的優先地位，而為善的追求設定了一個界限。

自由主義之所以將權利置於優先的地位，並加以保障，從消極的方面看，是要防止對個人權利範圍內的行為進行侵犯，它為個人自由提供了一個屏障；從積極的方面看，是要創造一個個人自主的空間，讓個人能夠從事和追求他自己願意做的事情，尤其是讓個人能夠去追求他自己選擇的（或其環境所賦予的）善生活

---

16 參見何光滬，〈癌症與重生──羅馬帝國、西方文明與基督宗教〉，http://www.sohu.com/a/152380814_165955。

和善目標。

此外，所謂權利的優先性，從消極的方面看，並不包含個人生活與善追求的關係，所要保護的是個人的私人生活空間，只要不傷害他人，權利（正義）就給予他完全的自由保障，至於他運用此自由去幹什麼，這是他自己的事情，他人不得干涉。從積極的方面看，則包含了尊重他的自由是使他有條件去追求善生活和培育美德的意涵，是指如果他去追求善，自由權利給他充分的空間和機會。在這個意義上，自由主義不僅不反對人們的善的追求，而且給予這種追求以廣泛的自由和平等的權利。自由主義者認為，沒有自由，人們就失去了高尚的、優秀的、創造性的生活的意義，自由是追求善的條件，它與善生活、與美德實踐密切相關，沒有自由這個條件，人類的善生活和善追求終將枯萎。

在自主範圍內的善的追求是指一個人按照自己認肯的善觀念的要求去完成自己、塑造自我，進而完善他人、完善世界的活動。它可以指樂於助人，樂善好施，仁民愛物，慈悲為懷；可以指發展自己的潛能，發揮自己的特長，選擇有意義的生活方式，不斷進取；可以指追求優良的品德，塑造優秀的品質，培養雍容典雅的氣質，成長為有個性、有吸引力的人；可以指皈依於某一信仰，獻身於終極關懷，投身於某種共同體善的追求；可以指參與改造社會的活動，為推動社會進步而奮鬥；可以指獻身某個理想事業，無私忘我地奉獻力量，甚至不惜犧牲自己的生命；可以指追求科學、探索真理、思考宇宙、追索人生等這樣的思想活動；等等。善是不能定義的，善生活的內容也是不能限定的。如果把善的追求限定於一種內容上，並認定其為真理的追求，比如說獻身於「歷史必然性」的事業，而其他內容的善追求都是朝向這一追求的手段或道路，那麼其結果都會是對個人自主選擇善觀

念的拒斥，對個人自由的取消，對個人尊嚴的否定。自由主義保
護個人自由權利，正是為了防止這類以理想事業之名的強加和侵
犯。在一個個人生活和個人選擇失去基本自由權利屏障的社會
裡，善生活的多樣性和豐富性是根本不可能的；如果個人選擇自
己善生活的意願被壓抑，留給人們追求善的自由的空間被擠壓，
這就無論如何談不上還有什麼善生活、善的追求，有的只是被迫
或盲從。在追求至善或終極理想的名義下的強迫，善的內容將會
因為強加的性質而喪失意義。而在一個個人擁有充分自主權利、
享有充分自由的社會裡，個人善未必就與共同體善相衝突，個人
完全可以自覺自願地或不加反思地投身於共同體善的追求，或參
與到公共事業中去。擁有自由，方顯善之追求的高貴。沒有自由
這個前提，沒有人們因自願而產生的主動性，沒有一種保障自由
權利的政治機制，哪怕追求再崇高、再理想、再優秀的善事業，
也會因強迫的性質而失去正當性。

　　自由主義之與善生活，由此可見是一種什麼關係。自由主義
所保障的自由是使人去過一種有意義的善生活的前提條件。由於
自由主義充分信任個人對生活承擔責任的能力，充分尊重個人賦
予主體地位的尊嚴，總體上來講，它增進了人們的善生活內涵，
促進了善觀念的多元化追求。

　　但是，自由主義本身並不以創造善、追求善為其目標，也不
以任何善觀念為其構建制度的基礎，它對一切善觀念保持中立。
因此它本身不包含善的內容，而只是為人們追求善提供一個中立
的正當性基礎。正是自由主義不以善觀念而是以正義觀念來構築
制度，它因此而能容納各種基於善觀念之上的文化共存於其中，
為它們提供制度的保護。也正是由於自由主義並不追求某種善觀
念，所以才不構成各種善觀念的競爭對象，因此而能被以善觀念

為追求目標的各文明、民族或其他文化共同體所接受，成為它們的「重疊共識」。唯有如此，自由主義才具有普遍性，其政治制度才具有穩定性。

因此，自由主義與其說是一種生活方式，不如說它構建了一種現代生活方式之基礎。它搭建的舞臺容納了多元性，為自主性提供了可能，為寬容提供了必要，為各種善觀念的共存提供了保障。

但是，我們又不能不說，在現實中，事實上自由主義是一種生活方式，它有自己的一套價值觀念、生活態度和生活內容，而不僅僅是各種價值觀念或生活方式的普遍性基礎。這種由自由主義所體現的現代價值觀念或生活方式與軸心時代[17]諸文明所傳承下來的傳統價值觀念或生活方式相互衝突，構成了現代性與傳統的激烈碰撞，在政治哲學上即是所謂「古今之爭」。隨著現代性的展開和推進，這種現代生活方式和價值逐漸侵蝕、瓦解、取代了前現代諸傳統文化的價值及其生活方式。

現代性的內在驅力是工具理性化和個人至上，現代生活方式一些負面特徵和消極影響已被百多年來的許多文學作品、藝術創作、思想著作描述和展示得淋漓盡致，諸如物質主義、消費主義、單向度、無深度性、情感淡漠、關係疏離、感性至上，等等。當然，這裡的描述僅就大眾生活的一般趨勢而言。現代生活並不乏其深度性和精神性方面，科學發明、偉大的思想、各種理

17「軸心時代」（the Axial Period）是雅斯貝爾斯（Karl Jaspers, 1883-1969）提出的重要概念，認為在西元前數百年的時候，人類至今賴以自我意識的世界幾大文化模式（西方、印度、中國等）大致同時確立起來，從此，人類一直靠軸心時代所產生的思考和創造的一切而生存。

想的實踐、人道主義等等都是現代社會偉大的成就，現代社會中的人們所創造的優秀價值不亞於前現代諸文明所創造的優秀價值。現代社會為什麼會發生這種兩極化趨勢——一極是它的平庸化、無深度性趨勢，一極是它的創造力旺盛特徵？而且，這些創造力之旺盛的特徵與現代人所具有的反思和批判張力有關，而這恰恰又是在自由主義提供的條件下才具備的特徵。

自由主義的核心原則是保護個人對其生活內容享有自由選擇的權利，只要不侵犯他人的同等權利，個人就受到正義制度的保護，獨自對其生活承擔責任。任何人不得強加給他不接受的生活內容，除非他自願選擇接受。一句話，自由主義保護權利，而抵制善的強加。這就是上述關於權利優先性的消極方面的意義，即只要是權利範圍內的行為，或是正當的行為，都免於任何強加。

按照反自由主義者的批評，這意味著自由主義只保護權利而不保護善的追求。個人生活中，選擇什麼樣的善生活、什麼樣的善觀念，以致是否選擇善的生活，是否追求善的觀念，都是個人自主範圍內的權利，他人不得干涉和強加。如果個人權利與共同體善或特殊文化善的要求相衝突，那麼要給予限制的是共同體善和特殊文化善，而不是個人的自由權利。這在前現代社會的視域裡是完全不可思議的：個人怎麼能有不選擇善的自由？個人怎麼能有拒絕其所在共同體善的要求的自由？這是現代社會的人們與傳統社會的人們在價值觀和生活態度上的一個重大差別之處。傳統社會的善生活、善追求和善觀念多是建立在強加、灌輸和一元政治基礎上的，個人沒有選擇的餘地。而現代社會的善追求則強調自願自主的性質，也即強調個人有不選擇的權利。

由於這種自願自主性質，或者說權利優先於善，傳統社會那種對個人品德、心性品質、人格素養等方面的美德要求大大鬆

弛，而尊重他人，不得傷害他人，不得侵犯他人權利、待人公平等這些正義規範成為一般道德要求。自由主義把消除惡、尊重個人權利而不是把追求善、遵從共同體善作為一般道德要求的內容，這就把高的道德要求交予人們自主去選擇、去追求、去完成，而把一般道德要求劃歸於由國家來執守。一般道德的內涵降到了相對低的水平線上，只要行為不突破基本道德原則，都是在正當範圍內的。

但是，這不等於自由主義就拒絕了對人們提出善的要求和美德的塑造的要求，也不等於自由主義完全放棄一切善追求的強加。

首先，不得強加於善觀念是指不得違背他人意願而強加給他人不接受的善觀念，但若他人同意（包括默認同意）或願意（包括默認願意），或個人的自主能力尚未成熟、自主的意願處於匱乏或軟弱狀態時，就可以賦予某種帶有強制性的灌輸、塑造和啟迪。只要不與正當性原則相衝突，對善的任何要求和追求行為都不應當予以限制，自由主義要限制的是以善實行的強加和侵犯，而不是以善實行的要求和塑造。個人如果志願加入某一共同體，或自然（如出生或童年））成為其成員，或已處於（也即鑲嵌於）某一共同體內而未表示反對和異議，對他們就可以施以認肯或忠誠於共同體善的強制，以及思想塑造。這種強加的前提是，只要個人表示質疑或反對，強加就應當終止。

其次，不得強加任何善觀念不等於反對善觀念對個人的指導意義，任個人在善生活上放任自流，不加指導。自由主義並非讓個人（尤其兒童、學生）在一片雜亂中任其選擇，而是積極向個人提供優秀價值，教導以作人和作公民的美德，並啟發他們去接受人類所有的善觀念和優秀美德。實際上，在自由主義制度下，

任何人都不可能不接受來自社會的、社團的、教會的和他人群體的道德和生活觀念的啟發和指導，廣泛的道德訴求和指導正因為國家的中立不為而廣泛存在於公民社會中。正如托克維爾指出的，正是通過結社自由所成長起來的公民社會，使得美德和公益心成為公民自覺呵護的對象。這種自覺自願的品質正是自由主義大力加以鼓勵的，自由主義反對一切盲目和盲從的行為。由此也可見，一個國家是否有結社自由，以及自由結社的積極性之有無，不僅關係到公民社會的成長，也關係到公民的公共美德的和公益心的成長。

再次，自由主義雖然反對「鑲嵌自我」觀，但是並不反對而且鼓勵個人自願投身於共同體善的事業中，並不認為個人的生活可以完全脫離環境而孤獨地行為和盲目的選擇。個人對其生活環境和社會存在的依賴是無可置疑的，但是，自由主義認為個人應當擁有反思和更改自己從其社會環境中習得的善觀念的權利。自由主義不支持個人盲目的、無自我的、不反思的融入其環境，被環境所構成、所決定、甚至被洗腦，成為喪失了獨立性、自主性的人。但是，這不等於自由主義也否定個人自覺自願地與環境共處一體，把個人善等同於公共善，甚至奉獻生命。關鍵在於個人應當具有可以再選擇的權利，包括選擇更改善觀念及其生活方式的權利；任何善事業的追求都應該是個人自覺自願的追求，而不應該是一種強加。一旦施以強迫，這一善事業的追求就轉變為了一種惡——一種專制主義之惡。這個世界上的大多數惡都源自於不受限制的權力的濫用。這種由權力產生的惡的存在恰恰襯托了本來在道德上卑之無甚高論的自由主義，相比之下，自由主義凸顯了它在這個世界上不可或缺的基礎性意義。

但是儘管如此，自由主義對共同體善的追求的態度肯定要比

對正當（權利）原則之堅守的態度來得消極，當它們發生衝突時自由主義優先考慮後者的訴求。這就不可避免地會導致善觀念及其歸屬感、依賴感在人們生活中的淡化，人們的生活愈發傾向於每個人互相平等、獨立和自我，原子化傾向愈加明顯。除了教會、社區和小型社群等少數共同體生活還起著情感依賴和凝聚人心的作用外，人們已經越來越不再從社會以及參與社會中獲得生活意義，也越來越不再依賴熟人、親人之間的人際交往圈子。在社會生活越來越趨於衰敗、文化活動趨於式微、人的社會本性越來越暗淡的情況下，公民社會的存在是至關重要的，當代復興的共和主義、哈貝馬斯、甚至羅伯特·達爾等都主張通過復興公民社會來復興人們對公共善的追求。

　　自由主義之所以似乎傾向於使生活平庸化，甚至被施特勞斯之類的思想人物指責為「墮落」，這種情況都被歸結為在權利的保護下給予個人過大的不受干涉的自由空間所致的。

　　首先，自由主義自身並不對個人提供善觀念，它對所有的善觀念保持中立，自由主義的政府不承擔道德教化的責任。這無論如何會使人們的生活越來越疏離於善觀念追求及其優秀美德的塑造，使善成為人們可有可無的自願性生活的追求對象。

　　其次，由於自由主義認為，任何善觀念都只是特殊的善觀念，不具有普遍性，因此它對於個人的要求不同於具有普遍性的正當原則，後者的要求是強制性的，而前者的要求只是鼓勵、推薦和勸導等，不具有強制性。這雖然保證了人們對善生活選擇上的自願自主性質，卻也換來了弱化人們生活中對善的要求的代價。

　　再次，若是一個人不認肯任何一種善觀念，不願也不想接受任何善的要求來規畫自己的生活，寧願過一種平庸而碌碌無為的生活，而又沒有違反正當規則，侵犯他人的權利，自由主義者是

不會加以反對的（儘管也不會鼓勵）。自由主義（尤其是自由至上主義）不僅對所有善觀念、善生活保持中立，而且可能在善生活與非善的生活之間也會保持中立。非善的生活不等於惡（不善）的生活，這種生活儘管沒有意義、貧乏、無聊，但是非善的生活是正當的，是在權利範圍內的，只要不傷害到他人，任何人就不得干涉、不得強加。若是將僅僅非善的平庸粗鄙生活與善的高貴生活同時交給一個徹底的自由主義者予以評判，他會說這是個人的事情，我不予置評。這就是自由主義，守住正當（權利），保住底線，對生活的追求持一種寬容、淡漠和不予置評態度，這是自由主義經常遭受批評的原因之一，被認為要對人們生活的平庸化和美德衰落的原因負責。

最後，甚至正當性不僅可以包容非善的生活內容，也可以包容不善的、惡的生活內容，存在正當的惡這種情況。當然，這要取決於給予正當性下什麼樣的定義。按照密爾的定義（伯林、哈特等人也同意），不具有當下的、直接的傷害他人的危險的行為都具有正當性。而按照康德的定義（拉茲、哈貝馬斯等人同意），在理性指導下的、深思熟慮的、自律的行為才具有正當性。前一定義可以將諸如色情供給、暴力鏡頭以及種族主義言論等等納入正當性範圍內，受到權利的保護，後一定義則會將其排除出正當性權利保護的範圍之外。自由主義可能會引出正當的惡這一點，受到所有東西方的保守主義者的同聲批評。這不僅僅導致了平庸生活，而且走向了道德的墮落。

現代人的生活方式相較於前現代人的生活方式，是否不僅平庸，且有可能走向墮落？起碼個人主義為這種趨勢提供了可能性，這是因為它使個人有權廣泛、自主地選擇其認定的生活方式，包括墮落的生活方式，縱欲無度的和消費主義的生活方式。

由於缺乏外在道德權威和公共善的指導和約束，現代人道德墮落的現象非常明顯。但是，這種所謂現代性的危機，是否要通過以善優先於權利來實現道德中心的扭轉，並以共同善的政治來克服？現代性病像是否要通過善觀念的強行灌輸、一元化的思想控制來純潔人們的精神才能避免？反自由主義者們對自由主義的「墮落」所提出的取代方案，都存在著道德上的致命缺陷，並且由於缺乏現實性而注定流於空想。在這些社會方案裡，人們被灌輸某種善觀念，可是，這種善觀念不是他們選擇的，儘管他們接受了，並可能狂熱擁護，但卻是強加的。在徹底否定了個人主義的社會裡，生活看過去不再平庸、不再墮落，人們可能會將一切（包括生命）無私奉獻於共同體，但是他們的生活一定是受監視的，在那裡不存在誠實的生活，人們會把虛假的一面展示出來，而隱瞞真實的一面。這種社會一定會一步一步地走向不正義，這是由它的權力不受限制的性質所注定了的。而最可怕的是它難以自身糾正錯誤，缺乏反思能力，缺乏傾聽不同意見的心胸，缺乏對話、交流、溝通的機制，最終只會走向道德的更加失敗。自由主義無論會發生什麼，變成什麼樣子，都不會陷於不可自拔的地步，因為它所賦予人們的思想言論自由為人們的自我糾錯和反省提供了可能，沒有思想和表達的自由就會堵住人們對錯誤的認識，而走進死胡同。這就是為什麼現代生活必須由自由主義提供制度基礎的一個原因，除非尊重人所享有的基本自由，否則沒有哪種主義可以取代自由主義，而不會走向死局的。

　　對現代生活道德狀況的關切和隱憂，使許多思想人物對個人主義和權利優先提出諸多批評，這對於現代生活忽視對個人善生活的指導具有糾偏意義。自由主義過於強調保護權利，而忽視美德的指導，這也遭到自由主義自身內部一些人的批評。自由主義

是否過於強調善觀念的特殊性和私人性，而忽略了善觀念的共享意義？是否過於強調對善觀念的中立？許多從傳統繼承下來的優秀美德和善觀念是否就不能灌輸給個人，成為人們接受的價值和生活指導？無疑，一些東西方學者和宗教人士對自由主義的批評是很有意義的，自由主義需要這樣的批評。

　　但是，自由主義的宗旨就是捍衛自由，她無論做什麼都改變不了對自由的堅守。如果說自由放縱了人的行為，釋放出人性中的惡，那麼我們也可以說，自由生發出創造力和批判精神，使我們的生活變得豐富多彩，更有活力，而且善於反省。我們是該詛咒自由呢還是應該讚美自由？這個問題也就是，我們是該批判自由主義呢還是應該維護自由主義？顯然，對這個問題的深刻對立的回答反映了價值之間不可調和的衝突之處境。

三、國家中立的道德處境

　　我們再從國家中立的角度來探討自由主義的道德處境。

　　所謂國家中立，是指國家（政府）應當中立於其公民所追求的所有善生活觀念，平等地對待它們，不偏向任何一方；國家的任務在於制定和維持一些規則以使其公民能夠去過他們想過的生活，而不是干涉公民的生活方式。在此，國家所對之保持中立的是就生活方式而言的方面，也即就善觀念而言的方面，而不是指正義或權利方面的觀念。就正義或權利而言，自由主義並不認為在基本的觀念上有維持多元化的必要。任何一種善觀念都不能影響或支配正義原則，否則，正義原則的設定就會引發爭議，成為善觀念衝突的導火索。每一種善觀念及其善的追求都根源於人們的特殊認同和特殊需求，不具有普遍性，因此不能帶進公共領域，更不能成為公共權力的根據或基礎。公共領域的正當觀念和

制度設定應脫離並中立於一切善觀念，把自身建立在超然於特殊善觀念之上的普遍理性、公共理性基礎上。如果允許公共領域的制度安排受到任何特殊善觀念的影響，那麼各種善觀念就會競爭獲取這種影響，這樣，國家制度就無公正性可言，國家偏向任何一方都會形成與另一方的衝突，以致構成對另一方的壓制和迫害。

但是，這不等於自由主義者會認為國家與善觀念、善生活及其美德追求沒有關係。國家應該為人們的善生活追求提供公平的條件，促進善的追求的多元化，扶植衰弱了的優秀傳統價值，使之免於被淘汰，等等。國家雖然不應該追求善或以理想構築制度，但是，這不等於國家不關心、不促進善的追求。恰恰相反，正是為了使人們在不受干涉的環境下去追求各自的理想，所以才制定正義規則來保護人們的追求善的權利不受侵犯，以使人們在一個平等自由的制度下，在一個充分尊重人的自由從而可以把人的潛能和創造力發揮出來的環境裡，由個人或公民及其自願社團自己去追求善生活和理想目標。

國家不追求美德但又促進美德，不追求善但又關心善的增進，不追求理想但又保護理想，這看似矛盾，其實並不矛盾。國家不直接追求善，是指國家不以任何特殊善觀念來作為正義制度的根據，並且不能以善的名義對人們的生活施以干涉；但是，國家關心和促進善的增進，是指國家保障個人自由恰恰是對人們多元善追求的最大促進。對個人自由的侵犯必然會是對善的追求的侵犯。沒有自由，就沒有一切，包括任何偉大目標的追求和實現。歷史的事實也證明，只有在自由的制度下而不是在專制的制度下，文化才得以繁榮，人們的思想才充滿創造力，科學才得以昌盛，總之，人們的潛能才得以發揮出來。

那麼，為什麼國家不能直接追求美德，追求善的增進，追求

理想呢？以國家具有的權威、動員能力、傳統資源，由國家帶領人們追求某種理想目標，提升人們的道德境界，啟迪人們的心靈，灌輸給人們關於善生活的知識和理想，對人們生活和精神境界的提高不是更有效得多嗎？可是，綜上所述，自由主義者認為有兩個原因要求國家在有關善的道德上保持中立：第一，善觀念的多元化背景，使得國家對任何一種善觀念的支持都會損害或不公平地對待其他善觀念的追求者，並最終走向壓迫性的政治；第二，國家對善觀念的強制性要求干涉了公民對善生活的自主選擇權利。迫使公民按照國家認定的善觀念生活本身就是一種惡。

　　國家中立的根據在於善觀念的多元主義事實，以及善觀念相互衝突的事實。中立的前提或中立的根據是，各種善觀念不存在認識論上的對錯之分，而僅僅是不同的生活取向、文化偏好和理想追求的觀念。這種中立（neutrality）觀念來自西方不可調和的宗教流血衝突所啟示於人的寬容觀念。正是發生於近代連綿不絕的宗教戰爭，使得政教分離被人們認同，使得寬容成為自由主義的原則。由此，歐洲人的生活逐漸放棄了價值一元論，走向對多元主義的認肯。所謂「寬容」（toleration），一是不同善觀念持有者之間的互相寬容，另一是國家對所有善觀念持有者的寬容。寬容只涉及形式而不涉及內容，即僅僅尊重對方所應有的權利就可以，至於你是贊同還是反對對方的觀點則在所不論；只要尊重對方的人格和權利，你完全可以反對對方，甚至痛恨對方，而且正因為你的反對和痛恨方顯你寬容的高貴。伏爾泰說，「我堅決反對你的觀點，但我堅決捍衛你發表觀點的權利」，這就是高貴的寬容。

　　自由主義的國家中立觀念是出於對國家權力深深的不信任，尤其不相信國家能夠自我約束。把道德教化大權交給國家，誰能

保證不會發生濫用權力、壓制人性、扼殺思想自由的事情？國家
是掌握權力的唯一暴力壟斷機構，誰能保證其統治者就比它治下
的公民更高尚，判斷更正確？而不會假公濟私，利用手中權力謀
己之好？國家對善以及善解釋權的壟斷有可能製造出最大的惡。
自由主義絕不反對求善，倒不如說，它時刻警惕著以求善之名所
行使的權力，對權力極端不放心、不信任。

　　但是，這種對國家權力的警惕和不放心是否走向了過分，以
至要求國家管得越少越好，追求一種最小化的國家。這種國家觀
是中立國家觀的過分的、極端的版本。

　　有一種觀點，未必與自由主義有關係，卻時常被歸附於自由
主義身上。這種觀點認為，善行不是重要的，惡行有時反而能達
到善（好）的目標。18世紀的曼德維爾以提出「私惡即公德」而
著稱[18]，在他看來，對於達到公共利益而言，利己主義未必有害，
倒是利他主義反而會破壞公共利益的實現。這是因為，一個利他
主義者無法知道他人的利益或公共利益之所在，有意求善反而破
壞了善（利益）追求的實現。這種觀點深深影響了蘇格蘭啟蒙學
派和功利主義者的觀點，最終傳承到自由至上主義者那裡。他們
一反西方傳統對人的美德要求，對仁愛精神的提倡，對人性惡的
壓制，而將利己主義視為一種美德而非惡德[19]。由於他們認為個人
對一己之私的追逐，不僅不是壞事而是好事，會自發促進和形成

---

18 參見曼德維爾，《蜜蜂的寓言：私人的惡德、公眾的利益》（北京：中國社會
　　科學出版社，2002）。

19 艾恩・蘭德（1905-1982）把這個觀點表達到極致。見 Ayn Rand, *The Virtue of
　　Selfishness: A New Concept of Egoism*, 1964。另參見諾爾曼・巴利，〈七、艾
　　恩・蘭德與利己主義〉，《古典自由主義與自由至上主義》（上海：上海人民
　　出版社，1999），頁117-142。

和諧的秩序，因此，國家在人們生活中的意義就大大降低，更不要說國家在人們道德、文化活動中的意義了。起源於馬基雅維利和霍布斯對利己主義的「平反」，以及後來一些思想人物的大加提倡，18、19世紀的歐洲思想領域流行著對所謂合理利己主義的頌揚觀點，或起碼不再譴責利己主義了。甚至有人以利己主義人性觀為根據去解釋複雜的社會體系，正如霍布斯那樣以個人生命的自我保存（心理利己主義）為根基構築一種政治倫理學說一樣。這種思想傾向逐漸影響和改變了現代西方人的生活方式，導致人們越來越強調私人生活的意義，尤其把經濟活動視為人的根本活動，從而導致人們對公共參與生活的大大冷漠，公益品質和仁愛情懷遭到貶低，人與人關係愈加冷淡和疏離等[20]。正如黑格爾所言，從那時起國家和市民社會走向了分離，一個真正的私人領域終於誕生了，把國家驅趕到無所作為的地步有了可能。

　　關於利己主義的這種觀點是否與自由主義有相關性在所不論，但這種趨勢和狀況一直受到反自由主義者和自由主義者不少人物的批評。批評之一是，主張國家對社會的放任不管、對道德的消極無為是否恰當？國家對各種價值的競爭消極無為、任其成敗和自生自滅，是否會把人類文化引向衰敗？國家對所有善目標的追求都不予干涉，是否不僅會喪失許多優秀的價值，而且會危及自由主義在與其他主義競爭中的優勢？拉茲說道：「反完善論在實踐上會導向政治不去支持可貴的善生活觀，並且還會削弱我們文化中許多值得珍惜的方面的生存機會。」[21]確實，如果片面強

20　托克維爾在其著作中對此有大量的描述和說明，並給與評價，這種評價大多
　　數是負面的。

21　Raz, *The Morality of Freedom*, p. 162.

調對國家在道德中發揮作用的限制，無疑會消弱自由主義的說服力。片面強調自由，會導致所有約束的鬆落；片面強調中立，會使古典美德和優秀價值孤軍奮戰。強調價值無對錯，並不等於各種價值和生活方式不存在高低貴賤之分；強調各種價值的私人性質，並不等於不能在公共領域裡向人們推薦某些優秀的價值和某些高貴的生活方式；強調任何善觀念的特殊性，並不等於否認某些善觀念代表了人類公認的優秀價值，可以為所有人共享。

在美國，一些站在政治正確立場上的自由主義的價值中立論者，將公認的某些傳統美德的維護視為「西方中心」、「男性中心」或「中產階級價值」的霸權，將對某些善觀念的偏愛一律視之為偏見，要求國家對這些價值保持中立，克制對特定善觀念的構成給予公共判斷的強迫。而傳統主義者，包括自由主義的完善論者，針鋒相對地指出，某些調節個人選擇的核心原則和美德對於維持社會凝聚和得體（decency）是根本性的，為什麼就不能使法律、公共教育、法官和陪審團偏向它們？這兩種立場的對立和爭論不僅發生於思想界，而且發生於政治舞臺上，更發生於公民社會幾乎所有的領域中，整個美國都被這兩種觀點撕裂，以致有人稱之為「文化戰爭」。一方害怕若是國家步入道德監護者（更不用說道德強加者）的角色，個人的權利就有可能被危險的國家所剝奪，個人自由將會由此逐漸喪失；另一方則認為，國家和社會共同體應當成為我們生活判斷的公共指導者，若是不能給予善惡、好壞、允許不允許的區分，放縱個人自由選擇，則會有瓦解社會，摧毀人們信仰的危險。雙方皆有自己的理由和根據，皆有自己的理論資源，支持者勢均力敵，毫不妥協，動用一切能動員的力量去打贏這場戰爭。有人甚至這樣說道：「我們正處於價值的內戰，勝利者的戰利品是下一代——我們的子女和孫輩。」「這

是意識形態的戰爭，是觀念的戰爭，是我們生活方式的戰爭。打這場仗和真槍實彈的作戰一樣，要全力以赴。」[22]

　　為什麼會發生如此對立的分裂？這是一個真正兩難的道德處境：雙方皆有站得住腳的理由，但一方的獲得必會導致另一方的損害，在他們之間沒有過渡的地帶，沒有調和的餘地。一個讓人充分討論和爭論的國度裡，必會發生此種分裂，這不僅僅是一個特殊國家裡的特殊問題，而是人類普遍性困境之一。不要企圖弭平此兩難困境，而是應正視它，讓問題充分得到討論，讓雙方都有機會去為自己的立場申訴。國家不是衝突的仲裁人，而是衝突的某一方，壓制衝突本身就捲進了衝突，國家本身也處於兩難困境中。

22　亨特，《文化戰爭》，頁69。

結論

　　自由主義的道德處境根源於自由主義所堅持的個人主義和個人自主價值與傳統價值的衝突。傳統社會不存在價值多元和價值衝突的局面，人們的生活方式和價值追求不存在個人自主的選擇，完全由其所在的環境和社會關係所規定。也不存在個人自由和個人權利這麼回事，不存在寬容異己的可能性，人們的思想處於絕對的控制之下。隨著理性的啟蒙和覺醒，平等個人的確立，現代性降臨於世，一元價值局面崩解，價值走向多元化，由此，才出現在衝突的價值之間進行選擇的兩難困境。最主要的衝突發生在古今、東西之間，現代性與傳統的斷裂及其它們各自價值之間的衝突是幾乎人類所有價值衝突的源頭。

　　現代個人的價值獲得極大的提升，並且個人的最大限度的自由得到政治權利的保障，這一思想在洛克時代就廣為普及，啟蒙時代似乎走向了極端。經大革命時代暴風雨般的衝擊，個人主義成為批判的對象。自由主義遭受反法國大革命的保守主義者們的圍攻，在不少人心目中的形象是，它教導人們什麼都行，完全不顧社會整體利益，只強調個人欲求。為挽救自由主義形象，像康德、托克維爾、貢斯當、密爾等人都為自由主義的真正內涵做了強有力的辯護。實際上，放任個人的生活選擇並非自由主義者的初衷，生活的平庸低俗、淡化美德要求，更不可能是自由主義者

的意願。自由主義不可能為了強加理想的價值而放棄對個人權利的保護，但是，它也無意於為了一味尊重個人權利而拒斥人們生活中的美德和善的追求。自由主義的形象往往是偏向於個人權利而輕視道德理想，但是，許多自由主義思想家力圖改變這種形象。他們認為，自由並不是放縱自我、為所欲為，更不是像保守主義者所批判的那樣，是追求惡的自由、墮落的自由。恰恰相反，自由之所以美好和令人嚮往是因為它是追求善的自由、實踐美德的自由，過有意義的生活的自由，實現自我完善的自由，這些自由如果沒有自由主義的制度保護就沒有意義。

為什麼是堅持個人主義的自由主義在現代「諸神之爭」中成為了主流？為什麼人類選擇了自由主義的生活方式，從而改變了人們的生活價值取向，與傳統生活方式形成斷裂？為什麼現代個人主義生活方式取代傳統生活方式是不可避免的？顯然，自由主義一定有其合理的和道德的根據，它不會是偶然的占據優勢，也不可能是歷史的必然性力量之所為。自由主義給人類帶來了比傳統生活更加人道的生活，它給個人以人的尊嚴。傳統生活方式所追求的善觀念由於缺乏正義制度作基礎，個人沒有自主選擇權利，因此，隨著現代性的到來，它在道德上是不可接受的。

但是，自由主義的勝利意味著許多其他價值的衰落，人類為此付出了代價。我們無法保證個人主義對人類及其未來不是一種危險，個人主義永遠會成為眾矢之的，畢竟個人主義不是什麼完美之物。在反自由主義者看來，個人主義對個人欲求的放縱、對傳統價值的湮沒、對人類生活中崇高理想的瓦解，尤其是個人主義在私有制經濟中所表現出來的貪婪、冷漠和殘酷競爭，使它成為這個世界上許多潛在危險的根源。現代性喚醒了人類的理性，但是同時也喚醒了人性中的惡。更有反自由主義者將個人主義作

為資本主義的基礎加以批判和否定，在他們看來，隨著資本主義的到來，以及私有財產制度的確立，現代社會的人們就處於對財富的無止境追求、對資源的無止境掠奪之中。以私有制為基礎的資本主義生產方式和生活方式都以「欲求」的滿足為其特徵，由於缺乏傳統社會的那種一元化的、超驗絕對的道德制約和文化厚度，現代人不顧我們地球資源的承受力而肆意追求物質的享樂。物質主義、享樂主義和消費主義成為現代人的生活特徵，而建立於個人主義之上的國家也變成以保護人們的物質滿足為目標，對個人的尊重變成了對個人欲求的尊重。

但是，反自由主義者們沒有看到或故意沒有看到，個人主義的這些犧牲了的價值（往往被誇大了）是個人主義所獲得的價值的代價，而不是什麼自由主義的本性使然。我們總是面臨著道德或價值上的選擇，無論做出什麼選擇，都要面臨付出巨大代價的難題，人類沒有兩全其美之事。現代人選擇了保障個人自由、維護個人尊嚴的自由主義，並非是什麼歷史必然性的結果，也不是什麼適合了歷史的偶然條件的暫時的歷史發展階段，而是內在於人的精神和理性中的道德要求。

弗蘭西斯・福山在《歷史的終結》中把自由主義的最終勝利不是歸結於滿足人們物質欲求的物質繁榮這一點上，而是歸結於對個人自主性及其尊嚴的承認這一點上：

> 人在基本上又與動物不同，因為人需要他人的需要，也就是希望獲得他人「承認」，尤其希望被承認是「一個人」，一個有某種價值或尊嚴的存在。[1]

1　弗蘭西斯・福山，《歷史的終結》（呼和浩特：遠方出版社，1998），頁6-7。

　　歷史終結論的提出者其實看到的不是自由主義之歷史必然性，而是看到了自由主義在道德上的合理性。那些試圖取代自由主義的「主義」皆有一種道德上不可接受的特徵：

> 　　如果人只是欲望和理性的存在，就會甘願生活在佛朗哥的西班牙、軍事統治下的巴西和南韓這些取向的威權主義國家。可是，人對自己的價值也擁有充滿「氣魄」的驕傲。所以，他們需要民主政府，民主政府對待他們如大人，而非小孩，並承認作為自由個人的自主性。目前，極權主義逐漸為自由民主所取代，因為極權主義是一種對承認含有重大缺陷的統治形態。[2]

　　自由主義的勝利被福山視為隱含於歷史中的道德理念的最終勝利，這與黑格爾的歷史終結論相似。如果一種道德理念表達了理性主體的渴望，那麼它就會通過各種方式實現出來，自由主義就是這樣一種實現方式。按照這種觀點，自由主義不過是理性主體的「自由意志」的產物。這一「自由意志」所要求（在康德那裡就是理性的「絕對命令」）的就是，對作為「一個人」的尊重，也即對「一個有某種價值或尊嚴的存在」的承認。自由主義在「諸神之爭」中的勝出，其根據即在於此。而一切專制主義和反自由主義都有「一種對承認含有重大缺陷的」致命特徵，因此在道德上不可能獲得接受。它們都輕視了人在精神上對尊嚴的渴望。

　　實際上，所有的專制統治者都低估了人性中的精神成分，從

2　弗蘭西斯・福山，《歷史的終結》，頁9。

本質上講，他們都是唯物主義者，以為可以通過經濟上的手段和生活物質條件的改善來避免人們對做一個有尊嚴的人的需求。他們之所以最終都要垮臺，走向失敗，就在於他們在這個問題上碰到了人類無法再消滅的硬核，即人的尊嚴。人的尊嚴感是不可再還原的精神神聖之物，是不再能夠與物質利益相權宜的最後精神堡壘，如果再往後撤退，人類將喪失與動物的區別。捷克劇作家、前總統哈維爾在《沒有權力的權力》中寫道：「人生的基本目標每個人天生就有。每個人在內心都嚮往應有的尊嚴、高尚道德、自由的自我表現和一種超越現實世界的意識。」[3] 對於這段話，弗蘭西斯·福山評論道，哈維爾所有的對「後極權主義」國家的指責，原因在於這種體制傷害了人的道德性格、傷害了人對自己是一個有道德的人的自信：

> 共產主義以一種比「資本主義」的自由主義更為徹底的方式，在人的靈魂的欲望部分中築起一座抵禦精神部分侵蝕的堡壘。哈維爾對共產主義的指責，不是共產主義未能兌現它物質巨大豐富的承諾，或者是它沒有幫助工人階級或窮人實現過上好日子的希望。恰恰相反，在他看來，共產主義向人們提供了這些東西，是用來換取他們在精神價值方面的妥協。[4]

實際上，一切專制統治者從他們建立起權力堡壘的第一天

---

3 哈維爾，《沒有權力的權力》，1985年版，轉自弗蘭西斯·福山，《歷史的終結及最後之人》（北京：中國社會科學出版社，2003），頁194。

4 弗蘭西斯·福山，《歷史的終結及最後之人》，頁195。

起，就陷入了與人的精神性相抗衡的苦鬥泥淖中，他們可以征服一切，但永遠征服不了屬人的精神。專制統治者總是忽視了這一點，他們總是以統治者的唯物主義角度看待人們對自由民主的渴望，因此總是企圖以物質主義的方式來解決問題，他們永遠無法知道，這首先不是物質利益的問題，而是活得是否有尊嚴的精神問題。很不幸，他們在這個問題上碰到了一個人類不可能再撤退的邊界。

但是，正如上文指出的，基於對個人尊重的自由主義也不是沒有代價的。那麼，這種代價是否會大到自由主義不再被人們所接受，以致成為自身否定的因素，從而有一天終結者被終結，反自由主義取代了自由主義？或者說，以個人主義為堅守價值的自由主義是否終有一天，被一元化的、協調一致的、整齊劃一的、由共同善統領的整體主義的社會制度及其生活方式所取代？

自由主義儘管付出了被稱為諸現代性病象的代價，但是，它卻是各種主義中所可能付出的負面代價最小者，或者說，它是現代各種競爭的可選擇的制度和主義中的「最不壞」者。自由主義給個人以最大的平等尊重，保護個人的基本權利，通過憲政制度對國家權力加以限制，通過政教分離來防止社會衝突和保障社會穩定，維護多元善觀念的百花齊放，以及其他等等，這一切都是反自由主義者經常忽視甚至視而不見的。他們只看到自由主義的弊端和付出的代價，卻對他們自己思想和堅守的立場（若是實踐的話）會有什麼結果，會付出什麼代價，卻避而不談。

自由主義畢竟已經存在了數百年，儘管它遭受無數的批判和攻擊，卻仍然被大多數國家的人們所接受，並且還會有越來越多的國家將選擇接受自由主義的制度，這一定有其道理。這些道理中最大的可能性是，其他看過去理想的社會實際上比自由主義都

更糟糕，更不會被接受。自由主義者以現實的態度正視這個世界的問題，以制惡為其制度的宗旨，因此它把重點放在防止權力的濫用上。而反自由主義者們都是以理想的眼光看待這個世界的問題，以為通過國家引領人們走向真理，追求至善，就可以克服這個世界上的弊害，殊不知其帶來的會是更大的弊害。自由主義與反自由主義的關鍵區別點就在於，自由主義的政治不參與人類的善追求和善生活競爭，而把這類追求和活動留給私人領域的人們去進行，從而即限制了公共權力，又擴大了人們的自由領域。而反自由主義的政治承擔追求善的使命，按照奧克肖特的定義，只認肯作為「事業社團」的國家觀，也即類似於政教合一的國家觀。由此不可能為人們留出足夠廣闊的私人自主、個人自由的空間，同時又危險地賦予公共政治過大的權力。

　　或許能夠像一些思想人物所構想的那樣，去協調個人主義與反個人主義，從而超越自由主義與反自由主義的對立？但是，我們應當深知它們各自所堅持的價值的不可調和的衝突性。以為可以和諧地把各種價值融合進一種理想的狀態中，使我們這個世界不再有衝突，這恰恰是給這個世界帶來災難的一個原因。除非是專制主義的政治，否則我們不可能有一天平息了衝突，從此世界大同。我們不得不作出優先性排序，來提供價值衝突時作出選擇的道德合理性。正如羅爾斯所做的那樣：自由優先於平等，權利優先於善，正義原則優先於功利原則和完善論。但是，也只有自由主義能夠在維護優先性的前提下促使價值之間能夠兼顧。自由主義的實踐已經證明了自由能夠兼顧平等，而美國當今不少自由主義者都力圖證明，權利能夠兼容善的追求，個人自主與美德追求並不矛盾。這標誌著自由主義者開始對自身進行反思，把追求善納入自己的視野內，正如當年開始把平等納入自己的視野內一

樣。自由主義所具有的寬容、講道理、平等待人和容納不同意見
等美德，都使它能夠去作出反思，積極地調整和修正自己。

　　自由主義面對道德困境，沒有掩蓋衝突，而是保持一個必要
的張力，在尊重人的基本自由權利與尊重人的平等權利，在尊重
個人的自主選擇權利與尊重傳統的道德權威之間盡量保持平衡。
如果力圖維持和強調雙方的和諧一致，那只能是掩蓋衝突。反自
由主義理論都力圖消解衝突、圓融雙方，但是其結果都是以強制
和消滅異己來結束。自由主義以優先考慮一方而又兼顧另一方的
方式來達成平衡。「自由主義致力於平等，但它需要優秀；自由
主義致力於自由，但它需要美德。」（Liberalism is committed to
equality, but it needs exellence. It is committed to freedom, but it
needs virtue.）[5]這句格言即是自由主義的真實寫照，這正是它之所
以被人們普遍接受的原因。

　　自由主義無論導致了什麼問題，我們都不能不說它為現代個
人確立了人的尊嚴。若是沒有這種對個人的平等尊重觀念，我們
的文明就仍然與野蠻狀態相伴，沒有法的意識，權力不受約束，
人的尊嚴隨時遭受踐踏。在那裡，人的生命和幸福的保障取決於
幸運和偶然掌握的力量，強者才被他人尊重，弱者注定是被犧牲
的手段。

　　自由主義在漫長的歷史歲月中才形成了它在17-18世紀的那
個樣子。人自身就是目的，具有至上的價值，不得以任何名義把
人作為手段加以犧牲，這樣的觀念需要一個理性成熟的過程才得
以確立。

　　自由主義的所有問題都是現代性與傳統的糾結問題，而現代

5　William A. Galston, *Liberal Purpose*, p. 11.

性即是工具理性化。科學技術、市場經濟、官僚政治,等等,儘管是自由主義的伴生物,但是,也只有自由主義才能抵制它們成為「利維坦」的趨勢。自由主義為人們的生活提供了自由的創造性和豐富的多樣性,由此也為人們提供了有可能去克服自身弊端的積極出路。既然是自由主義帶出了現代性,就應當充分信任自主的個人能夠克服這些現代病象(哈貝馬斯:未完成的現代性);既然現代個人承擔了價值的創造責任,那麼,壞也罷好也罷,都應當繼續由他承擔下去。我們應當相信人性。而到目前為止的歷史已經證明,對自由主義的拒斥和取代只會帶來更大的惡,因為,那意味著釋放出人性中更大的惡——被權力誘惑和腐蝕的惡。

後記

　　本書的整體框架來自十二年前的博士論文，自那時起，除了按照慣例從中產生若干文章發表外，這個論文就再也沒有碰過，也沒有想到要修改、發表。讀書、寫作和教書都是按照自己的興趣和思考來進行，不會、也不想由外在的功利目標來改變自己的追求，尤其不會為了職稱而僅僅寫出東西來。但是，在現行教育體制下，沒有文字成果、尤其書本形式的文字成果，就意味著失敗。儘管我自認為自己已經有了相當精采的文字成果，但是現行體制要求的是數量。於是，我還是決定把這一封存已久的博士論文拿出來發表。

　　之所以之前這篇論文不願拿出來發表，還有兩個原因：一是由於當初制定了一個過於宏大的主題，寫作過程中就有駕馭不住的感覺，以致在後來的歲月裡不敢再去觸碰這個主題，有力不從心之感；二是該論文涉及的問題有點敏感，本人又不想放棄自己的許多思考，因此乾脆封存起來，不去發表。使問題更加嚴重的是，自己在大學時落下的神經衰弱頑疾始終困擾著我，幾乎使自己放棄了學業上的進展和努力，年輕時的抱負被不中用的大腦擊垮。我只能去想像另一種可能性：憑著我對知識的渴求，視若學問為生命，如果有一個健全的大腦，我會寫出多麼豐富的東西來。但是，這另一種可能性已經愈來愈不可能了，隨著歲月的流

逝，這種不可能性逐漸成為現實。必須為自己尋找一條妥協之路，去完成現實一點的任務。

修改和重寫過程依然是那麼倉促，就和當年寫論文時一樣。但是，寫作激發思考，除了不中用的大腦使我的寫作要沉重許多外，寫的過程基本上是愉快的，儘管有些問題無法展開，只能說到為止。我實際上是在完成一件不可為而為之的任務，我把問題設定為關於自由主義的評價和辯護，這是非我能力所能及的寫作目標。好在，我的要求僅僅是把問題梳理清楚，把自己的辯護觀點講明白，如果能夠因此而讓讀了這本書的人也明瞭起來甚或接受我所辯護的立場，我的目的就達到了。也就是說，與其說這是一部學術著作，不如說它更像是在模仿洛克、潘恩、貢斯當或伯林的作品，作論辯性的寫作。這不等於是找一個藉口把學術的嚴謹性要求推卸掉，而是指，有些時候，問題不在於「解釋世界」，而在於「改變世界」。

對這本書中觀點的思考和表達，早於博士論文的寫作，散落於不同的文字記錄中，最終形成本書，已是十幾年後的事情。在此過程中，得益於與不同的人的交流之處甚多。首先，我要感謝我的博士指導老師龔群教授，感激他當年給予我的指導以及信任和鼓勵，感謝在畢業後的歲月裡與他交流中所受到的啟發。特別要提出的是，我和龔老師有著高度一致的思想立場，這是我學術生涯中的幸運。

我要感謝我在北大外哲所讀碩期間所結識的老師和同學。他們在我學問生涯中所給予的幫助是我無法用語言來表達的，當我因神經衰弱、腦力癱瘓而陷入生活的低谷時，是他們的幫助維持了我繼續追求下去的意志力。這裡我尤其要提到的是我的碩士導師王煒先生，他於整整十年前離開了這個世界，自那以後我失去

了他的指導和幫助，一直到今天我都深感遺憾！另外，我要把最真誠的感謝表達給關群德、陳德中和張旭等諸位同學，他們的幫助和與他們的交流對於我今天的思想成果都是不可或缺的，尤其是在與張旭有時是徹夜的激烈辯論中，我找到了怎樣去為自由主義辯護的依據。

我要特別感謝我的博士同學劉勁揚，無論思想上還是生活中，我們以及我們兩家人所給予對方的幫助、關照以及所結下的友情，都使得他成為我這一生中最要好的朋友。還有郭立東、王伯魯等，在讀博期間以及後來，他們都是我真正的思想夥伴，我們的交流經常能夠找到對基本問題的共同看法。

我的這一思想成果無疑與崔衛平在思想上所給予的巨大啟發分不開。她以及通過她所認識的郝建、徐友漁等同仁，通過參與他們的討論和其他學術活動，所激發於我的對問題的思考，都形成了我這本書的核心觀點。

我還要感謝我的特別的一個學生群體，被他們稱為「周門弟子」，都是我在中國青年政治學院歷年來教書中結識的優秀學生，他們是：李濤、黃夢曉、韓亞棟、王宇、葉偉平、張超、王帥、秦際明、陳廣輝、王丹、周亦李、雷洋等。他們都陸續考上了北大、人大、清華等大學的哲學或政治學的研究生，有的已經博士畢業，像我一樣成為了教書育人的老師。我們會定期相聚，交流思想，討論問題，有時還會組織讀書活動。與他們經常進行的平等交流和辯論，激盪著我的思想，激發了我的思考。這些，都凝聚在了我的這本書中。

按慣例，我要感謝我的家人。我的愛人李平，也是一位教書育人的大學老師，她所給予的或付出的東西，是任何人無可比擬的。與她的交流得到最直接的啟發。還有，這個世界上我最深愛

著的女兒楚玉，她還是一個中學生，從與她經常進行的對話和討論中，我看到了影響的力量，並有意識地引導她以自由主義的方式去包容這個世界的許多事情。我相信，她將來會超越我，成為我的老師，引領我走出許多困惑。我寄希望於他們這一代。

最後，也是最重要的，我要深深地感謝我的父母，是他們教會了我去認識這個世界並怎樣應對這個世界，尤其教會了我如何去自我保護。他們對我的關懷和愛是最真切的，這本書就算是獻給他們的。他們是革命年代走出來的那一代人，早已不再有革命理想的浪漫情懷，但是終生都不可能擺脫革命年代所烙下的深刻印跡。這種狀況成為我一直思考的問題，他們的生活方式與政治息息相關，可是與亞里士多德關於「政治動物」的定義沒有任何相關性。政治對於他們，既密不可分，又是一種異在的力量，他們永遠不會淡漠政治，但也永遠對政治充滿恐懼。政治對於他們就是一個神秘之物。在本書的思考和寫作過程中，這些問題自始至終揮之不去。

這本書的問題縈繞在腦海裡已經十幾年，總算完成了。下筆總是那麼匆忙，沒有時間做更精細的增補和修改，一定會有諸多錯誤之處，希望今後有機會來作修補。好在本就沒打算寫一部精心的學術著作。讀來有所啟發，這就夠了。

周楓
於北京世紀城時雨園

參考文獻

一、中文文獻：

丹尼爾‧貝爾，《資本主義文化矛盾》，南京：江蘇人民出版社，2007。

內格爾，《人的問題》，上海：上海譯文出版社，2000。

巴利，《古典自由主義與自由至上主義》，上海：上海人民出版社，1999。

巴特，《希臘政治：柏拉圖及其前人》，長春：吉林人民出版社，2003。

文森特，《現代政治意識形態》，南京：江蘇人民出版社，2005。

古爾德等編，《現代政治思想》，北京：商務印書館，1985。

史蒂文森，《倫理學與語言》，北京：中國社會科學出版社，1991。

尼布爾，《道德的人與不道德的社會》，貴陽：貴州人民出版社，1998。

布克哈特，《意大利文藝復興時期的文化》，北京：商務印書館，1979。

布魯姆，《美國精神的封閉》，南京：譯林出版社，2007。

弗蘭西斯‧福山，《歷史的終結》，呼和浩特：遠方出版社，1998。

休謨，《人性論》，北京：商務印書館，1980。

《列寧全集》第8卷，北京：人民出版社，1986。

《列寧選集》第1卷，北京：人民出版社，1960。

安德森，《想像的共同體：民族主義的起源與流布》，上海：上海世紀出版
　　集團，2003。

托克維爾，《論美國的民主》，北京：商務印書館，1988。

托馬斯，《政治哲學導論》，北京：中國人民大學出版社，2006。

米勒，《社會正義原則》，南京：江蘇人民出版社，2001。

米爾恩，《人的權利與人的多樣性》，北京：中國大百科全書出版社，1995。

艾愷，《世界範圍內的反現代化思潮》，貴陽：貴州人民出版社，1991。

西季威克，《倫理學方法》，北京：中國社會科學出版社，1993。

亨廷頓，《我們是誰？：美國國家特性面臨的挑戰》，北京：新華出版社，
　　2005。

亨特，《文化戰爭：定義美國的一場奮鬥》，北京：中國社會科學出版社，
　　2000。

伯林，《自由論》，南京：譯林出版社，2003。

伯林，《扭曲的人性之材》，南京：譯林出版社，2009。

伯恩斯坦，《伯恩斯坦文選》，北京：人民出版社，2008。

呂磊，《美國的新保守主義》，南京：江蘇人民出版社，2004。

李石，《積極自由的悖論》，北京：商務印書館，2011。

李強，《自由主義》，北京：中國社會科學出版社，1998。

沈漢、劉新成，《英國議會政治史》，南京：南京大學出版社，1991。

汪暉、陳燕谷主編，《文化與公共性》，北京：生活‧讀書‧新知三聯書
　　店，1998。

沃爾澤，《正義諸領域》，南京：譯林出版社，2002。

貝拉等，《心靈的習性：美國人生活中的個人主義和公共責任》，北京：生
　　活‧讀書‧新知三聯書店，1991。

貝爾，《社群主義及其批評者》，北京：生活‧讀書‧新知三聯書店，
　　2002。

里斯曼《孤獨的人群》，南京：南京大學出版社，2002。

亞里士多德，《政治學》，北京：商務印書館，1965。

亞歷山大編，《國家與市民社會》，北京：中央編譯出版社，1999。

周保松，《自由人的平等政治》，北京：生活‧讀書‧新知三聯書店，
　　2010。

拉茲，《自由的道德》，長春：吉林人民出版社，2006。

波普爾，《開放社會及其敵人》，北京：中國社會科學出版社，1999。

金里卡，《自由主義、社群與文化》，上海：上海世紀出版集團，2005。

金里卡，《當代政治哲學》，上海：上海三聯書店，2004。

阿巴拉斯特，《西方自由主義的興衰》，長春：吉林人民出版社，2004。

阿倫特，《人的條件》，上海：上海人民出版社，1999。

阿倫特，《共和的危機》，上海：上海人民出版社，2013。

阿倫特，《極權主義的起源》，北京：生活‧讀書‧新知三聯書店，2008。

阿馬蒂亞‧森，《以自由看待發展》，北京：中國人民大學出版社，2002。

俞可平，《社群主義》，北京：中國社會科學出版社，1998。

哈貝馬斯，《在事實與規範之間》，北京：生活‧讀書‧新知三聯書店，
　　2003。

哈耶克，《自由秩序原理》，北京：生活‧讀書‧新知三聯書店，1997。

哈耶克，《個人主義與經濟秩序》，北京：生活‧讀書‧新知三聯書店，
　　2003。

哈耶克，《通往奴役之路》，北京：中國社會科學出版社，1997。

姚大志，《羅爾斯》，長春：長春出版社，2011。

施米特，《政治的概念》，上海：上海人民出版社，2003。

施特勞斯，《古今自由主義》，南京：江蘇人民出版社，2010。

施特勞斯，《自然權利與歷史》，北京：生活‧讀書‧新知三聯書店，
　　2003。

施特勞斯，《政治哲學史》，石家莊：河北人民出版社，1993。

柯爾，《社會主義思想史》第一卷，北京：商務印書館，1977。

柏克，《自由與傳統》，北京：商務印書館，2001。

柏克，《法國革命論》，北京：商務印書館，1998。

柏拉圖，《理想國》，北京：商務印書館，1986。

柏林，《自由四論》，臺北：聯經出版公司，1986。

洛克，《政府論》下篇，北京：商務印書館，1983。

美國《人文》雜誌社編，《人文主義：全盤反思》，北京：生活‧讀書‧新
　　知三聯書店，2003。

范伯格，《自由、權利和社會正義：現代社會哲學》，貴陽：貴州人民出版
　　社，1998。

苗力田主編，《亞里士多德全集》第九卷，北京：中國人民大學出版社，
　　1994。

迪蒙，《論個體主義》，上海：上海人民出版社，2003。

韋伯，《學術與政治》，北京：生活‧讀書‧新知三聯書店，1998。

唐士其，《西方政治思想史》，北京：北京大學出版社，2002。

唐納利，《普遍人權的理論與實踐》，北京：中國社會科學出版社，2001。

庫爾茨，《保衛世俗人道主義》，北京：東方出版社，1996。

徐大同主編，《現代西方政治思想》，北京：人民出版社，2003。

徐向東，《自由主義、社會契約與政治辯護》，北京：北京大學出版社，
　　2005。

桑德爾，《民主的不滿：美國在尋求一種公共哲學》，南京：江蘇人民出版
　　社，2008。

桑德爾，《自由主義與正義的局限性》，南京：譯林出版社，2001。

格雷，《自由主義的兩張面孔》，南京：江蘇人民出版社，2002。

格雷，《自由主義》，長春：吉林人民出版社，2005。

格雷，《伯林》，北京：崑崙出版社，1999。

泰勒，《自我的根源：現代認同的形成》，南京：譯林出版社，2001。

泰勒，《現代性之隱憂》，北京：中央編譯出版社，2001。

海德格爾，《存在與時間》，北京：生活‧讀書‧新知三聯書店，1987。

貢斯當，《古代人的自由與現代人的自由》，北京：商務印書館，1999。

馬克思，《政治經濟學批判》，北京：人民出版社，1976。

《馬克思恩格斯全集》第1卷，北京：人民出版社，1956。

《馬克思恩格斯全集》第3卷，北京：人民出版社，2002。

《馬克思恩格斯全集》第19卷，北京：人民出版社，1963。

《馬克思恩格斯全集》第21卷，北京：人民出版社，1965。

《馬克思恩格斯全集》第23卷，北京：人民出版社，1972。

《馬克思恩格斯選集》第1卷，北京：人民出版社，1972。

《馬克思恩格斯選集》第2卷，北京：人民出版社，1972。

《馬克思恩格斯選集》第3卷，北京：人民出版社，1972。

《馬克思恩格斯選集》第4卷，北京：人民出版社，1972。

馬南，《民主的本性：托克維爾的政治哲學》，北京：華夏出版社，2011。

馬塞多，《自由主義美德：自由主義憲政中的公民身分、德性與社群》，南
　　京：譯林出版社，2010。

馬德普主編，《當代西方政治思潮》，北京：中國人民大學出版社，2013。

曼德維爾，《蜜蜂的寓言：私人的惡德、公眾的利益》，北京：中國社會科
　　學出版社，2002。

密爾，《論自由》，北京：商務印書館，1959。

康德，《純粹實踐理性批判》，北京：商務印書館，1999。

康德，《道德形而上學原理》，上海：上海人民出版社，1986。

張鳳陽等，《政治哲學關鍵詞》，南京：江蘇人民出版社，2006。

梅因，《古代法》，北京：商務印書館，1984。

許紀霖主編，《共和、社群與公民》，南京：江蘇人民出版社，2004。

陳偉，《阿倫特與政治的復歸》，北京：法律出版社，2008。

麥克里蘭，《西方政治思想史》，海口：海南出版社，2003。

麥克里蘭，《意識形態》，長春：吉林人民出版社，2005。

麥金太爾，《追尋美德：倫理理論研究》，南京：譯林出版社，2003。

麥金太爾，《誰之正義？何種合理性？》，北京：當代中國出版社，1996。

麥迪遜等，《聯邦黨人文集》，北京：商務印書館，1980。

凱克斯，《反對自由主義》，南京：江蘇人民出版社，2003。

斯克拉頓，《保守主義的含義》，北京：中央編譯出版社，2005。

斯金納，《自由主義之前的自由》，上海：上海三聯書店，2003。

斯特龍伯格，《西方現代思想史》，北京：中央編譯出版社，2005。

登特列夫，《自然法：法律哲學導論》，北京：新星出版社，2008。

華勒斯坦等，《自由主義的終結》，北京：社會科學文獻出版社，2002。

萊斯諾夫，《二十世紀的政治哲學家》，北京：商務印書館，2001。

費爾巴哈，《費爾巴哈哲學著作選集》，北京：商務印書館，1984。

賀照田主編，《西方現代性的曲折與展開》，長春：吉林大學出版社，2002。

黑格爾，《法哲學原理》，北京：商務印書館，1961。

黑格爾，《歷史哲學》，北京：生活‧讀書‧新知三聯書店，1956。

塞西爾，《保守主義》，北京：商務印書館，1986。

塔爾蒙，《極權主義民主的起源》，長春：吉林人民出版社，2004。

奧克肖特，《政治中的理性主義》，上海：上海譯文出版社，2003。

慈繼偉，《正義的兩面性》，北京：生活‧讀書‧新知三聯書店，2001。

達巍等編，《消極自由有什麼錯》，北京：文化藝術出版社，2001。

劉小楓主編，《施米特與政治法學》，上海：上海三聯書店，2002。

劉小楓主編，《施特勞斯與古典政治哲學》，上海：上海三聯書店，2002。

劉小楓，《刺蝟的溫順》，上海：上海文藝出版社，2002。

劉小楓，《現代性社會理論緒論》，上海：上海三聯書店，1998。

劉小楓，《這一代人的怕和愛》，北京：生活・讀書・新知三聯書店，1996。

劉軍寧，《保守主義》，北京：中國社會科學出版社，1998。

劉訓練，《共和主義：從古典到現代》，北京：人民出版社，2013。

劉擎，《懸而未決的時刻：現代性論域中的西方思想》，北京：新星出版社，2006。

德沃金，《認真對待權利》，北京：中國大百科全書出版社，1998。

德魯里，《列奧・施特勞斯與美國右派》，上海：華東師範大學出版社，2006。

鄧正來，《哈耶克社會理論》，上海：復旦大學出版社，2009。

盧克斯，《個人主義》，南京：江蘇人民出版社，2001。

盧梭，《社會契約論》，北京：商務印書館，1982。

諾齊克，《無政府、國家與烏托邦》，北京：中國社會科學出版社，1991。

錢滿素，《美國自由主義的歷史變遷》，北京：生活・讀書・新知三聯書店，2006。

霍布斯，《利維坦》，北京：商務印書館，1985。

霍偉岸，《洛克權利理論研究》，北京：法律出版社，2011。

霍爾姆斯，《反自由主義剖析》，北京：中國社會科學出版社，2002。

應奇、劉訓練編，《公民共和主義》，北京：東方出版社，2006。

應奇、劉訓練編，《共和的黃昏》，長春：吉林出版集團，2007。

應奇、劉訓練編，《第三種自由》，北京：東方出版社，2006。

戴維斯，《哲學的政治：亞里士多德〈政治學〉疏證》，北京：華夏出版社，2012。

叢日雲，《在上帝與愷撒之間》，北京：生活・讀書・新知三聯書店，2003。

薩弗朗斯基，《惡：或者自由的戲劇》，昆明：雲南人民出版社，2001。

薩托利，《民主新論》，北京：東方出版社，1998。

薩拜因，《政治學說史》，北京：商務印書館，1986。

薩特，《薩特哲學論文集》，合肥：安徽文藝出版社，1998。

羅斯，《正當與善》，上海：上海譯林出版社，2008。

羅爾斯，《正義論》，北京：中國社會科學出版社，1988。

羅爾斯，《作為公平的正義——正義新論》，上海：上海三聯書店，2002。

羅爾斯，《政治自由主義》，南京：譯林出版社，2000。

羅爾斯，《政治哲學史講義》，北京：中國社會科學出版社，2011。

羅爾斯，《道德哲學史講義》，上海：上海三聯書店，2003。

顧肅，《自由主義基本原理》，北京：中央編譯出版社，2003。

二、外文文獻：

Ackerman, B. A. *Social Justice in the Liberal State*, Yale University Press, 1980.

Avineri and De-Shalit, eds. *Communitarianism and Individualism*, Oxford University Press, 1992.

Beckman, L. *The Liberal State & the Politics of Virtue*, New Brunswick and London, 2001.

Bird, C. *The Myth of Liberal Individualism*, Cambridge University Press, 1999.

Christmas, J. ed. *The Inner Citadel: Essays on Individual Autonomy*, Oxford University Press, 1989.

Dworkin, Gerald. *The Theory and Practice of Autonomy*, Cambridge University Press, 1988.

Douglass. ed. *Liberalism and the Good*, Routledge, 1989.

Dyke, Vernon Van. *Ideology and Political Choice*, Charham House Publishers, Inc., 1995.

Galston, W. A. *Liberal Purposes—Goods, Virtues, and Diversity in the Liberal State*, Cambridge University Press, 1991.

Hampshire, S. *Freedom of the Individual*, Princeton University Press, 1975.

Halevy, Elie. *The Growth of Philosophic Radicalism*, London: Faber & Faber, 1928.

Kirk, Russell. *The Conservative Mind: From Burke to Santayana*, Chicago University Press, 1953.

Koerner, K. F. *Liberalism and Its Critics*, Croom Helm, 1985.

Kymlicka, Will. *Liberalism, Community and Culture*, Oxford: Clarendon Press, 1989.

Larmore, Charles. *Patterns of Moral Complexity*, Cambridge University Press, 1987.

Lasch, Christopher. *The Culture of Narcissism*, W. W. Norton & Company, Inc., New York, 1978

Lomasky, L. *Persons, Rights, and the Moral Community*, Oxford University Press, 1987.

Macedo, Stephen. *Liberal Virtues: Citizenship, Virtue, and Community in Liberal Constitutionalism*, Oxford: Clarendon Press, 1991.

Macpherson, C. B. *The Political Theory of Possessive Individualism: Hobbes to Locke*, Oxford University Press, 1962.

Nagel, Thomas. *The possibility of altruism*, Princeton University Press, 1970.

Nagel, Thomas. *Equality and partiality*, Oxford University Press, 1991.

Nash. *The Conservative Intellectual Movement in America*, New York: Basic Books, Inc., 1976.

Nisbet, Robert. *Community and Power*, Oxford University Press, 1962.

Rasmussen, D. ed. *Universalism VS Communitarianism*, The MIT Press, 1990.

Raz, J. *The Morality of Freedom*, Oxford: Clarendon Press, 1986.

Rosenblum, N, L., ed. *Liberalism and the Moral Life*, Harvard University Press, 1989.

Ross, W. D. *The Right and the Good*, Oxford: The Clarendon Press, 1930.

Sandel. M. J. *Lieralism and Its Critics*, Basil Blackwell, 1984.

Sandal, M. J. *Democracy's Discontent: America in Search of A Public Philosophy*, Harvard University Press, 1996.

Speckor, H. *Autonomy and Right*, Oxford: Clarendon Press, 1992.

Talmon, T. L. *The Origins of Totalitarianism Democracy*, Boulder and London: Westview Press, 1985.

Taylor, Charles. *Philosophy and the Human Science*, Cambridge University Press, 1985.

Vierect, Perter. *Conservatism Revisited*, New York: Basic Books, Inc., 1949.

Viroli, Maurizio. *For Love of Country: An Essay on Patriotism and Nationalism*, Oxford: Clarendon Press, 1995.

自由主義的道德處境

2019年3月初版　　　　　　　　　　　　　　定價：新臺幣550元
有著作權・翻印必究
Printed in Taiwan.

著　　　者	周		楓
叢書主編	沙	淑	芬
校　　　對	吳	淑	芳
封面設計	李	東	記
編輯主任	陳	逸	華

出　　版　　者	聯經出版事業股份有限公司	總編輯	胡	金	倫
地　　　　　址	新北市汐止區大同路一段369號1樓	總經理	陳	芝	宇
編輯部地址	新北市汐止區大同路一段369號1樓	社　長	羅	國	俊
叢書主編電話	(02)86925588轉5310	發行人	林	載	爵
台北聯經書房	台北市新生南路三段94號				
電　　　　　話	(02)23620308				
台中分公司	台中市北區崇德路一段198號				
暨門市電話	(04)22312023				
台中電子信箱	e-mail：linking2@ms42.hinet.net				
郵政劃撥帳戶第0100559-3號					
郵撥電話	(02)23620308				
印　　刷　　者	世和印製企業有限公司				
總　經　銷	聯合發行股份有限公司				
發　行　所	新北市新店區寶橋路235巷6弄6號2樓				
電　　　　　話	(02)29178022				

行政院新聞局出版事業登記證局版臺業字第0130號

本書如有缺頁，破損，倒裝請寄回台北聯經書房更換。　ISBN 978-957-08-5270-7 (平裝)
聯經網址：www.linkingbooks.com.tw
電子信箱：linking@udngroup.com

國家圖書館出版品預行編目資料

自由主義的道德處境/周楓著 . 初版 . 新北市 .
聯經 . 2019年3月（民108年）. 504面 . 14.8×21公分
ISBN 978-957-08-5270-7 (平裝)

1.自由主義

570.112　　　　　　　　　　　　　　108001718